PÊCHEURS DU BOUT DU MONDE

Du même auteur

Landivisiau de ma jeunesse, Le Télégramme, 2004
La Princesse aux sabots, J.C. Lattès, 2003 ; LGF, 2006
Lady Louise : le roman de Louise de Keroual, J.C. Lattès, 2006
Chapeau bas, Madame !, J.C. Lattès, 2005 ; LGF, 2007
Le Pain de la mer, vol. 2, L'honneur des goémoniers, J.C. Lattès, 2003 ; LGF, 2007
Et la terre devenait… une mer de lin bleu, Cloître, 2007 ; Yago, 2009
Le Pain de la mer, J.C. Lattès, 2002 ; LGF, 2009
L'Instinct du prédateur, Calmann-Lévy, 2011
La Maîtresse de Ker-Huella, Calmann-Lévy, 2012
La Dame de Roz Avel, Calmann-Lévy, 2013
La Sirène du port, Calmann-Lévy, 2015
Les Trois Saisons de la vie, Calmann-Lévy, 2016
L'Or du lin, Calmann-Lévy, 2017
Les Vies de Jeanne, Calmann-Lévy, 2018

Joël Raguénès

PÊCHEURS DU BOUT DU MONDE

Roman

CALMANN LÉVY
territoires

Couverture
Maquette : olo.éditions
Photographie : © Tony Munns

ISBN 978-2-7021-6364-1

PREMIÈRE PARTIE

1

Mer d'Islande, le Goëlo, 1901

— Bon Dieu, Maudez, réponds-moi ! Ne lâche pas, réagis, dis-moi quelque chose ! criait Sébastien en secouant désespérément le corps glacé de son ami qu'il tenait à bout de bras. Tu n'as pas le droit de me faire ça ! Ce serait dégueulasse !

Lorsque Maudez était tombé à l'eau, des heures plus tôt, Sébastien avait déployé des efforts surhumains pour le hisser à bord. Trempé comme il l'était, son ami devait peser plus de cent kilos ! Lorsqu'il y était enfin parvenu, c'était trop tard, bien trop tard, et c'est pour cela qu'il s'en voulait tant. S'il avait réussi à le sortir de cette maudite mer de glace plus vite et plus tôt surtout, il l'aurait peut-être sauvé…

Il l'avait dévisagé et, sans le lâcher, avait soudain cessé de hurler pour se mettre à sangloter. Ces yeux révulsés, cette bouche ouverte… Maudez était mort, mort, et peu importait que ce soit gelé ou noyé, il était parti cette fois, et l'Ankou[1] de malheur contre lequel ils avaient si vaillamment lutté ensemble gagnait la partie une fois de plus. Un seul coup de sa grande faux avait suffi. Combien de temps s'étaient-ils battus contre lui dans un corps-à-corps sans

1. L'Ankou : squelette personnifiant la mort.

merci ? Une demi-heure, trois quarts d'heure, plus ? Il n'en avait aucune idée, et d'ailleurs, cela n'avait plus d'importance puisqu'ils avaient perdu.

C'était un cauchemar, un épouvantable cauchemar. Maudez, son meilleur ami… Que lui était-il donc passé par la tête ? Il n'était pas le seul à avoir froid et c'est d'ailleurs ce que Sébastien lui avait dit : lui aussi était gelé, comme l'étaient certainement tous ceux qui, comme eux, dans leur doris, s'étaient mis en tête de regagner la goélette dès que le vent avait forci. La différence entre eux et les autres, c'est que Maudez était sûrement le seul à être tombé à la mer, et lui, le seul à avoir passé autant de temps à essayer de le récupérer, tant et si bien qu'avec cette foutue brume, il avait maintenant perdu tous ses repères dans cet océan où il avait fini par s'égarer.

Si Maudez avait froid, ce n'était pas une raison pour se mettre soudain à gesticuler aussi furieusement. Alors qu'ils tendaient les lignes, il avait multiplié les moulinets de bras, s'était donné de grandes claques sur le torse, les cuisses, se frottant bras et jambes des deux mains tel un forcené en tapant des pieds sur le fond du doris. Un instant, Sébastien s'était même dit que son ami devenait fou quand il avait soudain éclaté de rire sans raison apparente. Était-ce ce rire qui l'avait déséquilibré ? Peut-être. Sébastien l'ignorait et ne le saurait jamais. Le résultat de cette agitation, c'est que Maudez était passé par-dessus bord.

Du moins, c'est ce qu'il dirait lorsqu'on l'interrogerait – si on l'interrogeait un jour. Il savait très bien que les choses ne s'étaient pas vraiment passées ainsi. Pas du tout, même. La vérité était tout autre : son ami s'était jeté délibérément dans l'océan glacé. À quoi bon se voiler la face et nier plus longtemps l'évidence ? « L'accident » n'en était pas un. Maudez s'était suicidé. Il avait mis fin à ses jours comme il l'avait annoncé deux semaines plus tôt, quand il lui avait dit qu'il en avait assez de la vie. Il était passé à l'acte, tout simplement, même si c'était difficile à admettre. Et Sébastien en connaissait même le motif puisqu'il le lui avait confié, le lendemain de leur appareillage de Paimpol.

Son cœur saignait. Maudez, son ami d'enfance… Qu'allait-il pouvoir raconter à la Lise lorsqu'il rentrerait à Loguivy, quand elle l'aborderait et lui demanderait comment il avait disparu ? Il la connaissait, la Lise ! Elle était si vindicative et mauvaise qu'elle le tiendrait certainement pour responsable de la disparition de son fiancé, alors qu'il n'y était pour rien ! La vraie coupable de ce suicide, c'était elle !

Sébastien reprit les rames, autant pour se réchauffer que pour avancer. L'accident envahissait totalement son esprit. S'il y avait quelque chose à éviter dans ces mers froides, c'était bien de tomber à l'eau, car on n'en réchappait presque jamais. D'abord parce que les chances de remonter à bord étaient très minces, et ensuite, parce que si on y parvenait, on mourait de froid dans neuf cas sur dix, car le plus souvent, on devait passer des heures dans des vêtements glacés avant d'être secouru. Malgré tout, pendant un court moment, Sébastien avait espéré que son ami s'en sortirait. Celui-ci avait happé, par réflexe, un bout[1] de la main droite au moment précis où il passait par-dessus bord. Lâchant ses rames, Sébastien avait réussi à s'emparer de l'autre extrémité du cordage. Il avait crié à Maudez « Cramponne-toi ! ». Celui-ci était parvenu à enrouler le bout autour de son bras.

1. Cordage sur un navire.

C'est ainsi que Sébastien, après de multiples échecs, avait pu le hisser dans le canot.

Quand leurs regards s'étaient croisés, celui de Maudez était d'une telle tristesse ! À la question « Pourquoi ? Pourquoi ? », il n'avait même pas répondu. C'était inutile en vérité, puisque tous deux connaissaient déjà la réponse. À peine remonté à bord cependant, Maudez avait semblé regretter son geste désespéré. Il avait tenté de se réchauffer. Mais le froid avait déjà fait son œuvre, il était trop tard, bien trop tard. Il y avait tant de détresse dans ses yeux gris-bleu que Sébastien n'avait pas osé proférer la moindre parole. Il n'y avait plus rien à dire, plus le moindre espoir. Survivre par ce froid dans des vêtements trempés était impossible, ils le savaient tous les deux.

Sébastien lui-même ne sentait déjà plus ses pieds depuis des heures et quant à ses doigts, ils étaient si gourds – ceux de la main gauche surtout – qu'il commençait sérieusement à craindre qu'ils ne gèlent. Il aurait bien aimé les réchauffer, mais comment faire sans lâcher les rames ? Lâcher ses rames, ne serait-ce que vingt secondes, c'était tout simplement jouer avec sa vie, avec leur vie à tous les deux même, puisque Maudez respirait apparemment encore, s'il se fiait aux râles que laissait échapper de temps à autre son ami et camarade de misère.

Il s'était assoupi… Combien de temps ? Il l'ignorait et peu importait au demeurant. Il était toujours vivant, c'était là l'essentiel. Il avait rentré ses rames avant de s'endormir. Dès son réveil, il les reprit en mains, les remit à l'eau et recommença à ramer. Après avoir observé le ciel puis l'océan, il s'étonna d'être encore vivant dans une mer pareille. C'était un miracle qu'il devait certainement aux prières quotidiennes de sa mère. En toute logique, avec un temps pareil, il aurait dû se trouver au fond de cette mer d'Islande qu'il finissait par détester et même vomir.

Ni les nuages gris qui assombrissaient le ciel, ni le mugissement inquiétant du noroît sur l'océan, ni la houle menaçante n'étaient faits pour lui redonner le moral. Il se promit que cette campagne en mer d'Islande serait sa dernière si, par miracle, il s'en sortait. Les six ou sept cents francs d'économie qu'il se faisait annuellement durant ces six mois de pêche à la morue ne valaient ni les risques pris, ni les souffrances qu'il endurait à chaque saison. Oui, il allait arrêter la morue, et cela définitivement, décida-t-il en calant Maudez au fond du doris avant de s'emparer une nouvelle fois de ses deux rames avec plus de détermination encore.

S'il voulait s'en sortir, et il devait s'en sortir à tout prix, il n'avait d'autre choix que d'avancer. Plus que ce vent menaçant, ce qu'il craignait dorénavant, c'était ce froid, un froid polaire bien plus dangereux encore pour la vie que tout le reste. Il lui suffisait pour s'en convaincre de jeter de temps à autre un coup d'œil à Maudez qui, au fil des heures, se transformait en statue de glace au fond du doris.

Dieu sait qu'il aurait aimé pouvoir souffler sur ses doigts, voire plonger les mains dans l'océan pour les réchauffer ; mais même cela lui était interdit, car la mer était bien trop mauvaise. Quant au sauvetage de son ami, sans doute l'avait-il fait pour rien car chaque coup d'œil qu'il lui jetait lui faisait craindre le pire à court terme : Maudez allait y laisser la peau, cela ne faisait plus l'ombre d'un doute, et si la chance ne tournait pas rapidement, ce serait son cas à lui aussi.

Il sentait ses forces l'abandonner lentement et n'en aurait bientôt plus assez pour ramer jusqu'à leur goélette, le

Saint-Yves. Dire avec certitude où elle se trouvait, il en était incapable, même si, en se fiant au vent, il estimait tenir le bon cap. Si, une ou deux heures plus tôt, il avait bien entrevu une goélette à deux ou trois cents mètres – peut-être n'était-ce qu'un rêve, d'ailleurs –, ce n'était pas la sienne ; les mugissements du vent et le fracas de la mer avaient de toute façon très vite couvert ses appels au secours puis ses cris de désespoir.

Ramer, tenir le cap contre le vent… Il le faisait mécaniquement depuis des heures en se disant que la disparition de Maudez risquait de faire son propre malheur, car si son ami ne lui avait pas menti, c'est lui qui aurait la Lise sur le dos ! Comment s'en sortirait-il si elle attendait un petit comme le lui avait confié Maudez ? Oui, comment ? Elle lui demanderait de s'en occuper, pour sûr, et il se trouverait dans une situation inextricable. Prendre en charge un enfant qui n'était ni le sien ni même sans doute celui de Maudez, ce serait à son âge plus qu'un fil à la patte, ce serait une aussière qui l'attacherait pour toujours à cette femme ! Et si ce n'était pas tout à fait se mettre la corde au cou, cela y ressemblait quand même étrangement. Sa vie serait conditionnée à jamais par cet enfant et cette femme. Il pourrait dire adieu à tous ses espoirs comme à sa liberté… Non. Il l'enverrait promener, elle et son enfant. Il ne s'était pas donné tout ce mal, n'avait pas souffert plus d'un semestre de bagne chaque année depuis qu'il était mousse pour en arriver là. Ce n'était pas possible, il devait s'en sortir, il fallait qu'il s'en sorte !

Il se mit à rêver à son pays natal, de Ploubazlanec et Loguivy, ce village et ce petit port de la côte du Goëlo, bien moins connus que Paimpol, le grand port voisin qui leur devait tant et où vivaient, installés dans de belles maisons de maître, la plupart des armateurs de morutiers, ces patrons qui les exploitaient comme ce n'était pas permis, eux, les matelots. Pendant de longues années, ils avaient puisé l'essentiel de leurs recrues chez les paysans goémoniers. Il est vrai qu'ils avaient le plus grand mal à survivre et crevaient même de faim plus de la moitié du temps, ces goémoniers, au point qu'il suffisait aux capitaines recruteurs des armements de leur mettre sous le nez un ou deux billets pour que ces miséreux abandonnent aussitôt leurs petites fermes, sautent le pas et se retrouvent matelots. Il leur était impossible de résister à la cagnotte qu'on leur promettait à l'issue de la saison de pêche et, plus encore, à l'avance de cent ou cent cinquante francs qu'ils recevaient en s'enrôlant, puisque ce petit viatique permettrait à leur famille de survivre jusqu'à leur retour.

Et puis un autre vivier de main-d'œuvre était apparu. La concurrence exacerbée entre caseyeurs avait entraîné la surpêche de crustacés et la chute du prix des langoustes et homards. La pêche côtière nourrissant moins bien les hommes, les plus jeunes et déterminés de ceux-ci s'étaient à leur tour engagés comme matelots sur les morutiers, avec pour objectif de mettre assez d'argent de côté pour devenir leur propre maître en s'achetant un bateau. C'est ce qu'avait fait Sébastien. Trois mille huit cents francs… Il avait déjà trois mille huit cents francs de côté pour réaliser son rêve et en aurait quatre mille cinq cents au sortir de cette campagne qui serait la dernière, il se le promettait… Il n'avait pas souffert tout ce temps pour rien ! Il allait l'acheter, son lougre !

Combien de temps dura son errance ? Sébastien ne le sut jamais. Une, trois, cinq heures plus tard, peu importe, il s'endormit ou perdit connaissance, de froid autant que de fatigue. Condamné à disparaître, à périr noyé dans cette mer d'Islande aussi mauvaise que glaciale, il ne vit pas surgir de la brume, juste devant son doris, la *Marie-Jeanne*, une goélette de Binic. Elle venait droit sur lui et allait envoyer par le fond le doris et ses deux matelots sans même s'en apercevoir…

2

Le veilleur de la *Marie-Jeanne* aperçut le doris au dernier moment, quand la petite embarcation surgit soudain de la brume à quelques dizaines de mètres de son étrave. Par miracle, le barreur réussit au dernier moment à éviter l'embarcation qu'il ne fit qu'effleurer. Il leur fallut faire demi-tour et ce n'est qu'une demi-heure plus tard que les corps de Maudez et Sébastien furent hissés à bord du morutier. Maudez était mort et les sauveteurs ne donnaient à Sébastien que peu de chances de survie, car il ne valait apparemment guère mieux que son ami d'enfance.

Contre toute attente, il s'en sortit cependant. Bastien sauva l'essentiel, sa vie, même si trois de ses doigts avaient particulièrement souffert dans cette aventure, ou plutôt cette mésaventure. Il y laissa une phalange à deux doigts de la main gauche et à un de la droite. *Ce n'est qu'un moindre mal*, se dit-il lorsqu'il reprit connaissance, apprenant à relativiser car il avait déjà pleinement conscience d'avoir bénéficié d'une chance inouïe dans son malheur.

Une fois sorti de son semi-coma, il en voulut curieusement à son ami défunt. Il ne pouvait admettre que Maudez ait choisi la mort plutôt que la vie, même si celle-ci s'annonçait difficile. Maudez n'avait pas pensé à la douleur de ses parents, à leur souffrance et à leur sentiment de culpabilité, car ils se reprocheraient durant toutes les années qu'il leur restait à vivre de n'avoir pas apporté à leur fils suffisamment d'amour de la vie, de n'avoir pas su lui insuffler l'espoir d'un avenir meilleur. Et savoir qu'il n'était ni le premier, ni le dernier à périr en mer d'Islande ne serait en rien une consolation pour eux.

Heureux de ne pas avoir accompagné son ami dans l'au-delà, Bastien lui laissa volontiers le triste privilège de voir son nom inscrit sur le mur des disparus en mer du cimetière de Ploubazlanec où il se promit de déposer un panneau-mémoire en son nom. Il fallait que tous ceux qui l'avaient connu jeune et gai se souviennent de l'homme qu'était Maudez avant que Lise ne le détruise. La Lise… Cette garce n'aurait jamais la possibilité de se recueillir à Kroaz Pell, la croix des Veuves de la pointe de la Trinité, à Pors-Even, puisque plutôt que de l'épouser, Maudez avait choisi la mort.

Après un détour par Bègles où la *Marie-Jeanne* déchargea sa pêche, ils rentrèrent le 16 septembre au port de Binic où, après un repas très arrosé qu'il partagea avec quelques matelots célibataires comme lui, Sébastien dormit vingt heures d'affilée avant de se préoccuper de sa main gauche, qui le faisait toujours souffrir. Il consulta un médecin de Saint-Brieuc qui, après l'avoir rassuré, lui donna une ordonnance que l'apothicaire mit moins d'une heure à préparer. Sitôt sa pommade en poche, Bastien prit la route de Ploubazlanec et fit étape dans une auberge de Saint-Quay-Portrieux.

Le lendemain, pour regagner Loguivy, il opta pour les sentiers escarpés des falaises plutôt que pour les chemins de campagne plus aisés, choix qui lui permit de respirer à pleins poumons l'air iodé de la côte du Goëlo tout en retrouvant avec beaucoup de plaisir les paysages de son pays natal. Ce n'est qu'après une quarantaine de kilomètres d'une marche difficile qu'à la nuit tombante, il poussa enfin la porte de la maison familiale. Totalement ahuri, son père ouvrit la bouche sans réussir à proférer la moindre parole avant de l'étreindre avec force, les yeux brillant de larmes de joie. Sa mère, quant à elle, laissa échapper un cri qui s'étrangla dans sa gorge avant de se laisser tomber sur un banc, les jambes coupées.

Elle n'en croyait pas ses yeux et s'imaginait victime d'hallucinations. Elle s'agenouilla enfin et se recueillit quelques secondes devant le crucifix avant de se retourner à nouveau vers le nouvel arrivant qu'elle se mit à palper, incrédule :

— C'est bien toi, mon fils ? C'est bien toi, Sébastien ? Est-ce le Christ qui t'a ressuscité ? Ou alors, ton capitaine a-t-il menti ? À moins qu'il ne se soit trompé ?

— Il s'est trompé en effet.

— Tu n'étais donc pas mort ?

— Non, maman, car le Christ ne m'a pas ressuscité.

— Dire que nous croyions que Maudez et toi étiez morts noyés !

— Si Maudez est effectivement mort de froid, moi, vois-tu, je suis vivant et bien vivant, même si j'ai perdu quelques phalanges à trois de mes doigts.

— Trois doigts, dis-tu…

— Oui, regarde mes mains, maman. Je reviens de l'enfer, mais un enfer liquide, celui de l'océan, celui de la mer d'Islande d'où j'ai eu la chance de me sortir après avoir été récupéré par une goélette de Binic.

— Une goélette de Binic… Bénis soient ce bateau et son capitaine ! La Lise va en faire une tête ! Maudez mort et toi vivant… Cela va lui paraître d'autant plus injuste qu'elle est grosse et attendait ton ami, espérant qu'il l'épouse.

— Je suis désolé pour elle.

Son père, resté muet jusqu'alors, s'adressa alors à sa femme :

— Eh bien, Maria ? Qu'attends-tu pour nous servir un verre de tafia ? Tu en prendras un avec nous d'ailleurs, car nous avons tous les trois besoin d'un remontant pour nous remettre de nos émotions ! Un miracle pareil, ça se fête !

— Où sont mes sœurs, père ? demanda Sébastien.

— Chez ton frère Jean. Elles sont toutes deux parties donner un coup de main, car sa femme est en train d'accoucher. Elles coucheront là-bas, ce qui te permettra de dormir dans un lit ce soir. Demain, tu retrouveras la paillasse de la grange. As-tu quelque chose à donner à manger à ton fils, Maria ? Un bout de lard, peut-être ?

— Du lard ? Je n'en ai pas, tu le sais bien, sinon, je le lui aurais déjà servi !

— Tu sais, père, le lard salé, j'en ai soupé ! Non, n'importe quel poisson frais sera un régal pour moi, intervint Sébastien, pourvu que ce ne soit pas de la morue, bien sûr. Une vieille ou à défaut un lieu fera très bien l'affaire…

— Ah, ça ! Tu tombes à pic, lui répondit son père, ragaillardi. J'ai eu deux lieus pour demain dimanche dans ma part de pêche. On en mangera un ce soir.

— Avec des pommes de terre ?

— Je ne sais pas s'il y en…, commença Jean-Yves.

— Si, j'en ai un peu, le coupa Maria en ajoutant aussitôt : comment te sens-tu ?

— Heureux, maman. Après sept mois de galère, je retrouve la terre ferme. Vous, père, vous n'avez certainement pas oublié ce que c'est que la pêche là-haut !

— Comment le pourrais-je ? J'ai fait douze campagnes avant de redevenir côtier. Il n'empêche… Trois doigts de moins, ça ne va pas être facile pour toi.

— Il ne me manque qu'une phalange à chaque doigt. Et puis, je commence à m'habituer à ce handicap puisque je n'ai pas le choix. D'ailleurs, moins d'un mois après cet accident, je tendais à nouveau les lignes de fond sur un des doris de la *Marie-Jeanne*, le bateau qui m'a sauvé. Vous savez ce que c'est, père. Le capitaine ne m'aurait pas nourri gratuitement. Dire que c'est arrivé il y a cinq mois déjà !

— Tu as dû tant souffrir, mon fils ! s'exclama Maria, compatissante, en contemplant son garçon.

Dans ce visage d'homme cuit par la réverbération du soleil sur la mer autant que par le sel, les yeux bleu-vert paraissaient encore plus lumineux, et les cheveux tiraient aujourd'hui plus sur le blanc que sur le blond originel.

Sébastien lui sourit sans lui répondre avant de lancer à son père :

— Voyez-vous, père, la pêche sur les morutiers d'Islande, c'est fini pour moi ; ce n'est pas un métier d'homme, ça, plutôt un métier d'esclave, ou même de bête. Nos vies comptent si peu pour nos armateurs et certains de nos capitaines que l'on peut sans exagération qualifier d'inhumaine la façon dont ils nous traitent, nous, les hommes d'équipage. J'ai bien compris le système : ce n'est pas pour le bien de leurs matelots, comme ils le prétendent, qu'ils leur donnent de l'eau-de-vie à volonté lorsqu'ils sont en mer, c'est uniquement pour les abrutir, pour qu'ils soient incapables de réfléchir, de se rebeller. C'est cela et rien d'autre…

— Pourtant, tu peux me croire, fils, l'alcool, ça donne des forces !

— Sottises que cela, père ! L'alcool ne sert qu'à faire des ivrognes et à maintenir les hommes en dépendance à bord. C'est uniquement pour cela que l'on nous donne de telles doses quotidiennes de gnôle.

Craignant que Jean-Yves ne s'énerve, Maria cherchait désespérément à croiser le regard de son mari qui gardait les yeux rivés sur leur fils au point d'en oublier son boujaron d'eau-de-vie. Elle devait à tout prix éviter que père et fils ne s'accrochent et se disputent le jour de leurs retrouvailles, aussi se risqua-t-elle à annoncer, même si ce n'était pas encore le cas :

— Jean-Yves… Tu es servi…

— Oui, merci Maria, lui répondit-il, au prix d'un gros effort sur lui-même. Pour une fois que les nouvelles sont bonnes, cela s'arrose, en effet. À ta santé, Sébastien, et à la nôtre aussi, Maria.

— C'est bien le moins que je puisse faire, non ? rétorqua Maria en souriant, satisfaite d'avoir échappé de peu au pire.

— À ta santé, maman, et à la tienne aussi, père. À vous deux et à mes sœurs !

— Continuez sans moi, ajouta alors Maria, après avoir trinqué avec son fils et son époux. Je vais préparer le poisson et le mettre sur le feu ainsi que quelques navets et panais.

— Sais-tu, mon fils, reprit Jean-Yves, que ça m'a fichu une drôle de claque d'apprendre que tu t'étais perdu en mer ?

— Je m'en doute, père.

— Ah oui ! Ça, je peux te le dire ! Une sacrée claque ! Un moment, j'ai bien cru que j'allais en perdre la tête. Mon fils noyé…

— Perdre la tête, toi ! Tu exagères comme toujours, Jean-Yves, intervint Maria.

— Je ne vois pas en quoi !

— Moi, j'ai prié pour toi, Sébastien, et vois-tu, j'ai eu raison de le faire. Les premiers jours, j'avoue que je n'arrivais pas à croire à ta disparition, à ta noyade, car je ne parvenais même pas à prier. Ensuite, c'est pour ton âme que je l'ai fait, pour ton salut. Ce n'est qu'aujourd'hui que je comprends pourquoi j'avais tant de mal à communiquer avec toi, là-haut. En réalité, si je n'y parvenais pas, c'est tout simplement parce que tu n'y étais pas ; tu étais toujours en mer, sur ce bateau de Binic, et tu allais revenir au pays.

— Quand est rentré le *Saint-Yves*, au fait, père ?

— Le 23 août, je me souviendrai longtemps de ce jour tant je l'ai maudit. Il manquait quatre hommes à bord. Vous deux, ainsi qu'un gars de Ploubaz et un autre de Plouézec. Disparus le même jour que vous, nous a dit l'armateur.

— Pierre et André, deux copains, des paysans goémoniers aussi inséparables que Maudez et moi… Ainsi, eux aussi…

— Oui, confirma Jean-Yves, le même jour… Comment est-ce arrivé ?

— C'était le 28 mars. Une journée comme les autres ou presque, bien que beaucoup plus froide quand même. On avait tendu nos lignes comme d'habitude. Et puis, Maudez… Je ne sais pas ce qui lui a pris. Il a soudain éclaté de rire sans rime ni raison, au point qu'il s'est plié en deux, a titubé ou trébuché – je ne faisais pas très attention à lui – et, tout d'un coup, je l'ai vu basculer. Avec le recul, je ne comprends toujours pas…

— Il ne l'aurait pas fait exprès, des fois ? Cela arrive là-haut, tu sais…

— Je me le suis demandé, figure-toi… Mais pourquoi ? Il allait se marier, semblait heureux, même si…

— Même si quoi ?

— Un jour, il m'a laissé entendre que ce n'était pas de lui que Lise était grosse. Il était persuadé qu'elle n'avait couché avec lui que pour qu'il endosse ce petit et l'épouse. Il pensait que le père était un armateur, ou sinon son fils…

— Vous, les hommes ! le coupa aussitôt Maria, vindicative. Vous nous prêtez toujours de drôles d'idées, à nous, les femmes !

— Souvent à raison, Maria ! objecta Jean-Yves.

— C'est toi qui le dis ! Et puis, quand bien même ce serait vrai, il n'y a rien à lui reprocher, à la Lise ! C'était son promis, quand même, ce Maudez, et s'il l'a prise, c'est qu'il en voulait bien et que ça lui procurait autant de plaisir qu'à elle.

— Qu'en sais-tu, ma femme ? Décidément, vous avez toutes la langue aussi bien pendue !

— Je te répète ce que j'ai entendu, rien d'autre : si on dit qu'elle a la cuisse légère et qu'elle est chaude comme de la braise, Maudez devait le savoir. De toute façon, Sébastien, s'il ne voulait pas d'elle, ton ami n'avait pas à la culbuter, c'est aussi simple que cela.

Un long moment de silence suivit cet échange avant que Jean-Yves ne demande à son fils ce qu'il comptait faire, dorénavant, s'il ne voulait plus pêcher la morue. Sébastien lui répondit de façon détaillée, explicitant ses motifs pour la première fois : il voulait fonder une famille, avoir des enfants, vivre en un mot, car la pêche là-haut n'était et ne serait toujours qu'un métier de forçat. Il avait décidé de se mettre à la pêche côtière, la pêche au casier. C'était une autre façon de vivre de la mer, un métier qui lui permettrait d'avoir une vie de famille et de voir grandir ses enfants, même si elle serait sans doute parfois plus difficile matériellement que celle de « pêcheur d'Islande ».

— Tu crèveras de faim comme nous tous les hivers, Sébastien, penses-y. Tu oublies que c'est l'argent que tu gagnes à la morue qui te permet de vivre ensuite.

— J'aurai mon bateau, père. Je ne serai pas simple matelot comme toi.

— Moi aussi, j'ai eu mon bateau, Bastien. Jusqu'à ce que je fasse naufrage.

— Je connais le risque, père, et je sais qu'en un jour on peut perdre le travail d'une vie. Mais je vais quand même le faire car je ne veux plus de l'autre…

Le métier de pêcheur côtier était dur, certes, mais l'autre, celui d'Islandais qui les conduisait dans les mers glacées, était beaucoup plus dangereux. Les seuls qui s'en trouvaient bien étaient les armateurs qui traitaient leurs hommes comme du bétail et les capitaines de bateau, leurs commis directs, qui ne faisaient qu'appliquer leurs consignes. À bord, les hommes étaient entassés les uns sur les autres, dormaient sur des couchettes trop étroites. Ils étaient également mal nourris malgré le lard salé quotidien, au point d'attraper régulièrement le scorbut. La seule chose qu'ils avaient en abondance, et de façon déraisonnable d'ailleurs, c'était l'eau-de-vie dont Sébastien cédait régulièrement des boujarons à l'un ou l'autre de ses collègues contre une bricole ou de l'argent. Vingt centilitres par jour, c'était une sacrée ration ! Non, Sébastien ne voulait pas mourir en pleine jeunesse comme Maudez, et c'est pour cela qu'il allait changer de pêche.

3

Brest, septembre 1901

Déjà trois heures cinquante de l'après-midi, constata Jean-François en passant devant l'horloge. L'*Hirondelle* aurait déjà quitté son « nid » lorsqu'il arriverait rue Algésiras, se dit-il en se dirigeant d'un pas vif vers la sortie de la préfecture maritime, son sac sur l'épaule. Cette fois, il l'avait, sa quille ! Il l'avait terminé, son service ! Il était trop juste pour prendre la diligence à son point de départ rue Algésiras, et comme il ne voulait pas la rater, il n'allait pas tenter le diable au risque de devoir rentrer à pied. Mieux valait jouer la sécurité et prendre l'*Hirondelle* à l'arrêt de la porte du Conquet.

À peine eut-il franchi le portail de la préfecture qu'il se mit à courir vers son but comme un dératé, dégringolant quatre à quatre les escaliers de la rive gauche de la Penfeld dont il emprunta la passerelle au pas de course avant de gravir les marches de la rive droite aussi vite qu'un gardien de phare chevronné en retard dans son service et grimpant deux par deux celles de sa tour. Il prit à peine le temps de souffler avant de déboucher sur la place et reprit aussitôt sa course vers l'arrêt où il constata, soulagé, que la diligence n'était pas encore arrivée.

Il était en nage et le comble, c'est qu'il devait attendre plus de cinq minutes avant que n'arrive la voiture. Il s'essuya le visage aussi furtivement que possible, honteux de la propreté plus que douteuse de son mouchoir qui, vu son état, pouvait passer pour un chiffon. Il monta enfin dans la voiture sans avoir l'assurance de pouvoir s'y asseoir et eut la bonne surprise de découvrir deux sièges libres, dont l'un près de la fenêtre. Il n'hésita pas une seconde et s'y installa après avoir casé son sac de marin sous le siège. Quelques minutes plus tard, les trois chevaux qui tiraient l'*Hirondelle* entamaient l'ascension des rampes de Recouvrance puis de Kerbonne. À cette vitesse, ils ne tarderaient pas à atteindre les limites de la ville, qui s'étendait de plus en plus vers l'ouest. Il constata que Brest s'agrandissait à une allure incroyable ; il n'y avait presque plus de fermes ni de champs pour séparer la ville de son faubourg de Saint-Pierre-Quilbignon.

Bon sang ! Que ses pieds lui faisaient mal ! Quelle idée avait-il eue d'écouter son père et de mettre ses souliers neufs ? Il était d'ailleurs quasiment le seul en souliers à la préfecture parmi les jeunes de son âge, venus tous en sabots, eux, faire enregistrer comme lui leur départ de la Royale. S'il avait su… Car c'était un vrai supplice que de courir avec ces souliers neufs ! S'il les avait depuis déjà quatre ans, il ne les mettait que deux ou trois fois l'an, et principalement aux fêtes de famille auxquelles il était convié. Encore les ôtait-il généralement une fois la cérémonie terminée pour ne pas souffrir des pieds, justement.

Il ferma les yeux dès qu'ils quittèrent Saint-Pierre. Pour la première fois depuis longtemps, son statut d'aîné de famille nombreuse lui avait donné deux avantages appréciables. D'abord, celui de ne faire qu'un an de service militaire au lieu des deux que feraient ses frères ; ensuite – et surtout –, celui de faire son année de service militaire à Brest, comme guetteur sémaphoriste. Ce privilège, il le devait au maire de leur commune, également vice-président du conseil général, auquel son père avait demandé d'intervenir auprès de l'amiral, préfet maritime.

Dire que son père ne pourrait même pas s'attribuer le mérite de cette démarche couronnée de succès ! Il en avait été terriblement frustré, songeait Jean-François en esquissant un sourire, car il aurait aimé claironner autour de lui qu'il en était l'instigateur. Il avait malheureusement dû promettre au maire de se taire, et il savait très bien que s'il parlait, tout le port le saurait en un rien de temps, et que son indiscrétion parviendrait très vite aux oreilles de l'industriel.

« Te voilà un planqué », lui dirait dans quelques heures son père qui l'envierait sûrement tout en s'en félicitant. Car si, pour une raison quelconque, il était rappelé sous les drapeaux, le maire ne lui avait-il pas dit qu'il interviendrait auprès des autorités pour que Jeff réintègre aussitôt leur foyer comme soutien de famille ? Jeff, quant à lui, avait un avenir tout tracé. Si sa connaissance du métier de guetteur sémaphoriste lui ouvrait de nouvelles et intéressantes perspectives professionnelles, il ne se voyait pas pour autant quitter la pêche de sitôt. Il avait, en effet, des devoirs à remplir envers ses frères et sœurs comme envers ses parents, et il les assumerait. C'était et ce serait toujours l'un des inconvénients majeurs d'être l'aîné d'une nombreuse fratrie.

Il se souvenait très bien de ses débuts sur *Les Deux Frères*, le bateau paternel. C'était en 1893. Il avait douze ans lorsque le second matelot s'était blessé, peu avant les vacances d'été, avant de décéder quelques semaines plus tard, victime de l'épidémie de choléra. Son père n'avait rien dit, attendant qu'il lui propose de lui-même, en tant qu'aîné, de le dépanner comme mousse. Il est vrai que Jeff connaissait très bien le bateau; il se joignait de temps à autre à l'équipage, participait aux manœuvres, aidait les matelots à remonter les casiers et surtout à les vider et à les boëtter[1]. Bref, il ne serait pas dépaysé.

Aussi, lorsque, le dernier jour de classe terminé et son certificat en poche, Jeff avait proposé son aide à son père, celui-ci s'était contenté de lui répondre : « Enfin! Depuis le temps que j'attendais que tu me le demandes! » Il avait donc été engagé comme mousse et touchait sa part de pêche – une demi-part de matelot –, ce qui apportait un bonus financier non négligeable aux finances familiales. À l'époque, il avait quatre frères et une sœur plus jeunes que lui. Deux autres filles étaient venues compléter la famille par la suite.

L'année suivante, il s'apprêtait à faire de même lorsque son père avait eu la mauvaise surprise d'apprendre, tout début juillet, que l'un de ses matelots le quittait pour s'installer à son compte. Pris au dépourvu, il n'avait pas hésité longtemps et, plutôt que d'embaucher son aîné comme mousse, il en avait fait un matelot de seconde classe. Jeff devenait membre de l'équipage à part entière à treize ans. Quatre ans plus tard, il était promu premier matelot et sa voie comme sa vie étaient désormais tracées : il succéderait un jour à son père et deviendrait patron pêcheur sur *Les Deux Frères* ou, comme il l'espérait, sur un autre voilier – il ne comptait pas attendre que son père décède pour devenir son propre patron. Si c'était *Les Deux Frères*… cela voudrait dire qu'un grand malheur serait arrivé. Dans ce cas, il deviendrait chef de famille et devrait assumer l'éducation

1. Boëtter : appâter.

de ses jeunes frères et sœurs. Et c'était bien ce qu'il pouvait arriver de pire à un aîné...

Il fallut un cahot plus violent que les précédents pour qu'il sorte brusquement de l'assoupissement qui l'avait gagné. Il s'assit un peu plus confortablement et se mit à observer les environs. Ce n'était que la seconde fois de sa vie qu'il faisait le trajet aller-retour dans la journée. Jusqu'alors, il avait toujours passé au moins une nuit à Brest. Rien de plus logique d'ailleurs, puisque c'est à pied qu'il parcourait auparavant les vingt-deux kilomètres du trajet, comme le faisaient encore de nombreux Conquétois. Parmi ceux-ci, les meilleurs marcheurs effectuaient l'aller-retour dans la journée, ce qui n'était pas et ne serait jamais son cas. Quoi qu'il en soit, tout cela serait bientôt de l'histoire ancienne puisqu'un tramway électrique devait entrer en service l'année suivante. Il n'aurait plus à courir comme un malade pour prendre l'*Hirondelle*. Bon sang ! Ses pieds ! Ils devaient être en très piteux état pour lui faire aussi mal !

La nuit tombait déjà lorsque l'*Hirondelle* arriva à destination. Jeff eut la surprise, tout en se préparant à sortir, de voir devant lui Marguerite Riou se lever puis descendre de la diligence avec grâce. Quelle fille splendide ! se dit-il en contemplant de dos la fille du mareyeur, que ses amis et lui appelaient « la reine Margot » sans qu'aucun d'eux ne sache d'ailleurs pourquoi. Marguerite était très jolie et le savait, ce qui ne l'empêchait pas de rester aussi simple que sympathique et polie avec tout le monde. C'était si rare chez les filles de son âge que tous le soulignaient, femmes comme hommes.

Jeff décida de suivre à distance cette jeune fille qui ralliait tous les suffrages. Ils s'étaient tous deux engagés depuis trois minutes tout au plus dans la Grande Rue lorsque la jeune fille fut soudain sifflée par un homme qui l'aborda et s'adressa à elle en termes très crus. Voulait-il profiter de l'obscurité pour l'agresser ? Jeff accéléra le pas et, en deux temps trois mouvements, tomba à bras raccourcis sur l'importun.

C'était Jakez, il aurait dû s'en douter ; Jakez, un pêcheur, certes, mais un ivrogne surtout et, malheureusement aussi, un époux et père de famille qui n'en était pas à son premier esclandre, loin s'en faut. Marguerite le connaissait, elle aussi, et apparemment assez bien pour ne pas s'offusquer de son comportement ni même en avoir peur ; elle avait commencé à le raisonner quand survint Jeff qui, après avoir fermement saisi Jakez au col, lui intima d'un ton péremptoire l'ordre de rentrer chez lui sur-le-champ sans faire d'histoire, sans quoi il se verrait obligé de le conduire à la gendarmerie.

Cela suffit pour que l'homme obtempère tant il détestait les nuits de dégrisement dans la petite prison locale dont il était l'occupant le plus assidu, et de loin. Jeff le raccompagna donc jusque chez lui. Quand ce fut fait, il tourna les talons et eut la surprise de constater que Marguerite les avait suivis.

— Merci beaucoup, Jeff, lui dit-elle. C'est très gentil à toi d'être intervenu ainsi. D'autant que tu sembles bien le connaître.

— Oui, bien sûr... Entre pêcheurs, tout le monde se connaît, tu le sais. En tout cas, pour une femme, tu ne manques pas de sang-froid.

— Pourquoi dis-tu cela ?

— Parce que trois femmes sur quatre se seraient mises à hurler !

— Crois-tu ? Pas les femmes ou filles de pêcheurs. Ou alors, c'est que je les connais mal, bien qu'étant l'une d'elles, car si mon père est mareyeur, il a commencé par être pêcheur lui aussi.

— Job a été pêcheur ? Je l'ignorais.

— Eh bien, tu le sais maintenant. Quoi qu'il en soit, je te remercie très sincèrement, Jeff. Bonsoir à toi et aux tiens.

— Tu ne veux pas que…, risqua-t-il.

— Non, ce n'est pas la peine de me raccompagner jusque chez moi. Merci, Jeff.

— C'eût été avec plaisir. Bonsoir à toi, Marguerite… Qu'y a-t-il ? ajouta-t-il une seconde plus tard en voyant la jeune fille hésiter.

— Tu me trouves peut-être ingrate et tu as raison : tu mérites une récompense.

— Tu ne me dois rien, Marguerite !

— Si, un baiser en guise de remerciement. Un vrai baiser…

— Puisque c'est toi qui me le proposes, je serais un goujat de refuser…

À peine l'eut-il pris dans ses bras qu'elle se laissa aller contre lui, lui offrant ses lèvres et sa bouche dont il s'empara comme un affamé. Presque aussitôt, il commença à la caresser et elle se laissa faire un long moment avant de lui arrêter la main lorsqu'elle jugea qu'il allait trop loin : il lui avait découvert un sein dont il lui titillait déjà le téton. Elle recula légèrement, rentra son sein dans sa chemise après avoir écarté sa main et, tout en souriant, lui souffla :

— Désolée de t'interrompre, Jeff, mais les caresses ne sont pas comprises ; c'est quand même autre chose qu'un baiser.

— Tu es sage, et c'est très bien, Marguerite, lui répondit-il poliment.

— Merci, Jeff. Tu as apprécié ? Moi aussi, et même énormément. Tu embrasses bien, très bien même. On en redemanderait.

— Quand tu voudras, Margot. Un service pareil ne se refuse pas. Et sache que tu embrasses très bien, toi aussi. Je te remercie très sincèrement pour cette récompense inattendue que je n'oublierai pas de sitôt…

À peine rentré chez lui, Jeff entreprit de faire un compte rendu détaillé de sa journée à ses parents. Ils buvaient, son père et lui, un verre de cidre pour fêter les bonnes nouvelles quand il en vint à l'esclandre de Jakez et à son échange avec Marguerite – s'abstenant cependant de mentionner la récompense que lui avait octroyée la jeune fille. S'il fut surpris et déçu de constater que son père ne faisait aucun commentaire, il l'aurait été beaucoup moins s'il avait pu entendre, moins d'une heure plus tard, ses père et mère revenir sur le sujet et se mettre à fantasmer sur les amours éventuels de leur fils avec la belle Marguerite, amours qui ne pouvaient, à leurs yeux, que déboucher sur un mariage, bien entendu.

— Le plus beau parti du port, et de loin, te rends-tu compte, ma femme ?

— Tu es toujours trop optimiste, Jean-Marie. Tu t'imagines vraiment que Job accepterait notre fils comme gendre alors qu'il n'est même pas patron pêcheur et que nous avons huit enfants ?

— Et alors ?

— Tu oublies aussi que Marguerite a déjà vingt et un ans alors que ton fils n'en a que vingt !

— C'est vrai, ça… Enfin, nous verrons bien…

Une fois rentrée chez elle, Margot papota avec sa mère à laquelle elle fit un compte rendu succinct de sa visite dans les magasins brestois. Elle en avait repéré deux ou trois dans lesquels elle pourrait sans doute trouver la tenue qu'elle porterait pour le mariage de sa cousine, dans trois mois. Elle coûtait cher, mais c'était une tenue qui lui servirait par la suite pour bien d'autres cérémonies avant qu'elle ne l'utilise comme tenue du dimanche.

Alors qu'elle attendait un commentaire de sa mère, celle-ci lui demanda :

— En dehors de tes courses, Margot, tu n'as rencontré personne à Brest ?

— Non, ce n'est qu'une fois au Conquet qu'il y a eu un incident.

— Ah ? Et quoi donc ?

— J'ai croisé Jakez, tu sais, l'ivrogne du village.

— Jakez, encore ? Sa pauvre femme… Elle est vraiment mal lotie ! Je la plains… Qu'a-t-il fait cette fois ?

— Il m'a apostrophée. Il s'est montré tel que tu le connais, grande gueule mais pas méchant. De toute façon…

— Oui ?

— J'ai été secourue. Et devine par qui ? Jean-François Le Calvez.

— Jean-François Le Calvez… Jeff ? Le fils aîné de Jean-Marie ?

— Oui. Il a attrapé Jakez par le col et lui a conseillé de me laisser tranquille, sans quoi il le conduirait à la gendarmerie.

— C'est bien de sa part… Il est assez beau garçon, non ?

— C'est exact, et pourtant, ce n'est pas ce que je dirais de lui, maman.

— Je ne vois pas ce que l'on peut en dire d'autre.

— Ce qui frappe chez lui, c'est qu'il a du caractère, ça se voit sur son visage. C'est un homme déjà ; peut-être est-ce dû à ce qu'il est l'aîné d'une famille nombreuse. Je pense que sa femme ne sera pas à plaindre.

— Apparemment, il ne te laisse pas indifférente. Je dirais même qu'il te plaît…

— Oui, et pourtant, je ne me vois pas épouser un homme comme lui. Il a justement trop de caractère pour moi.

— Qu'attends-tu d'un homme exactement ? Je veux dire, d'un mari ?

— Qu'il écoute mes avis et tienne compte de mes opinions. J'aimerais former un vrai couple avec lui, pas passer mon temps à lui obéir et à ne faire que ses quatre volontés, comme c'est le cas dans neuf ménages sur dix.

— Tu cherches la perle rare, ma fille. Ne rêve pas trop. Un homme comme ça, quand on le déniche, cela tient du miracle !

Une semaine plus tard, Jeff reçut un courrier. Il devait se présenter à nouveau à la préfecture et faire quatre mois supplémentaires de service militaire au sémaphore de Brest à compter du 1er novembre s'il voulait être affecté au corps des guetteurs sémaphoristes en cas de conflit. Sa déception était grande, mais il n'avait pas le choix. « Prudence est mère de sûreté », lui disait fort justement son père.

4

Loguivy, fin septembre 1901

C'est à juste titre que Sébastien appréhendait son deuxième jour à Loguivy puisqu'il allait devoir affronter Lise et s'expliquer avec elle. Il savait qu'elle se montrerait d'autant plus désagréable qu'il était porteur de mauvaises nouvelles. Il en eut d'ailleurs un premier aperçu avec la réaction de sa mère, dès qu'il toqua à la porte du domicile des parents de la jeune femme, une petite maison de pêcheurs, au-dessus du port. Lorsque Mme Guégan lui ouvrit, elle se frotta les yeux, incrédule :

— Joséphine ! Un revenant ! Vite, au secours ! s'écria-t-elle.

— Je ne suis pas plus un revenant qu'un viltansou ou un korrigan, madame Guégan. Je suis Sébastien, l'ami de Maudez.

— Ainsi vous n'êtes pas morts tous les deux ! Ça ne m'étonne pas !

— Et pourquoi donc ?

— Le soir même où j'ai appris la nouvelle, j'ai entrevu une lueur dans mon lit clos. Et le lendemain, mon mari a cassé un carreau. Je ne savais comment interpréter ces deux signes, même si j'ai dit à Lise : il est impossible qu'ils soient morts, ces deux signes sont la preuve qu'ils reviendront. Ça lui a redonné le moral quelques jours, et vous voyez, j'avais raison puisque vous êtes là.

— Moi, je suis là, madame Guégan. C'est vrai, je suis là. Mais pas Maudez…

— Le salaud ! J'en étais sûre ! Il a trouvé une autre fille en Islande et il y est resté !

— Ce n'est pas tout à fait cela, madame, c'en est même loin.

— Alors pourquoi ne veut-il plus épouser Lise ? Car c'est cela, n'est-ce pas ? Mon Dieu ! La pauvre Lise… Quand elle l'apprendra…

— Ce n'est pas cela non plus…

— Où se cache-t-il, alors ? Pourquoi n'est-il pas avec vous ?

— Je suis désolé, madame Guégan. Maudez est mort.

La mère de Lise en fut si surprise qu'elle eut une faiblesse et il ne la rattrapa que de justesse au moment où elle allait tomber. Par chance, sa plus jeune fille arriva à ce moment précis et ne mit pas longtemps à lui faire reprendre des couleurs à l'aide de quelques claques bien senties.

— C'est Lise qui va être surprise de te voir vivant, Sébastien ! Et Maudez ?

— Maudez est mort, c'est ce que je viens de dire à ta mère. Il est mort de froid après être tombé à l'eau. J'avais réussi à le repêcher mais il était tard, la nuit est tombée et nous nous sommes perdus.

— Perdus en mer, là-haut…

— Oui. Tu sais ce que cela signifie dans cette mer, au mois de mars… Il faisait un froid glacial que tu ne peux imaginer. Au bout de quatre ou cinq heures, il a perdu connaissance ou il s'est endormi, je ne sais… Toujours est-il que je n'ai pas réussi à le réveiller. C'était un bloc de glace.

— Un bloc de glace ! Et dire que Lise attend un enfant de lui. C'est pour très bientôt d'ailleurs, à la fin du mois, je crois.

— La fin du mois ?

— Oui, dans trois ou quatre semaines tout au plus.

— Elle est là ?

— Elle est partie faire une course et ne va pas tarder. Comment t'en es-tu sorti ? Raconte-moi. Fais vite car je dois retourner chez mes patrons au bourg de Ploubazlanec dans cinq minutes.

Sébastien était si écœuré qu'il avait le cœur au bord des lèvres à la fin de son explication avec Lise. Pourtant, en son tout début, rien ne laissait prévoir le tour qu'allait prendre leur discussion. La jeune femme dont l'accouchement semblait imminent avait commencé par lui confirmer, entre deux sanglots, qu'elle attendait son bébé incessamment. Ses pleurs l'avaient ému tant et si bien que Sébastien l'avait prise dans ses bras pour la consoler, en se disant que Maudez s'était peut-être trompé sur elle et qu'elle l'aimait sincèrement. Aussi avait-il accepté de l'accompagner dehors quand, une fois ses larmes taries, elle lui avait demandé à voix basse de sortir avec elle pour qu'il lui dise en détail ce qui s'était passé. « Loin des oreilles indiscrètes », avait-elle ajouté à voix basse, ce qui laissait supposer qu'elle ne voulait pas que sa mère et ses sœurs écoutent.

Il n'avait pas tardé à s'apercevoir que Lise était sans doute pire encore que ce que lui en avait dit Maudez. Elle en était très vite venue à exiger de lui qu'il se justifie plus qu'il ne s'explique et n'y était pas allée de main morte puisqu'elle s'était permis de lui reprocher d'être encore en vie alors que son promis était mort et que leur enfant allait se trouver sans père. Le seul responsable de cette catastrophe, c'était lui, Sébastien, qui n'avait pas montré suffisamment de courage et d'énergie pour sauver celui qu'il prétendait son inséparable ami. Refusant de se mettre en danger pour sauver Maudez, il avait accepté que la mort les sépare au lieu de tout faire pour tenter de le sauver, au besoin en se sacrifiant pour lui.

— Aurais-je voulu ou pu le faire, Lise, que cela n'aurait servi à rien, lui avait-il alors répondu, décidé à crever l'abcès.

— Et pourquoi, s'il te plaît ?

— Maudez n'est pas tombé à l'eau. Il s'y est jeté.

— Lui ? Se jeter à l'eau ? C'est d'un ridicule ! s'était-elle indignée, non sans rougir cependant. Et pourquoi l'aurait-il fait, dis-moi ?

— Pour disparaître, tout simplement, parce qu'il en avait assez de la vie. Ne me demande pas pourquoi, je l'ignore.

— Sébastien ! Tu n'as pas honte ? Comment peux-tu proférer de pareilles horreurs ? Maudez m'aimait, il savait que j'étais enceinte de lui, qu'il allait avoir un enfant… Il ne pouvait envisager de se supprimer !

— Il m'a assuré, au contraire, que tu étais déjà enceinte lorsqu'il a couché avec toi et que c'est pour cela et uniquement pour cela que tu lui as cédé si vite. Il a également ajouté qu'il ne pouvait être le père de cet enfant parce qu'il avait toujours pris soin de se retirer à temps.

— Le menteur ! Comme s'il l'avait toujours fait !

— Pourquoi m'aurait-il menti, à moi ? S'il avait été le père de ton enfant, il en aurait été fier. Il savait malheureusement que ce n'était pas le cas et ne voyait pas comment il pourrait se sortir du traquenard que tu lui avais tendu. Pour tout te dire, il m'a même confié un jour que tu lui faisais peur, ajoute Sébastien, prêchant le faux pour apprendre la vérité…

— Je lui faisais peur ? Il ne disait pas ça quand il me baisait, ce nigaud !

— Tu sais, Lise, tu n'as pas une réputation d'oie blanche et ce ne sont pas les amants qui t'ont manqué depuis tes seize ans !

— Non, quinze.

— Quinze… quinze quoi ?

— Depuis mes quinze ans. C'est le jour même de mes quinze ans que j'ai perdu mon pucelage, ce qui signifie que je ne suis pas une oie tout à fait blanche, en effet. Et oui, je baise et j'aime ça, vois-tu ! Il n'empêche que pour tout le monde, j'étais la promise de Maudez. Et toi, bien que son ami, tu es en grande partie responsable de sa mort puisque tu ne l'as pas empêché de se jeter dans l'océan.

Puis, après quelques secondes de silence, elle avait ajouté, narquoise :

— Qui sait d'ailleurs si tu ne l'y as pas poussé ?

— Poussé, moi ? Tu es folle, ma parole !

— Moi, folle ? Non, pas du tout. Vois-tu, en y réfléchissant, je devine même comment cela s'est passé et pourquoi c'est arrivé.

— Qu'est-ce encore que cette trouvaille ?

— Je sais tout : c'est par jalousie que tu l'as poussé à l'eau. Parce que tu es amoureux de moi, toi aussi. Tu m'as d'ailleurs « forcée » une fois, trois semaines environ avant votre départ. Rappelle-toi… Oui, c'est comme cela que ça s'est passé. Tu étais jaloux de lui et vous vous êtes disputés tous les deux à mon sujet sur votre doris. Tu l'as poussé à l'eau et tu ne l'as repêché que quand il était trop glacé pour survivre. Tu l'as regardé s'accrocher au bateau et tu ne l'as sorti de la mer qu'une fois certain qu'il allait mourir de froid.

— Je rêve ! Tu es vraiment bonne à interner, ma parole !

— Crois-tu ? Non, je suis prudente, tout simplement. En tout cas, ce que tu viens de me confier me rassure…

— Moi ? Mais je ne t'ai rien dit !

— Tu ne m'as pas dit que tu étais amoureux de moi ? Ah bon ? C'est pourtant ce que je dirai à tout le monde si tu ne m'épouses pas !

— Quelle garce ! C'est incroyable ! Quelle salade comptes-tu raconter ?

— Ce que tu viens de m'avouer il y a un instant : ta dispute avec Maudez, cette bagarre qui a mal tourné. Et tout cela parce que vous étiez jaloux l'un de l'autre.

— C'est ahurissant ! Tu es encore pire que je ne l'imaginais !

— À toi de choisir entre la paix et la guerre : je veux un père pour mon enfant et comme ton ami Maudez n'est plus là par ta faute, tu te dois de réparer et donc de le remplacer. En gage de bonne volonté, je suis disposée à te démontrer tout mon savoir-faire sur-le-champ.

— C'est-à-dire ?

— Je vais te faire une « faveur » tout de suite. Comme cela, tu auras une idée des plaisirs qui t'attendent quand je serai rétablie de mon accouchement.

— C'est ça ! Et tu t'imagines que pour cette « faveur », je vais remplacer Maudez et endosser la faute de l'homme marié qui t'a engrossée ? Tu me prends vraiment pour un crétin…

— Je constate que tu es plus futé que tu ne le parais, avait-elle commenté, ironique. C'est en effet un homme marié et riche qui m'a engrossée. Il n'empêche que c'est toi qui vas m'épouser et devenir le père de mon enfant, tout simplement parce que tu n'as pas le choix. C'est cela ou la prison car, si tu m'obliges à me battre, je déposerai plainte contre toi à la gendarmerie et ce sera ma parole contre la tienne…

Il avait dévisagé, incrédule, cette femme qui avait été la promise de Maudez. Lise n'avait couché avec lui que parce qu'elle se savait déjà enceinte et qu'il lui fallait trouver un père à cet enfant. Maudez n'avait été que l'idiot du village pour elle. Il l'avait appris avant son départ pour l'Islande – sans doute par elle, d'ailleurs, lors d'une dispute – et avait choisi de mourir plutôt que de passer sa vie avec un pareil phénomène de duplicité.

— Et puis quoi encore ? Tu crois que je vais céder à ton chantage et tes menaces ? C'est hors de question ! À tout prendre, je préfère perdre les derniers doigts de ma main gauche plutôt que de t'épouser. Épouser une fille comme toi ? Jamais !

Ce mépris, Lise n'avait pu le tolérer. Elle s'était écriée, ulcérée :

— Tu ne l'emporteras pas au paradis, espèce de salaud !

— Vois-tu, Lise, avait poursuivi Sébastien, impitoyable, si tu dis le moindre mot contre moi, je déballe tout. Et l'on verra qui, de toi ou de moi, sera le plus crédible. Car je suis persuadé qu'il ne me faudra pas longtemps pour découvrir qui est le vrai père de ton enfant. C'est quelqu'un contre lequel tu ne peux rien, en tout cas.

— Toi… Tu n'es qu'un… un…

— Un emmerdeur, je le sais, mais je préfère être un emmerdeur qu'un couillon de père de substitution !

5

Cette dispute ne les avait laissés intacts ni l'un ni l'autre. Si Sébastien en ressortit nerveusement épuisé et très méfiant non seulement vis-à-vis de Lise mais de la gent féminine en général, Lise en subit immédiatement les conséquences sur le plan physique. Le même soir, vers dix heures, survinrent ses premières contractions, sans doute causées par la contrariété. Elle passa une nuit presque blanche, si bien que dès huit heures du matin, sa mère se mit en quête de la matrone.

Déjà en charge d'une autre parturiente dont le travail était bien avancé, celle-ci passa en coup de vent et ne resta que quelques minutes au chevet de Lise qu'elle rassura : le col ne faisait que commencer à se dilater et elle ne pouvait lui être d'aucune utilité pour l'instant; elle repasserait dans le courant de l'après-midi. Ce qu'elle fit effectivement vers quatre heures du soir pour constater que la situation n'avait guère évolué et que le col était toujours aussi peu ouvert. Elle promit de repasser à la nuit tombante, ce qui ne manqua pas de surprendre autant Lise que sa mère qui se résigna sur-le-champ à faire appel à un médecin. Elle n'avait pas de quoi le payer mais il était très humain et lui ferait crédit; peut-être ne lui demanderait-il rien, d'ailleurs. Quoi qu'il en soit, elle n'avait plus le choix car les choses étaient en train de prendre mauvaise tournure ; sa fille souffrait de plus en plus alors que le travail n'avançait apparemment pas. Quelque chose coinçait, donc, mais quoi ?

Il y avait déjà près de vingt-quatre heures que Lise souffrait le martyre lorsque, à neuf heures passées ce même soir, le médecin se mit en route, croisant les doigts pour conjurer le mauvais sort. C'était la seconde fois en moins d'une semaine qu'il était appelé dans une famille de pêcheurs à la dernière minute et il espérait que ce nouvel accouchement se passerait mieux que le précédent. Celui-ci s'était en effet très mal terminé, car s'il avait réussi à sauver l'enfant, la mère y avait laissé la vie, ce qui lui avait valu quelques remarques acerbes du père qui en était même venu à proférer des menaces à son égard.

Il dut cependant très vite déchanter. Son appréhension tourna à l'inquiétude dès son arrivée chez la parturiente lorsqu'il apprit qu'elle avait ressenti les premières contractions la veille au soir. Il procéda aussitôt à un premier examen qui confirma ses craintes : à moins d'un miracle, il ne pourrait s'en sortir sans une intervention très délicate.

L'arrivée inopinée de la matrone le sortit de ses réflexions. Dès leurs premiers échanges, il se mit en colère en apprenant qu'elle était déjà passée deux fois dans la journée sans juger utile de faire appel à lui ou même tout simplement de l'aviser. Il commença par la prendre à part et à lui dire son fait avant de se calmer et de pousser un soupir de découragement. Il allait devoir recourir aux forceps, lui dit-il, et il aurait besoin de son aide. Le moins qu'elle pouvait et devait faire pour réparer sa négligence était de l'assister, ce que la matrone accepta volontiers. Quelque peu rasséréné, le médecin procéda à un examen plus approfondi qui le plongea peu après dans un abîme de perplexité. Perplexité qui tourna vite à l'anxiété lorsqu'il s'aperçut que les forceps ne suffiraient pas.

La seule solution était de recourir à une césarienne. Or cette intervention, toujours très délicate, s'annonçait d'autant plus périlleuse qu'il ne l'avait encore jamais pratiquée. Il n'avait cependant pas d'autre alternative que d'en prendre le risque, puisque ne pas la tenter, c'était la certitude du décès pour la mère et pour l'enfant. Cette intervention de la dernière chance ne réussit malheureusement à sauver ni l'enfant, qui avait le cordon autour du cou, ni la mère, qui succomba pour avoir perdu trop de sang.

Le décès de Lise surprit Sébastien comme la plupart des habitants de leur petit port. Oubliant à la fois son accrochage avec la jeune femme et la mauvaise opinion qu'il avait d'elle, il assista, deux jours plus tard, à ses funérailles. Comme toute l'assemblée, il s'attendait à ce que le prêtre fasse preuve de sympathie pour la malheureuse accouchée et sa famille, ainsi que pour Maudez, son promis, péri en mer. Au lieu de cela, c'est à une leçon de morale que ses ouailles eurent droit en guise d'homélie. La seule leçon que les fidèles présents devaient tirer de cette histoire, selon l'officiant, c'est qu'ils ne devaient jamais mettre la charrue avant les bœufs, tant dans leur vie de citoyen que de chrétien. La vie quotidienne ne manquait pas d'exemples témoignant de la justesse de cet adage, et la vie de ce couple, détruit avant même de s'être construit, était l'éclatant et douloureux témoignage de ce que pouvait être la rigueur de la justice divine envers ceux qui prenaient des libertés avec les préceptes de l'Église ! Dieu les avait punis d'avoir péché en leur reprenant la vie qu'il leur avait donnée. En bref, la punition divine était sévère, mais méritée.

Alors qu'il espérait donner une leçon salutaire à ses fidèles, des pécheurs ignares à ses yeux, le prêtre dut brusquement interrompre sa leçon. Après être monté peu à peu en puissance durant son homélie, le raclement infernal des sabots sur les dalles de pierre de la nef couvrait maintenant complètement sa voix. Les paroissiens témoignaient ainsi leur désapprobation générale envers leur curé qui, à leurs yeux, dépassait vraiment les bornes. Dépité de devoir interrompre son sermon, le prêtre descendit à regret de sa chaire pour regagner le chœur. Lorsqu'il passa devant Sébastien, celui-ci se leva et lui dit :

— Monsieur le curé, vous n'avez pas le droit de juger des défunts ni de salir ainsi leur mémoire. Encore moins celle de Maudez qui est mort en mer et dont le corps est pour toujours dans l'océan.

— Qui es-tu pour te permettre de m'apostropher ainsi, dans mon église ?

— Qui êtes-vous pour oser parler ainsi de deux défunts ? Sachez d'abord que cette église n'est pas la vôtre, mais la nôtre. Vous n'en êtes le curé que pour un temps limité. Quant à moi, je suis un fidèle qui croit en Dieu et en Jésus-Christ. N'est-ce pas lui qui a dit aux apôtres : « Ne jugez pas et vous ne serez pas jugés. Ne condamnez pas et vous ne serez pas condamnés » ? Vous, vous faites l'un et l'autre et ne respectez donc en rien la parole divine, et vous serez jugé pour cela.

— Insolent ! Comment oses-tu t'adresser ainsi à ton recteur ?

Sans même daigner répondre au prêtre, Sébastien ajouta :

— Jésus, le Christ, nous a également enseigné la charité, cette charité dont vous manquez cruellement puisque vous n'en parlez jamais. C'est pourquoi je quitte l'office, et je le fais certain que Dieu me comprend et me pardonne.

— Je te ferai excommunier, qui que tu sois, et tu…

Le prêtre ne termina pas sa phrase car Sébastien était déjà sorti, son père sur ses talons. D'autres pêcheurs leur emboîtèrent le pas, suivis de leurs épouses et enfants, tant et si bien qu'en un clin d'œil, l'église se vida aux trois quarts. Les paroissiens ne pouvaient admettre pareille intolérance de leur curé ; ils se retrouvèrent sur la place de l'église et décidèrent de se rendre tous ensemble au cimetière pour y attendre le cortège funèbre. Les commentaires allaient bon train, et tous dans le même sens : plus le temps passait et plus ce curé devenait insupportable. D'ailleurs, si quelqu'un méritait les feux de l'enfer, c'était lui bien plus que ses ouailles qui allaient lui montrer leur colère autant que leur désapprobation en faisant la grève du denier du culte. C'était à la bourse, son point sensible, qu'il fallait le toucher. Et ils allaient désigner un émissaire qui irait voir leur évêque pour qu'il renvoie ce prêtre et le remplace par un autre, plus compréhensif envers ses paroissiens.

Sébastien ne pensait déjà plus au prêtre mais à son ami Maudez. En dehors des quelques marins pêcheurs qui avaient navigué avec eux et qui assistaient à la cérémonie funèbre, personne dans l'assemblée n'avait eu une pensée pour lui puisqu'il n'était pas natif de Ploubazlanec, même s'il y habitait. Maudez tenait en effet son prénom du village voisin dont il était originaire, Lanmodez, où une cérémonie en sa mémoire serait célébrée le lendemain. D'enterrement proprement dit, il n'en était évidemment pas question puisqu'il avait été enseveli en mer et que son corps devait dériver quelque part dans l'océan, si les morues ou les requins ne l'avaient pas encore dévoré.

Combien seraient-ils à cette cérémonie ? Dix ou vingt hommes, pas plus. Et tous des pêcheurs, des Islandais. Eux seuls ne l'oublieraient pas tout de suite, parce que la fin de Maudez, ils appréhendaient tous de la connaître un jour. Son nom allait s'ajouter à la longue, très longue, trop longue liste des Islandais « perdus en mer » qui se chiffrait en centaines et même en milliers de disparus, comme en témoignaient les dizaines et peut-être centaines de goélettes qui n'étaient jamais revenues de ces lointaines Terre-Neuve et Islande.

Sébastien rumina ces pensées morbides jusqu'à l'arrivée tardive du cortège funèbre. Il se secoua alors et suivit en silence la fin de la cérémonie, dont ce terrible *dies irae* qui précéda de peu la mise en terre du cercueil, saluée, comme de coutume, par les pleurs et cris déchirants de la mère et des sœurs de la défunte. Lise retrouverait peut-être Maudez là-haut. Qu'allait-elle encore inventer comme excuse pour se justifier auprès de lui, si c'était le cas ?

6

Durant la semaine suivante, Sébastien avait soldé les comptes avec ses armateurs de Paimpol et de Binic qui avaient fini par s'entendre pour lui remettre sa paie de matelot en quasi-totalité. De son armateur paimpolais, il avait reçu en outre, comme il l'espérait, une indemnité pour les phalanges manquantes à la main gauche et celle de son annulaire droit.

Ce dédommagement n'était certes pas le pactole, et son père le jugeait même dérisoire, mais du moins avait-il le mérite d'exister, car dans le contrat, rien n'obligeait son armateur à le lui verser. D'autant qu'il avait également réussi à lui arracher, en compensation, la promesse d'un prêt sans intérêt de deux mille francs destiné à financer l'achat d'un bateau d'occasion. Remboursable en trois annuités, ce prêt ne pourrait cependant pas intervenir avant six mois ; en effet, tel était selon son armateur le délai minimum qu'il lui faudrait pour s'accoutumer à son handicap et adapter pleinement ses mains à son métier de pêcheur côtier, mais également pour retrouver les habitudes et la pratique de la pêche côtière.

En dépit de ses sept ans de campagnes islandaises, Sébastien n'avait jamais réussi à s'accoutumer au climat rude et glacial du détroit du Danemark ou de la mer de Norvège qui ceignaient l'Islande. Aussi appréciait-il à sa juste valeur la douceur de l'hiver breton et humait-il chaque matin, avec le même plaisir, l'air marin de la côte du Goëlo. Il n'en oubliait pas pour autant les traîtrises de ses récifs, îlots et hauts-fonds, comme ses redoutables marées ou la force de ses courants et de ses vents qui exigeaient constamment beaucoup de prudence. En deux mots, Sébastien retrouvait la rudesse naturelle de son « pays » et ce n'était pas pour lui déplaire, loin de là. Cela ne faisait-il pas dorénavant partie intégrante de sa vie ? Et puis, qui avait appris la pêche au casier aux pêcheurs du Léon, de Cornouaille et du Morbihan sinon justement ceux du Goëlo et du Trégor ?

Les bateaux à moteur que leur promettaient pour bientôt techniciens et ingénieurs restaient, pour le moment, à l'état de projet pour les pêcheurs côtiers. Ils devaient se contenter de bateaux à voiles et devraient le faire de nombreuses années encore. S'il avait, sans la moindre difficulté, retrouvé en totalité les automatismes de sa jeunesse, Bastien avait dû modifier et adapter ses mouvements au handicap que généraient ses phalanges manquantes. Il y parvint cependant beaucoup plus rapidement qu'il ne s'y attendait, ce qui lui permit de constater, en se fiant à son cas, que la nature avait doté l'homme d'une capacité d'adaptation hors du commun.

Bien qu'encore récent, le décès de Lise était déjà pour lui de l'histoire ancienne. Lorsqu'il lui arrivait encore de penser à cette diablesse, l'image de son ami Maudez se superposait très vite à la sienne. Venaient alors les regrets. Pourquoi son ami s'était-il tu ? Pourquoi ne lui avait-il pas confié plus franchement son désespoir ? Qu'était une amitié qui ne prêtait pas aux confidences, une amitié qui se terminait comme avait fini la leur ? Quand il était parvenu à ce point, les regrets cédaient la place aux remords. Que valait un homme incapable de lire la détresse dans le regard d'un ami, incapable de comprendre à quel point il était à bout? Pas grand-chose, certainement, et c'était pourtant son cas.

Il se reprocherait toute sa vie d'être passé à côté d'un pareil désespoir, de n'avoir pas su lire cet appel au secours dans les yeux de Maudez. Il ne s'était aperçu de rien et c'est sans doute pour cela qu'avant de se jeter dans l'océan glacé, son ami avait éclaté de rire, plus par dérision que par désespoir. C'était sa manière de le blâmer pour son indifférence.

— Reste avec nous, fils, lui fit Jean-Yves. Te voilà encore parti dans tes rêves.

— Pardonnez-moi, père.

— C'est encore la perte de ton ami Maudez qui te turlupine, je parie!

— En effet.

— Cesse donc de te rendre malade avec cette histoire. Tu as fait tout ce qu'il était possible de faire pour le sauver. Tu ne peux rien au fait qu'il soit parti et ce n'est ni en pensant à lui, ni en te faisant des reproches que tu le feras revenir. S'il s'est jeté volontairement à l'eau, comme tu le penses, dis-toi que tu n'y pouvais rien.

— Si, bien sûr! J'aurais dû m'apercevoir de sa détresse.

— Et alors? Crois-tu que cela aurait changé quelque chose? Non. Si, ce jour-là, tu avais réussi à l'empêcher de se jeter à la mer, il aurait recommencé le lendemain ou une semaine plus tard.

Sébastien n'avait rien rétorqué cette fois tant les paroles de son père étaient pleines de bon sens. Et elles le soulageaient d'un poids énorme car il avait raison, bien sûr : sauver Maudez ce jour-là n'aurait fait que retarder l'échéance de quelques jours ou quelques semaines tant son ami était déterminé à se supprimer. Et comme il leur restait alors encore plus de cinq mois à passer en mer, les occasions de le faire ne lui auraient certes pas manqué.

Il sourit à son père en guise de remerciement et lui lança :

— Maintenant que nous avons remis tous les casiers à l'eau, que diriez-vous d'aller chercher des moules, père ? Nous avons le temps et la mer est basse.

— Demande cela au chef ! Joseph, tu as entendu ?

— Oui, matelot. Je suis d'accord avec Bastien. Pour une fois que le temps et la marée s'y prêtent… Cela nous fera quatre sous de plus ainsi qu'un bon repas. Et puis, qui sait ? En cherchant des moules, il arrive que l'on déniche un homard ou un congre dans un trou…

— Oui, parce que pour le prix qu'on tire des moules chez le mareyeur, hein ?

— Je me suis arrangé avec mon pote Francis, père.

— Francis Le Gallo, de Lannevez ?

— Oui. Il nous filera des légumes contre quelques kilos de moules.

— T'es sûr que tu peux lui faire confiance, Bastien ?

— Oui, Francis est un copain d'enfance.

— Tu ne m'avais pas habitué à de si bonnes idées, Jean-Yves. Ton fils est plus dégourdi que toi, et de beaucoup !

— Pense-le tant que tu veux, Joseph, mais ce n'est peut-être pas la peine de le lui dire ! Surtout devant moi ! Pour qui va-t-il me prendre, maintenant ?

— Pour ce que tu es, papa, un excellent père, intervint Sébastien en riant.

— Tu vois, Jean-Yves, de quoi te plains-tu ? Je n'ai fait que t'attirer des compliments de ton fils !

À peine rentré à Loguivy, Sébastien commença par aider Joseph et son père à porter leurs homards chez le mareyeur, avant de troquer un plein sac de moules d'une vingtaine de kilos contre des oignons et pommes de terre auxquels son ami ajouta huit œufs et une motte de beurre. Car Francis n'hésita pas à prendre tout le sac de moules dans ce troc où chacun trouvait son compte. Il répartirait ces moules entre plusieurs fermes et récupérerait, et au-delà, les légumes et œufs qu'il lui donnait, confia-t-il à Bastien.

Maria et ses filles apprécièrent, elles aussi, comme il se devait, l'initiative de leur fils et frère. Qu'est-ce que cela leur coûtait aux hommes de descendre sur Grou Ezen, Raguénes, Béniguet ou un autre îlot de Bréhat, pour y ramasser autant de moules qu'ils voulaient sans se fatiguer ? Rien ! Leur mari et père aurait dû y penser depuis longtemps. Bien préparées, les moules constituaient un bon et même un excellent repas. Il est vrai qu'il n'aimait pas les moules, lui ! Il lui fallait toujours ses crustacés et son poisson, dont il ne se rassasiait jamais.

Maria espérait que ce troc se répéterait et que Bastien réussirait à l'imposer à son père, d'autant qu'ils avaient des panais, oignons et pommes de terre pour deux semaines et qu'en plus de tous ces légumes, Sébastien avait également récupéré une livre de beurre, des œufs et quelques pommes ! Il était bien plus courageux que Jean-Yves. Son mari préférait se serrer la ceinture plutôt que de prendre des risques. Il craignait que Jean Oulhen, le mareyeur, ne l'apprenne et se fâche en se retournant contre Joseph qui lui-même tiendrait son matelot pour seul responsable.

Et en effet, le troc des produits de la mer contre ceux de la terre dura environ six semaines avant que Joseph n'y mette le holà. Ils ne pouvaient le poursuivre ouvertement sans risquer d'indisposer Jean Oulhen qui, en matière d'exclusivité, avait l'épiderme très chatouilleux, argua Joseph. Le mareyeur avait même l'épiderme si chatouilleux qu'il était capable de refuser de lui prendre ses crustacés s'il le prenait en défaut. C'est ce que ce Joseph expliqua à Sébastien : il n'entendait pas prendre le risque de voir son mareyeur attitré refuser de lui acheter ses homards. Et puis, son bateau ne pouvait nourrir indéfiniment trois hommes. Mieux valait pour Sébastien chercher un autre embarquement…

Embarquement qu'il trouva aussitôt, mais cet essai fut très bref lui aussi. Il ne s'entendait pas avec son nouveau patron, un caractériel trop porté sur le vin. Il dut donc se mettre rapidement en quête d'un autre bateau sur lequel il ne resta pas longtemps non plus, pour les mêmes raisons. Alors qu'il retrouvait peu à peu ses repères dans son village natal et se savait en mesure d'apporter un plus aux pêcheurs locaux en optimisant leurs pêches quotidiennes, il constatait au fil du temps et de ses expériences qu'il aurait beaucoup de mal à s'entendre avec un patron caractériel comme l'étaient trois sur quatre d'entre eux. Sans compter que second matelot sur un bateau, cela ne nourrissait pas son homme.

Il devait donc devenir rapidement son propre patron, même si la concurrence était rude dans le Goëlo comme dans le Trégor, car la ressource y diminuait d'année en année. S'il voulait s'en sortir, il allait probablement devoir acheter un bateau et imiter les Loguiviens de la génération précédente, partis plus à l'ouest ou au sud, vers le Léon et la Cornouaille, vérifier si langoustes et homards y pullulaient autant que l'affirmaient ceux d'entre eux qui s'y étaient installés.

Sa décision prise, restait à la mettre en application et le plus tôt serait le mieux, ce qu'il fit en se mettant en quête d'un bateau susceptible de lui convenir. Il lui en fallait un de six à sept mètres, pas trop cher, compte tenu de ses économies et du montant du prêt de son ex-armateur. Lorsqu'il trouva enfin la barque de son choix, un six mètres cinquante d'occasion mais en très bon état, il se rendit chez son armateur qui lui accorda, comme il le lui avait promis, un prêt sans intérêt de deux mille francs remboursable en deux ans et non trois. Il choisit soigneusement son bateau, ses voiles et gréements ainsi qu'une cinquantaine de casiers à armature de bois dont il vérifia les filets si méticuleusement que le vendeur finit par s'en agacer. Enfin, il était prêt pour la grande migration, même s'il lui restait deux choses à faire : s'habituer à son bateau d'abord, informer ses parents de ses intentions ensuite, ce qui serait sûrement le plus difficile.

Deux mois passèrent sans que survienne le moindre événement qui aurait pu l'amener à justifier son départ. Il commençait à s'interroger sur la façon dont il y parviendrait lorsque la chance tourna enfin. C'est, comme bien souvent, de façon tout à fait inattendue qu'elle se présenta le jour où Jean-Louis, un ami morutier de Plouézech, l'invita à son mariage. Il épousait une jeune fille de Loguivy prénommée Marie-Louise et allait donc quitter la pêche à la morue pour celle au casier, puisque c'était le préalable que sa fiancée avait posé comme condition à leur union. Bastien expliqua alors à son ami qu'il venait de prendre la même décision, bien que pour des motifs différents des siens, lui confirmant ainsi qu'il entendait concrétiser les projets d'exil dont il l'avait déjà entretenu.

Alors qu'ils s'apprêtaient à se quitter après avoir pris une bolée de cidre ensemble, Jean-Louis lui indiqua que sa future épouse tenait un café sur le port. Et comme ses parents en possédaient un autre, il n'était pas impossible qu'il quitte la pêche et leur succède le jour où ils décideraient de se retirer. Devenir bistrotier, qu'en pensait-il ? lui demanda-t-il alors. Réputé pour sa franchise parfois abrupte, Sébastien commença par lui dire que c'était effectivement très tentant comme opportunité. Il le mit cependant en garde, car si le métier de pêcheur n'allait pas sans risques, celui de bistrotier pouvait, en dépit des apparences, se révéler parfois plus dangereux encore.

Dans une petite commune comme la leur, un tenancier devait en effet résister au quotidien à de nombreuses tentations, ne serait-ce que celle de fêter par exemple avec un ami ou un client la naissance d'un enfant, des fiançailles ou encore l'annonce d'un mariage, ou toute autre bonne nouvelle, toujours prétexte à une tournée. Une tournée générale, bien entendu, très souvent suivie d'une autre, soit celle du maire s'il passait par là, soit celle d'un ami ou du tenancier lui-même. Oui, devenir bistrotier, c'était la quasi-certitude de devenir tôt ou tard un sac à vin si l'homme qui s'y consacrait manquait à la fois de volonté et de rigueur. Et Jean-Louis était le seul à savoir s'il possédait ces qualités. Ces réserves suffirent à plonger le futur marié dans un abîme de perplexité : Bastien, qui le connaissait bien, ne cherchait-il pas à le mettre en garde contre sa propension à boire, parfois plus que de raison ?

Au moment où ils se quittaient en se serrant la main, Jean-Louis précisa à Bastien un détail, et d'importance : bien que native de Loguivy, la cavalière qu'il lui destinait, une cousine de sa future femme, n'y vivait plus. Elle habitait Le Conquet, dans le Finistère, où son père s'était installé comme mareyeur des années plus tôt. Le Conquet… Ce n'est pas pour rien que Jean-Louis lui donnait cette précision, comprit Sébastien. Son ami lui tendait une perche, car c'est en effet au Conquet, ce port du Nord-Finistère, proche de la pointe Saint-Mathieu, que bon nombre des pêcheurs de Loguivy qui avaient émigré vers le Léon s'étaient regroupés. Et si Jean-Louis avait demandé à sa fiancée de lui attribuer cette cousine comme cavalière, c'est bien parce qu'il connaissait ses projets de pêche au casier. Il lui offrait ainsi un contact éventuel avec un patron pêcheur léonais qui pourrait peut-être l'aider à s'installer là-bas. Sébastien remercia donc chaleureusement son ami.

7

Même si elle prétendit le contraire à ses parents, Marguerite fut ravie d'apprendre qu'elle se rendrait seule à Loguivy pour y représenter leur famille au mariage de sa cousine. Il y avait en effet près de cent cinquante kilomètres de distance entre Le Conquet et Loguivy, ce qui était beaucoup trop pour ses parents qui ne pouvaient s'absenter aussi longtemps, leur métier de mareyeurs ne le leur permettant pas. Son père lui donnerait un mot d'excuse pour sa sœur et sa famille…

Marguerite n'objecta rien puisqu'il n'était, bien entendu, pas question pour elle de discuter les décisions paternelles. Elle imaginait sans peine la scène que lui ferait Mathieu, son soupirant, en apprenant son absence, puisqu'il attendait leur rendez-vous depuis trois semaines. Ce garçon qu'elle fréquentait en cachette depuis six mois était un aspirant de la Royale dont ses parents ignoraient tout, jusqu'à son existence. Fréquenter, c'était d'ailleurs beaucoup dire, tant leurs relations restaient platoniques, ce que Marguerite déplorait parfois. Elle aurait aimé qu'il fasse preuve d'un peu plus d'audace envers elle, ne serait-ce que pour se sentir désirée. Mais enfin, élève officier de marine, ce n'était pas rien. C'était sans doute d'ailleurs la principale qualité de Mathieu, qui n'avait rien d'un beau gars comme

Jeff Le Calvez ou, plus encore, Jeannot Gouzien. Celui-là, elle n'était pas près d'oublier leur baiser qui datait déjà de quelques semaines. Chaque fois qu'elle y repensait, c'était avec plaisir.

Son voyage lui prit toute la journée : voiture d'abord jusqu'à la gare de Brest, puis train de Brest à Paimpol via Saint-Brieuc, et enfin, voiture à nouveau de Saint-Brieuc à Ploubazlanec et Loguivy. Elle fut très bien reçue par son oncle et sa tante, ainsi bien entendu que par sa cousine Marie-Louise. Si elle aida celle-ci durant deux jours dans son bistrot, elle n'apprécia que très peu cette expérience tant elle détestait les hommes avinés.

Après lui avoir montré sa tenue de mariage, Malou lui parla en long et en large d'abord de son futur mari, puis du cavalier de Margot, un garçon nommé Sébastien dont elle lui fit une description très précise. Marguerite fut choquée d'apprendre que ce jeune homme était légèrement amputé des deux mains, même si, selon Malou, cela n'enlevait rien à son charme ni à ses aptitudes manuelles. D'autant qu'il était presque aussi beau que Jean-Louis, son fiancé, affirma-t-elle, en ajoutant qu'elle ne lui connaissait pas d'amoureuse. La place était totalement libre, comme la chambre dont elle disposait au-dessus du bistrot, si jamais il lui prenait l'envie de faire des galipettes avec ce garçon.

— Tu es drôlement osée, Malou, de parler ainsi !

— Comment ? Ne viens pas me dire qu'à vingt-deux ans, tu es toujours pucelle, Margot !

— Si, justement. Pas toi ?

— Tenancière de bistrot et pucelle ? C'est impossible, voyons ! Tu ne te rends pas compte de toutes les tentations ! Tant pour mes clients que pour moi, d'ailleurs.

— Qu'en dit ton futur mari ?

— Jean-Louis ? Il connaît très bien cette chambre, lui ! Il est ma plus récente aventure et sera peut-être la toute dernière puisque je l'épouse dans trois jours. Mais toi, vierge à vingt-deux ans, je ne m'y attendais pas ! Ton père est mareyeur, quand même ! Et puis, roulée comme tu l'es...

— Tu me trouves jolie ?

— Plus que cela, Margot. Tu es belle. Cette chevelure brune, ce teint mat, ces lèvres pleines et rouges... Je suis sûre que Sébastien va craquer.

— Tu le connais ?

— Oui, il est aussi blond que tu es brune. Il a la peau très hâlée, ce qui n'a rien d'étonnant vu son métier, et est assez grand sans l'être de trop. Bref, c'est un beau gars. Enfin, tu pourras en juger toi-même demain.

Le temps passa très vite pour Sébastien, à l'exception des quarante-huit heures précédant la cérémonie qui lui parurent interminables. Et ce fut enfin le grand jour. Mis en présence de sa cavalière, il oublia sur-le-champ Ploubazlanec, Loguivy, Paimpol et... la pêche, pour ne plus voir qu'elle, Marguerite. Car cette belle fille s'appelait Marguerite, le plus beau des prénoms, qui allait à merveille à la plus belle fleur qu'il ait jamais vue, une superbe brune à la peau mate et aux yeux d'un surprenant bleu-vert. Elle lui parla du Conquet – un très joli petit port, selon elle –, où ses parents, des Loguiviens, s'étaient installés une vingtaine d'années plus tôt. Très contents de leur choix, ils y vivaient heureux, tout comme elle et sa sœur. Son frère aîné, indépendant et propriétaire de son propre bateau sur lequel il pratiquait la pêche aux crustacés, habitait Landéda.

Sébastien avait la curieuse impression de vivre un rêve éveillé en contemplant sa cavalière, apparemment aussi aimable et gaie que jolie. Il lui fallait la séduire et aussi réussir à lui plaire autant qu'elle lui plaisait, puisqu'elle pouvait représenter son avenir si, par bonheur, il lui inspirait ne serait-ce que le dixième de l'attirance qu'il ressentait pour elle.

Après leur première prise de contact, dans la maison des parents de Malou, ils prirent place dans le cortège qui se dirigeait vers la mairie avant de s'installer côte à côte dans la nef, deux rangs derrière les futurs mariés. C'est avec le plus grand sérieux qu'ils suivirent tous deux la messe de mariage jusqu'au moment de l'échange des consentements entre époux, moment qui les rapprocha de façon inattendue. Ils se sourirent à ce moment et échangèrent un long, très long regard qu'ils eurent le plus grand mal à interrompre l'un comme l'autre. Leur relation se fit, en un instant, beaucoup plus intime tant ils avaient conscience de s'être trouvés sans même se chercher dans ce long regard partagé. Ému à un point qu'il n'aurait jamais imaginé, Sébastien était loin de se douter que Marguerite l'était beaucoup plus que lui encore : la jeune fille était dans un état second, totalement perdue, elle ressentait un trouble profond et ne comprenait pas ce qui lui arrivait, sinon qu'elle savait avec une certitude absolue qu'elle venait de rencontrer l'homme de sa vie.

Le repas de mariage leur permit de faire plus ample connaissance, au point que Sébastien n'hésita pas à se livrer en lui racontant la disparition de Maudez. Bouleversée par son récit, Marguerite en eut la gorge si serrée qu'elle eut toutes les peines du monde à contenir les larmes qui lui montaient aux yeux; elle y parvint cependant et, pour le faire taire, lui prit la main qu'elle serra longuement entre les siennes jusqu'au moment où son émotion fut la plus forte. Confuse, elle sortit alors de son sac un petit mouchoir blanc avec lequel elle se tamponna les yeux, laissant Sébastien s'excuser platement de l'avoir fait pleurer ainsi.

Leur conversation rebondit cependant très vite et, lorsque, peu après, il évoqua l'éventualité d'une reconversion à la pêche au casier, elle lui vanta les ressources énormes de la côte du Bas-Léon et de ses îles et mentionna que son père pourrait certainement l'aider à y débuter. S'il avait l'intention d'y venir, bien entendu, précisa-t-elle immédiatement en lui lançant un regard interrogatif. La réponse positive de Sébastien lui valut immédiatement un merveilleux sourire en retour.

Ils dansèrent ensuite longuement ensemble, y allant même de quelques valses qui leur donnèrent l'occasion de se serrer de près. S'il n'était bien entendu pas question pour Sébastien, ce premier soir, d'envisager ne serait-ce qu'un début d'effeuillage de sa Marguerite, leur attitude commune en se quittant leur laissait entrevoir pour le lendemain un retour de noces beaucoup plus tendre et intime, car débarrassé de toute surveillance familiale.

C'est effectivement ce qui se passa. Plus encore que celui qu'elle considérait déjà comme son amoureux, Marguerite était décidée à mener les choses rondement sinon tambour battant et elle ne se déroba pas lorsque Sébastien lui proposa, en fin de matinée, une petite promenade dans la campagne en tête à tête. Si leur premier baiser fut quelque peu timide, ceux qui suivirent s'avérèrent de plus en plus ardents et même brûlants au point que, sentant son corps s'enflammer, Marguerite chercha délibérément à précipiter les événements.

Le temps tournait, en effet, et pleinement consciente qu'il leur était compté, elle se décida à aller tout de suite plus loin, et même beaucoup plus loin, aussi loin qu'il le désirerait, alors que Sébastien restait, autant qu'il le pouvait, sur la réserve, tout simplement par crainte qu'elle ne le juge trop entreprenant. S'y ajoutait peut-être aussi, sans même qu'il en fût conscient, la hantise de connaître une mésaventure similaire à celle survenue à son ami Maudez.

Décidée à tout mettre en œuvre pour parvenir à ses fins et amener Sébastien à se déclarer, Marguerite comptait sur le déjeuner à venir pour que son cavalier quitte sa réserve et laisse enfin tomber cette carapace de pruderie derrière laquelle il s'abritait encore. Elle ne se trompait pas. Comme bien souvent en effet, ce repas de retour de noces fut beaucoup plus gai, débridé et même paillard que celui du mariage ne l'avait été la veille. Ils mangèrent et burent un peu et même beaucoup plus que de raison, si bien que vers cinq heures de l'après-midi, c'est sans la moindre hésitation que Marguerite embarqua Sébastien dans une promenade d'amoureux que celui-ci approuva avec enthousiasme.

À défaut de pouvoir s'isoler dans un des îlots inhabités de Bréhat, elle choisit de se réfugier dans un petit bois où il la guida vers une clairière. C'est là que, sur une couche de mousse, leurs corps firent connaissance et qu'elle put se laisser aller à un moment d'intimité dans les bras de son « amoureux ». Ils s'en relevèrent tous deux pleinement heureux, conscients de leur chance de s'être trouvés si vite sans vraiment se chercher.

Seule dans son lit clos, ce même soir, Marguerite revivait sans se lasser les meilleures minutes de cet après-midi de rêve. Elle l'avait laissé faire tout ce qu'il voulait, comme elle se l'était promis. Oui, pour faire connaissance, ils avaient vraiment fait connaissance ! Cependant, si merveilleuse qu'elle soit, l'irruption de Sébastien dans sa vie allait entraîner pour elle un chambardement auquel elle devait réfléchir d'urgence.

Même si un pareil début lui donnait beaucoup d'espoir pour l'avenir, elle avait pleinement conscience qu'elle ne pouvait se permettre le moindre impair, ne serait-ce que parce qu'elle ne pouvait pas s'éterniser à Loguivy, où elle logeait chez son oncle et sa tante. Dès le lendemain soir ou, au mieux, le surlendemain, Sébastien la quitterait pour repartir en mer, et il serait déjà en pêche quand elle se lèverait. Cela la bouleversait. Elle en était si énervée qu'elle ne put quasiment pas fermer l'œil de la nuit et ne s'endormit qu'au petit matin.

8

Elle hurlait en appelant à l'aide, tout en tirant éperdument par la main sa sœur qui, malgré ses efforts, ne parvenait pas à remonter sur la cale d'où elle était tombée à l'eau. Jeannine ne savait pas nager et allait se noyer, cela ne faisait pas l'ombre d'un doute ! C'était si horrible et si insupportable que Marguerite se réveilla en sursaut, trempée de sueur. Son cœur battait la chamade, et il est vrai qu'il y avait de quoi ! Un cauchemar ! Ce n'était qu'un cauchemar ! se dit-elle en reprenant conscience de la réalité : elle était dans son lit clos, en sûreté chez sa tante Marthe.

L'histoire de Sébastien et de Maudez la hantait à un point inouï, ce qui n'avait rien d'étonnant. Tout en se tamponnant le visage, elle se prit soudain à sourire quand le visage de Sébastien s'imposa à elle et qu'elle revit sa promenade de la veille, celle où elle avait offert sa virginité à son prince charmant, à celui qui serait sûrement l'homme de sa vie. Sébastien… Y avait-il plus beau prénom ? Pas à ses yeux, ou du moins, pas à ses oreilles…

Elle se leva et se confia à sa tante tout en prenant son petit déjeuner. Elle venait de lui dire à quel point son cavalier lui plaisait tant il était poli et courtois – ce qui était plutôt rare dans le milieu de la pêche – lorsqu'on toqua à la porte de la maison. Les deux femmes se regardèrent un instant, surprises, avant que la tante Marthe ne lâche, en se dirigeant vers la porte :

— Tu attends quelqu'un ?

— Non.

— Je me demande qui peut venir nous enquiquiner à cette heure matinale. Un colporteur, sans doute.

— Ouvre toujours, tante Marthe.

L'enquiquineur était un homme, jeune encore, qu'elle fit entrer sans même répondre au « Bonjour madame » poli dont il venait de la gratifier. Elle le reconnut d'emblée. C'était lui, bien sûr ! Le cavalier de sa nièce ! À peine prit-elle le temps de lui répondre par un timide « Bonjour monsieur » que, sans même lui laisser le temps de refermer la porte, Marguerite se précipitait sur le nouvel arrivant en la bousculant au passage et se jetait à son cou en criant « Sébastien ! ». Marthe referma la porte et, lorsqu'elle se retourna, laissa échapper un « Oh ! » de dépit en s'apercevant que, sous son toit, les deux tourtereaux s'embrassaient à bouche que veux-tu ! Les yeux écarquillés, elle regardait, incrédule, les deux débauchés. Ce qui se passait était ahurissant ! Jamais elle n'aurait imaginé pareil spectacle dans sa demeure : sa filleule embrassant son amoureux sous ses yeux... C'était proprement scandaleux !

Marguerite... Une pareille impudeur était inouïe ! Quelle effrontée, cette nièce ! Ce n'est pas à son époque qu'une fille se serait permis un tel comportement ! Elle ne lui avait même pas laissé le temps de fermer la porte, c'est dire... Ces deux-là avaient certainement déjà couché ensemble, cela se voyait comme le nez au milieu de la figure ! Oui, ils n'en étaient plus au stade des caresses comme Margot l'avait prétendu, loin de là même. Ils avaient forniqué, elle en était certaine ! Sans doute sa nièce avait-elle perdu son pucelage la veille, lors du retour de noces ; si ce n'était déjà fait auparavant !

Le fameux Sébastien était un beau gars, pour sûr. Après tout, n'était-ce pas Margot qui avait raison ? En tout cas, elle avait bien de la chance, car de toute évidence, ce garçon était fou d'elle. Si son mari était venu la chercher ainsi chez elle, deux jours après avoir fait sa connaissance, n'aurait-elle pas été folle de joie ? Une jeune fille pouvait-elle rêver mieux ? Non. Rien, non rien. Il n'y avait rien de plus gratifiant pour une femme que d'être adorée par un homme comme l'était sa nièce par ce Sébastien. Elle l'avait visiblement ensorcelé, il n'était que de voir la façon dont il la dévorait du regard. Elle n'avait jamais vu les yeux d'un homme briller d'une admiration mêlée de désir comme ceux de Sébastien.

Il allait certainement demander à Marguerite quelque chose d'incroyable et même d'inconvenant, de monter sur-le-champ dans sa chambre par exemple, car il n'était pas là par hasard. Elle ne s'y opposerait pas, car ils étaient assez grands pour savoir ce qu'ils faisaient, et puis mieux valait qu'on ne les surprenne pas à se lutiner dehors. Oui, c'était sûrement cela qui se passait : sa nièce avait dû dire à son amoureux qu'elle serait seule chez elle à neuf heures du matin et qu'elle-même, sa tante, serait déjà partie rejoindre son mari dans leur bistrot où l'heure du coup de feu n'allait effectivement pas tarder.

Elle en était toujours à se poser des questions quand Sébastien la fit brutalement revenir sur terre en s'adressant poliment à elle : il venait inviter Marguerite à déjeuner chez ses parents pour qu'ils puissent faire sa connaissance ; et, en l'absence des parents de Marguerite, c'est à elle, sa tante, qu'il demandait donc cette autorisation. Elle acquiesça, aussi émoustillée qu'heureuse de voir ce jeune homme respecter les formes. Ces deux jeunes gens… C'était inouï ! Ils faisaient les choses et vivaient leur vie à une vitesse incroyable alors qu'ils ne se connaissaient que depuis deux jours ! Elle n'avait jamais vu une hâte pareille.

Bien sûr, c'était cela ! Comme ils avaient déjà fait l'amour et y avaient trouvé un plaisir fou, ils voulaient recommencer le plus vite possible et aussi souvent qu'ils le désiraient. Eh bien, ils avaient bien de la chance dans ce cas, car s'il y avait bien une chose qu'elle ignorait, elle, c'était ce plaisir que ressentaient de nombreuses femmes en faisant la chose. Pour sa part, cela avait toujours été une corvée, bien que moins pénible cependant que celle de mettre au monde un enfant.

Quoi qu'il en soit, ce jeune homme semblait incontestablement épris de Marguerite puisqu'il venait d'évoquer son départ de Loguivy pour Le Conquet où elle habitait. Il avait acheté un bateau et partirait s'installer là-bas, où il l'épouserait. Il y avait de ces hommes, quand même ! Lorsqu'ils voulaient quelque chose, ils prenaient tous les risques et rien ne pouvait les arrêter. Oui, la petite Marguerite avait bien de la chance. Elle s'était peut-être laissée effeuiller un peu vite et trop tôt, mais pourquoi pas, après tout, si elle avait tiré le bon numéro du premier coup ? Même si c'était assez rare, cela arrivait apparemment de temps à autre, sa nièce en était la preuve… Enfin, tant mieux pour elle. Elle espérait que Jean-Louis serait pour sa fille un mari aussi décidé et amoureux que l'était ce Sébastien. Qui sait, peut-être se ressemblaient-ils tous les deux, puisqu'ils étaient amis…

Le coup d'œil rapide qu'elle jeta à l'horloge lui fit prendre conscience qu'elle ne pouvait pas s'attarder ; il était plus que temps qu'elle aille donner un coup de main à son mari qui devait pester d'être seul à servir au bistrot. Tant pis. Elle allait laisser ces deux jeunes seuls chez elle et ils allaient sans doute s'envoyer en l'air dès qu'elle aurait tourné le dos. Ah ! Si elle avait pu se transformer en petite souris…

— Je vais vous laisser en tête à tête. Ne faites pas trop de bêtises quand même, en mon absence. Et je vous donne bien entendu mon accord pour ce déjeuner familial.

Sébastien avait bien fait les choses puisque la veille au soir, il avait réservé une table dans un restaurant de Paimpol. Pour autant, il n'avait pas cherché à donner le change à Marguerite et avait au contraire tenu à ce qu'elle rencontre au préalable ses parents chez eux, une petite maison de pêcheur qui n'avait certainement rien à voir avec celle de son père mareyeur. Elle se composait comme la plupart d'entre elles d'une grande pièce au rez-de-chaussée avec l'âtre au fond, à droite de la porte d'entrée, et face à celle-ci, le lit clos des parents, touchant l'évier de la cuisine ; à gauche de la porte, une table en bois de chêne et ses deux bancs, et, au fond, à gauche, faisant face à l'âtre, une échelle menant au grenier où logeaient très certainement les enfants.

Lorsqu'il leur présenta Marguerite, ses parents apprirent quasiment dans la même phrase que leur fils avait l'intention d'épouser cette jeune fille et que, comme elle habitait Le Conquet, c'est dans ce port du Finistère qu'il projetait de s'installer. C'en était trop pour Maria. Elle ne put retenir ses larmes, contrairement à Jean-Yves, son époux, qui, non sans mal il est vrai, parvint à garder les yeux secs, sauvant ainsi les apparences. Sébastien partirait dans environ quinze jours pour Le Conquet où il avait l'intention de demander sans plus tarder la main de Marguerite à ses parents. Marguerite et lui s'étaient plu dès la première minute et avaient immédiatement su qu'ils étaient faits l'un pour l'autre. Et comme il pensait depuis des mois s'installer dans le Finistère, eh bien, c'était là-bas, dans le Bas-Léon, au Conquet, qu'il le ferait. D'ailleurs, nombre de Loguiviens, pêcheurs de crustacés, y vivaient depuis des années.

— Tu en connais toi-même plusieurs, n'est-ce pas, père ?

— C'est exact, Bastien. Pendant de nombreuses années, ils se sont contentés d'y faire la pêche l'été et de revenir ici l'hiver. Si je me fie à ce que m'en ont dit mes amis devenus conquétois, ils s'y trouvent très bien depuis qu'ils y habitent à l'année. Il y a des Le Guen, Riou, Gendrot, Menguy et bien d'autres encore, des Lucas ou Le Calvez, par exemple.

— Mon père est l'un d'eux, intervint Marguerite. C'est un Riou.

Maria adressa alors un sourire franc à sa future bru :

— Sans doute sommes-nous cousines à la mode de Bretagne, toutes les deux. Ma grand-mère était une Riou, comme vous. Savez-vous où habitait votre père avant de partir dans le Léon ?

La glace était enfin rompue et leur future belle-fille acceptée. Leur fils n'était pas perdu à tout jamais puisqu'il allait se retrouver presque en famille... Marguerite était aux anges en quittant Loguivy pour Le Conquet le lendemain. Elle savait que tout irait très vite dorénavant car ses parents seraient heureux d'apprendre qu'elle était tombée amoureuse d'un lointain cousin qu'elle voulait épouser. Son père ne pourrait dire non à un Loguivien ! Bien sûr, Mathieu ne serait sûrement pas d'accord, mais lui, elle en faisait son affaire.

Lorsque Sébastien quitta à son tour Loguivy et son Goëlo natal, trois semaines plus tard, il était accompagné de son père qui voulait à tout prix faire la connaissance des futurs beaux-parents de son fils. Sébastien apportait avec lui, soigneusement rangés dans une enveloppe étanche, ses papiers d'identité, son livret militaire ainsi que son acte de baptême, bref, tous les papiers indispensables à la préparation des formalités de son mariage, tant civil que religieux, ainsi qu'à son installation sur place.

C'est en bateau qu'il partit vers sa nouvelle vie et son nouveau port d'attache. Son père et lui appareillèrent de Loguivy sur le lougre d'occasion de 4,7 tonneaux que Sébastien venait d'acheter et qu'il commençait à bien maîtriser. Il quittait son village natal plein d'espoir : il avait trouvé la femme de sa vie, avait pu acquérir le bateau dont il rêvait sur ses fonds propres qui lui avaient suffi pour cet achat comme pour celui des casiers, si bien qu'il disposait encore de la quasi-totalité du prêt de son armateur pour s'installer au Conquet et payer les frais du mariage. Tout se passait au mieux depuis son retour, d'autant qu'il s'était si bien habitué à ses « nouvelles » mains qu'il en oubliait son handicap. Il n'y pensait même plus lorsqu'il s'en servait.

Ils firent leur première escale à Roscoff, la seconde à Portsall où, par prudence, ils décidèrent de rester vingt-quatre heures en raison de la brume épaisse qui avait envahi la côte et ne leur aurait pas permis de se situer dans ces courants qu'ils ne connaissaient pas. Ce n'est que le lendemain, en fin de matinée, qu'ils accostèrent enfin au Conquet. Quelques heures plus tard, tandis que son fils se rendait chez Marguerite, Jean-Yves rencontra, en se promenant au-dessus du quai du Drellac'h, un homme dont le visage lui parlait. Il ne lui fallut que quelques mots échangés pour reconnaître d'abord la voix puis le visage d'Alain Morvan, un copain d'enfance perdu de vue depuis une bonne trentaine d'années et que l'on appelait Allanig. Alain l'invita à boire un verre pour fêter leurs retrouvailles avant de lui proposer de dormir chez lui, le soir même, avec ou sans son fils. Jean-Yves reconnaissait bien là l'hospitalité des Loguiviens !

Ils avaient bu un premier verre, puis deux, puis trois et sortaient tous les deux du bistrot quand ils manquèrent de se heurter à un autre pêcheur, issu lui aussi d'une famille de Loguivy. Lorsque Alain lui présenta Jean-François Le Calvez qui s'apprêtait à fêter un anniversaire le soir même avec des amis, Jean-Yves lui demanda si, par hasard, son père ne se prénommait pas Jean-Marie. C'était bien le cas. Jean-Yves était ravi : le jeune homme qui lui faisait face était le fils de son cousin germain Jean-Marie qu'il n'avait pas revu depuis qu'il avait quitté Loguivy, peu après son service militaire.

Il était donc tout heureux de les inviter, Alain et lui, au prochain mariage de son fils Sébastien avec une jeune Conquétoise. Ainsi que Paul, le jeune frère de Jean-François, qui venait de les rejoindre. Oui, c'était le mariage de son fils qui motivait sa présence au Conquet. Il épousait une fille du Conquet, Marguerite Riou, dont les parents étaient eux aussi originaires de Loguivy, et qu'ils connaissaient donc certainement.

Jean-François en resta pétrifié. La Marguerite se mariait et il n'en savait rien ! Leur baiser ne signifiait, bien évidemment, rien d'autre qu'un remerciement, il le savait et n'aurait pas dû y repenser… Pourtant, ce baiser l'avait fait rêver. Il chassa ce souvenir en une seconde et esquissa un sourire en se demandant comment allait réagir ce prétentieux de Mathieu en apprenant cette nouvelle. Un pêcheur qui enlevait une fille à un élève officier, un aspi, ce n'était pas rien quand même !

9

Lorsque Alain et Jean-Yves les avaient quittés, Jean-François les avait regardés, songeur. Les Conquétois d'origine n'apprécieraient pas l'arrivée d'un nouveau pêcheur loguivien chez eux, surtout Mathieu Le Bras, ce freluquet d'aspirant, un vrai petit con. Enfin, pas si petit que ça quand même. Il était même assez costaud, le Mathieu ; ce qui lui manquait, c'était la simplicité. Il était si vaniteux qu'il aurait sûrement une réaction déplacée en apprenant la nouvelle : il ne pourrait jamais tolérer que Marguerite lui préfère un pêcheur de homards, ou même de langoustes ! Qui plus est, un Loguivien !

Il prit une profonde inspiration avant de pousser la porte du *Repos du Pêcheur*, son frère Paul sur ses talons. Il était prêt à entendre et à écouter toutes les plaisanteries, bonnes ou mauvaises. Il y aurait par exemple sûrement un jaloux pour lui dire qu'il était plutôt verni, en tant qu'aîné d'une famille de huit enfants, de n'avoir eu à effectuer que seize mois de service militaire au lieu des deux ans normalement prévus. Ce qui était parfaitement exact. L'avant-veille, il avait rendu son tablier à la République, ou plus précisément son pompon rouge à la Marine nationale, et cela définitivement cette fois, après avoir servi un an d'abord puis quatre mois ensuite comme élève puis guetteur sémaphoriste.

La veille au soir, après un premier repas très gai en famille, il avait, pour la seconde fois, fêté la quille avec quelques copains d'enfance. Ils l'avaient si bien arrosée qu'il s'était réveillé, ce dimanche matin, avec une sérieuse gueule de bois ; et comme bois, c'était du solide, du chêne pour le moins. Bref, il en tenait une sévère et ce n'était sûrement pas l'idéal pour aller saluer ses anciens à la sortie de la messe de neuf heures. Il eut d'ailleurs le plus grand mal à attendre onze heures. pour le faire tant il était impatient de renouer avec sa vraie vie, celle de pêcheur de crustacés. Il était enfin de retour chez lui et retrouvait son port…

— Bonjour la compagnie ! s'exclama-t-il en pénétrant dans le bistrot.

— Tiens ! V'là l'Jean-François qu'est de retour, fit le cafetier en guise de salut. J'ai entendu dire que t'en as fini avec la Royale. C'est pour de bon, cette fois ?

— Je l'espère, Félix. Oui, je suis très heureux d'être enfin libéré !

— Tu m'as l'air d'avoir bien fêté ta quille, dis-moi ! Tu as une de ces mines !

— Ça se voit tant que ça ? répondit Jeff en se passant machinalement la main sur le visage.

— Pour sûr, tu ne parais pas très frais. Je dirais même que ta figure tient plus du goémon sec que du papier mâché.

— Tu me prends pour un goémonier, maintenant, Félix ?

— Pardonne-moi ma méprise, Jeff ! Puisque tu es pêcheur et non goémonier, je rectifie. Ta mine relève effectivement plus de la morue salée de Paimpol que de la langouste du Conquet sortant de l'eau, si tu vois ce que je veux dire.

— Et moi qui avais l'intention de me payer du bon temps ce soir…

— Tu ferais sans doute mieux de te reposer, car si ta pigouille n'est pas en meilleure forme que toi, tu feras chou blanc, mon gars.

À l'éclat de rire général qui salua cette sortie du père Gendrot, ce Félix à la langue toujours aussi bien pendue, Jean-François répondit dans un premier temps par un sourire qui tenait beaucoup de la grimace. Tout en préparant sa réponse, il continua à serrer les mains que lui tendaient les uns et les autres avant de répliquer, en passant à un vouvoiement inhabituel :

— Je vous rappelle ce que je viens de vous dire, monsieur Gendrot. N'étant pas goémonier, ce n'est pas d'une pigouille que je suis équipé. Cependant, quel que soit le nom que vous donnez à mon outil, ne vous en faites pas plus pour lui que pour moi : j'ai veillé à ce que le service militaire ne le rouille pas de trop.

— J'en prends bonne note, matelot !

— Et puis, vu votre âge et votre expérience, vous savez sûrement qu'en dépit de ratés malvenus, il arrive aux plus vieux outils de fonctionner encore de temps à autre, pour peu que l'on sache recourir à l'huile de coude appropriée... Je n'ai pas besoin de vous faire un dessin, n'est-ce pas ? Vous êtes mieux placé que moi pour le savoir.

— Tu as raison, Jeff, ce n'est pas nécessaire, en effet...

— C'est bien ce que je pensais. Je ne vois donc pas pourquoi un outil presque neuf comme le mien me poserait des problèmes de fonctionnement. Si je me trompe, je vous saurais gré d'éclairer ma lanterne...

Tandis que retentissaient encore applaudissements, sifflements d'admiration et bravos, le tenancier répondit, beau joueur :

— Tu ne te trompes pas, Jeff, et c'est toujours un plaisir d'échanger avec toi. Je constate tout d'abord que ton service dans la Royale ne t'a pas fait perdre ton sens de la repartie et que le jour où tu garderas ta langue dans ta poche n'est pas encore arrivé. Ce serait d'ailleurs dommage. Cela dit, je ne suis pas certain d'être le bon juge que tu t'imagines en matière d'outils de ce type…

Dans la clientèle, composée à plus de quatre-vingt-dix pour cent de patrons pêcheurs – les matelots n'avaient pas les moyens de venir consommer chez Félix –, certains esprits encore quelque peu embrumés, en dépit ou à cause de l'heure matinale, en étaient toujours à se demander ce qui avait provoqué les réactions qui avaient salué la réplique de Jean-François. D'autres qu'eux semblaient l'avoir, en effet, hautement appréciée, à commencer par le père Gendrot lui-même qui offrit aussitôt le pot du patron à sa clientèle pour marquer, souligna-t-il, beau joueur, « cette mise en boîte qui valait bien son coup de gnôle ».

Au demeurant, cette décision n'arrangeait pas particulièrement les affaires de Jean-François. Il savait très bien qu'en tant que quillard et « héros » de cette joute verbale, il n'y couperait pas et devrait se fendre à son tour d'une tournée générale après celle du patron. Sinon, il se ferait traiter de radin et les plus grands buveurs de l'assemblée lui demanderaient de vérifier s'il n'avait pas un crabe ou un homard dans la poche. Il échappa cependant à cette tournée quand – une chance pour lui – un nouvel arrivant vint lui voler la vedette. Les rires ne s'étaient pas encore éteints en effet quand Job Riou, le mareyeur, fit une entrée tonitruante. La mine réjouie, il lança à la cantonade :

— Salut la compagnie ! J'offre une tournée générale ! Allez, Félix, remue-toi le cul mon ami !

— Bon Dieu ! Qu'est-ce qui t'arrive, Job ? Toi, payer une tournée générale de si bon matin alors que tu as l'esprit encore clair ?

— Apprends, Félix, que j'ai toujours l'esprit clair ! Au fait, pourquoi qu'tu me dis ça ?

— Parce que, pour une fois, tu retrouves tes habitudes de jeunesse, celles de Loguivy, quand tu ne nous avais pas encore habitués à faire le Léonard.

— Et c'est quoi, faire le Léonard, selon toi ?

— Comment ça, c'est quoi ? Faire le Léonard ou le Bigouden, c'est la même chose pour un gars du Goëlo ou du Trégor ! C'est compter ses sous au centime près, tiens ! Je parie que tu ne connais même pas la façon dont les Trégorrois reconnaissent les Cornouaillais quand ils arrivent chez eux…

— Bien sûr que si ! C'est quand ils les voient courir dans les champs, la gueule grande ouverte pour bouffer des hannetons.

— Oui, parce que pour eux, le hanneton, c'est de la viande et c'est gratuit !

— Tu es dur avec les gens du sud ! Quoi qu'il en soit, mon ami, tu n'as pas intérêt à sortir ça devant une assemblée de Quimpérois ou tu seras pendu haut et court. Et puis, garde aussi pour toi tes plaisanteries sur les Bigoudens et les Léonards ou tu te feras étriper un jour !

— Aussi cela ne me vient-il jamais à l'idée. Si je le fais devant toi, c'est que nous sommes tous les deux du Goëlo. Souviens-toi de Loguivy…

— C'était il y a à peine trente ans, ou trente ans déjà, selon que l'on est optimiste ou pessimiste, tu te rends compte ?

— À l'époque, tu n'avais pas encore perdu les habitudes des gars de chez nous.

— C'est-à-dire ?

— C'est-à-dire que tu n'entassais pas et que tu dépensais tout ce que tu gagnais…

— Heureusement que cette réflexion vient de toi, Félix, sinon j'aurais pu mal la prendre. Cela dit, je suis très heureux de ne pas être un pilier de bistrot.

— Tu n'es pas susceptible à ce point, mon ami, je le sais, sinon je me serais tu.

— Quoi qu'il en soit, c'est Loguivy qui m'amène, en effet, puisque ma fille va épouser un gars de chez nous. Il est venu me demander sa main hier. Un garçon très bien élevé qui arrête la pêche à la morue pour devenir caseyeur. C'est donc un Loguivien de plus qui va nous rejoindre et s'installer au Conquet. Pour couronner le tout, il possède un bateau, un lougre de près de cinq tonneaux.

— Effectivement, c'est une bonne nouvelle et ça s'arrose ! lui répondit le tenancier. Et comment s'appelle-t-il, ce garçon ?

— Sébastien, Sébastien Le Goaster. Le gaillard a fait les choses dans les règles : il s'est présenté à moi hier, et aujourd'hui, son père doit me faire la demande officielle en mariage. Ce n'est pas tous les jours que ça se passe ainsi, hein ?

— En effet ! commenta Félix. Aujourd'hui, avant de se décider à faire leur cour aux parents, les gars invitent plutôt les filles à s'allonger sur la mousse au pied d'un chêne pour examiner de près le dessous des feuilles avant de pouvoir en faire autant des leurs. Il en résulte qu'ils sont souvent deux un tiers ou deux et demi plutôt que deux tout rond à se dire oui devant le maire et le curé.

— Que veux-tu dire par là ? Voyons, Félix… Insinuerais-tu que ce garçon et ma fille…

— Rassure-toi, Job, je ne pensais pas à eux, je parlais d'une façon générale…

Une heure plus tard, Job entreprit de raconter, pour la énième fois, ce qui s'était passé la veille quand Marguerite était venue lui présenter son promis. En avait-elle fait tourner des têtes, sa fille, au Conquet ! Et pourtant, c'est d'un Loguivien qu'elle était tombée amoureuse. Et rien ne pouvait lui faire plus plaisir à lui, puisqu'il connaissait très bien son père, Jean-Yves Le Goaster…

— Jean-Yves Le Goaster ? s'exclama alors Marcel Lucas, un autre ex-Loguivien qui venait d'entrer dans le café. C'est une bonne nouvelle, ça. Il est très sympa, le Jean-Yves, et je…

Il fut brutalement interrompu par l'irruption inattendue d'une jeune fille dans cette salle où n'étaient attablés que des hommes :

— Que viens-tu faire ici, Jeannine ? s'écria Job en se levant, visiblement choqué par l'irruption de sa fille. Crois-tu que ce soit un endroit pour toi ?

— Maman m'envoie te chercher, père. Tes invités sont arrivés.

— Déjà ? Quelle heure est-il ? Nom de Dieu ! Midi dix, Félix ! Tu es un fameux faux-cul, toi ! Tu aurais pu m'avertir, quand même ! Tu savais que j'étais attendu à midi…

— Tu ne m'as pas demandé de te prévenir…

— Enfin, tu sais bien que je mange toujours à midi !

— Tu sais, Job, mon boulot à moi, c'est de donner à boire à mes clients pour qu'ils prennent des forces en vue des efforts à venir, pas de leur donner l'heure pour qu'ils quittent mon bistrot.

— Pourquoi qu'tu m'dis ça ?

— L'horloge est en face de toi, quand même ! Et puis, à quelques minutes près, tes invités n'en feront pas une maladie. Tiens, pour l'occasion et parce que je suis de tout cœur avec toi, je t'offre le reste de cette bouteille de Byrrh…

— T'es vraiment un bon camarade, Félix. Je ne l'oublierai pas.

— J'espère bien. Allez, Job, je ne vais pas te couper la chique ou le sifflet en te donnant ton addition maintenant. Passe une bonne journée. Tu me régleras demain.

— J'espère que je n'en aurai pas une attaque !

— Ne me fais pas ce coup-là, hein ! Qui me paiera sinon ?

À peine Job Riou les avait-il quittés qu'aussitôt les langues se délièrent et allèrent bon train sur le mariage à venir. L'une des plus belles filles du port, sinon la plus belle, enlevée par un étranger, ce n'était pas fréquent. Jean-François s'amusait et il n'était pas le dernier à faire monter la mayonnaise…

— Tu te rends compte, oncle Marcel ? Marguerite, la plus belle fille du port…

— La plus belle ? Et que fais-tu de ta cousine Françoise, mon aînée ? s'indigna Marcel. Elle vaut la Marguerite de Job tous les jours. Tu devrais la regarder de plus près, Jeff.

— Si je me le permets un jour, tu n'apprécieras certainement pas, mon oncle.

Cette réponse plongea aussitôt son oncle dans une profonde réflexion. Voyons, mais bien sûr ! Son neveu le mettait en garde ! C'est qu'il n'avait pas froid aux yeux, le Jeff, et qu'il pouvait en effet représenter un danger potentiel pour sa fille ! Il devait sur-le-champ lui éviter cette tentation.

— Tu n'as pas tort, Jeff, je n'apprécierais sûrement pas si cela arrivait, déclara-t-il en dévisageant son neveu d'un air suspicieux avant d'ajouter prudemment : quand je t'ai dit cela, ce n'était pas une invitation. Juste une façon de parler.

— J'avais compris, mon oncle…

— Et mes sœurs ? intervint à son tour Ambroise Copy. Tu ne les as jamais regardées, pour sûr, Jean-François.

— Je ne les connais pas, Ambroise, même si je les vois parfois de loin, sur la rive, côté presqu'île, au niveau des tas de goémon. Elles sont encore jeunes, non ?

— Mes sœurs ? Qu'est-ce que tu crois ? J'en ai de tous les âges. Et puis, elles ne sont pas fauchées lorsqu'elles se marient. Les parents les dotent en maisons et champs. Les produits de la ferme le permettent.

C'est encore à ces paroles d'Ambroise que songeait Jean-François en regagnant la maison familiale. La Marguerite… Bien sûr qu'il y avait pensé : gentille et jolie comme elle l'était. Et elle serait sûrement aussi bien dotée qu'elle était bien roulée. Il avait même fait plus qu'y penser puisque, pendant quelques mois, après leur fameux baiser, elle l'avait obsédé des nuits durant avant qu'il ne se fasse une raison car elle était trop âgée pour lui. Elle avait fini par lui sortir de la tête et l'annonce de ce mariage lui prouvait qu'il avait bien fait, d'autant qu'elle n'épousait pas un simple matelot, son père ne l'aurait pas accepté. Son futur mari était patron pêcheur puisqu'il possédait un lougre de cinq tonneaux et de cinquante casiers ; ce n'était pas rien ! Sans compter l'argent qu'il avait en plus, très certainement…

Quand pourrait-il prétendre avoir son bateau, lui aussi ? Il était l'aîné de huit enfants, ce qui voulait tout dire… Dans dix, quinze ans, plus ? Jamais peut-être. Si c'était le cas… Il se vit, une seconde, tomber dans un précipice. Que lui arrivait-il ? Une conséquence de ses excès de la veille sûrement. Cet instant d'inquiétude ne dura pas et il se ressaisit.

Si, il l'aurait son bateau, il se battrait pour cela, réussirait et serait patron pêcheur comme tous les marins pêcheurs qui y croyaient suffisamment. Et puis, qui sait ? Peut-être cela irait-il plus vite qu'il ne le pensait. Épouser une jeune fille dotée raccourcirait considérablement les délais tout en lui facilitant la tâche.

Cette solution lui parut si logique qu'il examina aussitôt les possibilités qui s'offraient à lui : il y avait la Jeannine, bien sûr, la sœur de Margot… Quel âge avait-elle ? Seize, dix-sept ans, guère plus. Restait à savoir si Job Riou l'agréerait comme gendre. La sortie d'Ambroise lui revint alors en mémoire. Le pêcheur ne l'avait sûrement pas faite par hasard, ce n'était pas le genre d'homme à parler pour ne rien dire. C'était une invite à s'intéresser à ses sœurs dont l'une l'avait peut-être remarqué. Oui, pourquoi pas ? Il devait se renseigner sur elles et le plus simple était peut-être de faire leur connaissance par l'intermédiaire d'Ambroise lui-même.

C'est vrai qu'il était de notoriété publique qu'il y avait de l'argent dans cette famille de paysans goémoniers et cela n'avait rien de surprenant, puisque non contents d'exploiter presque toute la presqu'île de Kermorvan, ils faisaient de la pêche en plus du goémon. S'ils n'étaient que les fermiers des de Kergariou, ils étaient par contre propriétaires de champs et de nombreuses maisons dans le centre-ville, autour de l'église. Bien que proche de chez lui – trois cents mètres tout au plus à vol d'oiseau –, leur ferme était située non au Conquet, mais à Ploumoguer, puisque la ria l'isolait du Conquet à marée haute. Oui, il devait voir cela avec Ambroise…

— J'espère que nous ne sommes pas trop tard, lui dit soudain son frère qui rentrait avec lui. Sinon, Père va nous passer une bonne avoinée !

Il en oubliait le déjeuner dominical ! Jeff se secoua, reprenant contact avec la réalité. Se marier, il n'en était pas là ! Pour le moment, il avait hâte de retrouver son métier, si hâte même qu'il était décidé à embarquer avec son père comme matelot dès le lendemain, et cela sur leur bateau, *Les Deux Frères* ; car le bateau de son père était aussi un peu le sien. C'est qu'il l'aimait, ce vieux sloop de plus de onze tonneaux sur lequel il avait fait son apprentissage, comme mousse d'abord, puis comme jeune matelot. Il avait déjà tant de souvenirs de ses aventures à son bord ! Ah, ça oui ! Il l'aimait, *Les Deux Frères* !

Il avait bientôt vingt et un ans et devant lui toute une vie qui, il l'espérait de tout son être, ne le décevrait pas. Il ferait tout son possible et même plus pour qu'elle réponde à ses attentes, qu'elle soit une vraie vie de pêcheur côtier, très différente de celle, si routinière, des marins de la Royale qu'il avait côtoyés pendant son service militaire. Lorsqu'ils parlaient de la mer, eux, c'était de l'océan à perte de vue, sans obstacle, de la vie à bord entre les quarts, dans le carré des matelots et lors des escales... Leur mer à eux, marins pêcheurs côtiers, c'étaient les récifs, les courants, les poissons ou les crustacés selon ce que l'on cherchait à capturer, une vie beaucoup plus rude mais plus riche aussi en joies comme en peines, en émotions et satisfactions de tout genre, une vie qui méritait d'être vécue, tout le contraire d'une vie de fainéant...

10

Ils étaient cinq autour de la table de l'auberge, ce dimanche soir. Il y avait là, outre Jean-Marie lui-même et son fils Jeff, Mathurin Menguy, son matelot, ainsi que Jean-Yves Le Goaster, qui avait organisé cette réunion, et son fils Sébastien, le futur époux de Marguerite Riou.

— Entre cousins, j'espère que l'on parviendra à s'entendre, venait de conclure Jean-Yves qui, après trois minutes d'exposé, ne réalisait visiblement pas combien sa demande était saugrenue.

— Cousins ou pas, Jean-Yves, cela ne change rien au fait que ce que tu me demandes, ce n'est pas rien...

— Père, intervint Jean-François, vous n'allez quand même pas refuser de donner un coup de main à Sébastien !

— Un coup de main, je n'ai rien contre, mais enfin Jeff, rends-toi compte ! Jean-Yves me demande purement et simplement de me séparer de Mathurin, de le laisser partir épauler son fils pour qu'il lui apprenne les dangers à éviter sur nos côtes.

— Oui, et je ne vois pas en quoi cela peut te paraître choquant. Mathurin connaît parfaitement son métier.

— Justement, c'est bien là le problème ! Mathurin connaît toutes mes bases de pêche qu'il va également révéler à Sébastien ! Tu t'imagines un peu ? Qu'en dis-tu, toi, Mathurin ?

— Rien, Jean-Marie. Je ferai ce que tu me diras de faire, rien d'autre.

— Tu me quitterais donc comme ça ? Après combien… dix-huit ans de navigation ensemble ?

— Oui, si tu me le demandes. Et si cela peut aider vos familles, bien sûr, puisque vous êtes cousins.

— Tu te rends compte, Mathurin ? Dix-huit ans, ce n'est pas rien, quand même ! C'est presque la moitié d'une vie de pêcheur, ça !

Sentant qu'il lui fallait impérativement intervenir, Sébastien se lança :

— J'ai tout à apprendre ici, monsieur Le Calvez, tout. Et Mathurin peut m'aider à le faire s'il le veut bien et vous aussi… En dehors du métier d'Islandais et de la pêche au casier à langoustes, homards et crustacés que je connais très, très bien, j'ai également un peu pratiqué les autres types de pêche, que ce soit à la ligne de fond ou à main, la pêche au filet, tant le dormant que le trémail ou la senne.

— Ce que te dit mon fils est parfaitement exact, Jean-Marie, souligna Jean-Yves. Les pêcheurs de Loguivy ont encore fait des progrès techniques en matière de pêche au casier depuis que vous êtes partis, vous, les Loguiviens du Conquet.

— Père, reprit Jean-François pour qui cette proposition tombait à pic, vous ne pouvez pas dire non à Sébastien. D'autant que je reprends la mer et la pêche demain.

— Demain matin ? Tu veux reprendre si tôt ? s'étonna son père.

— Bien entendu ! Qu'est-ce que je resterais faire à terre, dites-moi ?

Jean-Marie ne pouvait plus s'opposer au départ de Mathurin qu'il savait d'ores et déjà définitif. C'était la solution la plus sage d'ailleurs si son fils était de retour, car il n'y avait pas de travail pour trois hommes sur son bateau.

— Si Jeff reprend la mer sur *Les Deux Frères*, pourquoi pas, en effet ? T'as rien contre, Mathurin ?

— Si ça arrange tout le monde.

Sébastien ouvrit alors la bouteille d'eau-de-vie du Calvados qu'il avait apportée pour le cas où ils feraient affaire.

— Merci, mon oncle, dit-il. Et merci, Mathurin. Nous allons sceller notre accord par un coup de calva, comme le faisait mon armateur.

— Il n'y a pas plus d'oncle que de monsieur qui tienne entre pêcheurs, Sébastien. Appelle-moi Jean-Marie, comme ton père et tous les pêcheurs du Conquet. Toi, tu seras Sébastien, pour moi, mon fils et Mathurin, comme pour toute notre famille, garçons comme filles, puisque nous sommes cousins.

Sur quoi, ils se serrèrent tous la main.

Le premier calva détendit considérablement l'atmosphère et, curieusement, ils se mirent à causer patronymes, tout simplement, pour faire connaissance en parlant d'autre chose que du métier. C'est le moment que choisit Jeff pour poser à Mathurin une question qui l'intriguait au sujet de l'orthographe de son nom. Comment se faisait-il que son nom de famille, Menguy, s'écrive Minguy et Mainguy pour deux de ses frères ? Mathurin les étonna tous en expliquant que cela tenait à l'ignorance et à la légèreté du secrétaire de mairie. Il ignorait que *men* signifiait « pierre » en breton et avait estropié leur nom de famille. Au point que son père avait fini par se fâcher en le traitant de *penn boultouz* lors de la déclaration de naissance de son quatrième fils. Il l'avait alors obligé à l'écrire de la seule et bonne façon. Cette explication donnée, Mathurin, qui avait « à faire », les quitta et rentra chez lui après avoir avalé à la va-vite son demi-verre d'eau-de-vie.

Leur second verre était déjà bien entamé lorsqu'ils en vinrent à parler bateaux. Sébastien connaissait assez mal le sien qu'il venait d'acheter à un pêcheur de Bréhat ; il ignorait tout de son passé. Il aurait préféré avoir un bateau ponté, mais la différence de prix était trop importante. Ce serait pour le suivant, si tout se passait bien. Son nom ? Il l'avait baptisé *Maria*, comme sa mère, et songeait maintenant à le rebaptiser *Marie-Marguerite* ou *Marguerite-Marie*. À peine eut-il fini que Jeff s'adressa à son père pour lui demander de leur conter l'histoire de leur sloop, *Les Deux Frères*.

Jean-Marie commença. Ce bateau, il l'avait acheté à un pêcheur douarneniste venu s'abriter au Conquet un jour de tempête. Pourquoi l'avait-il mouillé à cet endroit exposé ? Était-ce de sa propre initiative ou avait-il été volontairement mal conseillé par un pêcheur local ? Si certains l'affirmaient en citant même des noms, d'autres assuraient savoir de source sûre que ce pêcheur douarneniste avait choisi ce mouillage intentionnellement pour que son bateau s'échoue. Ce qui est certain, c'est que le bateau avait chassé sur son ancre durant la nuit et était venu s'échouer sur les roches de la pointe de Kermorvan. Il était si encastré que son propriétaire et son assureur – car il était assuré, ce qui était étonnant – l'avaient jugé irrécupérable, car trop difficile à remettre à la mer.

Difficile, certes, mais pas impossible, s'était dit Jean-Marie qui, ne le jugeant pas trop abîmé, avait fait une offre. Elle était basse, si basse qu'il s'attendait à devoir discuter. Mais à son grand étonnement, le propriétaire l'avait jugée suffisante puisque c'était la seule qu'il avait reçue. Jean-Marie avait donc « emporté le morceau » et avait su, lui, attendre la grande marée pour le récupérer et le ramener jusqu'au fond du port, où il l'avait fait remettre en état après des réparations d'un montant raisonnable.

Pour beaucoup, cet achat et la rapide remise en état du bateau étaient devenus une affaire trop belle pour rester limpide. Les langues étaient reparties de plus belle. L'expression « cherchez à qui profite le crime » avait trouvé ici un terrain fort propice et les deux coupables furent bientôt nommément cités par les jaloux : le numéro un était bien entendu celui à qui il profitait, Jean-Marie, l'acheteur de l'épave, et le second, son indispensable complice, le patron du petit chantier naval du Croaë. Ce dernier avait joué un rôle clé dans toute l'affaire en surestimant les dégâts pour l'assurance avant de se charger des réparations du bateau. Bien entendu, toutes ces hypothèses n'avaient pas le moindre fondement et n'étaient que balivernes, assurait Jean-Marie.

Jean-François savait autant et plus sans doute que les amis de son père que Jean-Marie n'avait pas les deux pieds dans le même sabot. Aussi était-il persuadé, et cela depuis des années, que les rumeurs qui couraient à l'époque avaient un fond de vérité. Il remit donc l'affaire sur le tapis.

— Qu'en est-il en vérité, père ? lui demanda-t-il une fois de plus.

— Cesse de rêver, fils ! Il n'y a aucun mystère dans cette affaire. Ce sont des gens jaloux et mal intentionnés qui m'ont cherché des poux dans la tête, rien d'autre. C'est simplement le hasard qui m'a permis de réaliser une bonne affaire.

— Un hasard pareil ? C'est trop beau pour être vrai, Père. Non, des hasards comme celui-là n'existent pas…

Jeff fut contrarié de voir le sourire narquois qui accompagnait la réponse de son père : une fois de plus, il faisait chou blanc et restait sur sa faim. Mais après tout, quelle importance ? Si son père ne voulait rien dire, il n'avait qu'à garder son secret pour lui ! Le résultat seul comptait : *Les Deux Frères* tenait encore parfaitement la mer et faisait encore bien des envieux.

Dès le lendemain, chacun reprit son travail, à l'exception de Jean-Yves qui, sa demande en mariage acceptée, regagna Loguivy et son Goëlo natal. Sébastien ne mit que très peu de temps à apprivoiser Mathurin puisque moins d'un mois plus tard, celui-ci ne jurait plus que par lui.

Revenant sur le nom de Menguy, Sébastien avait expliqué pourquoi il arrivait que les mêmes patronymes s'écrivent parfois différemment.

— Vois-tu, Mathurin, quand je faisais la pêche à la morue, j'ai rencontré pas mal de gens dont les noms étaient très proches les uns des autres mais légèrement différents, selon leur coin ou leur région d'origine. Cela tient à la prononciation du breton qui diffère d'un canton à l'autre en fonction de l'accent, si bien que lorsqu'un nom breton est écrit en français, il existe des multitudes de variantes. Et cela sans parler des secrétaires de mairie qui, ne parlant pas le breton, l'écrivent n'importe comment. Il en est de même des noms de lieux : ainsi, par exemple, les « plous » deviennent « plo », « ploe », « pleu », « plé »...

Mathurin écarquillait les yeux en écoutant les explications de Sébastien. Son nouveau patron ne cessait de l'étonner. Il le savait déjà pêcheur hors pair puisqu'il réussissait à remonter des dizaines de homards de coins dont ils étaient toujours rentrés bredouilles, Jean-Marie et lui. Qu'est-ce que ce serait le jour où il connaîtrait les bonnes roches et les bonnes épaves ! Il y pêcherait ce qu'il voudrait ! Et voilà que maintenant, il s'apercevait en plus que c'était un savant !

Comment allait-il réagir, Jean-Marie, quand il apprendrait tout cela ? Mieux valait ne rien lui dire pour le moment. Il avait la tête si près du bonnet qu'il risquait de mal prendre la chose, et peut-être même de se vexer.

En rentrant chez lui, un soir, Sébastien fit une rencontre inattendue :

— Je cherche un dénommé Sébastien Le Goaster. Ce ne serait pas toi, par hasard ? lui lança un homme dont il devina sur-le-champ l'identité au ton employé.

— C'est moi, en effet, répondit-il poliment.

— C'est bien vrai que tu prétends épouser Marguerite Riou ?

— J'ai effectivement fait ma demande en mariage à ses parents, qui l'ont acceptée. Et comme Marguerite souhaite également m'épouser, je...

Il ne put éviter totalement le coup de poing du fameux Mathieu, qui jaillit un peu plus vite qu'il ne l'attendait. Heureusement que Jean-François l'avait mis en garde contre ce garçon, songea-t-il, prêt au combat.

— C'est raté, mon gars, dit-il à son assaillant. Tu t'appelles Mathieu Le Bras, je suppose...

— C'est mon nom, en effet. Comment le sais-tu ?

— Marguerite m'a parlé de toi... Et elle n'est pas la seule, puisqu'il est de notoriété publique que tu te crois son promis. Ce en quoi tu te trompes, bien entendu. Marguerite t'aime bien, mais elle n'a jamais eu l'intention de t'épouser...

— Salaud ! Pourquoi dis-tu cela ? lui répondit l'homme en tentant de lui donner un coup de pied cette fois.

Mal lui en prit. Sébastien évita le coup avant de se saisir du pied encore levé de son assaillant qui, déséquilibré, tomba aussitôt à terre. Surpris, Mathieu était encore au sol, allongé sur le dos, lorsque Sébastien posa le pied sur son visage. L'aspirant eut le tort de tourner immédiatement la tête pour éviter d'avoir le nez écrasé, car il se trouva ainsi complètement neutralisé.

— Je ne te veux pas de mal, Le Bras, pas du tout même puisque nous ne nous connaissons pas. Je veux simplement que tu comprennes que Marguerite et moi, nous allons nous marier parce que nous nous aimons et que nos parents sont d'accord. Marguerite n'a jamais eu l'intention de t'épouser. Vous êtes sortis ensemble quelques heures, deux ou trois fois, comme le font nombre de filles et garçons, rien d'autre. Oublie Marguerite comme elle t'a oublié. Sinon, tu seras la risée du port, ce qui pour un aspi ne serait pas très glorieux, admets-le…

Sébastien avait retiré son pied et tendu la main à son assaillant qui l'avait écartée avant de se remettre lentement debout et de le dévisager longuement.

— Sans rancune ? lui lança Sébastien en lui tendant à nouveau la main.

— Sans rancune, lui répondit l'olibrius en lui serrant la main, cette fois.

— Personne ne saura jamais ce qui s'est passé ici ce soir, tu as ma parole.

— Je te crois. Occupe-toi bien de Marguerite. Et bonne chance à vous deux.

Trois mois plus tard, au cours d'une cérémonie religieuse aussi simple que pleine d'émotion, Marguerite et Sébastien échangeaient leurs consentements et s'épousaient devant Dieu et les hommes après s'être dit oui, deux heures plus tôt, devant le maire, représentant la République française, l'industriel Hippolyte Levasseur. Le repas qui suivit fut servi à l'hôtel *Sainte-Barbe* où les mariés et leurs invités furent accueillis par la toute jeune épouse du nouveau propriétaire. Ce déjeuner réunit dans la même liesse pêcheurs conquétois et loguiviens qui, tous caseyeurs, commencèrent par faire honneur aux fruits de mer, langoustes et turbots fournis par le père de la mariée, qui précédèrent les gigots d'agneau, volailles, et filets de bœuf en provenance directe de la ferme Copy. Le tout servi avec des vins fins, bourgognes et bordeaux, ainsi, bien entendu, que des vins de Madère, champagnes et liqueurs.

— Ne t'inquiète pas, Sébastien, vint dire Job à son tout nouveau gendre au cours du repas, j'ai largement provisionné la totalité de ce repas et celui de demain, et cela depuis des années. Il ne te coûtera presque rien.

Ce n'est qu'à la fin du dîner que la fête dégénéra, lorsque la politique vint sur le tapis. Bien des événements s'étaient récemment succédé qui donnaient matière à différend : le bloc des gauches avait remporté les élections législatives, Jaurès venait de créer le Parti socialiste français, et l'anticléricalisme de Combes, le nouveau président du Conseil, faisait peur à certains pêcheurs et surtout à leurs épouses très pieuses.

11

Heureux de se retrouver, les Le Calvez père et fils avaient très vite reformé leur équipe familiale, ou plus exactement le duo d'inséparables qu'ils étaient quatre ans plus tôt, lorsque, passé au deuxième plan, Mathurin n'était plus que le second matelot. Ils étaient à deux ou trois cents mètres des Pierres Noires et Jean-Marie recherchait désespérément dans sa mémoire l'alignement qui, moins d'une semaine plus tôt, lui avait permis de remonter plus de deux cents kilos de homards de la base qu'il y avait découverte. Bon sang! C'était incroyable, il ne s'en souvenait plus!

— C'est à cause de lui, bien sûr! déclara-t-il soudain.

— Qui, lui?

— Mathurin! Qui d'autre veux-tu que ce soit?

— Mathurin? Que vient faire Mathurin ici?

— Ma mémoire, c'est lui. C'est sur lui que je me repose. Je devrais dire «c'était», d'ailleurs, puisqu'il n'est plus là. Quand j'avais des repères à prendre pour une base, je lui en donnais l'alignement et il l'enregistrait. Cela fait des mois que je ne m'encombre plus l'esprit avec ces détails. Et quand nous revenions dans les parages, il me le rappelait et ne se trompait jamais.

— Dis-moi, papa, c'est une blague, n'est-ce pas?

Comme son père ne répondait pas, Jean-François insista :

— Voyons, père, tu ne te souviens vraiment plus de cet alignement ?

— Non. J'en suis désolé, je n'en ai plus la moindre idée.

— Et les autres ?

— Les autres bases ? Certaines, peut-être, la plupart, non. C'était Mathurin, ma mémoire. Tu sais, fils, j'ai vieilli. J'ai plus de cinquante ans, maintenant. Tu verras comment tu seras à mon âge. On oublie tout ou presque…

Jean-François resta un instant silencieux avant de conclure, fataliste :

— Ce n'est pas la fin du monde non plus. Je vais essayer de m'en souvenir, même si cela fait longtemps que je ne suis pas venu ici. Voyons…

Il ne lui fallut pas plus d'un quart d'heure pour retrouver l'alignement et la base. Ils mouillèrent la moitié de leurs casiers avant de faire voile sur l'ouest de Béniguet où ils allaient en faire autant avec la seconde moitié avant de rentrer.

— Et les langoustes, père ? C'est curieux que plus personne n'en parle aujourd'hui. Il y en avait encore pas mal il y a quatre ans.

— Oh ! Il y en a encore même si la ressource s'épuise, Jeff. C'est ainsi, que veux-tu. Nous sommes de plus en plus nombreux à faire la pêche ici. Et puis, elles sont beaucoup plus méfiantes et intelligentes que les homards, des goinfres, eux. Elles s'éloignent de la côte. Qui sait ? Peut-être ont-elles compris qu'au-delà de soixante mètres, elles sont en sécurité.

— Et si nous allions plus loin ?

— Plus loin… C'est-à-dire, où ça ?

— Sur les côtes du sud-ouest de l'Angleterre. Il paraît que ça grouille de crustacés, là-bas, en Cornouailles. Tu sais bien qu'ils n'en mangent pas, ces rosbifs ! Ils sont tellement stupides qu'ils prennent sans doute les langoustes pour d'énormes araignées...

— L'Angleterre ? Je m'y vois mal. Nous ne sommes plus en guerre avec eux, mais tu les connais, quand même, les Godons... Ils sont capables de nous arraisonner et de nous coller sur leurs foutus pontons. Et puis, à supposer que nous ne risquions rien des garde-côtes angliches, combien de temps nous faudra-t-il pour nous rendre aux îles Scilly ? Pas loin de vingt-quatre heures si tout se passe bien, car ne l'oublie pas, notre *Deux Frères* n'est pas ponté.

— Et alors ? Si tu crois que tous les bateaux qui font la traversée régulièrement le sont, tu te trompes.

— Ce n'est pas une raison pour prendre des risques inutiles. Suppose que nous prenions une grosse lame et chargions deux ou trois tonnes d'eau, il nous serait impossible d'écoper toute cette flotte à deux ! En deux temps, trois mouvements, nous nous retrouverions à la baille ; c'en serait fini du bateau et peut-être de nous.

— Je vais quand même m'intéresser à la question, père, cela en vaut la peine.

Jeff avait persévéré dans son projet, qu'il avait mis peu à peu au point, si bien que début mai 1903, père et fils avaient gagné les îles Scilly pour la première fois avant d'y faire plusieurs campagnes. Ils traversaient la Manche en période de mortes-eaux, les plus sûres ou du moins les moins risquées avec un bateau non ponté. Ils firent ainsi plusieurs saisons de pêche de mai à septembre, toujours par temps clément, jusqu'à ce qu'un fort coup de vent vienne leur rappeler à quel point un bateau de onze tonneaux comme *Les Deux Frères* pouvait être dangereux parce que non ponté.

C'était un jour de fin août. Il devait être à peine deux heures de l'après-midi et il faisait pourtant aussi sombre que durant la pire journée d'hiver tant le ciel était menaçant. La sagesse aurait voulu qu'ils fassent cap sur Penzance, mais au lieu de cela, ils s'entêtaient à relever leurs casiers depuis une heure et demie. Ils avaient réduit puis amené la voile pour poursuivre leur pêche, car le vent avait considérablement forci ; la mer devenait si grosse que Jeff redoutait le pire si, par malheur, l'orage qui menaçait venait à éclater. Pourtant, il avait beau insister auprès de son père, celui-ci ne voulait rien entendre. Ils en avaient pour moins d'une heure pour en finir sur cette base, arguait-il ; ils auraient ensuite le temps d'aller s'abriter dans un port cornouaillais.

Remonter inlassablement les casiers deux par deux comme ils le faisaient par vingt-cinq brasses de fond n'avait rien d'une sinécure, surtout lorsqu'ils étaient remplis de homards comme c'était le cas ce jour-là, et Jeff se demandait comment son père tenait physiquement le coup à son âge. Il venait de faire basculer sa charge dans le bateau tout en lançant une plaisanterie lorsqu'en levant les yeux vers son père pour observer sa réaction, il vit arriver la première lame. À peine eut-il le temps de crier « Attention ! » qu'elle le submergea. Lorsqu'il le vit basculer sur le dos avant de disparaître sous cette montagne d'eau, il eut peur de l'avoir perdu. Il ne tarda pas à se rassurer quand il distingua ses deux bras qui serraient le banc arrière. S'il ne voyait pas encore son corps, du moins le savait-il toujours à bord.

Il n'eut pas le temps de s'en réjouir. Une seconde vague s'abattit sur eux ; en un éclair, Jeff se dit que cette fois, c'en était fini. L'on ne tentait pas impunément le diable et le destin comme ils l'avaient fait. Dix secondes plus tard, il s'étonna de voir son père se relever et se diriger vers la barre pour la bloquer, tandis qu'il commençait, lui, à écoper avec l'un des deux seaux du bord qui, par chance, étaient toujours fixés à l'anneau auquel il les avait attachés. Il vidait l'eau à une vitesse incroyable, par seaux remplis à demi ou aux trois quarts. Il fallait impérativement que son père vienne l'aider le plus vite possible, sinon ils iraient par le fond dans les minutes à venir.

Il n'eut pas à lui en faire la demande ; sans mot dire, Jean-Marie prit un seau et commença à écoper avec détermination et efficacité. Il allait un peu moins vite que lui, sans doute, mais les seaux qu'il versait par-dessus bord étaient pleins, contrairement aux siens, si bien qu'au bout de quelques minutes, Jeff choisit de l'imiter. Pourtant, en dépit de tous leurs efforts, *Les Deux Frères* continuait à se charger d'eau à la moindre vague ; ils restaient à la merci de la première lame un peu plus forte, qui serait probablement la dernière.

C'est ce qui amena Jeff à proposer à son père, toujours pour alléger leur bateau au maximum, de remettre à l'eau tous les casiers qu'ils avaient eu tant de mal à remonter durant l'heure précédente.

— Ce sera autant de poids en moins, puisqu'ils ne sont pas encore vidés de leurs prises, dit-il à son père qui s'arrêta sur-le-champ d'écoper et le fixa d'un regard noir avant de hausser les épaules et de reprendre son travail.

Jeff s'apprêtait à mettre sa suggestion à exécution lorsqu'un coup de corne inattendu le fit sursauter. Il y répondit aussitôt par d'autres coups de corne avant de se précipiter vers la proue. Il tendit en vain l'oreille et, ne voyant rien non plus, revint tout aussi vite à l'arrière où il ne mit que quelques secondes pour allumer un feu de Bengale tandis que son père actionnait tant et plus leur corne de brume. À peine le chalutier venait-il de leur répondre qu'il apparut soudain, à une vingtaine de mètres. Jeff poussa aussitôt un soupir de soulagement tandis que son père faisait trois signes de croix successifs. Pour la première fois de la journée, ils échangèrent un sourire et le fils lança à son père :

— Tu vois, père, ce n'est pas pour cette fois. Le Bon Dieu et la chance sont encore avec nous.

— Je vois surtout que nous avons une veine de cocu. Souviens-toi quand même qu'il nous est arrivé exactement ce que j'avais prédit il y a un ou deux ans.

— Quoi donc?

— Deux ou trois lames dans un bateau non ponté et tu vas au fond. C'est plus qu'un sérieux avertissement, Jeff. On ne tente pas le diable ainsi, encore moins le Bon Dieu.

— Je ne te le fais pas dire. Cela précisé, tu aurais dû m'écouter toi aussi. Je t'avais demandé d'arrêter la pêche.

— Nous n'avions pas à venir ici! répliqua son père en haussant le ton.

— On en reparlera, papa! Pour le moment, nous n'avons pas encore sauvé notre peau et il nous faut aussi sauver notre bateau.

Le chalutier leur lança une amarre que Jeff attrapa avant de la passer à son père qui la fixa à l'avant des *Deux Frères*. Peu après, rassurés par le bruit du moteur du chalutier boulonnais, ils purent se détendre un peu. Ils ne se faisaient d'illusions ni l'un ni l'autre. Connaissant leurs caractères respectifs, ils savaient que cette pêche avait toutes les chances d'être la dernière qu'ils feraient ensemble. Jean-Marie n'admettrait jamais ses torts, alors que c'est lui qui avait refusé d'interrompre leur journée de travail prématurément pour partir s'abriter sur la côte anglaise. Quant à Jeff, aux yeux de son père, il porterait toujours la responsabilité d'être à l'initiative de cette pêche aux Scilly.

Une chance comme celle qu'ils venaient de saisir au vol ne se présenterait pas deux fois : croiser un bateau à moteur lorsqu'on était sur le point de sombrer, cela tenait du miracle, et c'est uniquement grâce à sa vitesse que ce chalutier put les tirer jusqu'à Penzance sans qu'ils ne coulent. Oui, nul doute que son père avait eu raison de dire qu'ils avaient eu une veine de cocu, admit Jeff le soir même ; ce à quoi son père lui répondit, dans un éclat de rire :

— Cela n'augure rien de bon pour toi, Jeff ! C'est toi qui t'es fiancé il y a six semaines, pas moi !

Ils attendirent trois jours et la fin de la tempête pour rentrer au Conquet, en se promettant de ne jamais renouveler l'expérience sur *Les Deux Frères*, qui leur avait montré les limites d'un bateau non ponté pour une telle pêche. Quant à Jeff, il était plus décidé que jamais à acheter son propre bateau et à se libérer de la tutelle paternelle. Encore fallait-il qu'il en ait les moyens…

12

1906-1914

Est-ce Sébastien qui l'avait réveillée en faisant claquer la porte au moment de son départ ? Marguerite n'eut pas à se poser la question longtemps : son corps lui apporta très vite la réponse lorsqu'elle sentit venir la contraction. Des contractions... C'était cela, bien sûr, elle arrivait à son terme ! Et Sébastien, qui n'était pour rien dans son réveil, n'avait vraiment pas de chance puisqu'une fois de plus, il serait, selon toute vraisemblance, absent lorsqu'elle accoucherait.

Marguerite croisait les doigts en espérant que son quatrième enfant serait un fils. Trois ans et demi plus tôt, son premier, Jean-Yves, était décédé d'une rougeole dont sa sœur cadette, Joséphine, également atteinte, s'était, elle, sortie sans dommage. Fort heureusement, elle avait eu depuis une autre fille, Yvonne, dont la naissance lui avait mis un peu de baume au cœur, sans compenser la disparition de l'aîné, bien entendu. D'autant que son mari, lui, avait réagi comme tous les pères sans héritier mâle et n'avait pas réussi à lui cacher sa déception en apprenant que le nouvel enfant n'était pas un garçon...

Son visage se crispa soudain et elle resta tendue jusqu'à ce que s'estompe cette nouvelle contraction, beaucoup plus violente que la précédente. Une fois celle-ci passée, elle mit encore une ou deux minutes avant de retrouver une respiration normale puis de réfléchir et de s'organiser rapidement car, si cela continuait ainsi, la naissance interviendrait dans la matinée. Il faisait encore nuit et, pour le moment, se lever ne lui servirait à rien sinon à risquer de réveiller les enfants. Elle devait donc rester allongée et aussi calme que possible ; l'idéal serait même qu'elle se rendorme pour rester détendue. Elle n'y parvint pas ; elle était cependant à demi assoupie lorsque de nouvelles contractions, plus rapprochées cette fois, la réveillèrent complètement.

Elle décida de se lever, fit un brin de toilette et s'habilla. Un coup d'œil à l'horloge lui apprit qu'il était près de cinq heures et demie. Ses deux petites filles dormaient encore profondément et ne se réveilleraient pas avant sept ou huit heures du matin alors que son père devait déjà être prêt, lui, à se rendre à son travail. Quant à sa mère, qui se levait une heure plus tard en temps normal, elle ferait une exception pour elle aujourd'hui en n'allant pas rejoindre son époux au travail. Elle s'occuperait de ses deux petites-filles tandis que sa sœur, Jeannine, enceinte de trois mois, l'assisterait pendant son accouchement. À moins que l'une ou l'autre ne choisisse d'inverser les rôles.

Les choses se passèrent au mieux puisque le col se dilata rapidement lorsque ses contractions reprirent dès sept heures et demie du matin. Jeannine partit alors chercher la « sage-femme » du village qui, comme lors de son précédent accouchement, se contenta de l'encourager sans intervenir, jusqu'à sa délivrance, à onze heures. « C'est un garçon ! » s'écria la matrone, réjouie de voir à quel point sa parturiente était ravie de mettre un fils au monde. Car Marguerite était heureuse, pleinement heureuse, d'autant plus heureuse d'ailleurs qu'elle n'avait quasiment pas souffert, comparativement à ce qu'elle avait enduré lors de l'accouchement de son premier fils. Ce nouveau-né, ils l'appelleraient Jean-Pierre, et non Jean-Yves comme le petit qu'ils avaient perdu. Bastien serait très heureux quand il rentrerait, et c'est au bonheur de son époux qu'elle songeait encore lorsqu'elle s'endormit.

Très déçu par sa pêche sur la base des Pierres Noires, Bastien se disait que si la seconde partie de sa journée de travail était de la même veine que la première, il rentrerait certainement au port plus tôt que prévu. Quelqu'un d'autre avait probablement découvert sa base, sinon il aurait ramené trois fois plus de homards. Mais qui et comment ? La dernière fois qu'il y était venu, c'était l'année précédente, à peu près à la même époque, et il avait pris une bonne centaine de kilos alors que là, il en avait fait trente à peine, autant dire une misère. Il naviguait seul depuis une semaine et cependant, il ne s'était même pas fatigué en remontant ses casiers, puisque aucun d'entre eux ne contenait plus d'un homard. Mathurin était immobilisé par une méchante entorse au pied droit, peut-être doublée d'une fracture du gros orteil qui lui faisait très mal. Et tout cela parce que en voulant faire le jeune homme alors qu'il approchait quand même de la cinquantaine, il s'était mal réceptionné en sautant de trop loin sur le quai. Il n'y avait pourtant pas de femme qui aurait pu s'extasier sur son exploit ; seulement quelques pêcheurs qui s'étaient bien évidemment moqués ouvertement de lui.

Bastien faisait route plein nord en direction de sa seconde base, située à l'ouest de Molène, où il espérait faire de meilleures prises. Il ne fallait pas qu'il fasse faux bond au père Job, comme il appelait affectueusement son beau-père, sinon celui-ci serait déçu. Et s'il y avait quelqu'un qu'il ne voulait à aucun prix décevoir, c'est bien cet homme, qu'il appréciait énormément.

Le père de Margot montrait, il est vrai, une grande gentillesse à son égard. Ainsi, il lui avait suffi de parler de l'accident survenu à son père Jean-Yves pour que Job décide de lui-même de demander à son frère Étienne, mareyeur à Paimpol, d'embaucher le blessé. Il n'en avait averti son gendre qu'une fois l'affaire conclue, avant que celui-ci n'apprenne la bonne nouvelle de son père. Oui, Sébastien devait beaucoup à Job qui le traitait comme un fils, sans doute parce qu'il n'avait lui-même que des filles. À l'exception toutefois d'Armand, son aîné, dont personne ne parlait à la maison puisque père et fils étaient fâchés depuis quinze ans au moins.

Autant il avait été déçu par sa première base, autant sa pêche sur la seconde le réconcilia avec son métier. Au fur et à mesure qu'il remontait ses casiers, beaucoup plus lourds que ceux qu'il ramenait deux heures plus tôt, il se sentait ragaillardi. Il n'en avait remonté que douze et savait déjà que sa pêche serait bonne, sans doute excellente même puisqu'il lui en restait encore dix à relever. Il n'éprouvait plus de fatigue ; bien au contraire, il se sentait pousser des ailes, débordait d'énergie et travaillait méthodiquement. Il relevait ses casiers par paires, les vidait calmement puis les nettoyait. Il approcherait les cent kilos de langoustes et cent cinquante de homards quand il en aurait fini avec son dernier casier, se disait-il en les boëttant à nouveau soigneusement de petites vieilles et de grondins, avant de les remettre à l'eau.

Tout cela, il le faisait mécaniquement tout en examinant de façon détaillée les amers côtiers, déterminant avec la précision maximale l'emplacement de sa base, cet extraordinaire gisement de homards, le plus prolifique sans doute qu'il ait jamais rencontré. Oui, cette base s'annonçait d'autant plus prometteuse qu'il était peut-être le seul à la connaître, car elle n'était pas facile à repérer. Il avait eu la chance de le faire un jour de grande marée en rentrant de pêche avec Mathurin. Il ne s'était pas trompé en supposant que le frémissement en surface de la mer à cet endroit pouvait signifier l'existence d'un haut-fond inconnu. Il n'en avait rien dit à Mathurin qui pensait sûrement à autre chose à cet instant puisqu'il sommeillait à demi. Il avait soigneusement noté sa position, qu'il garderait pour lui seul le plus longtemps possible.

Après avoir terminé, il quitta enfin sa base en jetant de fréquents coups d'œil alentour pour voir si quelqu'un l'avait observé. Ce n'était apparemment pas le cas et il fut soulagé de constater qu'en dehors des îliens, qui pour l'épier auraient dû se munir de jumelles, personne ne l'avait vu pêcher.

Il fit aussitôt voile sur Le Conquet en sifflotant. Quelle journée ! Il ramenait plus de deux cents kilos de crustacés, seul. C'était vraiment une très belle pêche et une très belle base. Job serait content : ajoutée à celles des deux jours précédents, cette pêche lui permettrait presque de sécuriser l'approvisionnement en homards de son banquet républicain de mille deux cents couverts à Brest. Il pénétrait dans l'avant-port et se dirigeait vers la digue Saint-Christophe lorsqu'il aperçut, à l'extrémité de celle-ci, un homme qui gesticulait tant et plus en lui criant quelque chose. Au bout d'un moment, il lui sembla reconnaître son beau-père. Bon sang ! Que s'était-il passé pour qu'il vienne l'attendre ? Une catastrophe familiale ? Sans doute cela concernait-il Margot, sinon il ne s'agiterait pas en criant pareillement alors qu'il ne pouvait l'entendre puisque Job était bout au vent et que ses paroles étaient renvoyées dans l'arrière-port.

— Taisez-vous, je n'entends rien ! hurla-t-il aux goélands qui raillaient au-dessus de lui, tandis que les mouettes le frôlaient en criant à qui mieux mieux.

Il lui fallut passer la digue pour entendre son beau-père hurler :

— Tu as un fils, Bastien ! Margot t'a donné un petit ! Il s'appelle Jean-Pierre !

Un fils ! Sébastien eut l'impression que son cœur allait bondir hors de sa poitrine tant ses battements s'accélérèrent brutalement, au point qu'il eut une brève faiblesse et dut s'asseoir sur le plat-bord. Un fils, enfin ! Margot lui avait donné un second fils ! C'était tout simplement merveilleux ! Comment pourrait-il la remercier pour ce magnifique cadeau ? Bon sang, il étouffait de bonheur : quelle journée ! Oui, quelle belle, quelle magnifique journée... Un fils, enfin ! Et de plus, après cette pêche ! C'était inouï, prodigieux !

Dès qu'il accosta, il glissa quelques mots à son beau-père qui, après un hochement de tête en guise d'assentiment, s'occupa du déchargement de son bateau, aidé de son employé. Encore une chance qu'il y ait cette naissance, se dit aussitôt Sébastien : les curieux qui se pressaient autour de lui ne pensaient pas du tout à ses casiers ! Ils étaient beaucoup plus occupés à le féliciter pour se faire inviter à se rincer le gosier. La naissance d'un fils, cela s'arrosait de la meilleure des façons au *Café du Port* !

Il fit un bref passage au bistrot où il annonça à Félix qu'il y offrirait une première tournée générale dans une demi-heure avant de quitter immédiatement ses amis pêcheurs pour se rendre chez lui, où il eut l'agréable surprise de trouver Margot, fatiguée sans doute, mais réveillée et souriante.

Elle donnait le sein à son petit Jean-Pierre, un superbe bébé, déjà emmailloté et revêtu d'un joli petit bonnet blanc. Dieu! Qu'il était mignon, son fils, se dit Bastien qui, à la demande de son épouse, prit un instant le nourrisson dans les bras. Il se sentait à la fois pataud et curieusement très ému. Cet enfant qu'il tenait dans ses bras, c'était son fils... C'était incroyable! Bien que peu porté aux épanchements sentimentaux, Sébastien se sentit fondre soudain, au point que des larmes perlèrent bientôt à ses yeux, au grand étonnement de son épouse qui n'aurait jamais imaginé le voir un jour dans cet état.

— Merci, ma chérie. Merci Marguerite, merci de m'avoir donné ce fils! Tu ne peux pas savoir à quel point tu me rends heureux!

— Rassure-toi, Bastien. Tu es, toi aussi, pour moitié dans sa naissance, même si c'est seule que je l'ai porté neuf mois. Dépose-le doucement dans son berceau, s'il te plaît. Il va dormir maintenant qu'il a fait son rot.

Sébastien obtempéra et, debout devant le berceau, resta à contempler l'enfant durant quelques secondes.

— Tu es si merveilleuse, Margot, que je ne te remercierai jamais assez pour toutes les joies que tu me procures. Je t'aime tant. Si tu savais à quel point...

— Merci de me le dire, mon chéri, surtout aujourd'hui. Moi aussi, cette naissance me fait énormément plaisir, parce que je sais que ce fils, tu l'attends depuis la mort de Jean-Yves.

— C'est vrai. Tout va changer pour moi, dorénavant. Je ne me reprocherai plus d'avoir pris cette rougeole à la légère.

— Voyons, Bastien, tu n'y étais pour rien! Cela arrive si fréquemment!

— J'aurais dû être plus prudent. Je puis te le dire aujourd'hui, j'ai eu un frère aîné qui en est mort en bas âge, comme Jean-Yves. Et je sais que mon père se l'est longtemps reproché, lui aussi, car je ne suis né que huit ans plus tard.

— N'y pense plus, Bastien, et si cela te fait si peur de n'avoir qu'un fils, je suis d'accord pour que nous essayions d'en avoir un second. Comme cela, tu ne te feras plus de bile…

— Pourquoi pas ? Bien, je vais te laisser te reposer maintenant. Ils m'attendent tous chez Félix, tu t'en doutes. J'y ai commandé une tournée générale.

— N'y va pas trop fort quand même. Cela coûte cher !

— Cela n'arrive pas tous les jours non plus ! Ton père viendra me rejoindre dès qu'il aura fini de décharger le bateau. Il est très content de ma pêche.

— Pourquoi ?

— Son fameux banquet républicain de Brest d'après-demain le turlupinait tant ! Il est rassuré aujourd'hui puisque je lui ai rapporté assez de homards et de langoustes.

Quand il franchit la porte de leur chambre, Marguerite ferma les yeux en souriant aux anges, pleinement, totalement, intensément heureuse. Son mari… Elle avait eu une chance inouïe de tomber sur lui. Il était prévenant et attentionné, buvait peu, voire très peu en comparaison de la majorité de ses amis pêcheurs. Il est vrai que son mareyeur de beau-père lui montrait l'exemple tant il était un modèle de sobriété. C'était si rare dans son métier !

13

Cette tournée générale de Sébastien au *Café du Port* lui donna l'occasion de renouer avec Jean-François des liens qui s'étaient quelque peu distendus au fil des années. Comme cela arrive parfois entre deux amis quand l'un est célibataire et l'autre père de famille, leur mode de vie et leurs préoccupations quotidiennes étaient devenus totalement différents au fil du temps. Les choses étaient cependant sur le point de changer. Jeff venait en effet d'annoncer à son « cousin » qu'il était fiancé et que la date de son mariage était déjà fixée, avant de conclure :

— Tu ne me demandes pas qui j'épouse, Bastien ?

— Tu vas me le dire, Jeff. À moins que ce ne soit un secret ?

— Ce n'en est pas un, rassure-toi. Je vais épouser Marie-Françoise Copy, la sœur d'Ambroise. C'est d'ailleurs lui qui me l'a présentée il y a deux ans maintenant. Elle va avoir vingt-quatre ans.

— Tu as pris le temps de réfléchir, dis-moi !

— Ce n'est pas du tout ça. Il y a eu le deuil de son père, décédé l'an dernier.

— C'est vrai, pardonne-moi. J'aurais dû m'en souvenir. Ils habitent toujours la presqu'île de Kermorvan, n'est-ce pas ?

— Oui. Les Copy sont paysans goémoniers depuis des générations. Ils sont originaires de Plouguerneau, comme les Penru dont ils sont alliés de famille.

— Les Penru ?

— Tu connais les jumeaux, non ? Les géants roux, les beaux-frères d'Yves Kerléo.

— Ah oui, les géants ! Des figures ! Et aussi de grandes gueules et de sacrés caractères !

— Les Penru ont une ferme à Ploumoguer, presque aussi belle que celle des Copy qui est l'une des plus grandes et des plus prospères du canton.

— Oui, j'en ai entendu parler.

— Marie-Françoise, ma fiancée, a du caractère elle aussi. Il est vrai qu'il vaut mieux dans leur famille, sinon tu te fais croquer tout cru. Elle n'avait que six ans lorsque sa mère est décédée. La mort de son père l'an dernier, quelques mois après la disparition du mien, a provoqué le report de un an de notre mariage. Cela va faire deux ans que nous nous sommes fiancés.

— Quand l'épouses-tu précisément ?

— En avril prochain, le 21. Vous serez des nôtres avec vos enfants, bien entendu.

— Merci pour l'invitation. Et ton prochain bateau ? Où en es-tu ?

— Je n'ai pas avancé d'un pouce. J'en suis toujours à l'état de projet, par manque d'argent. Je ne pourrai jamais le faire construire avec mes seules et uniques ressources vu le prix actuel du kilo de homard. Fort heureusement, dès que nous serons mariés, Marie-Françoise prévoit de vendre, pour le financer, l'une des maisons dont elle a hérité de son père. Je mettrai mon futur bateau aussitôt en chantier, même si cela ne pourra pas se faire avant le milieu de l'année prochaine.

— Tu n'as plus très longtemps à attendre !

— Pour le moment, j'ai d'autres soucis. Tu sais que je suis l'aîné de huit enfants. Mes parents ont eu cinq garçons d'abord, puis trois filles ensuite.

— C'est plutôt rare comme séries…

— En effet. Nous sommes quatre pêcheurs sur cinq garçons : Joseph, Paul, Émile et moi-même. L'exception, c'est Jean, le quatrième d'entre nous, qui étudie à Paimpol et sera capitaine au long cours. Quant à mes sœurs, elles sont encore trop jeunes pour envisager de se marier, même si la plus âgée fréquente.

— Être l'aîné d'une famille nombreuse n'est pas toujours drôle, car le décès ou l'incapacité d'un père te donne une sacrée responsabilité…

— Que veux-tu ! La vie n'est pas toujours rose.

— Ton père a eu une triste fin…

— C'est vrai. Après son attaque, il ne bougeait plus, ne trouvait plus aucun intérêt à la vie ; c'est une bonne chose pour lui comme pour nous qu'il soit décédé. Me voilà chef de famille malgré moi. Et encore ai-je la chance que la deuxième de mes trois sœurs, Ernestine, souhaite devenir religieuse.

— Pourquoi dis-tu que c'est une chance ?

— Parce qu'il ne m'en reste plus que deux à caser, bien sûr ! Et toi, sinon ?

— Moi ? Pour le moment, je suis tout à ma joie. Après la perte de Jean-Yves, mon premier-né, je commençais à désespérer d'avoir un fils.

— Tu n'envisages pas de reprendre le commerce de ton beau-père ?

— Moi, mareyeur ? Je n'y ai jamais pensé, pas plus que mon beau-père. Job va bientôt passer le cap des cinquante ans et il est en très bonne santé. Il ne compte pas s'arrêter de sitôt.

— C'est vrai. Comparé aux pêcheurs de son âge, Job n'a pas une ride, ou si peu…

Jeff avait quitté Sébastien et le *Café du Port* peu après, lorsque Job Riou y avait fait son apparition et accaparé d'autorité son gendre. Il avait cru comprendre qu'il était question de deux cent douze kilos de homards, sans doute l'une des grosses livraisons qu'il arrivait au mareyeur de faire de temps à autre à Brest pour des banquets. S'il avait su qu'il s'agissait en fait de la pêche du jour de son cousin, Jeff aurait sans doute pris Bastien en filature les jours suivants ; il l'aurait même surveillé à la jumelle pour apprendre sur quelle base il pouvait prendre seul une telle quantité de crustacés en une seule journée.

Jeff était tout le contraire d'un sot. Aussi pragmatique que curieux de nature, il mettait depuis des mois en pratique les connaissances acquises lors de sa formation de guetteur sémaphoriste en les appliquant à son métier de pêcheur. Son but était simple : établir un relevé très précis des meilleures bases de pêche à partir des cartes marines, ce qui, pour la plupart de ses collègues, restait encore du chinois ou de l'hébreu. Il lui arrivait même d'envier son frère Jean qui devait en savoir dix fois plus que lui au moins sur le sujet et qui pourrait certainement les aider, ses frères et lui, s'ils se voyaient plus souvent.

Cela faisait un an qu'il était le patron des *Deux Frères* et il avait plus que hâte de changer de bateau. S'il ne l'avait pas pris en grippe, comme son père, après leur mésaventure anglaise deux ans plus tôt, il mesurait parfaitement les dangers que représentait l'utilisation d'un bateau non ponté par mauvais temps, que ce soit sur les côtes bretonnes ou anglaises. Ce jour-là, ils avaient eu la chance de leur vie; ils avaient frôlé pour le moins le naufrage, et très probablement la noyade et la mort. Le pire peut-être était que leurs corps n'auraient jamais été retrouvés, et le seul fait d'y penser lui donnait encore des frissons. Bouffé par les poissons ou, pire, les crustacés, brrr... Il avait la chair de poule chaque fois qu'il y pensait.

Plus qu'un avertissement sans frais, et de beaucoup, cette mésaventure avait été pour lui une mise en garde et même un coup de semonce. Il avait voulu tenter le diable? Le diable, à moins que ce ne soit Dieu lui-même, lui avait fait savoir de manière on ne peut plus claire qu'une chance pareille ne se renouvellerait pas. Leurs réactions, à son père et à lui, avaient été diamétralement opposées : son père avait pris un grand coup au moral et s'était laissé aller, avant d'être terrassé par une attaque. Lui avait décidé de se marier et donc de vivre.

Vivre et aller de l'avant, oser et changer de bateau, c'était aussi montrer au Ciel qu'il avait parfaitement saisi l'avertissement. Pourtant, le Ciel et le sort s'en étaient à nouveau mêlés en s'acharnant sur eux puisqu'ils avaient eu à déplorer, après la maladie puis la mort de son père, la mort du père de Marie-Françoise l'année suivante; ces deux disparitions avaient retardé de plus d'un an la date de leur union et la construction de son bateau.

Bien que désagréable, cette attente n'avait cependant pas été du temps perdu. Et cela, en grande partie grâce à son frère Jean qui lui avait permis de mieux comprendre et appréhender les cartes marines que Jeff savait aujourd'hui lire parfaitement. Il en apprenait tous les détails, pièges comme bases, récifs et épaves comme zones sablonneuses, courants et zones calmes sans oublier les meilleurs coins de pêche en fonction des marées. Bref, il ne naviguait plus sans ses cartes et en cela, il n'avait pas perdu son temps.

Bon sang! se dit-il, il ne s'était pas encore attaqué à la réparation de ses voiles! Il détestait la couture et savait qu'il ne pouvait plus compter pour le faire sur son jeune frère, Émile, son matelot actuel. Il descendit rapidement vers le quai du Drellac'h où il trouva deux vieux pêcheurs qui pliaient bagages, leurs voiles encore à terre.

— Bonsoir Jean-Michel, bonsoir père Guillou. J'ai un jeu de voiles à faire réparer. Des déchirures. Rien de bien grave. Vous pourriez vous en occuper quand?

— Amène-les dès que tu peux, petit, répondit le père Guillou, le plus ancien des deux. Nous aurons fini celles-ci demain. On te dira combien ce sera quand je les verrai.

— Nature ou en sous?

— En sous, bien sûr.

Voilà une bonne chose de faite, se dit Jeff en quittant les deux pauvres vieux dont la solitude faisait pitié. Le père Guillou, un ancien matelot, n'avait plus d'enfant vivant; sa femme venait de décéder et on ne lui connaissait pas de famille. Quant à Jean-Michel, c'était un vieux matelot célibataire qui n'avait jamais été très futé; il venait du Haut-Léon où il ne voulait pas retourner.

Jeff sortit les mains de ses poches puis poussa la porte de la demeure familiale. C'était bientôt l'heure du dîner et, une fois de plus, il serait seul avec sa mère et ses sœurs, à moins qu'Émile ne se décide à se joindre à eux au dernier moment. C'était lui, l'aîné, qui apprenait au benjamin de ses frères le métier de pêcheur, puisque son père n'était plus là pour le faire. Quant à Joseph et Paul, ses deux autres frères, ils continuaient à exercer leur métier en rade de Brest. Ils s'étaient depuis peu installés ensemble dans cette ville, bien décidés à y trouver une autre voie, tous deux persuadés que le port de commerce leur offrirait des perspectives d'évolution professionnelle plus prometteuses que ce métier de pêcheur, beaucoup trop risqué à leurs yeux.

Ils n'avaient sans doute pas tort, admettait Jeff devenu chef de famille, et il était prêt, lui aussi, à saisir à deux mains la première occasion qui se présenterait, tant sur mer qu'à terre. Pour l'instant, il ne voyait pas du tout ce qu'elle pourrait être et cela ne le dérangeait pas outre mesure. Il avançait dans sa vie personnelle à défaut de vie professionnelle, puisqu'il serait bientôt marié et, il l'espérait vivement, père de famille un an plus tard, tout au plus. Ce soir-là, en récitant le bénédicité traditionnel, il remercia sincèrement le Ciel d'avoir de quoi nourrir sa mère et ses sœurs et pria Dieu pour qu'il en soit toujours ainsi.

14

S'il ne vécut pas un rêve éveillé les années suivantes, ce fut tout comme ou presque, comparativement du moins aux années difficiles qu'il venait de traverser. Après des noces très gaies en avril 1909, la vente de deux des trois maisons dont avait hérité son épouse lui permit de disposer enfin des fonds indispensables pour passer la commande de son nouveau bateau, dont il eut tout le loisir de dresser les plans avec le patron du chantier du Croaë. Superstitieux et prudent, il ne le mit cependant en construction qu'une fois la vente des deux maisons réalisée et le paiement effectué. Durant toute son enfance, son père lui avait en effet rabâché, non sans raison puisqu'il l'avait appris à ses dépens, deux dictons qu'il connaissait par cœur : « Prudence est mère de sûreté » et « Il ne faut jamais vendre la peau de l'ours avant de l'avoir tué ».

Avec son épouse, ils emménagèrent rue Saint-Christophe, dans la plus grande et la seule maison qu'il leur restait, une maison qui ne tarda pas à retentir de cris d'enfants puisque, très vite enceinte, Marie-Françoise mit au monde son premier fils, Jean, en 1910. Cette année 1910 leur fut bénéfique, puisque c'est en décembre qu'eut lieu le baptême du *Vierge de Massabielle*, ce bateau qui avait tant fait rêver Jeff. C'est parce qu'elle vouait un culte particulier à sa sainte patronne ainsi qu'à Bernadette Soubirous que Marie-Françoise lui avait demandé de baptiser de ce nom son nouveau voilier de quinze tonneaux, ce qu'il avait bien entendu accepté. Il ne remercierait jamais assez son épouse pour ce cadeau qui allait changer sa vie. Il se doutait certes qu'en lui demandant de nommer ainsi son nouveau bateau, sa femme souhaitait le mettre sous la protection directe de la Vierge tant sa foi était grande. Elle espérait qu'incitée par les prières de la bergère Bernadette, la Vierge Marie serait disposée à accomplir un nouveau miracle en faveur de son époux si, d'aventure, il lui arrivait de mettre une fois encore sa vie en danger. Jeff ne lui avait-il pas confié lui-même que c'était aux prières de sa mère à la Vierge qu'il attribuait leur rencontre avec *Les Trois Amis*, ce chalutier de Boulogne dont ils avaient miraculeusement croisé la route et qui les avait sauvés, son père et lui ?

Il n'était pas de pêcheur qui, au cours de sa vie, n'avait pas eu besoin d'une aide providentielle un jour où la chance lui tournait le dos. Confronté à n'importe quelle mauvaise passe, il devait être prêt à prendre tous les risques pour en sortir. Jeff le savait très bien et tous les habitants de la côte, pêcheurs ou non, connaissaient par expérience ou ouï-dire le vrai sens du mot « risque » dans l'archipel d'Ouessant, le chenal de l'Iroise ou les parages de l'île de Sein, là où courants et récifs font de tous les marins de grands spécialistes de la survie.

C'est parce qu'il mesurait pleinement les risques encourus que Jeff avait décidé de faire construire le *Vierge de Massabielle*, taillé pour la haute mer et les côtes anglaises. C'est pour cela aussi qu'il regrettait d'avoir promis – un peu légèrement – à sa jeune épouse de ne pas partir de sitôt pour ces côtes lointaines. Et il ne voyait qu'une seule façon de l'amener à changer d'opinion : la ruse. Il lui suffit, en effet, de minorer pendant trois mois le nombre de homards pêchés comme le montant de ses ventes au mareyeur pour convaincre Marie-Françoise. Le père Job était coutumier du fait puisque, bien évidemment, Jeff n'était ni le premier ni le dernier à utiliser ce subterfuge pour leurrer sa femme.

C'est donc en juin 1911, après trois mois de pêches apparemment décevantes, que Jeff mit pour la première fois le cap sur les côtes anglaises à bord de son nouveau bateau, après avoir promis à sa femme de mettre fin à ces campagnes lointaines tous les ans à la fin septembre. À l'automne et au printemps, il pêcherait sur l'archipel d'Ouessant. Et c'est le cœur léger qu'il eut donc la joie de quitter Le Conquet et de faire voile vers les îles Scilly, accompagné de ses deux matelots et de son jeune frère Jean, alors en congé. Ils avaient préparé leur voilier de quinze tonneaux en un jour : vivres, casiers empilés jusqu'à la bôme de grand-voile, appâts, accastillage, tout était prêt à cinq heures du matin et le *Vierge de Massabielle* avait levé l'ancre pour filer à huit nœuds, cap au nord, porté par un vent d'est prometteur. Beau temps, mer belle, ils étaient sur place le lendemain matin et la pêche à la langouste pouvait débuter.

Une fois boëttés de chinchards, vieilles et grondins, les casiers étaient, d'une façon générale, mouillés à la fin de la marée descendante pour être relevés six heures plus tard, à la fin de la montante. Ils étaient alors vidés, nettoyés, réappâtés et à nouveau mouillés à la fin du jusant suivant pour être à nouveau relevés six heures plus tard. Cela dura plusieurs jours pour un résultat décevant ; si décevant d'ailleurs que Jeff décida d'écourter sa campagne de une journée, persuadé que sa femme ne manquerait pas d'exploiter cet échec lorsqu'il rentrerait. Vint le dernier soir qui les vit prendre la route du retour, cap au sud, sur la Bretagne et Le Conquet. Jeff prit la barre le premier et à deux heures du matin, il réveilla son jeune frère Jean qui avait insisté pour le relayer.

Éclairé par le fanal rouge de tribord et le bleu de bâbord, le bateau avançait dans un silence presque total, seulement rompu de temps à autre par le bruit sourd que faisait le plomb de sonde que Jean lançait régulièrement à l'eau. Il y avait déjà trois heures que durait ce manège lorsque, soudain, la sonde détecta un haut-fond de cinquante mètres au lieu des quatre-vingt-dix qu'ils avaient jusqu'alors. Jean examina soigneusement ce plomb, marqué de traces très nettes de maërl, et réagit en un dixième de seconde : une remontée brutale de quarante mètres des fonds marins, des traces de maërl : autant de signes annonciateurs de langoustes… Pas de doute, ils étaient sur une base ! Il se précipita vers l'avant et secoua son frère :

— Jeff ! Nous sommes sur une base ! Réveille-toi vite ! Il y a sans doute des langoustes !

Une base de langoustes ! Ce mot suffit à réveiller Jeff pour de bon et aussitôt ce fut le branle-bas. Le bateau avait fait demi-tour et les matelots s'affairaient tandis que Jeff et son frère recherchaient la base qu'ils retrouvèrent très vite. Bientôt les casiers furent boëttés et mouillés. Débuta alors l'attente, qui leur parut interminable jusqu'à ce que le jour se lève… Une heure, deux heures, cinq heures avaient passé, lentement, trop lentement, avant que Jeff ne donne enfin le signal du relevage des casiers. Le résultat dépassa leurs espérances puisqu'ils découvrirent jusqu'à six ou sept langoustes par casier. Aucun d'entre eux n'avait jamais vu ça ! Les paniers de stockage furent bientôt tous pleins et les hommes se regardaient, incrédules… De pareilles pêches, leurs grands-pères leur en parlaient, mais leurs pères n'en avaient jamais connu !

Ils prirent tout leur temps pour ranger les langoustes dans les paniers prévus à cette fin, manger un morceau et arroser cette pêche avant de renouveler l'opération. Le plus dur fut certainement l'attente, car il était rare qu'une telle aubaine se renouvelle. Lorsque le miracle se reproduisit, ce fut l'euphorie sur le *Vierge de Massabielle*. Ils stockèrent à nouveau les langoustes et durent pour l'occasion transformer quelques casiers en paniers de stockage, car tous ceux-ci étaient déjà remplis par la pêche précédente. Enfin, ils boëttèrent à nouveau ceux qui restaient vides avant de les mouiller. Ils viendraient les relever le lendemain. Ils avaient, bien entendu, gardé l'un d'eux pour le lester de pierres et le munir d'une bouée, à laquelle Jean adjoignit prudemment un drapeau repère. Ce n'est qu'ensuite qu'ils prirent la route du retour, en espérant une nouvelle pêche aussi prolifique le lendemain.

Pour l'instant, il s'agissait de rentrer au port et de vendre la pêche. Mais où et à qui ? se demandait Jeff. Au Conquet ? C'était trop risqué. Ils feraient inutilement des envieux, au point que, pour certains pêcheurs, ce serait presque de la provocation ; sans compter que quelques-uns s'arrangeraient pour les suivre au prochain départ. Non, la solution se trouvait plus loin, de l'autre côté de la rade de Brest : Camaret ! C'est à Camaret qu'ils vendraient leur pêche, Jeff avait pris sa décision.

Comme Jean s'en étonnait, Jeff lui expliqua que devant la quantité de langoustes qu'ils déchargeraient, le mareyeur camarétois s'imaginerait que le prix proposé par Job Riou aux pêcheurs conquétois était insuffisant et qu'ils avaient délégué l'un des leurs pour lui vendre leurs langoustes. Il leur restait cependant un problème à résoudre, et de taille : rejoindre Camaret sans se faire voir des bateaux conquétois.

Ils prirent donc la direction de la pointe de la presqu'île de Crozon, passèrent Ouessant et, en approchant de Molène, furent agréablement surpris de voir se lever une brume salvatrice qui leur cacha bientôt la côte, de Portsall à Saint-Mathieu. Jeff eut immédiatement une pensée pour son épouse qu'il remercia, en son for intérieur, d'avoir choisi ce nom pour son bateau. Comment expliquer, en effet, la chance insigne qui les suivait sur cette pêche sinon par les prières à la Vierge de la bergère Bernadette ?

La nuit n'était pas encore tombée lorsqu'ils pénétrèrent dans le port de Camaret. Jeff courut aussitôt chez le mareyeur, arrivant juste avant qu'il ne ferme. Peu après, ils déchargèrent leur pêche que Jeff négocia au mieux. *Il a dû tirer un très bon prix de ses langoustes*, se dit Jean en voyant à quel point son frère avait l'air satisfait lorsqu'il sortit du réduit qui servait de bureau au mareyeur. Il l'invita aussitôt, ainsi que ses deux matelots, à l'auberge du port où ils firent ripaille avant d'y partager une chambre à quatre.

Le lendemain matin, ils étaient frais et dispos lorsqu'ils reprirent la mer. Ils naviguèrent à la boussole pendant un moment avant que la brume ne se lève. Aussi prolifique que celle de la veille, cette seconde journée de pêche connut le même déroulement heureux, et c'est à nouveau sur Camaret que Jeff décida d'écouler la moitié de sa pêche. Il se montra cependant prudent et garda, par précaution, quelques langoustes et tous ses homards qu'il comptait vendre le lendemain à Job Riou. Il savait que cette pêche serait la dernière de cette marée sur cette nouvelle base, le courant marin très fort des jours suivants ne leur permettant plus de mouiller leurs casiers à cet endroit sans risquer de les perdre. Il n'y laissa donc qu'un seul casier repère lesté de pierres, en espérant que la mer et les courants n'en viendraient pas à bout.

Pendant ce temps, au Conquet, l'inquiétude grandissait chez les pêcheurs, certains d'entre eux affirmant avoir vu le *Vierge de Massabielle* quitter les côtes anglaises un jour avant qu'ils ne fassent de même. Ils ne comprenaient donc pas qu'il ne soit pas encore rentré au port. Les plus pessimistes en étaient déjà à faire une croix sur le bateau et son équipage lorsqu'ils eurent la surprise de les voir surgir dans le sud en fin de journée. Jeff leur expliqua qu'en raison de la brume, il avait choisi d'être prudent, et qu'en contournant Ouessant, il était descendu trop au sud. Certains ironisèrent, d'autres doutèrent en se disant qu'ils avaient dû faire une escale « femmes » quelque part sur la côte, mais aucun d'eux n'imagina qu'il ait pu descendre vendre sa pêche à Camaret. Ce n'est que bien plus tard qu'ils apprirent la vérité, et cela, par des pêcheurs camarétois, bien entendu.

Ce soir-là, avant de repartir pour Paimpol, Jean remercia son aîné pour le temps passé ensemble et les bonnes pêches qui avaient marqué son passage au Conquet et dont il garderait un souvenir inoubliable.

— Ne va pas t'imaginer que c'est notre quotidien, Jean. Cette pêche que nous te devons est la plus extraordinaire que j'ai jamais réalisée et que je réaliserai sans doute de ma vie entière. La majorité des pêcheurs finissent leur vie sans avoir jamais connu le bonheur d'un pareil miracle. Ce qui est sûr, par contre, c'est qu'ils connaîtront un ou plusieurs naufrages au cours de leur existence et qu'un sur cinq perdra la vie dans l'océan.

— Je le sais, Jeff, c'est bien pour cela que j'ai choisi la marine marchande.

— Tu connais le proverbe breton : « Mon Dieu, protégez-moi du passage du raz car ma barque est petite et la mer est grande » ! Tu ne devras jamais l'oublier, puisque le plus grand des cargos ou des paquebots n'est qu'un fétu de paille sur l'océan déchaîné.

Pourquoi avait-il tenu des propos aussi pessimistes à son jeune frère? se demanda-t-il une semaine plus tard, dans l'église où il assistait à la cérémonie funèbre donnée pour l'un de ses camarades de l'école primaire dont le bateau s'était fracassé sur un récif. Ce naufrage avait fait trois noyés, le patron pêcheur, son matelot et son mousse de douze ans. Une chance pour leurs familles, leurs corps avaient été retrouvés le jour même, ce qui leur avait valu une veillée funèbre avant ces funérailles de chrétiens. Pourtant, comme tous les autres, ils n'emporteraient pour tout bien dans l'au-delà que le drap blanc qui leur servait de linceul et les planches de bois de leur cercueil, le tout enseveli à six pieds sous terre.

Que deviendraient leurs familles? se demandait Jeff pendant l'homélie. Son ami Francis n'avait que deux enfants, un garçon et une fille déjà presque adultes. Son matelot, par contre, un homme de trente-cinq ans, laissait derrière lui une demi-douzaine d'enfants en bas âge dont l'aîné devait avoir neuf ans. La chance de ces pauvres petits était que leur grand-père vivait encore; il allait devoir reprendre du service en dépit de ses soixante ans et cela jusqu'à sa mort, très certainement.

Jeff se signa à cette pensée et ne reprit contact avec la réalité que quand le prêtre fit l'éloge funèbre des défunts. Un instant plus tard, il se demanda ce que deviendraient les siens si un tel malheur lui arrivait. Oui, s'il mourait, que deviendraient Marie-Françoise et leurs petits? Il fallait qu'il en parle à Ambroise.

DEUXIÈME PARTIE

15

1914

En appareillant ce matin du 5 juin 1914, Sébastien et Georges, son matelot, le fils de Mathurin, étaient loin d'imaginer les surprises, bonnes et mauvaises, que leur réservait cette journée. Après une navigation plus lente que de coutume en raison de vents défavorables, leur pêche avait débuté de façon idéale et ils rattrapaient très vite leur retard. Ils relevaient leurs casiers deux par deux, ce qui exigeait d'eux à chaque remontée un effort physique considérable puisqu'ils étaient remplis de crustacés ; ils les vidaient aussitôt soigneusement sans s'accorder la moindre minute de repos. Ils les nettoieraient plus tard avant de les boëtter à nouveau et de les remettre à l'eau.

Ils trimèrent ainsi deux heures sans le moindre répit. Cela en valait la peine, car à chaque fois qu'apparaissait un casier, c'était une bonne surprise tant les nasses étaient bien garnies. Lorsqu'ils contemplaient les homards qui s'entassaient dans leurs paniers, les regards de satisfaction qu'ils échangeaient parlaient pour eux d'autant que s'y ajoutaient de temps à autre un sourire de connivence ou une plaisanterie. Ils étaient tellement pris par leur pêche qu'ils ne parlaient que de cela et ne faisaient attention à rien d'autre. Ce n'est qu'en fin de pêche qu'ils se projetèrent un peu plus tard, au moment où ils remouilleraient leurs casiers et reparleraient des bases que Bastien partageait ou non avec son cousin Jeff.

Rien, non, vraiment rien ne laissait prévoir le banc de brume qui s'abattit soudain sur eux. Et pourtant si, se reprocha très vite Bastien… Il aurait dû se méfier lorsqu'il avait vu apparaître, du côté des Pierres Noires, ce voile qui les enveloppait maintenant de tous côtés. Il n'imaginait tout simplement pas à ce moment que la brume remonterait si vite, ni surtout qu'elle serait si dense. Pourquoi, oui, pourquoi s'était-il entêté à vouloir relever tous ses casiers avant qu'elle n'arrive sur eux ? Il aurait dû être plus prudent, il le savait, mais c'était ainsi. La prochaine fois, il referait sans doute la même erreur. Tous les pêcheurs étaient faits du même bois et aucun d'eux, quand la pêche « donnait », ne se résolvait à l'interrompre pour une question de sécurité. Oui, c'était de sa faute et uniquement de sa faute s'ils étaient dans la panade, Georges et lui.

Ne pas s'affoler, surtout… Il décida de rester sur place pour se donner le temps de réfléchir et voir comment évolueraient les choses : il était trois heures et demie de l'après-midi et, avec le vent portant, ils n'en avaient que pour deux heures de route. Le problème, c'est que justement, le vent tombait, ce qui les contraignait à attendre patiemment que la brume se lève. Ce qu'ils firent. La première heure passa lentement, puis la deuxième ; la troisième était déjà bien entamée quand Georges lui demanda :

— Qu'est-ce qu'on fait, Sébastien ? Si on continue à attendre ici, il va faire nuit bien avant que l'on puisse arriver au port. Qu'en penses-tu ?

— J'aimerais bien savoir quelle est la meilleure solution car il n'y en a aucune de vraiment satisfaisante. Je sais que ce n'est pas agréable de rester ainsi au mouillage sans rien faire sinon attendre que le vent chasse la brume, mais… Tiens, incroyable ! Il suffit parfois de parler du loup pour qu'il se manifeste… Tu as senti cette risée, Georges ? C'est peut-être le signe que le Ciel a décidé de venir à notre aide.

De fait, le vent se leva et dissipa rapidement la brume. L'ennui, c'est qu'il avait tardé et que la nuit tombait déjà lorsque cela se produisit. Ils s'éloignaient de plus en plus de Molène et étaient déjà en approche de Quéménès quand Bastien se demanda s'il n'était pas présomptueux d'envisager d'accoster sur cette île de goémoniers dont il ne connaissait rien des abords immédiats, même s'il était certain d'y être très bien accueilli. Ne devrait-il pas plutôt la contourner par le nord en remontant assez loin pour éviter Lédénez de Quéménès ? Passé cet îlot, ils ne rencontreraient plus d'obstacle et pourraient faire route sur Le Conquet. Et s'ils avaient le moindre problème à l'entrée du port, il leur resterait toujours la possibilité de se réfugier dans l'anse des Blancs Sablons.

C'est cette option qu'il retint. Mal lui en prit. Moins d'un quart d'heure plus tard, le *Marguerite-Marie* heurta une roche en passant les Guiniman, et ce assez violemment pour ralentir le bateau. Nom de nom, quel con il était ! Sébastien craignait le pire. Un choc pareil… Sans doute avait-il récolté une voie d'eau. Pourvu que… Il croisa les doigts. Ce n'était peut-être pas encore la catastrophe, mais cela y ressemblait bigrement. Il devait voir ce qu'il en était, et tout de suite…

— Georges, tu prends la barre et tu fais route sur Le Conquet. Je vais voir quels sont les dégâts.

Trente secondes plus tard, ses craintes se confirmaient ; s'ils n'intervenaient pas, ils en avaient pour moins d'une heure avant de couler. Il lui fallait boucher la voie d'eau aussi efficacement qu'il le pourrait. Lièges, toiles rêches et tissus souples, les uns calant les autres, devraient faire l'affaire. Il regarda de droite et de gauche, s'empara de lièges qui traînaient et, ne voyant rien qui lui convenait en matière de toiles, opta pour sa vareuse. S'il voulait sauver son bateau en même temps que sa peau et celle de Georges, il ne devait pas hésiter une seconde ni lésiner sur les moyens. Il ôta son vêtement dont il utilisa une manche pour boucher le trou causé par le choc avec le rocher, ce qui s'avéra plus délicat qu'il ne s'y attendait avec toute cette eau qui rentrait !

Lorsqu'il y parvint enfin, il attendit dix, vingt secondes. Apparemment, cela suffisait. Une minute passa, puis deux ; son rafistolage tenait bon et la vareuse remplissait son office. Il quittait la cale quand il crut entendre à nouveau le bruit de l'eau dans son dos. Il se retourna, persuadé que sa réparation de fortune venait de sauter. Il ne s'était pas trompé : l'eau pénétrait à nouveau dans le bateau. Il recommença l'opération avant de se précipiter sur le pont.

— Georges, tu descends dans la cale. J'ai bouché comme je l'ai pu le trou avec ma vareuse et du liège. Maintiens à la main le tout en place aussi longtemps que possible. Et si la mer les fait sauter, tu recommences. Je vais tâcher de sauver le bateau en nous échouant sur une plage où il ne sera pas abîmé.

Il devait oublier Le Conquet. Il n'y avait plus à hésiter : ce serait Quéménès. Sinon, le *Marguerite-Marie* irait par le fond… À moins que… Litiry ou Lédénès ? Lédénès était plus près que Litiry… Peu importait que ce soit une île ou un îlot, l'essentiel était de mettre le pied sur la terre ferme.

Il barrait en scrutant la mer devant lui. La nuit tombait et, bientôt, l'obscurité serait telle qu'il ne pourrait plus se fier qu'à la faible lueur de la lune pour se diriger. À cet instant précis, il s'en voulut terriblement de s'être cantonné pendant des années à ses bases de pêche sans chercher à connaître toute la côte ainsi que ses îles et îlots. Il réfléchissait vite, évaluant l'une après l'autre les solutions. Il écarta Litiry et Lédénès qui étaient déraisonnables, vu les roches qui les entouraient. Par contre, la côte nord de Quéménès était, pour ce qu'il en savait, constituée d'une plage de sable et de galets. C'était la solution. Il devait foncer en croisant les doigts pour ne pas heurter une nouvelle roche. De toute façon, il n'y avait pas d'alternative.

Il changea aussitôt de cap et dut louvoyer en raison du vent légèrement contraire que compensait le courant. Il se félicitait déjà de son choix en apercevant les remous devant Litiry quand Georges surgit soudain.

— L'eau est en train d'envahir la cale. Cette fois, c'est cuit, Bastien.

— Non, Georges, ce n'est pas cuit ! Retournes-y et fais ce que tu peux pour ralentir son arrivée. Nous sommes sauvés et le bateau aussi si nous tenons encore cinq minutes ! cria Bastien, plus que jamais convaincu qu'ils pouvaient et allaient s'en sortir. Nous sommes plus près de la côte que tu ne le crois, je te préviendrai dès que nous y serons.

C'était effectivement le cas. Il fut pris de court lorsque, moins de trois minutes plus tard, il vit soudain surgir la plage devant lui. Ils s'en rapprochaient vite, très vite, trop vite, il eut à peine le temps de prévenir Georges.

— Monte sur le pont ! hurla-t-il à son matelot qui lui obéit aussitôt.

Ils étaient déjà sur l'île et Bastien était toujours en train de chercher le meilleur endroit pour accoster quand un banc de sable qu'il n'avait pas vu freina brutalement leur course. Surpris, il lâcha la barre et fut aussitôt déséquilibré. Il venait de se redresser lorsque la bôme le percuta violemment sur le haut de la tempe gauche. Le coup l'assomma et le projeta si violemment sur le côté qu'il bascula par-dessus bord.

Georges, déséquilibré lui aussi par le choc, se prit le pied dans un cordage et chuta sur le pont, sans voir Bastien tomber. Il partit dans une glissade à plat ventre, heurtant au passage une dizaine d'objets hétéroclites jusqu'à ce que sa tête frappe violemment le flanc du bateau. Groggy et couvert d'écorchures, il mit quelques instants à reprendre ses esprits avant de réussir à se remettre debout. Il prit alors conscience qu'ils venaient de s'échouer sur un banc de sable de la plage nord. Son phénomène de patron avait réussi à les tirer de ce mauvais pas ! Il s'exclama aussitôt, radieux :

— Bastien ! Tu as réussi, Bastien ! Bravo, nous sommes sauvés ! Bastien ?

N'obtenant pas de réponse, il ajouta, la voix déjà moins assurée :

— Où es-tu passé, Bastien ? Réponds-moi, bon sang ! Qu'est-ce que ça veut dire ? Pourquoi ne réponds-tu pas ?

Il commença par fouiller le pont, puis tout le bateau, une fois, deux fois… C'était incroyable… Sébastien n'était pas à bord. Que s'était-il passé ? Le choc l'avait-il fait tomber à l'eau ? Il s'y laissa glisser presque aussitôt et se sentit rassuré en constatant qu'elle lui arrivait à peine à la poitrine. Mais Dieu, qu'elle était froide !

Et si Sébastien s'était noyé ? Non, c'était impossible… Si c'était cela… Sa mort serait une catastrophe pour eux tous : pour Sébastien et les siens, bien sûr, mais également pour lui-même et sa famille. Il ne pourrait jamais retrouver un patron comme lui. Son père ne lui avait-il pas dit cent fois que son patron était l'homme le plus généreux qu'il ait rencontré de sa vie entière ? Le jour où il était venu chez eux à l'improviste prendre des nouvelles de son père malade et qu'il les avait tous trouvés, les six enfants et leurs parents, attablés devant des assiettes presque vides parce qu'ils n'avaient pratiquement rien à se partager, il avait été très choqué. Le soir même, il était revenu en leur apportant des provisions. C'était d'ailleurs ce soir-là qu'il l'avait engagé lui, Georges, comme premier matelot et non comme débutant, parce qu'il était le seul des enfants de la famille en âge de travailler et donc de remplacer son père. Et il avait donné une avance substantielle de salaire à ses parents.

Non, il ne devait pas voir tout en noir. Bastien ne s'était sûrement pas noyé puisqu'ils avaient pied, c'était déjà ça ! Mais où était-il et que faisait-il ?

Il commença par examiner les abords immédiats du bateau en se déplaçant précautionneusement dans l'eau, sans voir ni toucher quoi que ce soit, sinon des algues. Avec cette obscurité, il ne distinguait rien ou presque, et lorsqu'il palpa une roche du pied puis de la main, il se dit qu'ils avaient eu une veine de cocu de ne pas la percuter à pleine vitesse. Et s'il était resté lui-même sans connaissance un certain temps ? Cela n'avait rien d'impossible. Bien évidemment, ça devait être cela ! Bastien avait dû perdre patience en attendant qu'il reprenne conscience et était parti chercher du secours.

Cinq minutes plus tard, Georges marchait sur la dune. Il avançait sur un chemin de terre bordé de champs lorsqu'il aperçut des tas bien formés de laminaires qui séchaient puis, un peu plus loin, un ensemble de constructions. Il s'approcha de la plus grande et sursauta en entendant des rires d'hommes. Ils ne s'embêtaient pas, là-dedans ! Il toqua à la porte, entra dès qu'on l'y invita et aperçut aussitôt une dizaine d'hommes attablés. Il ne put tout d'abord distinguer que des silhouettes tant les lampes à huile l'aveuglaient. Il ne connaissait probablement pas un seul d'entre eux, se dit-il en s'approchant, aussi fut-il très étonné de se faire interpeller :

— Georges Menguy ! D'où sors-tu, Georges ? Et où as-tu laissé Bastien ?

Jeff ! C'était Jeff Le Calvez qui venait de se lever et se dirigeait vers lui.

— Bonsoir, Jeff ! Nous avons été pris dans la brume et avons heurté une roche au-dessus de Litiry. Le bateau prenait l'eau si bien que Bastien a décidé de faire cap sur Quéménès pour nous y échouer. Il a réussi et nous a sortis de là en nous ramenant, dans la brume et la nuit, jusqu'à la plage du nord de l'île. Nous avons eu un accostage assez brutal et figure-toi que depuis, je ne le retrouve pas. C'est comme s'il s'était volatilisé !

— Comment ça, volatilisé ? s'exclama un homme qu'il reconnut aussitôt comme l'un des géants Penru. Dis-moi… Comment s'est déroulé votre accostage ?

Georges s'expliqua et revint sur le choc qu'avait été pour tous deux cet arrêt brutal.

— Bastien est sans doute quelque part sur l'île, suggéra Jeff.

— À moins qu'il n'ait pris un coup ou subi un choc lors de l'accostage, lui répondit le géant.

— Toujours aussi optimiste, hein, Yann ? répliqua Jeff, aussi agressif qu'amer en se demandant pourquoi il fallait toujours que ce crétin exprime tout haut ce qu'ils craignaient tous sans le dire.

— Peut-être a-t-il été projeté à l'eau, reprit le géant. Qui sait ce qui a pu se passer… As-tu jeté un œil autour de toi ?

— Bien entendu, répondit Georges. Le problème, c'est qu'il fait nuit noire et que nous n'avons pas la moindre bougie à bord…

Il se tut un instant avant de reprendre :

— Je ne peux pas croire que Bastien ait pu tomber à l'eau. Pas lui. Non, c'est impossible. C'est Bastien, quand même, c'est un, un…

Il s'arrêta brusquement, des sanglots dans la voix, incapable de finir sa phrase. D'écouter cet abruti annoncer aussi crûment ce qu'il redoutait sans l'admettre encore, c'en était trop pour lui. Il ne put retenir ses larmes.

— Un surhomme et un type formidable, oui, je sais ce qu'il est pour toi comme pour ton père, intervint Jeff en prenant dans ses bras le fils de Mathurin en larmes. Je le sais parce que c'est aussi mon ami…

— Allons, les enfants, ce n'est ni le moment de s'apitoyer ni celui de perdre du temps, fit Yves Kerléo, le maître des lieux. Chaque minute peut être vitale pour Sébastien. Rendons-nous sur place immédiatement pour voir ce qu'il en est. Yann ?

— Oui ?

— Tu t'occupes de l'intendance. Distribue des lanternes à tous. Nous partons dans cinq minutes.

16

Ils venaient de décider d'abandonner les recherches après avoir, pendant plus d'une heure, vainement fouillé la mer tout autour du bateau, à sec maintenant avec la marée. Ce n'est qu'en remontant sur le côté gauche de la plage que Yann remarqua un rocher à deux ou trois mètres tout au plus du bateau. Il s'en approcha avec sa lanterne et là... Un corps gisait sur un lit de laminaires. C'était leur homme, sûrement. Il s'approcha en songeant à Marguerite, la reine Margot, la plus belle fille du Conquet indéniablement, dont ce Sébastien était l'époux ; elle allait se retrouver veuve, libre, et déchaîner à nouveau toutes les convoitises.

Il prit le pouls du noyé machinalement et, à son grand étonnement, s'aperçut que le cœur battait encore, et même très régulièrement. Sébastien était donc vivant bien qu'en piteux état s'il se fiait à tout ce sang sur le visage. Approchant sa lanterne du blessé, il distingua aussitôt deux plaies, la première sur le sommet du crâne, la seconde en haut de la tempe gauche.

L'hypothèse d'une bagarre qui aurait mal tourné entre le patron et son matelot l'effleura une seconde avant qu'il ne l'écarte dès qu'il se souvint de la peine du jeune Georges. Il mit sa lampe à pétrole à pleine puissance et examina les blessures du pêcheur de plus près : la plaie qu'il avait sur le sommet du crâne indiquait qu'il avait violemment heurté la roche, peut-être après avoir été projeté par-dessus bord par la bôme, qui l'avait sans doute frappé au haut de la tempe.

Oui, ça devait s'être passé ainsi. Lorsqu'il avait été brutalement arrêté par ce banc de sable, le bateau avait dû pivoter, et l'arrière partir sur bâbord. C'est à ce moment que la bôme l'avait assommé et envoyé par-dessus bord. Il était tombé la tête la première sur ce rocher et s'était blessé le crâne dans le choc avant de glisser sur les algues jusqu'à ce lit de laminaires. Ensuite, le bateau s'était redressé pour prendre sa position actuelle. Les chocs successifs avaient dû être aussi soudains que rudes, ce qui expliquait que le blessé n'avait pu ni proférer la moindre parole, ni pousser le moindre appel au secours avant de perdre connaissance.

Finalement, s'il s'en sortait, il pourrait se dire qu'il était verni ! Il avait eu une chance inouïe en tombant sur une roche et non à l'eau où, selon toute vraisemblance, il se serait noyé. Restait maintenant à le sortir de là, ce qui était loin d'être acquis, lui glissa Jeff, arrivé à la rescousse, en observant attentivement la plaie ouverte sur le crâne de son ami.

Ils transportèrent Sébastien jusqu'au corps de ferme où ils nettoyèrent ses plaies avant de l'étendre précautionneusement sur la table de la salle commune. Un tiers surgissant dans la pièce aurait pu croire à une veillée mortuaire, les voyant tous groupés autour de la table, chacun y allant de son commentaire sur le naufrage et l'accident. De temps à autre, Sébastien ouvrait les yeux, leur montrant ainsi qu'il avait repris conscience. Il tenta même de leur adresser un sourire. Il n'empêche qu'il manquait terriblement d'énergie et ne faisait pas le moindre geste. Ce qui arracha au géant un double commentaire :

— Ça y est, il va s'en sortir.

— Comment peux-tu être aussi affirmatif? demanda Jeff.

— Un sourire chez un blessé, c'est toujours bon signe. Cela signifie qu'il s'accroche à la vie et ça, c'est déjà la moitié de la guérison.

Georges, qui venait à son tour d'examiner le crâne de son patron, se releva en déclarant, comme pour se donner du courage :

— Je crois qu'il est sauvé.

— Sauf s'il y a une fracture, lui rétorqua Yann Penru.

— Pourquoi dis-tu cela? Il n'y a pas de raison, dit Jeff, agacé.

— Jeff! Tu as certainement remarqué que, s'il peut sourire, ton ami semble incapable de bouger un doigt. Ce que je crains, c'est que cette saloperie de fracture du crâne le laisse paralysé. Ouais, ça peut être ça, et dans ce cas, il peut passer sa vie dans un fauteuil ou dans un lit sans bouger, à se chier et se pisser dessus.

— Allons, Yann, lui répondit Jeff tout en lui faisant des signes désespérés pour le faire taire, ne dis pas des bêtises pareilles! Ça n'a aucune chance d'arriver!

Quel con! Mais quel con, ce Yann Penru! se disait-il, ulcéré. Comment pouvait-on être aussi gaffeur? Il aurait quand même dû penser que Sébastien était vivant et qu'il l'entendait très probablement proférer ses conneries! Dire, devant lui, qu'il risquait d'être paralysé à vie, c'était plus que maladroit, c'était indécent, c'était même d'une cruauté sans nom! Aussi changea-t-il aussitôt de sujet et, s'adressant à son hôte, lui dit :

— Yves, au lever du soleil, je vais partir annoncer la nouvelle à Marguerite.

Yves Kerléo lui mit la main sur l'épaule, autant par amitié et solidarité que pour le réconforter.

— Veux-tu que je m'en charge, Jeff? Je devais aller au Conquet après-demain; si cela t'est trop pénible, je puis te remplacer et m'y rendre dès demain matin. Je connais très bien Job et bien sûr Marguerite, que j'ai vue grandir.

— Je le ferai moi-même, Yves, merci. C'est le moins que je puisse faire pour mon ami Bastien.

— Très bien. Fais comme tu l'entends.

— Quelle connerie quand même que la vie! s'exclama Jeff. Vous avez vu cette pêche qu'il a ramenée cette fois encore? C'est un sacré champion, le Bastien, le meilleur pêcheur de langoustes et de homards que l'on n'ait jamais vu ici. Et dire qu'il a failli tout perdre en un instant. J'espère qu'il va s'en sortir!

Il ne voulait pas, ne pouvait pas imaginer qu'un tel talent puisse être perdu!

— Bien sûr qu'il va s'en sortir, Jeff. Je le sens, je le sais, ne serait-ce que parce que sa femme attend un enfant. Et ça, vois-tu, pour un homme, c'est une sacrée motivation pour guérir! Cet enfant doit connaître son père et il le connaîtra, lui répondit Yves Kerléo, lui-même orphelin de père et mère depuis l'âge de deux ans.

— Il est bientôt une heure et demie, conclut Jeff. Je vais me reposer quelques heures avant de faire voile sur Le Conquet.

— Tu peux dormir dans le premier lit clos de la troisième salle. Celui qui est à droite de l'entrée. Veux-tu que l'on te réveille?

— Ce ne sera pas la peine. Merci pour tout, Yves, et bonne nuit à vous tous.

Il était environ dix heures au soleil lorsque Jeff arriva chez lui. Avant de pouvoir s'expliquer, il dut écouter

Marie-Françoise lui crier sa colère après la nuit d'angoisse qu'elle venait de passer par sa faute. Elle fondit en larmes et s'excusa dès qu'elle apprit que ce malheur qu'elle avait redouté toute la nuit pour son mari venait de frapper Marguerite, sa meilleure amie qui, la pauvre, était enceinte de six mois !

Elle accompagna Jeff lorsqu'il se rendit chez Margot. Celle-ci mit aussitôt les deux mains sur son ventre déjà bien rond, comme si elle voulait ainsi protéger et rassurer son futur bébé, mais aussi l'empêcher d'entendre cette nouvelle qui signifiait peut-être pour lui qu'il ne connaîtrait jamais son père. Marie-Françoise prit son amie dans les bras et la serra étroitement contre elle pour la réconforter et lui transmettre à la fois affection, énergie et espoir.

L'espoir, elle en aurait terriblement besoin dans les semaines, et peut-être dans les mois et les années à venir, si Sébastien restait paralysé, comme le craignait Jeff. À tout prendre, mieux valait perdre son homme et vivre seule que d'accompagner un homme diminué, incapable de faire quoi que ce soit par lui-même et désespéré au point de ne souhaiter qu'une chose : mourir. Que ferait-elle, elle-même, si demain un tel malheur lui arrivait ? Aurait-elle encore le courage de vivre ? Elle ne pouvait ni ne voulait l'imaginer.

Tandis que sa femme réconfortait Marguerite, toujours lovée dans ses bras, Jeff sortit et se rendit chez Job qui l'accueillit par une plaisanterie.

— Ah, Jeff ! Te voilà enfin ! Vous avez fait fort, quand même, Bastien et toi ! Vous n'êtes pas très sérieux ! Où avez-vous passé la nuit ? À Lampaul ? Portsall ? À moins que… Pas à Molène, quand même !

Jeff lui mit la main sur l'épaule et lui dit :

— Ni à Molène, ni à Portsall, Job. J'étais à Quéménès, tout comme Bastien qui maintenant n'y est plus. Il est en route vers le continent. C'est Yves Kerléo qui le ramène, je pense.

— Qu'est-ce qui lui est arrivé ? répondit Job, inquiet. Il s'est blessé ?

— C'est grave, Job, et peut-être même très grave.

— Tu ne veux pas dire…

— Non, il n'est pas mort ; seulement blessé, Job, mais salement. À la tête. Il va falloir le conduire à l'hôpital de Brest.

— Bastien… C'est horrible ! Comment… comment est-ce arrivé ?

— Une connerie, comme toujours. Il y avait de la brume et c'est d'ailleurs pour cela que j'ai passé la nuit à Quéménès, moi aussi. Perdu dans la brume, Bastien a commencé par talonner une roche, ce qui a provoqué une voie d'eau sur le *Marguerite-Marie*. Craignant de couler, il a tiré un tout droit sur Quéménès et est arrivé très vite, trop vite sur la plage nord de l'île où il s'est échoué de façon brutale. Dans le choc, il est passé par-dessus bord et s'est blessé à la tête. On redoute une fracture du crâne…

— Une fracture du crâne ! s'exclama Job Riou qui, les yeux déjà humides de larmes, venait de se laisser tomber sur une caisse vide. C'est… très grave ?

— Peut-être, peut-être pas. Nous n'en savons rien.

— Il a donné signe de vie ?

— Oui, il a souri.

— C'est bien de lui, ça, un sourire…

— Ce qui m'inquiète, c'est qu'il ne bouge pas du tout.

— Tu crains qu'il ne soit paralysé… Paralysé… Mieux vaut crever, Margot avait raison de s'inquiéter ! gémit Job, secoué de sanglots. Ma pauvre fille… C'est trop dur pour elle. Que va-t-elle devenir si Sébastien reste paralysé ? Et leurs petits ? Quatre déjà, le cinquième en route et sur le point de naître… C'est affreux… Comment vais-je lui apprendre cela ?

— C'est déjà fait, Job. Marie-Françoise est avec elle et la console.

— Et moi ? Comment vais-je faire, mon Dieu ? J'ai cinquante-six ans cette année ! S'il disparaît, il me faudra bosser encore quinze ans. C'est impossible, je crèverai avant. Et puis, Bastien est un mari, un père et un gendre si merveilleux ! C'était un homme rare, vois-tu, Jeff.

— Job ! Ne parle pas de lui au passé ! Bastien n'est pas mort. Qui sait… Peut-être que ce ne sera presque rien.

— Ne dis pas que c'est grave, dans ce cas ! Dis-moi qu'il y a une chance sur deux ou trois, ou plutôt un petit risque que ce soit grave !

— C'est exactement ça, Job. Il faut attendre et garder espoir. Bastien est un homme exceptionnel parce qu'il est bon. Et puis, c'est mon ami. Nous échangeons même nos tuyaux pour les bases, ce qui veut tout dire, entre pêcheurs, tu le sais mieux que quiconque…

La main sur l'épaule, Jeff tenta de réconforter le mareyeur, lui parlant du blessé qui faisait l'unanimité autour de lui par sa gentillesse et sa simplicité. Et c'est ensemble qu'ils revinrent vers Margot et Marie-Françoise pour attendre Bastien en leur compagnie.

Job poussa un soupir de soulagement en voyant le bateau d'Yves Kerléo passer la Louve et entrer dans le port. Son gendre était à bord. Yves échangea quelques mots avec lui et le rassura. Il allait demander aux Tissier de mettre leur voiture et leur chauffeur à leur disposition pour conduire

Sébastien à l'hôpital. Quand ce serait fait, il se rendrait au Croaë et demanderait au patron du chantier de venir immédiatement à Quéménès y réparer le bateau de Sébastien.

— Merci, Yves. Merci pour lui, pour nous tous et pour Margot, fit Jeff, soulagé.

— Je te ramènerai le bateau après-demain sans doute. Je vais maintenant chez les Tissier. Tu m'accompagnes ?

— Je préfère rester avec Sébastien et ma fille.

— Bien. À tout à l'heure.

17

Jeff avait du vague à l'âme en quittant le port en ce matin du 9 juin 1914. La veille, il s'était rendu à l'hôpital en compagnie de Marguerite et, en la voyant fondre en larmes devant Sébastien endormi, il l'avait imitée. Encore heureux que Seb ne se soit pas réveillé à ce moment, sinon ce sont deux saules pleureurs qu'il aurait vus devant lui. Ils étaient restés là une heure et demie sans dire un mot, se contentant de sécher leurs larmes de temps à autre.

Ils auraient dû insister pour voir le médecin, leur avait gentiment reproché une infirmière venue rendre visite au blessé, au moment même où ils s'apprêtaient à quitter l'hôpital. Elle les avait cependant rassurés en certifiant que Sébastien était en bien meilleur état qu'ils ne se l'imaginaient.

— Il a d'ailleurs commencé à bouger les doigts des mains et ses membres inférieurs réagissent aussi, leur avait-elle précisé. Il n'est donc pas paralysé et semble même tiré d'affaire. S'il dort tant, c'est parce que le chirurgien l'a mis sous calmants pour qu'il souffre moins.

Marguerite s'était sentie immédiatement soulagée tandis que Jeff était resté, lui, plus dubitatif, sans doute parce qu'il croyait moins qu'elle aux miracles. Et comme il en faudrait peut-être un pour que Sébastien retrouve toutes ses capacités, il doutait toujours...

Il en avait du talent, le bougre ! La pêche exceptionnelle qu'il avait ramenée le jour de son naufrage en était un nouveau et brillant témoignage ! C'était ahurissant ! Ah, s'il pouvait en faire une pareille ! Mais sa dernière grande pêche, celle de la base de Jean, remontait déjà à trois ans, alors que Sébastien en faisait, lui, trois ou quatre par an. Pour ce qui le concernait, depuis lors, rien ; de bonnes pêches, oui, des sorties de cet acabit, non. Il est vrai que de très nombreux pêcheurs n'en faisaient aucune de leur vie entière, ce qui ne les empêchait pas d'être contents d'eux.

Il ne vivait, lui, que pour « l'extraordinaire », le coup d'éclat. Pourquoi au fait ? Sans doute parce qu'il avait une très haute opinion de lui-même, au point qu'il s'estimait taillé pour les exploits les plus incroyables, lui soufflait régulièrement Marie-Françoise lorsqu'elle le prenait en défaut. Il ne se voilait pas la face, sa femme avait raison : il se savait orgueilleux et même vaniteux, mais il était ainsi fait. Ses coups d'éclat, il les recherchait pour sa propre satisfaction. La galerie ne comptait pas. C'est à lui-même qu'il voulait prouver ses talents de pêcheur.

Il poussa un soupir de satisfaction en observant le ciel puis l'horizon. Le soleil se levait à peine et la journée promettait d'être belle. Dans un quart d'heure tout au plus ils seraient aux Pierres Noires pour y relever les casiers mouillés la veille. Selon les prises, il y resterait ou partirait. Où ? Il ne le savait pas encore avec certitude, même s'il avait, depuis une quinzaine, une envie folle de tenter de retrouver ce haut-fond qu'avait relevé son frère Jean sur les cartes marines. Comme il s'y attendait, cette pêche aux Pierres Noires s'avéra une nouvelle fois décevante. Jeff décida aussitôt de ne pas perdre de temps et mit le cap au nord-ouest.

Le temps s'annonçait superbe, ce qui lui était indispensable pour pouvoir retrouver cette base située à six nautiques dans le nord-ouest d'Ouessant, un haut-fond de cinquante-sept à soixante mètres. Il ne faudrait pas qu'il en fasse cinq de plus d'ailleurs, puisqu'il ne pouvait mouiller ses casiers par plus de soixante mètres.

Il lui faudrait de la patience, beaucoup de patience et un peu de chance aussi pour situer à nouveau ce haut-fond. Il s'attendait même à ce que ce repérage lui prenne beaucoup de temps, peut-être trop pour qu'il puisse pêcher ce jour-là. Si c'était le cas, du moins attendait-il de ce beau temps qu'il lui permette de déterminer sa position exacte, en se basant sur les phares d'Ouessant, le Nividic, le Créac'h et le Stiff, comme ceux de la côte, du Corsen, du Four et de la Vierge.

Il supputait déjà les pêches à venir, rêvait de langoustes à la pelle, de homards bleus, les plus rares et les plus beaux, sans parler des crabes qu'il laisserait volontiers à d'autres. Ces rêves de pêche miraculeuse ne l'empêchaient pas de préparer avec soin sa sonde de sept cents grammes, un cône de plomb creux qu'il remplit soigneusement de suif. C'est en effet ce suif qui lui donnerait les renseignements aussi précieux qu'indispensables sur la nature des fonds rencontrés lorsqu'il le remonterait : des raies grossières signifieraient la présence d'algues et de laminaires, et donc celle de homards et de crabes, tandis que des rayures fines avec traces de sable marqueraient la présence d'herbiers, et donc de langoustes, des raies franches seraient synonymes de fonds rocheux.

Jeff n'était pas surpris de constater que sa quête était ardue. Il s'y attendait. Les heures passaient sans résultat et il se résignait déjà à faire une première journée blanche lorsqu'il s'écria soudain :

— Ça y est ! Le voilà, ce sacré haut-fond ! Hip, hip, hip, hourra ! Cinquante-huit mètres !

— Bravo, patron, lui répondit Marcel qui était à la barre.

Il replongea aussitôt sa sonde dans l'eau ; elle descendait, descendait. Merde... Quatre-vingt-deux mètres !

— Demi-tour, Marcel ! Vite, vire de bord à cent quatre-vingts degrés et retrouve-moi cette base !

Quelques instants plus tard, ils y étaient à nouveau. Cinquante-neuf mètres... C'était parfait, bien que limite. Jeff releva aussitôt les marques et alignements qu'il nota dans son calepin. Il s'agissait avant tout de délimiter la superficie de cette base à coups de sonde et de relevés, puisque ce soir, c'était trop tard pour la pêche. Le Conquet était à dix-huit ou vingt nautiques, et ils ne voulaient pas inquiéter leurs familles en restant dormir à Ouessant. Il esquissa un sourire en imaginant déjà la réaction de Marie-Françoise. Sans nouvelles de lui à huit heures du soir, elle commencerait à se ronger les ongles au point qu'elle n'en aurait plus le lendemain. Il demanda à Marcel de mouiller trois paires de casiers et de placer un fanion sur la bouée de l'un d'eux. Ils reviendraient le lendemain.

Jeff exigea de son matelot et de son mousse de lui jurer sur la tête de leur mère et sur la sainte Croix qu'ils garderaient le silence absolu sur leur découverte, sinon ils devraient lui rendre des comptes avant d'avoir à le faire devant Dieu. Cette mise en garde effectuée, il mit le cap sur le continent en faisant le bilan de sa journée. Il n'avait jamais délimité de base aussi précisément que celle-là ; et comme c'était l'une des plus éloignées de la côte, il est probable qu'il serait le seul à y pêcher pendant longtemps encore, si du moins son équipage savait garder sa langue. Il avait été bien inspiré d'ajouter qu'ils gagneraient bien leur vie tant qu'ils seraient les seuls à exploiter cette base. Elle constituait en effet pour eux trois une sacrée sécurité pour l'avenir puisqu'elle leur garantissait de nombreuses et belles pêches s'ils avaient la sagesse de rester les seuls à l'exploiter.

Et puis, qui sait ? Si, comme l'affirmaient certains de ses collègues prétendument bien informés, de nouvelles découvertes techniques laissaient espérer que les pêcheurs côtiers pourraient bientôt équiper leurs bateaux de moteurs, ce serait peut-être cette base qui lui permettrait à lui de franchir le pas. Encore que… Avoir un moteur sur un chalutier, passe encore. En mettre un sur n'importe quel bateau, cela tenait quand même de la gageure, car c'était à tout coup prendre le risque de l'envoyer par le fond ! C'était bien trop lourd pour des bateaux de la taille des leurs, ces engins-là ! Oui, si ce n'était pas une utopie, ça y ressemblait quand même bigrement.

Le lendemain, ils prirent la mer dès quatre heures et sortirent très vite du port, à croire qu'ils avaient le diable aux trousses ! Une heure et demie plus tard, le soleil se levait et le temps, déjà beau la veille, promettait d'être magnifique. Marcel et Fanchic, le mousse, avaient fini d'appâter les casiers et étaient déjà prêts à les mouiller. Le vent du sud les avait propulsés à grande vitesse vers leur destination et il était à peine sept heures et demie quand ils arrivèrent sur site. Ils relevèrent aussitôt les casiers mouillés la veille au soir, tous trois anxieux de voir apparaître leur pêche. Seraient-ils pleins ou vides ? Et s'ils étaient pleins, de quoi le seraient-ils ?

— Gast ! C'est drôlement lourd, s'écria Fanch…

— C'est vrai, patron, il ne blague pas ! Pour du lourd, c'est du lourd !

De fait, les deux premiers casiers étaient pleins à ras bord. Et ils contenaient de tout : trois langoustes pour l'un, quatre pour l'autre auxquelles s'ajoutaient cinq et deux homards, et des crabes à foison. Ce qu'il espérait beau était magnifique… Vite, la suite !

Tandis que Fanch vidait soigneusement les six premiers casiers, Jeff aida Marcel à mouiller les quarante-deux autres, auxquels vinrent bientôt s'ajouter les six premiers, vidés, nettoyés et boëttés à nouveau. Cela fait, ils repartirent aussitôt et rentrèrent sur Le Conquet. Il ne leur restait plus qu'à attendre le lendemain.

Le lendemain, nouveau départ, même heure et même course rapide vers leur base. Et là… La pêche dépassa ce que, dans ses rêves les plus fous, Jeff n'avait jamais osé imaginer. Des langoustes… Ils avaient pris des langoustes à ne plus savoir qu'en faire. Et des homards aussi, bien évidemment, mais ces langoustes… De sept à dix kilos par casier. C'était tout bonnement inouï, incroyable, ce pactole… Ils avaient découvert un trésor ! Vider à nouveau les casiers, les nettoyer puis les reboëtter et les remouiller, ce fut l'affaire de trois heures. Après quoi…

— Une pêche comme celle-là, c'est incroyable ! s'exclama Marcel, radieux. C'est le rêve ! Cap sur Le Conquet ! J'en connais qui vont faire de ces tronches… Ils vont tous être jaloux !

— Non, les gars. Nous ne pouvons pas décharger ces langoustes au Conquet, c'est impossible, lui opposa aussitôt Jeff.

— Camaret, c'est éventé, Jeff, répliqua Marcel, décontenancé. Tout le monde connaît l'histoire.

— Nous n'y déchargerons que les langoustes, les trois quarts environ, dans les deux cents kilos. Nous vendrons les homards et le reste de langoustes au Conquet.

L'histoire qu'il raconta au mareyeur de Camaret était certes un peu tirée par les cheveux, mais elle passa. Jeff prétendit avoir échangé avec des Anglais les langoustes contre du vin de Bordeaux, très taxé en Angleterre. Curieusement, le mareyeur le crut puisque cette fois, il ne lui livrait que des langoustes. Au Conquet, Job Riou le reçut très bien, lui aussi. Cent soixante-dix kilos de homards et une trentaine de langoustes, sans compter les crabes, c'était…

— Une belle pêche, Jeff. Toujours aux Pierres Noires ?

— Pas tout à fait, bien qu'assez près quand même. C'est une base où j'ai aperçu un copain récemment. Ça m'a donné l'idée d'aller voir à mon tour ce qu'il en était.

— Vous êtes tous pareils. Quand quelqu'un trouve une base, tout le monde l'imite.

— Ce n'est que trop vrai, Job. Et Sébastien ?

— Ça va mieux, Dieu merci. Beaucoup mieux même, Marguerite est rassurée. Il bouge bras, mains et pieds. Tu comprends ce que cela signifie…

— Et comment ! Tu ne peux savoir comme ça me fait plaisir ! Tu leur feras bien le bonjour de ma part à tous les deux. J'irai voir Seb dès que possible.

18

Six semaines plus tard, le monde devenait fou et l'Europe s'embrasait : c'était la guerre. Une fois de plus, Français et Allemands allaient se combattre, mais, à la différence de 1870, ils ne seraient plus les seuls. Non, cette fois, le monde prétendument civilisé s'y mettait dans son intégralité ou presque puisque ne manquaient que les Américains. Même les Japonais, ces curieux Asiatiques, en étaient, et du bon côté, s'il vous plaît, celui des Russes, qu'ils avaient battus à plate couture neuf ans plus tôt ! Depuis une vingtaine d'années, alliances et contre-alliances s'étaient succédé pour aboutir à l'affrontement prévisible entre Triple-Entente et Triplice.

Cela avait même été une véritable foire d'empoigne pour savoir qui, dans la Triplice, serait le premier à déclarer la guerre au voisin, et à ce jeu stupide, c'étaient les Austro-Hongrois qui avaient remporté le pompon, alors que dans le genre rustre, les Prussiens détenaient incontestablement la palme. Dépassées les provocations et falsifications de Bismarck contre les Austro-Hongrois en 1866, puis en 1870 contre les Français ; les Teutons faisaient encore plus fort cette fois.

Après avoir incité les Autrichiens à ouvrir les hostilités contre les Serbes, démontrant leur détermination à aller vite en besogne, ils bafouèrent et foulèrent aux pieds tous les codes d'honneur et de bonne conduite qui régissaient depuis des siècles les lois de la guerre quelques jours plus tard. Parfaitement informés de l'absence de défenses françaises sur la frontière franco-belge des Ardennes, ils envahirent en effet la Belgique, un pays neutre, sans même lui déclarer la guerre. Ridiculisé, Bismarck ! Le Kaiser lui démontrait qu'en matière de conduite à la hussarde, il le dépassait et de loin !

C'était une guerre à l'échelle européenne qui s'annonçait et Marie-Françoise ressentait à nouveau cette angoisse qui l'avait étreinte lorsque Jeff n'était pas rentré, le soir de l'accident de Sébastien. Elle se raisonna cependant en songeant à son amie Margot. Après avoir tremblé pendant des semaines pour la santé de son époux avant qu'il ne se rétablisse définitivement, elle venait en effet d'apprendre que lorsque ce serait chose faite, Sébastien devrait passer une visite médicale avant de rejoindre aussitôt son affectation à Toulon, fin octobre. Ce qui revenait à dire qu'elle aurait à peine récupéré son époux qu'ils seraient à nouveau séparés. Le seul côté positif, pour elle comme pour lui, c'était qu'entre-temps, elle aurait quand même accouché de l'enfant qu'elle attendait. Si cela pouvait être un garçon ! Pour Bastien et Margot, ce serait une telle joie !

Non, elle n'avait aucune raison de se plaindre et devait au contraire admettre qu'elle était plutôt bien et même très bien lotie : Jean-François avait en effet le double avantage d'être déjà presque un réserviste, puisqu'il avait trente-trois ans, et surtout de n'être mobilisé que début octobre, comme guetteur sémaphoriste auxiliaire au deuxième dépôt, à Brest. Autant dire ce que l'on appelait une « planque ». Jeff en avait parfaitement conscience et elle aussi.

Après s'être chargé des réparations à effectuer sur le bateau de Sébastien, Jeff avait désarmé provisoirement le *Vierge de Massabielle* qui avait rejoint de très nombreux autres bateaux au fond du port, au Croaë, pour un temps qu'il espérait très court. Un mois plus tard, il gagnait le sémaphore situé dans l'enceinte même du château de Brest où il était affecté. Il n'y ferait certainement qu'un séjour assez bref puisque, si les plus optimistes parlaient d'une guerre de huit semaines, les plus sensés tablaient, eux, sur une durée de six mois, et les pessimistes sur un maximum de un an, ne serait-ce qu'en raison du coût de cette nouvelle guerre pour tous les belligérants. Les armements coûtaient si cher aujourd'hui que cette guerre ne pouvait sûrement pas dépasser quelques mois…

Un an avait passé et cependant, loin de se terminer comme le prévoyaient les stratèges des deux bords au début du conflit, celui-ci s'éternisait. Au Conquet comme dans tous les ports de la côte, les pêcheurs et leurs familles se félicitaient d'être dans la Royale et non dans l'infanterie ou la cavalerie car, le moins que l'on pût dire, c'est que les biffins n'étaient pas à la noce. Ce qui se passait était même dramatique. Le nombre de morts dans la population agricole et citadine vouée à l'infanterie était colossal comparativement à celui des côtiers, pêcheurs ou non, versés dans la marine. Il est vrai qu'au tout début de la guerre, personne, pas même dans les états-majors, n'avait imaginé qu'elle se déroulerait ainsi. Alors que tous les hauts gradés et grands stratèges s'attendaient à une guerre de mouvement – la règle jusqu'alors –, c'est dans une terrible guerre d'usure que s'affrontaient les armées ennemies. Elles se cantonnaient et même s'arc-boutaient sur leurs positions de défense, les soldats s'abritant dans des tranchées pour éviter les tirs incessants d'une artillerie terriblement destructrice et meurtrière pour un camp comme pour l'autre, une artillerie qui bouleversait la façon de combattre et l'art de la guerre.

Il arrivait cependant de temps à autre que, sans doute las de leur passivité, des généraux avides de gloire lancent qui sa division, qui son corps d'armée à l'assaut des tranchées ennemies, quand ce n'était pas une armée entière. S'ensuivaient de grandes et sanglantes victoires ou de cuisantes défaites, de grandes boucheries surtout dont l'importance se mesurait au nombre de morts qu'elles faisaient. Plus que des boucheries, c'étaient même de véritables hécatombes à répétition que provoquait cette guerre, car c'est par centaines de milliers de victimes, morts et blessés, que se chiffraient les pertes de certaines batailles, comme ce serait le cas de celles de la Somme, de Verdun, et plus encore peut-être de celle du Chemin des Dames – deux cent soixante-dix mille morts côté français en six semaines quand même, bravo et merci Nivelle. Ces pertes humaines entraînaient la mobilisation de réservistes de plus en plus âgés, et cela sur tous les fronts d'Europe, le plus meurtrier étant certainement celui de l'Est où l'hiver russe faisait à nouveau des siennes et où les morts se comptaient par millions.

Bien évidemment, les gouvernements cherchaient à cacher ce nombre effrayant de morts à leurs populations. Parmi les Français, ceux qui en avaient le plus conscience étaient certainement les gendarmes qui avaient le redoutable privilège d'annoncer aux familles la disparition d'un fils, d'un frère ou d'un père, mort au champ d'honneur pour la défense de la patrie. Si les mots étaient glorieux, la réalité l'était – hélas ! – beaucoup moins. Lorsqu'elles n'étaient pas tuées au combat, les victimes rentraient chez elles blessées ou estropiées, à un point parfois impossible à décrire.

De temps à autre, il arrivait cependant à la Royale de payer un lourd tribut en vies humaines à ce conflit. C'était dû le plus souvent à une erreur de stratégie, telle celle de Winston Churchill aux Dardanelles, quand ce n'était pas la conséquence de l'imprudence ou de la témérité des chefs, ou encore le résultat d'une attaque de sous-marin ou de l'explosion d'une mine. Il n'empêche que les pertes de la Marine française ne représentaient que peu de choses, tant en nombre qu'en pourcentage, en comparaison de celles des fantassins.

Comme nombre d'autres pêcheurs, Jeff put constater, à son tour, à quel point il était un privilégié le jour où une tante lui demanda de rendre visite à son fils, un lointain cousin de Plourivo hospitalisé à Brest. Mission que Jeff accepta de bon cœur, heureux de faire plaisir à cette maman. Il n'avait cependant pas la moindre idée de l'état dans lequel il trouverait ce soldat dont il ne savait qu'une seule chose : il avait été transporté à Brest pour y être soigné parce que la plupart des hôpitaux du nord de la France affichaient complet.

En dépit d'un haut-le-cœur – c'était le premier blessé de guerre qu'il voyait de près –, Jeff réussit à ne rien laisser paraître ou presque de l'émotion qui le saisit devant ce blessé, ce qui, en soi, constituait déjà un exploit. Installé dans une chambre ou plutôt un dortoir où étaient alignés plus d'une dizaine de blessés, ce « cousin » était hors d'état de parler et même de le voir, si bien que Jeff resta très peu de temps avec lui. S'il parvint à sortir de ce dortoir-infirmerie – qui tenait autant du mouroir que du dortoir d'ailleurs – sans avoir vomi, à peine en eut-il franchi la porte qu'il se précipita vers les sanitaires où son estomac manifesta aussitôt sa révolte à sa manière.

Jeff était bouleversé ; une pareille abomination était inimaginable ! Comment cet homme pourrait-il accepter de continuer à vivre et d'envisager son retour dans le monde alors que ses blessures et son apparence physique ne lui permettraient plus jamais d'être regardé comme un homme, justement ? Il n'était plus qu'un ersatz d'être humain et, pour parler crûment, c'était même un monstre, convint Jeff qui commençait à se demander ce que pouvait être cette guerre, là-bas, au front. Cela devait être pire que l'enfer sur terre !

Ce blessé ? Son visage n'existait plus ; il n'en avait plus. L'éclat d'obus qui l'avait frappé lui avait enlevé un œil et une pommette. La bouche était complètement difforme, les mâchoires brisées et de nombreuses dents avaient disparu… Comment réagirait-il le jour où il se verrait dans une glace ? N'allait-il pas courir se pendre tant il se ferait peur ? Et puis, comment réagirait-il lorsqu'il lirait la pitié ou, pire, l'effroi sur le visage des piétons qu'il croiserait dans la rue ? Car cela ne faisait pas le moindre doute, ce serait la réaction de tout un chacun.

Jeff était encore en plein désarroi lorsqu'il réintégra le périmètre du château pour y reprendre son poste de guetteur sémaphoriste adjoint, et c'était encore à ce malheureux soldat qu'il songeait en ouvrant machinalement la lettre que venait de lui remettre son chef, le guetteur titulaire. Une lettre officielle ! Quelle catastrophe allait-il apprendre encore ?

Il s'attendait si peu à pareille lettre qu'il en resta coi. Pour une bonne nouvelle, c'en était une, en effet ! Le grand patron de la région militaire de Brest, l'amiral Barthe, donnait une suite favorable aux deux demandes de bénévolat pour lesquelles il s'était porté volontaire. Il prit une profonde inspiration avant de poursuivre sa lecture, un sourire aux lèvres. C'était incroyable ! Tout, oui, tout avait marché ! Ses deux demandes étaient acceptées. Dans moins d'une semaine, il devrait assurer le ravitaillement du phare des Pierres Noires, en lieu et place du vieux patron pêcheur qui le faisait jusqu'alors et qui venait de se blesser.

Sa seconde demande était également agréée, puisqu'il était retenu comme matelot suppléant sur le canot de sauvetage du Conquet, même si l'amiral avait fait une annotation ironique en face de cette seconde requête : « J'aimerais que ce volontaire m'explique comment, étant cantonné à Brest, il pourra arriver à temps au canot de sauvetage du Conquet en cas de naufrage. »

Effectivement, se dit Jeff, ce n'était pas très futé de sa part. Comment se faisait-il qu'il n'y ait pas pensé… C'était trop beau pour être vrai. Dommage ! Que lui annonçait-il ensuite ? « J'apprécie cependant sa bonne volonté et c'est pourquoi, afin de lui permettre d'accomplir les tâches pour lesquelles il s'est porté volontaire, je décide de le muter à Saint-Mathieu comme guetteur sémaphoriste titulaire. Cela lui permettra de remplir au mieux ses fonctions de premier matelot et de pilote auxiliaire sur le bateau pilote du Conquet, sous les ordres du pilote titulaire, Jean Quéméneur. »

Il ne pouvait en croire ses yeux et relut ce dernier paragraphe une puis deux fois. C'était à peine croyable… Il rêvait… C'était trop beau pour être vrai ! Muté à Saint-Mathieu, autant dire chez lui, et de plus en tant que titulaire ! Il avait eu une telle déception à la lecture des premiers commentaires de l'amiral que cette conclusion le laissait incrédule… Guetteur titulaire au sémaphore de Saint-Mathieu et premier matelot sur le bateau pilote du port du Conquet, le *Clara-Yvonne* ! Marie-Françoise et les enfants allaient être tout aussi ravis que lui. C'était une bonne, une excellente, une incroyable nouvelle à laquelle il ne s'attendait pas du tout ! D'autant qu'il n'avait pas postulé pour ce poste, dont il n'avait même pas connaissance.

Quel poste, en effet ! Premier matelot sur le bateau pilote du Conquet, ce n'était pas rien ! C'était même un rôle de premier plan, puisqu'il aurait pour tâche de prendre le commandement du *Clara-Yvonne* lorsque le titulaire du poste, Jean Quéméneur, devrait monter à bord du navire assisté – français ou étranger – qui ferait appel à ses services pour le conduire en rade de Brest.

Que pouvait-il rêver de mieux ? Rien, absolument rien. C'était l'idéal, le rêve, ni plus ni moins. Il allait se retrouver en service commandé chez lui, près de sa famille qu'il verrait donc régulièrement. Il aurait la chance inouïe de « faire sa guerre » à domicile, une chance à laquelle ne pouvaient prétendre normalement que quelques planqués très haut placés. Et encore, ce n'était même pas garanti !

19

1915-1918

En cette soirée du 21 mars 1915, allongé dans le noir sur sa couchette, Sébastien cherchait le sommeil sans le trouver. Les yeux clos, il revivait ces derniers mois et les bouleversements qui s'étaient succédé dans sa vie et celle de ses proches, comme dans la vie de tous les Français !

Neuf mois plus tôt, il se voyait en enfer. Il ne pourrait jamais oublier ces heures passées à Quéménès, avec ces goémoniers qu'il ne connaissait pas, même s'il se souviendrait à jamais de Yann Penru, le géant, et de ses paroles si dures à entendre. Quelle brutalité, quelle sauvagerie dans le langage de cet homme qui, sans même se préoccuper de savoir s'il l'écoutait, le vouait déjà à la paralysie, à une immobilité à vie ! Le pire était peut-être qu'il l'avait fait sans la moindre intention de lui nuire. C'était sa façon d'être et de parler, tout simplement. Il y avait eu ensuite ces heures passées dans l'angoisse de l'attente, non celle de la mort, mais celle de l'annonce d'une paralysie éventuelle et du poids qu'il aurait représenté pour les siens s'il était resté impotent. Que seraient-ils tous devenus, sa femme, ses enfants, lui-même ? C'eût été épouvantable à vivre !

Bien qu'encore loin d'avoir retrouvé toutes ses capacités physiques d'avant son accident, il était déjà en meilleure forme début septembre, lorsque Marguerite avait accouché. Entre-temps, les Allemands avaient déclaré la guerre à la France, ce qui avait changé le monde et bouleversé la vie de tous les Européens. La Royale lui avait laissé à l'époque un mois et demi pour reprendre des forces et se refaire une santé avant de rejoindre Toulon, où il devait embarquer comme second maître sur un croiseur ou un cuirassé. Il n'était certes pas pressé de partir, mais c'était son devoir de citoyen et il l'accomplirait avec joie pour son pays. Le seul et dernier rayon de soleil de cette seconde moitié de l'année 1914, il l'avait connu lors du baptême de leur fille, Claudine…

C'est donc en papa d'un nouveau-né qu'il avait quitté femme et enfants fin octobre pour embarquer sur le *Bouvet*, un des cuirassés de la flotte commandée par l'amiral Guépratte. Lorsqu'il s'était présenté aux autorités maritimes, sa déception avait été immense en apprenant que, compte tenu de son accident, il était versé dans l'intendance et non sur le *Bouvet*, comme prévu. Cette mesure n'était que temporaire, lui avait-on dit, et son dossier serait revu dans six mois. Profondément frustré et rempli d'amertume à l'idée qu'il devait cette voie de garage à un accident de pêche, il se demandait ce qu'avaient pu lui trouver les médecins militaires pour lui infliger pareil traitement.

Et voilà que ce matin-là, moins de cinq mois plus tard, « la » nouvelle s'était répandue dans la base comme une traînée de poudre : quatre jours plus tôt, le 18 mars, les flottes alliées avaient subi une cuisante défaite en Turquie. Tôt dans la matinée, des bruits avaient couru au sujet d'une catastrophe survenue aux Dardanelles, mais ce n'est qu'en quittant son service que Sébastien en avait appris les détails, de la bouche même de son chef.

— Dis-moi, Le Goaster, c'est bien toi qui devais embarquer sur le *Bouvet*, non ? lui avait demandé le major de service quand il l'avait croisé.

— Oui major, pourquoi ?

— Tu as une veine de cocu, mon gars, et tu peux remercier le ciel. Le *Bouvet* a sauté sur une mine et il y aurait dans les sept cents morts. Si ça, ce n'est pas de la chance, je veux bien être pendu !

Sébastien avait dû s'asseoir tant il avait été choqué d'apprendre aussi brutalement que le *Bouvet* était perdu corps et biens, que « son » cuirassé avait été envoyé par le fond le 18 mars 1915, après avoir heurté une mine sous-marine dérivante qui l'avait touché sous la ligne de flottaison. Cela signifiait tout simplement qu'une fois de plus, il venait d'échapper à la mort. Durant toute la soirée, il avait été « ailleurs », s'en voulant presque, par moments, de ne pas avoir accompagné les disparus dont il aurait dû être le camarade d'infortune si le sort n'en avait pas décidé autrement. Il avait presque l'impression de les avoir trahis, et pourtant, il n'y était pour rien ; il n'avait fait que subir, puisque c'étaient ses supérieurs qui n'avaient pas voulu de lui sur ce bateau !

Il était là, sur sa couchette, vivant, alors que presque tous les marins du *Bouvet* étaient morts noyés, et que leurs dépouilles ne seraient sans doute jamais retrouvées. Les yeux ouverts, il regardait le plafond sans le voir et se posait de multiples questions qui toutes le ramenaient à la première et la seule en réalité : « Pourquoi ? » Pourquoi, en moins d'un an, avait-il échappé trois fois à la mort quand tant d'autres y avaient laissé leur peau ? Pourquoi était-il un rescapé et même un miraculé ?

Tous les avatars qui s'étaient succédé durant ces derniers mois avaient sûrement une signification, ou alors la vie n'avait aucun sens. Tous ces accidents ne devaient rien au hasard, c'était le Destin, son destin qui le voulait ainsi. Il aurait dû embarquer sur le *Bouvet* et ne l'avait pas fait. Et s'il ne l'avait pas fait, c'est parce qu'il s'était blessé dans cet accostage rugueux sans lequel il serait aujourd'hui au fond de la mer…

Tous ces événements découlaient les uns des autres, dans la logique de son destin. Oui, tout cela était écrit, et la leçon qu'il devait en tirer était on ne peut plus claire à ses yeux : s'il omettait son sauvetage par la *Marie-Jeanne* en 1901, il avait eu trois avertissements depuis et il n'en aurait pas de quatrième. L'adage disait bien « jamais deux sans trois » et non « jamais trois sans quatre ». Il devait arrêter définitivement la pêche en mer et faire autre chose, devenir mareyeur par exemple. S'il reprenait la mer, une fois la guerre finie, ce serait peut-être une fois en trop, la fois de trop. Il y laisserait la peau, il y perdrait la vie. Aujourd'hui, il n'était plus célibataire, il était marié, père de famille nombreuse et avait des responsabilités vis-à-vis de sa femme et de ses enfants. Il allait écrire à Margot et lui faire part de sa décision : il allait arrêter la pêche et faire autre chose.

Depuis que Jeff avait pris ses fonctions de veilleur guetteur sémaphoriste à Saint-Mathieu, Marie-Françoise était d'autant plus consciente de sa chance que, chaque fois qu'elle voyait Margot, celle-ci se plaignait de sa solitude. Sans son père qu'elle aidait dans son commerce, que serait devenue son amie ? Alors qu'elle… Pour assurer le quotidien aux siens, elle pouvait compter sur sa famille et les récoltes de la ferme familiale où elle se fournissait, presque à volonté, en légumes, œufs et même viandes et poissons.

Le sort de Margot était cependant enviable si elle le comparait à celui de certaines autres femmes de pêcheurs. Si quelques-unes d'entre elles, remplaçant leurs maris mobilisés, s'étaient à leur tour mises à la pêche pour tenter de survivre avec plus ou moins de succès, d'autres s'étaient engagées comme domestiques dans les fermes où le travail ne manquait pas, tandis que d'autres encore avaient délibérément choisi de quitter leur foyer en laissant leurs aînés s'occuper de leurs frères et sœurs pour partir travailler à Brest. Trois mille femmes s'étaient ainsi engagées comme ouvrières dans la poudrerie du Moulin-Blanc à Kerhuon. Elles ne revenaient que le dimanche dans leur famille et étaient payées beaucoup moins que les ouvriers, des hommes âgés non mobilisables habitant les villages voisins. Révoltées par cette injustice, certaines tentaient d'organiser un mouvement de grève. D'autres, pour pouvoir joindre les deux bouts, couchaient à l'occasion avec l'un ou l'autre de leurs collègues masculins.

Marie-Françoise remerciait le ciel et sa famille de ne pas avoir ce genre de souci. Ses frères, mobilisés dans la marine, avaient tous des enfants, garçons et filles, âgés de plus de dix ans, et donc en âge de travailler, que ce soit aux champs ou en mer. Ils y étaient matelots ou mousses de vieux pêcheurs, ce qui leur permettait de rapporter à la maison crustacés et poissons en nombre. Et comme ceux-ci venaient s'ajouter aux légumes, œufs et volailles dont ils disposaient, ils n'avaient aucun mal à subvenir à leurs besoins. Le troc étant devenu une pratique de la vie courante, ils pouvaient même aider ceux de leurs familles et amis qui n'avaient pas leur chance, dont les commerçants qui avaient le plus grand mal à s'approvisionner en ces temps de pénurie.

Il était midi pile lorsque Jeff avait quitté son service, décidé à mettre à profit les six heures de liberté dont il disposait cet après-midi-là pour se rendre au Conquet. Il y rencontrerait les siens et passerait l'essentiel de son après-midi avec sa femme et ses enfants. Lorsqu'il arriva chez lui, il fut très surpris de se trouver face à Margot qui lui apprit que Marie-Françoise était partie chercher œufs et légumes à la ferme familiale. Margot avait accepté de s'occuper des deux plus jeunes enfants de son amie et était donc de garde tout l'après-midi. Elle avait amené avec elle ses deux derniers, Paul et Claudine. Les quatre enfants faisaient la sieste. Leurs aînés étaient à l'école et ne rentreraient qu'après seize heures trente. Sa femme ? Marie-Françoise ne rentrerait pas, quant à elle, avant cinq heures du soir au plus tôt, répondit Margot. Jeff fut contrarié : cinq heures, c'était l'heure à laquelle il lui faudrait repartir pour Saint-Mathieu. À peine aurait-il le temps de dire bonjour à ses aînés qu'il lui faudrait rentrer.

Tout en mangeant en silence des restes trouvés dans le garde-manger, il lançait de temps à autre des coups d'œil à Margot qui, curieusement, ne semblait pas plus à l'aise que lui, puisqu'elle ne se décidait pas à entamer la conversation. C'était la première fois qu'ils se retrouvaient tous deux en tête-à-tête depuis qu'il s'était marié. Il était presque sûr que, comme lui à cet instant, elle pensait au baiser qu'ils avaient échangé bien des années plus tôt. Il se décida enfin à rompre le silence en lui demandant des nouvelles de Sébastien. Il commit malheureusement la sottise d'ajouter qu'il devait leur manquer, aux enfants comme à elle. Margot en profita pour saisir la balle au bond :

— Bien entendu, il nous manque. Il manque à ses enfants, petits et grands, et à moi aussi, il me manque. En tant qu'époux bien sûr, mais aussi en tant qu'homme, ajouta-t-elle hardiment.

— C'est-à-dire ? lui demanda-t-il, en se reprochant sur-le-champ sa sottise.

— Tu t'en doutes, non, Jeff ? Les femmes sont comme les hommes, vois-tu. Elles ont des besoins physiques, elles aussi, et je ne suis pas différente des autres. Je suis en manque... Sébastien est absent depuis près d'un an et demi...

— Oui, bien sûr, je te comprends, lui répondit-il, gêné, en se demandant ce qui allait suivre.

— Les quatre petits font la sieste pour près de deux heures encore et nos grands sont tous à l'école, à l'exception de mon aînée qui travaille comme couturière.

— Si j'avais su, je ne serais pas..., commença Jean-François.

— Eh bien quoi ? lui répliqua Margot. Tu ne serais pas venu, c'est bien ça ?

— Oui.

— Merci pour moi ! Tu n'es pas très poli ! Nous sommes seuls, tous les deux...

— Oui, et alors ?

— Ça ne t'inspire pas ? As-tu oublié notre baiser ? N'as-tu pas envie de recommencer et d'aller plus loin ? Je te dis que nous sommes seuls toi et moi, répéta-t-elle en le fixant droit dans les yeux. J'ai besoin d'un homme et nous avons plus d'une heure devant nous. Il faut que je te fasse un dessin ?

— Margot ! Quand même... Tu ne veux pas...

— Si, justement ! Je veux, et tout de suite, car le temps nous est compté, lui dit-elle en se dirigeant vers la porte d'entrée qu'elle ferma à clef.

Cela fait, elle se retourna et se dirigea vers lui sans le quitter des yeux. Ce qu'il lisait dans son regard ne laissait aucune place au doute. Il ne se trompait pas. Elle commença par enlever son gilet et ouvrir sa chemise avant de s'asseoir à califourchon sur ses genoux en retroussant sa robe et ses dessous. Elle se pencha alors sur son visage, qu'elle saisit dans la main droite jusqu'à ce que leurs lèvres se rencontrent et se prennent. Il se revit soudain des années en arrière… Et arriva ce qui devait arriver…

— Ne pars pas si tôt, lui dit-elle une heure plus tard…

Il ne l'écouta pas et finit de se rhabiller, s'en voulant déjà d'avoir trahi sa femme et son ami Bastien.

— Attends, reste un peu, ajouta-t-elle, encore dévêtue, alors qu'il venait de passer son caban.

— Je n'oserai pas regarder mes enfants dans les yeux si je reste, lui répondit-il, honteux de s'être ainsi laissé séduire.

Il partit sans attendre le retour de Marie-Françoise ni même le réveil de ses enfants, comme un voleur, sans même l'embrasser, un peu honteux mais heureux quand même. Il n'aurait plus besoin de rêver d'elle. Il savait qui elle était et ce qu'elle valait aujourd'hui et c'était incroyable. Sébastien ! Quelle femme il avait ! Une maîtresse en même temps qu'une épouse… Il avait trahi Bastien, oui, mais qu'aurait-il pu faire ? Rien. C'était presque à son corps défendant qu'ils avaient fait l'amour. Quant à Marie-Françoise… Sa femme était parfaite et, cependant, il l'avait trompée, elle aussi. Il s'en voulait et savait que Margot, si elle était comblée à cette heure, ressentirait très vite plus de remords que lui encore. Ils s'étaient comportés tous les deux comme des animaux en rut, rien d'autre, sans penser aux leurs, conjoints ou enfants.

Et pourtant… Il se remémorait ce qu'elle lui avait dit quand il était parti : « Où et quand ? » C'était une évidence : il n'était pas un saint, et comme elle était seule et l'attendait, le risque était grand qu'ils recommencent, et cela aussi souvent qu'ils le pourraient tant que durerait la guerre. Il avala les kilomètres sans même s'en apercevoir. Durant tout le trajet ou presque, il la revit, à demi nue devant lui. Cette femme… Est-ce le manque d'homme qui l'avait à ce point transformée en furie ? Jamais il n'oserait demander à sa femme de l'imiter !

En passant devant le Goazel, il descendit vers la grève vérifier l'attache de l'annexe du *Vierge de Massabielle*. Elle était, comme bien souvent, sur l'herbe. Il est vrai que si elle était exposée aux vents d'ouest, l'annexe l'était encore plus aux paquets de mer de grande marée puisqu'il ne pouvait la remonter qu'à mi-falaise. Il n'y avait malheureusement pas d'autre solution, sinon celle de la Grève Bleue, trois cents mètres plus loin encore.

20

Jeff était rentré au sémaphore et avait repris son poste, en équipe avec Mathieu et Michel. Comme trop souvent à son gré, il rongeait son frein en se disant qu'il n'y avait rien de plus ennuyeux que de surveiller l'horizon lorsqu'il ne s'y passait rien. En ce mois de novembre 1916, la mer était calme, trop calme puisqu'il n'y avait même plus la moindre lumière pour l'éclairer, le moindre éclat de phare à l'horizon. C'était la nouvelle lune et les étoiles se cachaient derrière les nuages. La nuit noire, le temps froid et humide n'étaient pas faits pour lui remonter le moral. Il bavardait avec Michel Marrec, son collègue et ami bigouden, qui venait d'envisager une prochaine partie de pêche lors d'un temps libre commun.

Une partie de pêche… Jeff était à cent lieues de là. Il ne pensait qu'à elles, à Margot bien sûr, la tentatrice, mais aussi à Marie-Françoise, sa femme, qu'il venait de tromper pour la première fois. Michel l'emmerdait, tout comme son copain Mathieu, le troisième de leur équipe ce soir-là. Pourquoi ne le laissaient-ils pas tranquille, tous les deux? Ils pouvaient quand même lui foutre la paix quelques instants! Les yeux tournés vers la lanterne qui, dans leur local, diffusait sa faible lumière bleue de rigueur la nuit en raison du couvre-feu, il tentait de fuir Margot dont l'image commençait déjà à le hanter pour se concentrer sur celle de ses enfants, avec lesquels il aurait dû jouer, cet après-midi…

Il allait bientôt être une heure du matin quand Jeff s'étira en bâillant ; l'heure approchait où il pourrait se reposer enfin, son service terminé. C'est au moment où il refermait la bouche qu'il crut apercevoir une lueur dans le lointain. Impression ? Réalité ? Il plissa les yeux. Serait-ce un feu ? Oui, c'était une lumière rouge…

— Feu rouge, plein ouest ! s'écria-t-il tout d'un coup.

Mathieu ajusta aussitôt ses jumelles avant de les lui passer. Jeff les régla posément et, peu après, retrouva ce feu rouge. Un instant plus tard, il secouait, pour le réveiller, son chef de centre qui dormait à poings fermés. Quelques minutes encore et la discussion était générale dans le local de la tour de vigie. Ami, ennemi ? Pour le moment, ils cherchaient d'abord à déterminer ce que pouvait être ce feu qui se déplaçait lentement du nord au sud lorsque, soudain, celui-ci s'immobilisa dans le sud-sud-ouest de la pointe Saint-Mathieu, à un tiers de nautique environ de la côte.

— À mon avis, il s'est planté sur les Vieux Moines, répondit Jeff au premier maître, son chef, qui venait de lui demander ce qu'il en pensait.

— Je crois que tu as raison, Jeff, approuva Mathieu. C'est également sur ce récif que je le vois. Cette roche, par une nuit noire comme celle-ci, on s'y échoue avant d'avoir le temps de l'apercevoir.

— Le Calvez, comme tu es matelot titulaire sur le canot de sauvetage du Conquet, tu vas y aller. Tu vas réveiller le capitaine, faire marcher la sirène et alerter votre équipage de volontaires. Vous mettrez ensuite le canot à l'eau et viendrez récupérer les naufragés s'il y en a.

— Le canot de sauvetage du Conquet? Je veux bien, chef. Pourtant, ce n'est peut-être pas la meilleure solution.

— Et pourquoi, s'il te plaît?

— Tout d'abord, à cause du temps que cela va prendre. Me rendre à pied au Conquet, par cette nuit noire? J'en ai pour une heure, voire une heure et demie si je ne veux pas me casser la figure toutes les deux minutes. Ensuite, réveiller tout le monde et trouver des volontaires suffisamment costauds pour ramer jusqu'aux Vieux Moines m'en prendra autant.

— Et alors? Où est le problème?

— L'équipage, chef! Je n'ai que quelques jeunes de seize ans et les anciens manquent de force. Ajoutez-y le courant et ce froid, nous mettrons peut-être une heure et demie ou deux heures pour arriver sur site, car du port du Conquet aux Vieux Moines, cela fait bien deux nautiques, sinon plus. Je me demande si ce n'est pas prendre des risques inutiles.

— Enfin, ce sont des sauveteurs volontaires, non?

— Quand je parle de risques, c'est aux naufragés que je pense, chef. Ils ne seront pas secourus avant six heures de temps au mieux, et ils ont toutes les chances de se noyer d'ici là.

— Si tu as une meilleure solution, propose-la.

— Ma solution? La voici : j'ai mon annexe au Goazel. Donnez-moi deux hommes, deux bons rameurs, et nous serons aux Vieux Moines dans une heure tout au plus. Sans doute à temps pour sauver les naufragés s'il y en a.

— Et si d'aventure il vous arrive malheur à tous les trois? Suppose que vous couliez, qui portera le chapeau? Moi. J'aurai un blâme pour t'avoir autorisé à effectuer un tel sauvetage. Parce que la règle, ce sont les sauveteurs en mer, tu saisis?

— Oui chef. Pourtant…

— Il n'y a pas de « pourtant ».

Cet entêtement incita Michel à venir au secours de son ami Jeff.

— Excusez-moi, chef, mais je pense que Jeff Le Calvez a raison. Supposez que le canot de sauvetage arrive trop tard, ce qui est probable, et qu'il y ait de nombreux noyés, militaires français ou anglais, vous risquez de vous faire reprocher un manque d'esprit d'initiative. Peut-être même recevrez-vous un blâme, voire pire.

— Réfléchissez, chef, ajouta Jeff. En souquant ferme, nous mettrons sans doute moins d'une heure pour atteindre les Vieux Moines. La mer est très praticable et va descendre encore une bonne heure avant l'étale…

Le chef de centre se gratta la tête quelques secondes avant de les dévisager longuement l'un après l'autre et de trancher enfin :

— Bon, c'est d'accord, Le Calvez. Fais vite. Réveille tous ceux qui roupillent.

Quelques minutes plus tard, le brouhaha régnait dans la salle de veille. Comme il y avait trois volontaires, Jeff en avait choisi deux, célibataires l'un et l'autre.

— Sache que je te tiendrai pour responsable si ça tourne mal, Le Calvez.

— Je le sais, chef, et j'en accepte le risque, puisque c'est mon boulot de sauveteur. Pas vrai, les gars ? Vous êtes bien célibataires tous les deux, hein ?

— Oui, Jeff, et nous sommes d'accord avec toi. N'est-ce pas Yannick ?

— Bien sûr ! Si on peut sauver ces naufragés, il n'y a pas à hésiter.

— Une seule chose que je vous demande, chef. J'aimerais que vous placiez un feu clair dans le poste de vigie, de façon à ce que je puisse me repérer en mer, tant à l'aller qu'au retour.

— D'accord. Marrec, tu placeras ce fanal devant la fenêtre qui donne sur le large.

Ils partirent sur-le-champ tous les trois vu l'urgence et dix minutes plus tard, ils étaient à la grève du Goazel. S'éclairant à l'aide d'un fanal de tempête, ils firent aussitôt glisser à flanc de la falaise l'annexe du *Vierge de Massabielle* que Jeff récupéra en bas. Ils la mirent à l'eau et quittèrent la grève en moins de trois minutes. Les deux rameurs souquèrent ferme en direction des Vieux Moines, au sud-ouest. Jeff, qui ne quittait pas le feu rouge des yeux, dirigeait le bateau en tenant compte du courant qui, sinon, les enverrait vers Béniguet. Il se félicitait de leur chance car cette nuit de nouvelle lune lui permettait d'apercevoir distinctement le feu rouge du bateau des naufragés.

Ce feu, qui devenait de plus en plus net au fur et à mesure qu'ils s'en approchaient, était son seul repère dans la nuit, car celle-ci était si noire que, pour l'instant, il n'apercevait encore ni le récif, ni le bateau qui avait pourtant dû s'y échouer. C'est seulement en arrivant aux abords immédiats des Vieux Moines qu'il parvint à repérer la baleinière qui avait servi de canot de sauvetage aux rescapés après le naufrage de leur bateau : elle semblait coincée entre deux roches du récif sur lequel elle s'était échouée. Il distinguait nettement la voile du mât de misaine au bout duquel était accroché le feu rouge qui, tel l'étoile de Noël, les avait guidés depuis la grève du Goazel. Ils s'approchèrent lentement et très prudemment du récif sur lequel ils accostèrent sans difficulté car la mer était calme. Leur parvinrent alors les premiers appels des naufragés. Jeff scruta une à une les roches et les aperçut enfin : ils leur faisaient des signes depuis celle sur laquelle ils s'étaient réfugiés. Jeff se sentit soulagé : ils ne s'étaient pas déplacés pour rien.

Tous anglais et rescapés du naufrage de leur vapeur, coulé par une torpille à environ cinq nautiques de là, ils étaient treize au total, sept affalés à l'intérieur de la baleinière et six, les plus vaillants, sur le récif. Jeff se garda bien de mentionner ce chiffre de treize à Yannick, tant son rameur était superstitieux. Il l'était tellement d'ailleurs que, craignant une réaction négative de sa part, il préféra lui donner le chiffre de douze, comme les apôtres et les mois de l'année, lui dit-il. Vu leur nombre, il était bien entendu inenvisageable de les prendre tous dans l'annexe. Il leur fallait donc dégager la baleinière qui, par chance, semblait intacte.

Une visite détaillée de l'embarcation lui ayant permis de constater que c'était effectivement le cas, Jeff choisit de ne pas prendre le moindre risque. Il décida d'attendre que la mer monte encore un peu pour que la baleinière se dégage d'elle-même. Tenter trop tôt de le faire, c'était risquer de la faire tomber plus bas sur la roche où elle pourrait se briser, ce qu'il devait éviter à tout prix. Bien lui en prit puisque ce ne fut pas sans mal qu'ils parvinrent à la remettre à flot. Les plus valides des rescapés aidèrent leurs amis blessés ou épuisés à y grimper, tandis que Jeff prenait sur son annexe celui qui parlait le mieux le français, afin qu'il assure la liaison entre les deux bateaux. Il lui expliqua que l'annexe prendrait en remorque la baleinière pour la guider, chaque bateau devant cependant avancer par ses propres moyens.

Son interprète ne l'avait visiblement pas compris puisque lorsque l'annexe commença à s'écarter du récif, la baleinière derrière elle, Jeff constata que les Anglais n'avaient pas mis de rameurs à l'ouvrage et se laissaient tirer. Après quelques explications entre les deux bateaux, quatre rameurs s'installèrent enfin dans la baleinière, deux de chaque côté. La marée montante les portant, ils avancèrent très vite vers la côte, ce qui incita Jeff à jouer la sécurité. Un accostage au Goazel lui paraissant risqué pour une baleinière de cette taille, il opta pour la Grève Bleue, plus éloignée du sémaphore certes, mais beaucoup plus aisée d'accès. La lumière bleutée de la tour de guet lui permettrait une navigation à l'estime en fin de parcours. C'est exactement ce qui se passa, et moins de quatre heures après leur départ du sémaphore, ils étaient de retour à terre, sains et saufs, eux et tous les marins anglais qu'ils venaient de tirer d'un très mauvais pas.

Après avoir remonté l'annexe et mouillé la baleinière, ils prirent la direction du phare et parcoururent les quelque cinq cents mètres qui les en séparaient entre éclats de rire des uns et des autres et jurons qui marquaient leurs chutes, inévitables dans ces ténèbres. C'était bizarre de voir ces hommes qui n'avaient pas bu une goutte d'alcool se comporter comme s'ils sortaient d'une beuverie à l'estaminet du coin, se disait Jeff qui menait son groupe, sérieux comme un pape. Qui sait ? Peut-être était-ce cela, l'ivresse du bonheur, cet état d'euphorie absolue qui marque un immense soulagement ? Il était également gonflé d'orgueil à l'idée d'avoir réalisé un véritable exploit quelques heures plus tôt. Loin de se demander ce qui serait arrivé s'il avait échoué et perdu un homme, par exemple, il ne se posait qu'une seule question : quelle tête ferait son chef dans quelques instants ?

Leur arrivée au sémaphore fut bien entendu triomphale et abondamment arrosée. Souhaitant remercier leurs sauveteurs de la meilleure des façons, les nouveaux arrivants n'en trouvèrent pas de plus belle que de vider le sémaphore de toute la gnôle et le vin qu'ils y avaient découverts.

L'exploit de Jeff et de ses amis fut récompensé par une Légion d'honneur, une seule, reçue bien entendu par le premier maître et chef de centre, pour sa courageuse initiative.

21

Jeff n'était qu'un homme, fait de chair et de sang, et si la chair est faible, la sienne n'était pas différente de celle de tous les êtres humains. Il ne résista donc pas longtemps à l'appétit de Margot. Ils remirent le couvert à chaque absence de Marie-Françoise. Jusqu'à ce qu'arrive l'imprévu…

Trois mois avaient passé lorsque, par un bel après-midi de septembre, Joséphine, l'aînée des enfants de Sébastien et Margot, se rendit comme d'habitude à son cours de couture. Elle patientait déjà depuis une bonne demi-heure lorsqu'elle apprit, comme ses amies, l'absence de la personne chargée de ce cours. Plutôt que de rentrer chez elle, elle décida de rejoindre sa mère. Or Margot s'était installée pour l'après-midi chez son amie Marie-Françoise dont elle gardait les deux derniers ainsi que les siens, Yvonne, Paul et son bébé Claudine. Joséphine prit donc la direction du haut de la rue Saint-Christophe. Lorsqu'elle y arriva, elle contourna la maison pour y pénétrer par la porte grande ouverte de la cuisine qui donnait sur le jardin. Elle marqua un temps d'arrêt quand lui parvinrent des bruits curieux en provenance de la grande salle, des bruits qu'elle ne réussissait pas à définir. Elle se demanda soudain si ce n'était pas un voleur ; si sa mère faisait la sieste avec les enfants là-haut, cela n'avait rien d'impossible. Elle s'approcha sans bruit et jeta un coup d'œil par l'interstice entre mur et porte en déplaçant la tête pour voir l'ensemble de la pièce.

Elle eut un recul en apercevant soudain, derrière le dosseret du sofa, le torse nu d'un homme. Jeff Le Calvez ! Que faisait-il là et dans cette tenue ? se demanda-t-elle, rassurée cependant puisqu'il ne s'agissait pas d'un voleur. Elle jeta un nouveau coup d'œil et le vit s'agiter curieusement. Soudain, une tête apparut un court instant : mais… c'était sa mère ! Sa mère ? Que faisait-elle allongée sur ce sofa ? Sa mère et Jeff, ensemble… Elle resta interdite jusqu'à ce que, soudain, l'évidence lui saute aux yeux : ce qu'ils faisaient, c'était l'acte de chair ! Et c'était un adultère puisqu'ils étaient mariés tous les deux ! Pétrifiée, Joséphine n'osait esquisser le moindre geste. Elle entendit sa maman émettre une sorte de râle en haletant :

— Oui, viens ! Maintenant, Jeff !

Joséphine s'écarta de la porte. Elle recula lentement avant de faire demi-tour et de se mettre à pleurer. Elle sortit aussitôt en silence de cette maison maudite et s'en éloigna en courant pour regagner celle de son père où elle se laissa aller à son chagrin. Sa mère ! Sa mère qu'elle portait aux nues n'était qu'une femme comme les autres, comme toutes celles qui faisaient l'objet de cancans à l'école. Pendant que son mari se battait pour la France, elle le trompait avec son meilleur ami ! Un ami, lui ? Non, Jeff était un traître et un félon ! Elle ne leur pardonnerait jamais, ni à lui, ni à elle, sa mère ! Elle s'empara de la photo de son père qu'elle embrassa… Son père, son héros ! Son pauvre papa : trahi par sa femme et son meilleur ami ! C'était trop injuste…

Sa mère… Sa maman qu'elle chérissait tant… Elle avait tout détruit, elle ne pouvait plus, elle ne pourrait jamais plus l'aimer ! Elle fondit en larmes… Pourquoi ? Pourquoi sa mère ? Elle devait aimer son père pourtant, mais différemment d'elle, sa fille, puisqu'elle était à la fois épouse et femme... Que faire ? Attendre et surtout, ne rien lui montrer.

Moins de deux mois plus tard, Margot dut se rendre à l'évidence : elle était enceinte, c'était la catastrophe. Elle se rendit aussitôt à Saint-Mathieu pour y rencontrer Jeff. Ils se donnèrent une semaine pour réfléchir avant de prendre une décision : pourtant, trois semaines plus tard, ils n'avaient toujours pas résolu leur problème. Si Margot parlait de voir une faiseuse d'anges, elle n'en connaissait pas et Jeff encore moins. Elle ne voyait aucune porte de sortie et commençait à désespérer quand, involontairement, sa dernière-née, Claudine, lui apporta la solution. Alors que sa mère était à l'étage où elle faisait sa chambre, l'enfant, qui jouait seule au rez-de-chaussée, s'empara d'un couteau de cuisine et s'entailla légèrement le pouce. Lorsqu'elle vit le sang couler, elle se mit à hurler. Affolée par ses cris, Margot sortit en courant de sa chambre et se précipita dans l'escalier où elle fit une chute terrible. Lorsqu'elle se redressa, elle ne put que très difficilement se mettre debout, son pied droit lui faisant un mal de chien. Elle avait dû se casser la cheville, se dit-elle en se dirigeant vers sa petite fille.

Sans montrer quoi que ce soit à l'enfant, elle commença par lui soigner le pouce avant de s'occuper d'elle-même et de bander sa cheville. Elle s'aperçut alors qu'elle perdait du sang ! Mon Dieu, elle faisait une fausse couche ! Par chance, son aînée rentra peu après et partit chercher le médecin. Celui-ci la soigna discrètement, sans émettre le moindre commentaire, avant de s'occuper de sa cheville qui n'était pas cassée comme elle l'avait craint. Il se contenta de lui mettre un bandage provisoire. Il ne s'agissait que d'une très grosse entorse qu'un bon rebouteux saurait soigner. Qu'elle aille donc voir Mme Rivoallon, lui conseilla-t-il. Elle lui remettrait très vite sa cheville en place.

Marguerite suivit son conseil et le lendemain, elle était chez la rebouteuse. Germaine et elle étaient du même âge et avaient été amies chez les religieuses, à l'école maternelle puis en primaire. Elles avaient appris ensemble à écrire, compter, chanter, prier, et cela sur les mêmes bancs, jusqu'à ce que la vie les sépare. Elles s'étaient vues ensuite de moins en moins : Madeleine, qui était du haut de la ville, avait appris à coudre, cuisiner, devenir une bonne ménagère dans le but de se marier ; et comme elle avait un don inné pour soigner, elle était devenue masseuse et rebouteuse. Margot, elle, était du port où elle vivait et vivrait sans doute jusqu'à sa mort ; elle s'occupait des comptes de l'entreprise paternelle, faisait et ferait toujours partie du monde des pêcheurs, un monde totalement différent de celui de Madeleine.

Toutes deux avaient encore mieux perçu la différence entre port et ville lors du service militaire de leurs frères. Ceux d'en haut étaient partis dans l'infanterie et ceux d'en bas dans la Royale, même s'il en était parmi ceux d'en haut qui préféraient la mer à la terre. C'était surtout depuis l'entrée en guerre qu'elles mesuraient à quel point ces deux mondes différaient : fin juin 1915, il y avait déjà treize soldats morts au front pour un seul marin ; un an plus tard, il devait y en avoir le double, sinon le triple. Elles préféraient ne pas le savoir tant cela les peinait…

Si elles n'étaient donc pas du même monde, ce jour-là cependant, Margot et Madeleine se retrouvèrent d'emblée et se parlèrent comme si elles ne s'étaient jamais perdues de vue. Peut-être en était-il ainsi parce qu'elles se sentaient aussi seules l'une que l'autre, sûrement aussi parce qu'elles se retrouvaient, comme trois femmes sur quatre, sans homme à la maison. Et de quoi parlèrent-elles ? De leurs enfants d'abord, et des espoirs qu'elles plaçaient en eux ; pour Madeleine, ce fut vite fait, puisqu'elle n'avait qu'une fille de onze ans, mais pour Margot qui avait, elle, trois filles et deux garçons, cela prit beaucoup plus de temps. Et puis, bien sûr, elles en vinrent à leurs maris respectifs et aux hommes, si difficiles à comprendre !

Le sien était artilleur sur le front, précisa Madeleine. Il lui avait écrit des mots invraisemblables sur les combats, sur les Boches qu'il vomissait, sur la nostalgie qu'il avait de son village, de sa famille, et d'elle surtout, elle qu'il aimait tant. Dire qu'il lui écrivait qu'il l'aimait alors qu'il ne le lui avait jamais dit de vive voix ! Il osait même lui parler de leur petite fille et prétendre qu'il l'adorait, alors qu'avant la guerre, lorsqu'ils vivaient ensemble, il la supportait difficilement. À sa décharge, il était vrai qu'il n'avait fait qu'adopter Julienne qui n'était pas sa fille de sang, puisque Madeleine l'avait eue de son premier mari défunt.

Oui, c'était son second mariage, avait-elle rappelé à Margot qui l'avait oublié. Le premier, un fiasco, s'était terminé par la mort malheureuse mais quand même bienvenue de son mari, dans un accident du travail au port de commerce de Brest. Son seul et unique mérite avait été de lui faire cette enfant, aujourd'hui âgée de onze ans. Margot se souvint de cet homme. Madeleine lui confirma qu'il la battait chaque fois qu'il avait bu un verre de trop, ce qui arrivait tous les jours ou presque, du moins quand il rentrait à la maison. Cette vie infernale avait duré jusqu'à ce qu'il tombe dans une darse du port.

Si elle s'était remariée en 1912, c'était surtout parce qu'il fallait un père à sa fille. À la différence de son premier mari, Ernest n'était pas méchant et n'avait pas le vin mauvais. Il buvait peu d'ailleurs, ou du moins, il buvait peu avant la guerre, puisqu'à sa dernière permission, il avait bien bu une demi-bouteille à chaque repas. Sur le front, ils avaient du vin presque à volonté, selon lui. Elle n'y avait pas pensé jusqu'alors, mais peut-être était-il ivre lorsqu'il lui écrivait ces bizarreries sur les combats. Il parlait parfois de mer de feu, de flammes de l'enfer, et dans d'autres lettres, il lui disait que tout se passait au mieux.

— Cela dépend sans doute du contrôle du courrier, suggéra Margot.

— Quel contrôle ?

— Ils appellent cela la censure. Les soldats et marins n'ont pas le droit d'écrire n'importe quoi, paraît-il… Leur courrier est contrôlé.

— Vraiment ? Je l'ignorais.

— Moi aussi, jusqu'à récemment. Ce qui est sûr, c'est qu'il leur passe de drôles d'idées par la tête. Mon mari m'a écrit qu'il ne ferait plus jamais de pêche. Je n'ai pas fait de commentaire quand je lui ai répondu, mais je ne vois pas ce qu'il pourrait faire d'autre puisqu'il n'a jamais fait que cela.

— Peut-être commerçant, ou alors paysan, parce que l'on va sûrement en manquer. Il y en a tant qui tombent au front ! Beaucoup plus qu'on ne le dit. Des centaines de milliers, paraît-il.

— J'ai entendu dire que dans le canton, c'est fou le nombre de morts et de disparus qu'il y a. Je me demande ce que veut d'ailleurs dire ce mot « disparu ». Ils ne se volatilisent quand même pas, ces soldats ! Pas plus qu'ils ne s'enfuient.

— Peut-être sont-ils faits prisonniers ? Mon mari m'a également parlé de soldats ensevelis vivants sous la terre lorsque les obus et les bombes éclatent. Je ne sais pas si je dois le croire, car ça me semble quand même étonnant qu'on ne les retrouve pas tout de suite. Ou qu'ils ne sortent pas par leurs propres moyens de l'amas de terre qui les recouvre.

— Ça paraît invraisemblable, en effet. Je demanderai à Sébastien s'il le sait, lorsqu'il viendra en permission. Il arrive dans dix jours, normalement. C'est sa première permission depuis son départ, il y a dix-neuf mois. Je suis impatiente de le voir, tu t'en doutes.

— Je ne connais pas ton mari mais tout le monde le dit très gentil.

— Oui, c'est vrai. C'est un très bon mari et père. Nous avons eu un coup de cœur tous les deux, à peine nous étions-nous rencontrés que c'était fait. Nous avons couché ensemble dès le deuxième soir et un mois plus tard, il demandait ma main à mon père.

— Si vite ! Tu as eu de la chance…

— C'est vrai.

— C'est quand même du très vite fait, dis-moi ! Vous êtes des rapides au port, ce n'est pas comme ici, en ville ! Il faut suivre les règles, nos parents y veillent ! Et… depuis qu'il est parti ?

— Qui ?

— Ton mari, tiens ! Moi, j'en ai pris un autre. Il a cinquante et un ans et il est veuf. Qu'est-ce que tu veux, il faut manger, et mes vieux cousins à la campagne m'ont envoyé paître quand je leur ai demandé des légumes et de la viande. Comme ce n'est pas avec ce que je gagne que je peux nous nourrir, ma fille et moi, je n'ai pas supporté de voir ma fille avoir toujours faim. Je n'avais pas d'autre solution que de me faire entretenir. Et toi, il t'est arrivé de le remplacer ?

— De remplacer qui ? Mon mari ?

— Oui.

— Quelle idée ! Pourquoi cette question ?

— Parce que…

— Ce n'est pas mon truc. D'autant que Sébastien vient en permission !

— Allons, ne me raconte pas de fariboles, Margot. Cela n'a rien d'anormal, depuis le temps qu'il est parti. Il y a des bruits qui ont couru…

— Des bruits ? Quels bruits ?

— Des gens t'auraient vue avec Jean-François Le Calvez.

— Moi, avec Jeff ? Bien sûr qu'on peut me voir avec lui ! répondit-elle en riant, alors que son cœur battait la chamade. Nous sommes de grandes amies, Marie-Françoise et moi. il m'arrive de garder ses enfants, de faire des courses pour elle ; je suis même allée jusqu'à apporter à Jeff des vêtements au sémaphore de Saint-Mathieu puisque Marie-Françoise ne pouvait s'y rendre.

— C'est ça ! Oui, c'est cela qu'on m'a raconté ! Tu te rends compte, ces mauvaises langues ! Elles voient quelque chose et ensuite elles brodent là-dessus et transforment tout.

— Qui m'a salie ? Dis-le-moi, Madeleine, c'est trop grave. Il y en a qui peuvent le croire et venir ensuite raconter ces fadaises à mon mari quand il sera là. C'est très sérieux. Tu t'imagines ce qui se passerait si c'était le cas ?

— J'ai promis de ne pas te le dire, mais ne t'en fais pas ! Je vais leur envoyer leur pegement[1] à ces femmes, pour qu'elles ne l'ouvrent plus là-dessus !

1. Leur clouer le bec.

Quinze jours ! Il avait obtenu quinze jours de permission ! Sébastien n'en revenait pas. Cela faisait si longtemps qu'il attendait cette perm que lui sabotait systématiquement son chef, ce salaud de maître fourrier ! Et dire qu'il subissait cette gué-guerre depuis des mois et des mois sans savoir pourquoi et que cette perm – sa première – ne lui était accordée que parce qu'il venait d'obtenir enfin, la veille, l'embarquement qu'il avait réclamé en… novembre 1914. Mieux vaut tard que jamais, se serait-il dit quelques mois plus tôt. Aujourd'hui, ce n'était plus le cas. Le naufrage du *Bouvet* avait tout changé, et il se demandait souvent s'il n'allait pas connaître quelque infortune à bord du cuirassé *Le Gaulois* sur lequel il devait embarquer à son retour de permission.

— Tu vois, lui avait dit cet idiot de maître fourrier, je ne suis pas mauvais bougre, Le Goaster. Je ne me suis pas opposé à ta perm, maintenant que je sais que je vais être débarrassé de toi.

— Peux-tu me dire pourquoi tu me détestes tant, Legendre ?

— Comme si tu ne le savais pas !

— Mais non, je ne le sais pas, je te le jure !

— Tu as essayé de me piquer ma femme, tiens, voilà pourquoi !

— Te piquer ta femme ? C'est n'importe quoi ! Je ne la connais pas, moi, ta femme !

— Enfin, ma maîtresse. Ne va pas dire le contraire ! Je t'ai surpris sortant de chez elle. Cela remonte à un peu plus d'un an…

— Moi ? Tu t'es trompé ! Tu m'as pris pour un autre ! Où était-ce ?

— Comme si tu ne le savais pas ! Elle habite un petit immeuble, route du Faron…

— Sincèrement ça ne me dit rien. La seule fois où je me suis rendu sur cette route, c'est pour donner à une vieille dame des nouvelles de son filleul, Michel Marrec, un ami de mon ami Jeff Le Calvez. Ils sont tous deux guetteurs sémaphoristes en Bretagne, à Saint-Mathieu.

Legendre le dévisagea, déjà penaud, avant de lui demander des précisions sur cette maison dont Bastien ne se souvenait plus du tout puisqu'il ne s'y était rendu qu'une seule fois et en avait chassé tous les détails de sa mémoire. Il savait seulement qu'il avait eu du mal à trouver l'endroit. Le nom de cette dame ? Le Gall, il en était certain. Le maître fourrier, qui la connaissait, admit qu'il s'était totalement fourvoyé et s'excusa. Sébastien n'en revenait pas.

— Un con, voilà ce que tu es, Legendre.

— Dis donc, je ne te permets pas…

— Quel autre terme utiliser ? Je n'en vois pas. Sincèrement !

— Je me suis trompé, voilà tout. Il n'y a pas lieu d'en faire un fromage !

— Enfin, Legendre, te rends-tu compte de ce que tu me dis ? Tu m'en fais baver depuis plus d'un an et demi sans que je sache pourquoi, tu m'empêches d'avoir une perm alors que j'ai une femme et cinq enfants, tu m'en fais voir de toutes les couleurs tout simplement parce que tu t'imagines que je t'ai piqué ta maîtresse ?

— Eh bien, oui ! Je me suis trompé, c'est tout. Cela peut arriver à tout le monde !

— Comme connerie, ça se pose là ! Et moi ? Tu as pensé à moi ?

— Je te répète que je m'excuse, mon vieux. Je suis sincèrement désolé.

— Si tu m'as vu là-bas, tu aurais pu me demander franchement ce que je faisais là. Entre quat-z-yeux !

— Et comment aurais-je fait ?

— En m'abordant, tout simplement. En me demandant par exemple : « Qu'est-ce que tu fous là, Le Goaster ? » Tu m'as bien vu ?

— Oui, je t'ai vu, en effet. C'est facile à dire, avec le recul. C'est vrai, je suis jaloux, et pour moi, il n'y avait pas le moindre doute.

— Toi, jaloux ? Tu n'es pas que cela, tu es également con ! Tu sais, je peux bien te le dire… J'ai des copains ici, pas dans ce service mais ailleurs, des Finistériens comme moi. Il y en a plusieurs qui m'ont proposé de te mettre une dérouillée en ville. Ils l'auraient fait pendant mon service et je n'aurais jamais été inquiété.

— Ce n'est pas vrai.

— Si, c'est vrai, et tu sais très bien que cela arrive fréquemment. Ce n'est pas l'envie qui me manquait de leur dire oui. Et pourtant, je ne l'ai pas fait ; une chance pour toi.

— Merci. Finalement, je suis content de t'avoir parlé et je suis soulagé de ne plus avoir à douter de Mireille. Eh bien, salut, Le Goaster, et bonne perm.

Sébastien le regarda partir, incrédule… Cet homme était d'un égoïsme incroyable, car s'il se félicitait de leur discussion, c'était uniquement parce qu'il venait d'apprendre qu'il n'était pas cocu comme il le croyait ! Du moins, pas du fait de Sébastien Le Goaster…

22

Sébastien était fatigué et même épuisé. Cela faisait plus de deux jours qu'il était parti et son train était de nouveau à l'arrêt. Ils étaient quelque part entre Laval et Rennes, selon son voisin, un biffin qui rentrait du front. Ce soldat se considérait comme un veinard puisqu'il avait obtenu une permission d'une semaine pour avoir été cité à l'ordre de son régiment grâce à un acte de bravoure. En réalité, lui avait-il confié, ce n'est pas lui qui aurait dû avoir cette citation mais un de ses camarades qui était allé chercher leur lieutenant blessé, entre les lignes françaises et allemandes.

Ce brave était mort dans ce sauvetage, tué par une balle dans le dos alors qu'il portait le lieutenant sur l'épaule ; ce qui ne lui serait pas arrivé s'il avait été moins costaud, puisque c'est sur le dos qu'il aurait alors porté le lieutenant et que c'est celui-ci qui aurait pris la balle. Bref, ce copain avait presque réussi son sauvetage lorsqu'il avait été abattu et que l'officier était tombé à terre avec lui. Quand le permissionnaire, qui était aux premières loges, les avait vus tomber, il avait jailli de sa tranchée et n'avait eu, lui, que dix mètres à parcourir pour les ramener l'un après l'autre. Le lieutenant s'en était sorti, pas le soldat. Son capitaine avait assisté à ce sauvetage, et voilà…

— Tu comprends, avait-il précisé à Sébastien, c'est mon copain qui aurait dû profiter de cette perm. Comme il est mort, il n'aura qu'une décoration, la croix de guerre sans doute. Moi, j'ai déjà une perm, et j'aurai sans doute aussi cette décoration en plus, alors que je la mérite beaucoup moins que lui. Et toi ? Cette perm ?

— Moi, je ne l'ai eue que parce que je suis muté, lui répondit Sébastien succinctement. C'est la première.

— Moi, la seconde, et elle commence mal. Quel temps perdu ! Je me demande bien ce qui se passe ici… Qu'est-ce qu'on fout là, bon sang ?

— Dire que je suis parti hier matin de Toulon. J'en ai ma claque !

— T'es pas encore à Brest, c'est sûr ! Pour passer le temps, si on buvait un coup de gnôle ? J'en ai acheté une bouteille à la gare. Du calva, tu connais ?

— Oui, mais la gnôle, c'est pas mon truc. Merci quand même !

— Sur le front, tout est bon pour oublier qui l'on est, où l'on est et ce qu'on y fait. C'est pour ça qu'on picole tant ! Tu sais, monter à l'assaut des lignes boches alors que tu as deux chances sur trois de te faire descendre, c'est pas la joie, et si on n'avait pas le général Pinard pour nous encourager à sortir de la tranchée, Dieu sait ce qui se passerait ! Oui, sans alcool, je crois bien qu'on d'viendrait fou, et il y aurait sans doute des révoltes et des refus d'obéissance. Ça arrive d'ailleurs parfois, m'a-t-on dit, même si je n'en ai jamais vécu moi-même.

— Est-ce que c'est vrai ce que j'ai entendu dire sur les batailles de Verdun et de la Somme ?

— Qu'est-ce que tu veux savoir ?

— On dit qu'il y aurait des morts par centaines de milliers…

— C'est exact et cela n'a rien d'étonnant. Il paraît que rien qu'au début de la bataille de la Somme, les Anglais ont eu cinquante mille morts en un seul jour. Verdun, c'est déjà très dur, mais la Somme, c'est encore pire, c'est dire ! Il suffit de tomber sur l'artillerie ennemie bien préparée quand tu pars à l'assaut et crac ! C'est le carnage ! Et ça, vois-tu, c'est d'un côté comme de l'autre.

— Ça n'a aucun sens, et les responsables méritent la cour martiale. Je vous plains, vous les biffins ! Dans la Royale, quand on prend une torpille et que le bateau coule, on va tous au fond en même temps, matelots et officiers à égalité.

— Vous faites une guerre propre, quoi ! Et qui va s'arrêter d'elle-même le jour où il n'y aura plus de bateaux. Ou plus de marins…

— Mis à part que les bateaux, c'est comme tout le reste. On en construit sans cesse dans les arsenaux et quand on peut les réparer, on le fait. C'est le cas pour mon cuirassé ! Je me demande si c'est une bonne chose, d'ailleurs.

— Pourquoi ?

— Parce que je suis déjà un rescapé. J'aurais dû disparaître trois fois en mer et je suis toujours là. C'est pourquoi je me demande si ce nouvel embarquement est une bonne chose. Il ne faut pas trop tenter le diable…

— Tu sais, sur le front, on devient plus fataliste que tu ne l'es. Il y a des gars qui semblent invincibles tellement ils ont de la chance, jusqu'au jour où ils font une imprudence. Ou alors la roue tourne, tout simplement. Il faut prendre les choses comme elles viennent, au jour le jour, sans se poser de questions.

— Tu as des enfants, toi ?

— Non.

— C'est la différence entre nous. Je me demande ce que les miens deviendront si jamais…

— Tiens ! On dirait qu'on repart. Ce n'est pas trop tôt… Vraiment, tu ne veux pas un coup de gnôle ?

— Non, merci. Je vais piquer un roupillon. Je n'ai pas fermé l'œil la nuit dernière.

— T'as quand même pas peur de trouver ta femme au lit avec un remplaçant ?

— T'es con…

Qu'il la ferme, bon sang ! se dit Sébastien en ravalant sa colère. Sinon, héros ou pas, il allait lui mettre son poing dans la figure ! Quelle plaisanterie stupide ! Il ne voulait surtout pas répondre. Cette mésaventure était survenue à tant de marins de sa connaissance qu'il lui arrivait en effet de craindre le pire lorsqu'il n'avait pas le moral. Cette sortie idiote de son voisin suffit à le plonger au trente-sixième dessous. Il tenta de chasser ce cauchemar de sa tête et ne trouva pas de meilleur remède pour trouver le sommeil que de contempler les photos de ses enfants, et surtout de sa dernière, la petite Claudine, qu'il avait à peine vue avant de partir. C'était encore un bébé…

Le soleil n'était pas encore levé lorsque le train entra en gare de Brest, son terminus. Sébastien s'arrêta dans le premier restaurant et y commanda l'assiette de bouillie d'avoine dont il rêvait depuis des mois. Il l'avala tel un glouton avant de rejoindre, à pied, la porte du Conquet où il prit, une heure plus tard, le premier tramway qui l'amena chez lui. Il n'était que huit heures quarante-cinq, ce mercredi, lorsque après avoir frappé, il poussa la porte de sa demeure et s'annonça par un « C'est moi ! » sonore. Cette fois, ça y était, il était de retour au bercail !

Margot, qui l'attendait depuis la veille, descendit l'escalier quatre à quatre au risque de tomber et de se casser une jambe. Elle se jeta dans ses bras en pleurant de joie, se colla à lui, l'embrassa, le huma, chercha à retrouver son odeur et n'y parvint pas. Il lui manquait quelque chose… Peut-être était-ce l'odeur de la mer et de l'iode, se dit-elle en le contemplant. Mon Dieu ! Elle avait oublié à quel point il était beau ! Elle lui caressait les cheveux, les joues, son index droit suivait le contour de ses lèvres. Il cherchait à la retrouver, lui aussi. Ils s'étreignirent, s'embrassant passionnément sans faire attention, ni l'un ni l'autre, à Joséphine qui, à leurs côtés, attendait patiemment que son père l'aperçoive.

Ce qu'il ne fit que lorsqu'il entendit pleurer Claudine, leur bébé, que sa grande sœur portait dans ses bras. Sébastien se saisit aussitôt de sa dernière-née qu'il tint à bout de bras en éclatant d'un rire joyeux. Il embrassa tendrement la petite fille qui, ne le reconnaissant pas, bien entendu, se mit aussitôt à hurler. Il la remit alors à sa mère, et prit son aînée dans ses bras pour la serrer tendrement contre lui. Joséphine fondit en larmes et, secouée de sanglots, étreignit son père avec force. Très vite, Margot se joignit à eux, son bébé contre elle, et, étroitement enlacés les uns contre les autres, tous quatre formèrent une grappe humaine d'où s'échappaient de temps à autre rires et sanglots.

— Où sont les autres enfants ? demanda soudain Sébastien.

— À l'école, bien sûr. Ils sont partis il y a environ vingt minutes. Nous les aurons ce midi. J'irai les chercher et préviendrai les religieuses et leurs instituteurs qu'ils resteront à la maison cet après-midi.

— Ce n'est pas nécessaire, Margot. Demain, c'est jeudi, je m'en occuperai toute la journée.

— Tu veux manger quelque chose, sans doute ?

— Non, merci. Je boirai par contre volontiers un verre d'eau. J'ai très soif car je n'ai rien bu depuis hier soir, sinon une tasse de lait ce matin avant ma bouillie d'avoine. Je n'en ai pas eu deux. À croire que c'est devenu une denrée rare.

— Tu ne vas pas tarder à t'apercevoir que tout est rare, Sébastien. Très rare même. Il faut nourrir en priorité nos soldats et nos marins.

— Comment faites-vous ici, sans les hommes ?

— On se débrouille comme on peut, tu verras. Si nous n'avions pas eu Marie-Françoise et les Copy, je ne sais pas ce que nous serions devenus l'an dernier. Et surtout ce que nous mangerions, en dehors du poisson, bien sûr.

— Comment vont tes parents ?

— Aussi bien que possible. Du moins maintenant, depuis que mon père a loué le jardin de Jeffic, la femme d'Ambroise Copy, à Croas Ar Veyer. Entre lui et maman, Joséphine et moi, on se répartit le travail et cela suffit à nous assurer l'indispensable. En guise de paiement, papa donne la moitié de la récolte à Jeffic, qui s'en sort comme cela. Tu sais qu'elle est très fragile. Et comme Ambroise est sur son croiseur…

— Au fait, tu m'as dit que Jeff est à Saint-Mathieu ?

— Oui, pourquoi ?

— Tu te rends compte de la chance qu'il a ? C'est incroyable ! Je n'en connais qu'un autre dans son cas, un fils de commerçant de Toulon. Il est quartier-maître, avec moi. Un gars sympa, d'ailleurs. Et selon lui, il est là sans piston…

— Jeff n'est pas le seul, ici, à avoir cette chance. Tous ceux du service des Phares et Balises sont, comme lui, mobilisés dans des sémaphores ou des phares. D'autres sont beaucoup moins chanceux, à commencer par les femmes. J'en connais, à la campagne, qui sont enceintes et dont les maris viennent d'être tués sur le front.

— Sans parler de celles qui les ont perdus depuis plus d'un an et qui sont peut-être enceintes, elles aussi…

— Pourquoi dis-tu cela ?
— Parce que cela doit arriver.
— Bien entendu.
— C'est le manque d'hommes à l'arrière. Et puis la misère aussi, quand ce n'est pas la faim, tout simplement. Dans le Var, il y a des filles de l'arrière-pays qui viennent chercher un mari ou un homme à Toulon, soit qu'elles sont veuves de guerre, soit qu'elles n'ont pas de quoi manger, tout simplement. C'est triste…
— Tu bâilles… Tu es fatigué ?
— Oui, crevé. J'ai sommeillé trois ou quatre heures la nuit dernière et je n'ai pas fermé l'œil la nuit précédente. Dans le train, en troisième classe, à raison de quatre par banquette, on est vraiment à l'étroit, tu sais. Et quarante-huit heures sur ces sièges en bois, c'est usant !
— Va te reposer un peu, Seb. J'irai te réveiller dans une heure ou deux…
Ce qu'il fit. Il plongea aussitôt dans un sommeil réparateur dont Margot ne le sortit que vers onze heures trente. Joséphine, qui venait de partir avec Paul et Claudine en promenade, passerait prendre Jean-Pierre et Yvonne à l'école à midi. Elle en profiterait pour avertir les instituteurs et institutrices qu'ils ne viendraient pas l'après-midi.
— Quelle fille attentionnée ! murmura Margot qui s'était glissée dans le lit conjugal auprès de Sébastien et avait entrepris de le réveiller de la meilleure des façons, la sienne.
Il ne pouvait quand même pas être couché quand ses enfants rentreraient de l'école !

Bastien avait vu ses dix jours de permission défiler à grande, très grande, trop grande vitesse, et il avait les larmes aux yeux lorsqu'il quitta les siens, le dimanche suivant.

Toute la famille l'avait accompagné au tramway et il avait le cœur lourd en embrassant ses enfants l'un après l'autre, Joséphine et Jean-Pierre, ses aînés, puis Yvonne, Paul, et bébé Claudine dans les bras de sa mère qu'il avait étreinte comme un fou. Lorsqu'il était monté dans le tramway, il avait réussi à leur adresser à tous un sourire. S'ils avaient su à quel point cela lui fendait le cœur de les quitter, ils se seraient accrochés à lui pour l'empêcher de partir.

À peine le tramway eut-il quitté la gare qu'il se laissa aller à verser quelques larmes. Ses pauvres enfants… Sa femme… Il eut aussi une pensée pour son père, gravement malade et qu'il ne reverrait pas vivant, il le savait. Il lui avait adressé un télégramme d'encouragement en lui annonçant une lettre qu'il lui écrirait dans le train, au crayon puisqu'il n'avait pas d'encre. Il ferma les yeux et songea à l'inanité de cette guerre, au non-sens de leurs vies. Ils combattaient pour quoi, pour qui ? Pour un empire, un royaume, une république, pour l'honneur de leurs pays respectifs ? Persister à prétendre que cette guerre avait un sens était ridicule. Ils se battaient, ils ne savaient plus pour quoi, pour rien, pour la vanité de quelques rois ou empereurs inconscients, ceux de Prusse, d'Autriche, prêts à sacrifier leurs populations pour assouvir leur orgueil, leur appétit de pouvoir. Combien de millions de morts leur faudrait-il avant d'entendre raison ?

Plus de mille deux cents morts… Il y avait déjà plus de mille deux cents morts dans leur petit canton et cette guerre pouvait durer encore des mois et des mois, sinon des années. Les hommes étaient devenus fous. Ce qu'il aurait fallu et qu'il faudrait encore, c'était une révolte générale des combattants, dans tous les pays. Cette guerre était une ineptie.

23

Sébastien arriva comme prévu le lundi matin à Toulon. Une semaine plus tard, il était à bord du cuirassé le *Gaulois*, enfin sorti de réparation. Le cuirassé reprit très vite du service et, en fin d'année, quitta la France pour Corfou. Le 27 décembre 1916, il était torpillé par un sous-marin allemand et sombrait une demi-heure plus tard.

Jamais trois sans quatre, cela n'existait pas, s'était dit Sébastien en montant à bord. Il se trompait, il y eut bien une quatrième fois. Sur les six cent trente-sept hommes et officiers d'équipage du cuirassé, on ne déplora fort heureusement que quatre victimes, quatre marins dont l'un s'était noyé et trois autres avaient été tués dans l'explosion de la torpille. Intervenant aussitôt, les secours étaient parvenus à sauver les six cent trente-trois rescapés, parmi lesquels quelques hommes d'équipage avaient été blessés lors de l'explosion. Sébastien était l'un de ces malchanceux et aussi l'un des plus grièvement touchés.

Six jours plus tard, lorsque le facteur frappa à leur porte, Marguerite était à l'épicerie et c'est Joséphine qui lui ouvrit. L'homme, un retraité qui avait repris du service en raison de la mobilisation du titulaire, savait que ses télégrammes étaient très rarement annonciateurs de bonnes nouvelles.

Aussi fut-il soulagé de constater l'absence de Margot, puisque sa fille le recevait. Cette toute jeune fille n'imaginait pas une seconde ce que contenait son télégramme, se dit-il lorsqu'il la vit lui sourire. Il la pensait si fragile qu'il en perdit ses moyens.

— Ta maman n'est pas là ? lui demanda-t-il après un instant d'hésitation.

— Non, monsieur. Je m'appelle Joséphine et je suis sa fille aînée. Peut-être puis-je prendre ce télégramme pour elle ?

— Je suis navré d'être sans doute porteur d'une mauvaise nouvelle, Joséphine.

— C'est mon père, n'est-ce pas ?

Le facteur resta muet mais opina de la tête.

— Que lui est-il arrivé ? demanda la jeune fille, apparemment très calme. Il est mort ?

— Non, rassure-toi. Il n'est que blessé. Ne me demande pas de précisions, parce que je n'en sais pas plus. Ce que je t'en dis, je l'ai appris par la télégraphiste. Voici ce télégramme que tu remettras à ta maman. Pardonne-moi de devoir te l'annoncer ainsi. Enfin, ton papa est vivant, c'est déjà cela, n'est-ce pas ?

Le facteur était parti depuis dix bonnes minutes lorsque Margot rentra de ses courses, tenant son fils par la main. D'abord surprise de trouver Joséphine assise sur une chaise, elle fut effrayée en s'apercevant qu'elle était secouée de sanglots au point qu'elle en perdait par moments la respiration. Que lui arrivait-il ? Soudain, l'évidence s'imposa à Margot : Sébastien ! C'était Sébastien, bien sûr ! Ce ne pouvait être que son père qui la mettait dans cet état ! Il était arrivé malheur à Seb !

— C'est papa ? Que lui est-il arrivé ? Il est mort ? s'écria-t-elle, déjà sûre de la réponse.

Sa fille secoua la tête de droite à gauche. Ouf! C'était déjà cela, se dit Margot, soulagée. Qu'était ce papier que Joséphine tenait à la main? Un télégramme? Oui, c'était bien cela, et sa fille ne l'avait même pas ouvert! Margot le lui arracha des mains avant de l'ouvrir fébrilement et de pousser aussitôt un cri déchirant que l'on dut entendre jusqu'au port. Grièvement blessé... Il était grièvement blessé, écrivaient-ils sans plus de précision. Et s'il mourait? Qui sait si ce n'était pas déjà le cas? Dieu n'avait pas le droit de le lui prendre, encore moins de priver ses enfants de leur père! S'il le faisait, elle ne mettrait plus les pieds à l'église, plus jamais, ce serait trop injuste! Non, la Vierge ne permettrait pas qu'on enlève leur père à ses enfants.

Elle s'assit et se mit à pleurer, son télégramme à la main. Les larmes ruisselaient sur ses joues sans même qu'elle cherche à les essuyer. Elle était submergée par l'émotion et le chagrin, par la peine qu'elle ressentait, par la douleur qu'éprouveraient ses enfants, par le remords aussi, par le remords surtout, le remords de l'avoir trompé, lui, cet époux si merveilleux.

Joséphine séchait ses larmes tout en dévisageant avec hargne sa mère qu'elle laissa pleurer et crier un bon moment, jusqu'à ce qu'elle l'arrête en lui jetant méchamment :

— Pourquoi pleures-tu, maman? Pourquoi cries-tu? Pourquoi hurles-tu? Pourquoi fais-tu semblant de pleurer papa alors que tu le trompes avec Jeff Le Calvez?

— Comment... comment le sais-tu? Et depuis quand, Joséphine? parvint à articuler une Margot pétrifiée avant que sa fille ne l'interrompe à nouveau d'un simple geste de la main.

— Peu importe! Je vous ai vus tous les deux faire ce que mon confesseur appelle l'acte de chair. Cela se passait chez ce Jeff qui se prétend l'ami de papa.

— Jeff n'y est pour rien, Joséphine. La seule coupable, c'est moi, et je ne vais pas me chercher d'excuses puisque je suis inexcusable. J'avais besoin d'un homme ; cela s'appelle... Je... Je te l'expliquerai quand tu seras en âge de comprendre...

— Tu ne m'expliqueras rien car je suis déjà en âge de comprendre, maman. Tu me dégoûtes et je ne t'aime plus, ajouta-t-elle en éclatant à nouveau en sanglots.

— Joséphine, ma chérie... Ne pleure pas, s'il te plaît... Pardonne-moi !

— Maman ! Ne fais pas semblant d'avoir du chagrin aujourd'hui parce que papa est blessé. Jamais je ne t'aurais crue capable d'une telle bassesse, d'une telle hypocrisie, d'autant que c'est un péché mortel...

— Hypocrite, moi ? Non, Joséphine, tu n'as pas le droit de me dire ça.

— Pas le droit ? Alors que tu trompes papa ? Qu'est-ce donc que cela sinon de l'hypocrisie, maman ?

— Ne va surtout pas croire que c'est parce que j'ai trompé papa que je ne l'aime plus ! Bien sûr que j'ai du chagrin ! J'aime ton père beaucoup plus que tu ne peux et que tu ne pourras jamais l'imaginer. C'est pourquoi je ne me pardonnerai jamais de l'avoir trompée. Je comprends que tu ne puisses l'admettre, mais c'est la vérité, je te le jure. Une fois de plus, je te demande pardon, ma chérie, car je me rends compte que cela doit être atroce pour toi.

— Je me fiche de tes excuses, maman. Je veux bien admettre que tu as aimé papa, mais tu ne l'aimes plus aujourd'hui puisque tu le trompes. Par contre, nous, ses enfants, nous l'aimons et nous l'aimerons toujours, même mort.

— Ne sois pas si dure, Joséphine, aie pitié de moi ! Faisons la paix au moins jusqu'au retour de papa. Nous verrons ensuite si tu peux me pardonner...

— Vois-tu, maman, je ne dirai rien à papa. Et si je me tais, ce n'est pas pour toi, mais pour lui, uniquement pour lui. Et c'est pour lui aussi que je n'ai rien dit et ne dirai rien à mes frères et sœurs, puisque tu restes notre maman et que tu es une bonne maman, je le reconnais. Cela ne concerne que toi et moi. Ton amie Marie-Françoise n'en saura rien non plus. Par contre, j'enverrai son pegement à son mari, ce Jeff dont le comportement me révolte. Trahir ainsi son meilleur ami !

— Merci, Joséphine. Merci de ne rien dire à Marie-Françoise.

— Je n'en ai jamais eu l'intention.

— La pauvre ! Ce serait la faire souffrir inutilement et même détruire sa vie.

— Dans tout cela, je constate que tu n'as pas la moindre pensée pour moi, maman. Pour toi, je ne compte pas, je n'existe pas.

— Bien sûr que si, ma chérie ! Tu comptes beaucoup. Bien plus que tu ne le penses.

— Comment peux-tu croire que je puisse m'en remettre aussi facilement, maman ?

— Je sais que je t'ai fait du mal, Joséphine, et c'est pour cela que je te demande une fois de plus de me pardonner. Pour en revenir à Marie-Françoise…

— Elle découvrira sans doute un jour, elle aussi, que vous l'avez trahie son mari et toi, sa meilleure amie, la coupa Joséphine.

— Si tu ne le lui dis pas, je ne vois pas comment elle pourrait l'apprendre.

— Cela signifie donc que ton histoire avec cet homme est finie ?

— Bien entendu, c'est fini. Je serais un monstre de vouloir la poursuivre…

— Je regrette de ne pas t'en avoir parlé plus tôt ! Si j'avais su… Il n'empêche que tu vas devoir apprendre aux petits que papa est blessé.

— Cela n'a rien d'urgent. Pour le faire, j'attendrai d'avoir des nouvelles plus précises de son état de santé.

24

Au moment où les deux femmes qui comptaient le plus dans sa vie se disputaient à son sujet, Sébastien était en route pour Toulon dans l'infirmerie de l'aviso sur lequel il avait été transféré d'urgence. L'accompagnaient les sept autres marins du *Gaulois* blessés eux aussi dans le torpillage par un U-Boot allemand, ainsi que l'infirmier chargé de les soigner durant leur rapatriement sur Toulon. L'homme ne se faisait de souci que pour deux d'entre eux. D'abord pour un maître principal qui avait perdu énormément de sang durant les premières heures après l'explosion. Celui-ci paraissait si mal en point qu'il redoutait son décès avant leur arrivée. L'autre cas grave était Sébastien, qui souffrait de très nombreuses blessures. Il était traité à la teinture d'iode et surtout à l'huile de camphre à raison d'une piqûre toutes les huit heures, cela pour la blessure très sérieuse dont il souffrait au pied gauche.

Ce qui inquiétait l'infirmier chez ce blessé, un Nord-Finistérien comme lui, c'était ce pied qu'il aurait fallu opérer et sans doute amputer le jour même où il avait été écrasé. Écrasé par quoi, il l'ignorait, mais il avait reçu quelque chose de très lourd qui avait cassé et même broyé des os naturellement fragiles. Cette blessure l'inquiétait au point de redouter que par manque de soins, son blessé ne perde sinon toute sa jambe, du moins la partie inférieure jusqu'au genou. Ce serait d'autant plus dommage que s'il avait été tenu informé de ses blessures, il aurait pu se procurer sur le navire amiral les médicaments nécessaires, ne serait-ce que la morphine, réservée en quasi-totalité aux blessés du front. Il était quand même anormal que la Marine nationale ne puisse en disposer.

Qui sait s'ils ne s'étaient pas croisés au Conquet avant guerre, ce Le Goaster et lui ? S'il était de Plouguerneau, l'infirmier Alphonse Copy avait de la famille au Conquet, des Copy eux aussi, des paysans goémoniers auxquels il lui était arrivé de rendre visite avec ses parents dans leur ferme de la presqu'île de Kermorvan. Ils avaient aussi le même âge, ce blessé et lui ; le problème, c'est que l'homme était encore trop faible pour pouvoir parler. Et si jamais son nom ne lui disait rien, il serait quand même étonnant qu'ils n'aient pas de relations communes…

Ce n'est que le jour de leur arrivée à Toulon qu'ils purent échanger quelques mots. Sébastien s'aperçut que Marie-Françoise, la femme de Jeff Le Calvez, son meilleur ami, était de la parentèle de l'infirmier. Ils étaient cousins issus de germains. L'infirmier accéda d'autant plus volontiers à la demande de Sébastien et lui promit de donner par télégramme des nouvelles de sa santé à sa femme. Mieux valait qu'il adresse son message *via* son beau-père, Job Riou, lui conseilla Sébastien. Pour une femme dont le mari était mobilisé, la réception d'un télégramme était toujours une épreuve redoutable tant la peur d'apprendre une mauvaise nouvelle causait un choc émotionnel et faisait monter la tension du destinataire, au point que parfois, les plus fragiles en mouraient.

À peine débarqué, Sébastien fut aussitôt dirigé sur l'hôpital maritime de Toulon avec les autres blessés tandis qu'Alphonse Copy adressait deux télégrammes à Job Riou, le premier pour lui et l'autre pour sa fille. Dans ce dernier, il indiquait à Marguerite que son mari rentrait à l'hôpital et qu'il était hors de danger. Craignant que le manque de soins durant leur trajet vers Toulon n'ait entraîné une aggravation de son infection au pied et à la cheville, il précisait, dans celui qu'il adressait au mareyeur, que son gendre courait le risque de perdre la partie inférieure de sa jambe gauche.

En recevant les télégrammes le lendemain matin, Job poussa un soupir de soulagement. Sébastien était bien vivant, c'était là l'essentiel. C'est aussi ce à quoi se raccrocha Marguerite qui vit un signe du ciel dans le fait que ce soit un Copy de Plouguerneau, un cousin issu de germains de Marie-Françoise, qui s'était occupé de Seb.

Lorsque, quelques jours plus tard, Job apprit que les craintes émises par l'infirmier étaient justifiées et que l'on avait dû amputer Sébastien à la hauteur de la cheville, il ne fut pas trop déçu. Il s'y attendait plus ou moins, et plutôt plus que moins, d'ailleurs. Des blessures de ce type n'étaient pas des catastrophes et Sébastien ne serait pas le seul auquel il manquerait un pied à la fin de ce conflit.

Sébastien était dans un état second lorsqu'il sortit de la salle d'opération. Il se demandait ce qu'on lui avait fait boire pour qu'il se sente aussi absent. Ils avaient réussi à le soigner efficacement, se disait-il, et tout aurait été parfait si son pied gauche ne le démangeait pas autant. Il avait dormi ou somnolé toute la journée car il ne souffrait pas. Aussi, quand le chirurgien lui annonça le lendemain matin qu'il n'avait plus rien à craindre et que sa convalescence allait commencer dès le début de la semaine suivante, Sébastien tomba des nues en apprenant qu'il avait été opéré de la jambe.

— Quel traitement ai-je eu au juste, docteur ?

— On ne vous l'a pas encore annoncé ? J'ai dû vous amputer du pied gauche.

— M'amputer du pied gauche ? Vous devez vous tromper de pied, docteur. Je le sens, mon pied gauche. Il me fait mal d'ailleurs.

— C'est une sensation que le patient ressent assez souvent au membre dont il a été amputé. Mais rassurez-vous, Le Goaster, cela disparaîtra très vite avec le temps.

— J'ai perdu un pied ! Cette amputation était-elle inévitable, docteur ?

— Bien entendu ! Croyez-vous qu'un chirurgien fasse une opération pareille par plaisir ? Je ne l'ai faite que parce que vous risquiez la gangrène.

— La gangrène ? Vraiment ?

— Oui, vraiment. Ne soyez pas inquiet pour autant. Vous n'avez perdu que le pied alors que j'en connais beaucoup qui vous auraient, par prudence, coupé la jambe jusqu'au genou. Quoi qu'il en soit, les prothèses actuelles et plus encore celles à venir vous permettront de marcher presque normalement avec une canne.

— Dans combien de temps, docteur ?

— Dans six mois ou un an tout au plus.

— Et travailler, docteur ? Je suis pêcheur…

— Cela devrait être possible, même si cela dépendra essentiellement de vous…

— De moi… Que voulez-vous dire par là ?

— De votre volonté à surmonter votre handicap et à vous en accommoder.

Non seulement cela était possible mais cela se ferait, et beaucoup plus vite que ne le pensait ce médecin, se dit Sébastien dès que le chirurgien passa au blessé suivant. Il n'avait plus de pied gauche… Cela signifiait qu'il ne jouerait donc jamais au football avec ses garçons. Tant pis pour Jean-Pierre et Paul. Lui, ça ne le gênait guère, puisque le football était un sport qui ne l'avait jamais tenté ; il était né trop tôt pour cela. L'essentiel était bien qu'il avait toujours sa cheville. Il aurait un pied plat, un pied mort et voilà. Quelle importance qu'il soit en os, en bois ou en métal ? L'essentiel était qu'il puisse s'appuyer dessus. Ce qu'il savait, par contre, mais qu'ignorait son chirurgien, c'est qu'il était prêt à souffrir mille morts pour remarcher le plus vite possible.

Sa rééducation terminée, il revint à l'hôpital maritime de Brest pour sa seconde visite de contrôle. Si le blessé avait toujours besoin d'une canne pour se déplacer, le médecin-chef qui le suivait était sidéré par la détermination avec laquelle il avait quasiment surmonté son handicap. Lorsqu'il avait affirmé, peu après l'opération, qu'à la vitesse à laquelle le marin progressait, il remarcherait presque normalement avant un an, il ne le pensait pas vraiment. Et c'est cependant ce qui était en train de se passer tant ce patient faisait preuve de volonté. Qui sait, peut-être chercherait-il même bientôt à se déplacer sans canne ? S'il lui posait la question, le médecin le lui déconseillerait. Trop tôt, ce serait imprudent.

— Vous n'envisagez pas de me faire reprendre du service, quand même, docteur ? lui lança Sébastien.

Le médecin l'examina un instant avec curiosité en se demandant si ce marin parlait sérieusement ou s'il plaisantait. Il choisit la prudence en lui faisant une réponse de Normand :

— Pourquoi pas, si vous y tenez ? Je vous recrute à l'hôpital, si vous le souhaitez.

— Si je ne peux reprendre la mer, je préfère rester chez moi.

— C'est dommage, j'aurais bien aimé vous voir insuffler un peu de votre volonté à nos blessés. En tout cas, Le Goaster, toutes mes félicitations, car vous méritez un sacré coup de chapeau pour la détermination dont vous faites preuve. C'est si gratifiant pour tout le personnel soignant, moi y compris, d'avoir des patients comme vous ! Si tous ceux que nous accueillons vous ressemblaient, s'ils se battaient tous comme vous pour retrouver la santé, la plupart d'entre eux s'en sortiraient. Ce n'est malheureusement pas le cas.

C'est à cette dernière remarque que songeait encore Sébastien dans le tramway qu'il prit pour rentrer chez lui et retrouver les siens. Les blessés… Il était facile de les critiquer… Il n'avait jamais oublié ce biffin rencontré par hasard dans le train et se demandait ce qu'il était devenu après avoir regagné le front. Ce garçon de vingt-deux ans tout au plus avait fait preuve d'un optimisme étonnant, si bien qu'il s'était imaginé stupidement qu'il en allait de même pour tous les soldats du front. Les blessés qu'il avait eu l'occasion de côtoyer ces derniers mois lui avaient fait comprendre qu'il n'en était rien. Aucun d'eux ne souhaitait retourner en découdre avec les Allemands. Il était incontestable que, comparativement à eux, les marins avaient une chance inouïe.

Demain, il verrait Jeff et ils boiraient un coup ensemble en tirant des plans sur l'avenir. Cela leur ferait un bien fou à tous deux. Vivre et rêver à leur futur au lieu de geindre et de pester contre cette guerre, oui, cela leur ferait le plus grand bien. Jeff… Heureusement qu'il pouvait compter sur lui !

25

Voilà deux ans et demi déjà que le conflit avait débuté et nul n'en voyait la fin. Les pays belligérants consacraient l'essentiel de leurs ressources à l'effort de guerre qui n'en finissait pas de les épuiser car cette guerre qui devait être très brève était devenue la plus inhumaine de toutes celles qui s'étaient déroulées depuis des siècles, peut-être même la plus inhumaine de tous les temps. Si le nombre de soldats qui mouraient quotidiennement dans les tranchées restait limité en dépit des pluies d'obus qui les arrosaient à longueur de journée et de nuit, les assauts ou batailles que décidaient de se livrer de temps à autre des généraux et chefs de guerre avides de gloire faisaient des morts et des blessés par centaines de milliers.

La population civile qui manquait de tout y compris de nourriture voyait s'allonger jour après jour la liste des victimes de cette hécatombe que certains soldats supportaient de plus en plus mal, au point qu'il en était qui se rebellaient. La Bretagne figurait parmi les régions françaises privilégiées, puisque, même sur le plan maritime, elle restait très éloignée de la zone de combats. Son rôle allait cependant brusquement changer et devenir beaucoup plus actif avec l'entrée en guerre des États-Unis d'Amérique début avril 1917.

Jusqu'alors, la doctrine Monroe et, sans doute plus encore, le poids des Américains d'origine allemande dans les États-Unis de ce début de XXe siècle, avaient réussi à empêcher ce pays de rejoindre la Triple-Entente. Tout changea au premier trimestre 1917. La guerre navale à outrance prônée par les stratèges allemands et les attaques répétées de leurs sous-marins contre les navires neutres, dont des Américains – le *Viligentia* et quatre cargos coulés au premier trimestre 1917 –, étaient déjà des éléments très négatifs pour la Triplice. L'affaire Zimmermann ne laissa pas d'autre choix au président Wilson que de déclarer la guerre à l'Allemagne, après le vote du Congrès le 6 avril 1917.

Les services secrets anglais avaient tout de suite su qu'ils avaient de la dynamite entre les mains le jour où ils étaient parvenus à décoder la copie d'un télégramme adressé par Zimmermann, le ministre allemand des Affaires étrangères, à son ambassadeur au Mexique. Dans son message, Zimmermann incitait ni plus ni moins celui-ci à « manipuler » les autorités mexicaines pour qu'elles entrent en guerre contre les États-Unis. C'était trop beau pour être vrai, se dirent les Américains qui, croyant à un coup monté des Britanniques, mirent en doute l'authenticité du message. Cela, jusqu'au jour où un journal anglais en publia une copie dont Zimmermann confirma lui-même la véracité. L'affaire provoqua l'entrée en guerre des États-Unis contre la Triplice. Cette décision, si longtemps espérée, suscita aussitôt un immense espoir dans tous les pays de l'Entente dont les populations attendaient avec impatience l'arrivée des *boys*. Comme tous les Brestois, Jean-François allait voir, du jour au lendemain, sa vie changer du tout au tout.

Les Américains se disaient prêts au combat et effectivement les premiers d'entre eux, cent soixante-dix-sept au total, furent sur le front dès le mois de juillet. Leur participation resta cependant symbolique, puisque la première division d'infanterie qui débarqua à Saint-Nazaire fin juin ne fut engagée sur le front que le 23 octobre 1917. C'est à la même époque que les Américains commencèrent à préparer, dans le quartier de Pontanézen, à Brest, une base destinée à loger et nourrir quatre-vingt mille soldats. C'est toute la logistique d'une véritable ville, entièrement électrifiée, qu'ils installèrent sur plus de six cents hectares, en construisant un hôpital, mille cent baraques en tôle ondulée et bois ainsi que cinq mille tentes, dans lesquelles transiteraient en un an plus de huit cent mille soldats américains.

Jeff n'assistait évidemment pas à la construction de cette ville nouvelle puisqu'il était toujours au sémaphore de Saint-Mathieu. Il n'allait cependant pas tarder à en être détaché : c'était aussi le branle-bas général parmi les pilotes, puisqu'il faudrait bientôt accueillir dans le port de Brest les navires américains qui transporteraient ces soldats. En effet, rares étaient ceux d'entre eux qui oseraient entrer en rade par leurs propres moyens. Les autres – la très grande majorité – attendraient un pilote dans le sud-ouest de la pointe Saint-Mathieu, au risque d'être coulés par les sous-marins allemands.

La réputation du goulet de Brest était telle en effet que la plupart des commandants de navire préféraient attendre qu'un pilote côtier extérieur à la rade les prenne en charge au large de Saint-Mathieu et les guide jusqu'à la pointe de Roscanvel où un second pilote, du port de Brest, lui, prenait le relais. La première intervention, la plus délicate, incombait aux pilotes des îles d'Ouessant, de Molène et de Sein, ainsi qu'à ceux de Camaret, de Portsall et du Conquet. Jeff était l'un d'eux et il ne tarda pas à vivre son baptême de pilote.

Le *Clara-Yvonne* avait quitté le port du Conquet au petit matin et mis cap au sud-ouest lorsqu'il fut sollicité par un croiseur américain. Le pilote titulaire, Jean Quéméneur, monta alors sur ce croiseur pour le conduire dans l'anse de Roscanvel, à l'entrée de la rade. En tant que premier matelot, Jeff le remplaça et prit la direction du *Clara-Yvonne*. Il s'apprêtait à suivre le croiseur américain pour récupérer son chef pilote lorsqu'un second bateau yankee fit appel à leur voilier. Jeff n'hésita pas une seconde : il confia la direction du *Clara-Yvonne* au second matelot et monta à bord de ce second navire américain qu'il conduisit, à son tour, dans l'anse de Roscanvel après avoir franchi le goulet. Il était suivi de près par leur voilier, barré maintenant par le second matelot qui le récupéra une fois leur travail terminé.

De retour sur le voilier pilote, Jeff chercha en vain Jean Quéméneur, le pilote titulaire, à Brest sur le port de commerce. Bredouille, il revint à son point de départ dans le sud de Saint-Mathieu puis rentra au Conquet avec les deux autres matelots. Avant de se séparer, tous trois s'étaient partagé les quelques souvenirs que Jeff avait reçus en cadeau du commandant du cuirassé américain.

S'il était content de lui, Jeff se doutait que Jean Quéméneur l'était beaucoup moins et qu'il risquait de le lui faire savoir, puisqu'ils ne l'avaient pas récupéré comme convenu. Il ne se trompait pas : le pilote titulaire fulminait. N'apercevant pas de *Clara-Yvonne* une fois son travail terminé, il avait décidé, compte tenu de l'heure tardive, de se faire déposer sur la plage du Porzic où il espérait trouver quelqu'un pour le conduire à cheval à l'arrêt le plus proche du tramway Brest-Le Conquet. Il n'y avait plus de service de tramway lorsqu'il y parvint. C'est donc à pied qu'il devrait parcourir les dix-huit kilomètres qui le séparaient de son but. Il se lançait à peine dans sa marche forcée en maugréant contre son équipage en général et Jeff Le Calvez en particulier lorsqu'une voiture qui venait de le dépasser s'arrêta brusquement : Hortensius ! C'était un de ses copains d'enfance, l'industriel Hortensius Tissier, qui l'avait reconnu en le doublant et s'était aussitôt arrêté. Hortensius le fit monter dans son automobile, un incroyable cabriolet Peugeot 145S Tourer.

Jean Quéméneur n'en revenait pas ! Que son camarade de primaire puisse rouler dans une voiture pareille… Il était riche, cela, il le savait, mais à ce point, il ne l'imaginait pas… Cette voiture était d'un luxe inouï et il en venait presque à remercier Jeff pour sa goujaterie. N'est-ce pas lui qui lui avait permis de passer trente-huit minutes dans cette voiture de millionnaire ? Lorsque Hortensius le déposa chez lui, le pilote le remercia chaleureusement en se disant que la Marine américaine allait certainement lui porter chance.

Jeff n'avait pas eu le loisir de rouler dans le cabriolet Peugeot d'Hortensius ; sa journée de travail terminée, il était rentré chez lui vers neuf heures du soir et avait dormi comme un loir du sommeil d'un homme satisfait du travail accompli et d'une journée bien remplie. Le lendemain matin, il ne fut pas du tout surpris de recevoir, comme il s'y attendait, une avoinée de son chef pilote, avoinée qu'il estima si injuste qu'il se défendit. Leur différend tourna vite à l'algarade, une algarade dont ils se souvinrent longtemps tous les deux, puisqu'elle tendit leurs rapports pendant quelque six mois. S'ils avaient des caractères forts l'un et l'autre, ils étaient cependant assez intelligents pour comprendre que leur intérêt commun était de coopérer. Ils poursuivirent donc leur collaboration durant toute la guerre et même ensuite puisque, la guerre finie, ils devinrent tous deux pilotes titulaires du *Clara-Yvonne*.

En huit mois, du printemps à novembre 1918, ce furent plus de huit cent mille soldats enfants de l'oncle Sam, les fameux *sammies*, qui débarquèrent à Brest. Ils avaient traversé l'Atlantique sur des navires transports de troupes que des bateaux pilotes – dont le *Clara-Yvonne* de Jeff et Jean Quéméneur – avaient guidés jusqu'à la rade de Brest. Les chars, voitures, canons et toute l'intendance étaient débarqués dans des ports plus proches du front, ceux de Normandie surtout. Bien entendu, cette noria de bateaux donnait un travail fou aux pilotes maritimes comme à tout le port de Brest, ainsi qu'aux commerçants locaux qui vivaient leur âge d'or avec cette arrivée massive de soldats aisés, qui ne disposaient que de cinq semaines pour dépenser leurs dollars avant de partir pour le front et peut-être la mort.

Dans la nuit du 2 mai 1918, le *Clara-Yvonne* était comme chaque jour ou presque en opération d'accueil dans le sud-ouest de Saint-Mathieu. La brume était épaisse et le pilote, Jean Quéméneur, signalait sa présence en actionnant régulièrement la corne de brume. Lorsqu'il fut sollicité par un gros cargo américain qui désirait rentrer à Brest, le pilote quitta ses hommes en recommandant à son second pilote et premier matelot, Jeff Le Calvez qui le relayait à la barre, de rester en attente au cas où se présenterait un autre bateau ou, pourquoi pas, un convoi. Il n'y croyait guère, mais savait-on jamais ?

La brume se faisait de plus en plus dense et bientôt la visibilité devint nulle ou peu s'en fallait. Jeff actionnait régulièrement sa corne de brume pour signaler sa présence lorsqu'il lui sembla entendre au loin le son très assourdi d'une sirène, qui se répétait toutes les minutes. C'était sûrement un navire qui signalait sa présence, et il était en approche puisque les sons étaient de plus en plus nets. Ce bateau venait du nord-ouest et c'était très probablement un navire de guerre américain qui devait naviguer à petite vitesse dans cette purée de pois.

Le voilier, qui avait mis le cap au nord-ouest, signalait sa présence par un coup de corne toutes les vingt secondes, car Jeff craignait de se heurter à ce croiseur ou cuirassé qui, s'ils n'y prenaient garde, sortirait de la brume au dernier moment et serait sur eux en un rien de temps. Les fanaux avaient été vérifiés et la torche allumée et hissée au sommet du mât quand Jeff entendit soudain le bruit de moteurs, de gros moteurs, et même des bruits d'hélice. Oui ce bateau, un très gros sûrement, était tout près, très près, à deux ou trois cents mètres tout au plus. Il commença par en deviner les lumières de bord avant de s'écrier dès qu'il l'aperçut :

— Bon sang ! C'est un monstre, ce bateau !

Il n'en avait jamais vu de cette taille, en effet, et pour cause ! Il était si haut ! Il devait mesurer près de trois cents mètres, sinon plus. Il leur fallait à tout prix se faire voir pour ne pas être écrasés !

Une chance pour eux, la vigie avant du bateau américain avait aperçu leur torche. Très vite, les hélices avaient battu « arrière toute » et étaient parvenues à immobiliser le navire. Des projecteurs fouillèrent la mer à leur recherche et les trouvèrent. Des lumières jaillirent également des hublots tandis que d'autres projecteurs émettaient des tas de signaux en morse. Pourquoi et pour qui ? se demanda Jeff, cependant heureux de constater que le *Clara-Yvonne* était maintenant inondé de lumière et qu'il voyait suffisamment clair pour s'approcher du gros navire. Il sursauta quand, depuis le bateau, un officier à l'accent très marqué lui hurla dans un porte-voix :

— Nous avons besoin d'un pilote pour nous conduire à Brest.

— Je suis le pilote auxiliaire du bateau et puis vous y conduire si vous le souhaitez, lui répondit Jeff sur le même ton et par le même moyen.

— OK! Montez à bord par le sabord bâbord. On vous y attend.

Le *Clara-Yvonne* accosta à la porte étanche qui venait de s'ouvrir sur le flanc du bateau, un mètre au-dessus de la ligne de flottaison, et Jeff monta à bord où il fut accueilli par un officier de pont qui faisait office de traducteur et qui le conduisit à un ascenseur. Ils montèrent jusqu'au septième étage où le commandant les reçut sur-le-champ. Jeff apprit alors qu'il était à bord du *Leviathan*, le plus grand paquebot transatlantique de l'époque, réquisitionné comme transport de troupes, sept mille *sammies* en l'occurrence. Jeff demanda au commandant de mettre immédiatement cap au sud, sans quoi, compte tenu du courant et de son tirant d'eau, il allait s'échouer sur la chaussée des Pierres Noires.

Ils étaient maintenant dans la salle des cartes où Jeff élaborait son programme de pilotage. La brume, très dense, ne lui permettait pas d'utiliser les alignements côtiers pour se repérer et il allait donc devoir naviguer en se fondant sur la carte des fonds marins et sa boussole. Il bénissait son travail de recherche de bases sur cartes qui lui avait permis d'acquérir une excellente connaissance de tous les hauts-fonds qu'il lui fallait aujourd'hui non plus rechercher, mais éviter. Il décida d'attendre que le jour se lève pour débuter son pilotage, sortit sur la passerelle avec quelques officiers américains où il attendit. Il patienta jusqu'à ce qu'il parvienne enfin à distinguer le *Clara-Yvonne* le long du bord. Quelques minutes plus tard, c'est toute une armada de gros navires marchands et de torpilleurs qui apparurent dans la lumière ouatée du petit matin. Il tenait enfin l'explication de tous les signaux en morse des projecteurs, une heure plus tôt…

Six heures et demie. Il leur fallait partir maintenant, et vite, pour ne pas que cette flotte devienne la proie de sous-marins allemands. Les sondeurs étaient en action, les sirènes aussi ; ils commencèrent par faire cap au sud et sortirent bientôt du plateau des îles pour s'engager dans le chenal de l'Iroise. Lorsqu'il estima qu'il était temps de virer de bord et de prendre la direction du goulet, Jeff annonça :

— Virez doucement de bord, cap à l'ouest.

Tout le convoi suivait le *Leviathan* dans sa lente et prudente progression. Jeff, qui fouillait des yeux la mer à la recherche du phare de Saint-Mathieu, sans succès pour l'instant, perçut soudain le doute dans les regards que jetaient sur lui de nombreux officiers, visiblement sceptiques sinon inquiets. Même s'il commençait à douter lui-même, Jeff n'en laissait rien paraître et, les yeux plissés, continuait de scruter la mer devant lui, en quête de l'endroit où devraient se trouver son sémaphore et la pointe Saint-Mathieu.

Et soudain, il le vit. Ils y étaient ! Le phare, son phare, sortait de la brume, éclatant de blancheur, et il distinguait maintenant la côte, sa côte, et la pointe Saint-Mathieu, sa pointe, la plus belle du monde… Son cœur battait la chamade, il avait réussi et s'il avait été seul, il aurait déjà levé les bras et hurlé « Hip, hip, hip, hourra ! ». Mais il n'était pas seul et devait faire montre vis-à-vis de ces Yankees d'une placidité qu'il n'éprouvait absolument pas. Il attendit que son rythme cardiaque ralentisse avant de se retourner et, lorsqu'il le fit, c'est un visage imperturbable qu'il présenta aux officiers américains qui l'entouraient. Il remarqua l'anxiété qui prédominait toujours sur la majorité des visages tournés vers lui. Il chercha des yeux l'officier interprète et lorsqu'il le trouva, il fut content de lire dans son regard plus de curiosité que d'inquiétude ; aussi est-ce avec le plus grand calme qu'il lui annonça :

— Cette fois, nous y sommes ; ou, plus exactement, nous arrivons à l'entrée de la rade de Brest, lui précisa-t-il.

— Vraiment ? lui répondit l'officier, incrédule.

— Oui, regardez : la haute falaise sur laquelle se dressent ce phare blanc et ces ruines d'un monastère, bâbord nord-est, c'est la pointe Saint-Mathieu. Le goulet et le port de Brest sont droit devant nous, et dans le sud-est, dès que la brume se lèvera, nous apercevrons Camaret et la pointe du Toulinguet.

— Nous arrivons vraiment à Brest ? lui demanda l'officier, encore dubitatif.

— Oui. Il n'y a plus rien à craindre et vous pouvez en informer le commandant.

— Félicitations et grand merci, monsieur. Avec cette brume, ce n'était pas gagné, lui répondit l'officier, enfin rassuré puisque ce Français lui affirmait qu'il pouvait prévenir le boss.

Il se retourna alors vers ses collègues et leur annonça la nouvelle qu'ils accueillirent avec des sourires radieux. C'est en file indienne qu'ils vinrent bientôt féliciter ce Frenchie qui ne payait pourtant pas de mine. Un quart d'heure plus tard, c'était la fête sur le *Leviathan* comme sur tous les autres navires de leur armada. Les *sammies* avaient eu si peur de finir dans l'océan et de servir de nourriture aux requins et autres poissons qu'ils se mirent à scander des « *Hip, hip, hip, Hurrah !* » et à chanter à tue-tête *It's a Long Way to Tipperary*. Il était huit heures et demie quand le commandant signa le rapport de pilotage, peu avant que les officiers ne remercient chaleureusement Jeff qui regagna le *Clara-Yvonne*. Les soldats américains ovationnèrent le voilier qui s'éloigna pour partir récupérer son chef pilote, Jean Quéméneur, qui les attendait au port de commerce.

Si les hommes du Clara-Yvonne étaient émus comme jamais, ils se gardèrent bien de se montrer trop expansifs et de signaler à leur chef que les officiers américains avaient soigneusement noté leurs noms. Il aurait été capable de faire ajouter le sien histoire de récupérer, à leur place, une nouvelle médaille pour un exploit auquel il n'avait pas participé.

26

Le 11 novembre 1918 à onze heures, l'armistice fut signé. La guerre était enfin finie, comme le titraient tous les journaux du lendemain, et les cloches sonnaient à toute volée chez les vainqueurs tandis que les vaincus ne cachaient pas, eux non plus, leur satisfaction d'en avoir terminé avec ce calvaire. En réalité, contrairement aux apparences, il n'y avait pas de vainqueur dans cette guerre, en Europe du moins. Il n'y avait que des perdants, mais cela tout le monde l'ignorait encore, à l'exception peut-être de quelques sages qui, comme Clemenceau au soir du 11 novembre, admit avec lucidité que le plus difficile restait à faire : gagner la paix. Cette gageure, l'Europe allait se montrer incapable de la tenir, même avec l'aide des États-Unis que les soldats américains regagnèrent durant toute l'année 1919, après avoir appris aux Européens à danser le charleston, le shimmy et à faire des claquettes au son du jazz. Quelques-uns ramenaient dans leurs bagages une épouse française, parfois brestoise d'ailleurs, tout heureuse d'émigrer dans ce pays neuf, devenu la première nation du monde.

Comme Sébastien l'avait fait un peu plus tôt, Jeff retrouva la pêche côtière et son *Vierge de Massabielle,* sans pour autant abandonner son activité de pilote lamaneur et sa collaboration avec Jean Quéméneur, dont il resta l'auxiliaire. Cela dura jusqu'au printemps 1921, quand les Affaires maritimes décidèrent de faire passer à tous leurs pilotes et candidats pilotes un examen pour vérifier leurs aptitudes théoriques autant que pratiques. Examen que le candidat Jean-François Le Calvez réussit brillamment. Il devint donc à la fois pêcheur et pilote, tout en étant un heureux père de famille puisque à Jean et Marie-Ange, ses aînés, étaient venus s'ajouter Marie-Françoise, puis François-Ambroise en 1919, et leur dernier-né, Émile, en 1920.

Un an plus tôt, il avait engagé comme second matelot Henri Marrec, sur le *Vierge de Massabielle* le fils de son ami Michel Marrec, son aîné de cinq ans. Ce Bigouden, qui avait été pendant plus d'un an son camarade au sémaphore de Saint-Mathieu avant de devenir son ami, n'avait pas oublié les parties de pêche et de rires qu'ils avaient faites ensemble sur son annexe durant la guerre. Il lui avait demandé de prendre en charge son fils pendant un an jusqu'à ce qu'il effectue son service militaire. Michel ne voulait pas qu'Henri connaisse la misère des pêcheurs de sardines du quartier du Guilvinec que les conserveurs exploitaient honteusement, pas plus qu'il ne souhaitait voir son fils condamné à la vie misérable des pêcheurs goémoniers du pays bigouden. Il savait que Jeff lui apprendrait toutes les ficelles de la pêche au casier, à commencer par la lecture des cartes marines, son dada peut-être, mais un dada très utile et même indispensable.

Ce que Jeff entreprit de faire avec d'autant plus de plaisir que le garçon s'avérait aussi bon élève que joyeux compagnon, même s'il se révéla tout autant, et peut-être plus encore, un ardent coureur de jupons. Lorsque ses frasques commencèrent à lui poser quelques problèmes sur le plan local, Jeff conseilla à son protégé de ne plus se risquer à jeter sa gourme n'importe où comme il le faisait imprudemment. Comme beaucoup de célibataires de son âge, Henri était en effet un habitué des bals de la campagne léonarde où les conquêtes étaient d'autant plus faciles que les cavaliers étaient rares. Les soldats tombés au champ d'honneur laissaient un grand vide en privant les usines et fermes françaises de main-d'œuvre masculine, et par contrecoup les demoiselles de danseurs et de soupirants, ainsi que les femmes mûres de maris ou d'hommes tout simplement, et leurs enfants de pères.

Plutôt que d'abuser de la faiblesse momentanée de ces dernières avec les risques que cela comportait, Jeff conseilla à Henri d'aller plutôt sévir à Brest, que les jeunes Conquétois de son âge pouvaient aujourd'hui gagner en une heure grâce au tramway. Le jeune pêcheur devint donc très vite un assidu des bals du Petit Jardin – le P'tit J comme l'appelaient les P'tits Zefs – où la gent féminine, rodée par les *sammies*, était, dans ces années de l'immédiat après-guerre, bien plus fournie que la masculine, composée pour l'essentiel de jeunes gens de son âge. Le jour où Jeff s'aperçut par hasard de l'intérêt que Joséphine semblait porter à son protégé, il mit ce dernier en garde. Cela survint, fort heureusement, peu de temps avant le départ d'Henri, appelé à son tour sous les drapeaux et affecté à Cherbourg où il dut effectuer ses douze mois de service.

S'il avait retrouvé Sébastien avec plaisir, Jeff avait beaucoup de mal à comprendre son ami tant celui-ci se posait des questions qui ne venaient pas à l'idée du commun des mortels. C'est ainsi qu'au lieu de se réjouir d'avoir échappé de justesse, une fois de plus, à la mort sur le *Gaulois*, Seb ne cessait de se demander pourquoi il était toujours en vie alors que son voisin le plus proche avait été presque décapité. Jeff se souvenait presque mot pour mot de leur échange à ce sujet.

— Pour élever tes enfants, sans doute, avait-il suggéré. Dieu et ton ange gardien ont dû penser à eux.

— C'est une excellente réponse, Jeff, excellente. Tu as raison, je devrais penser à eux au lieu de ne songer qu'à ma petite personne.

— Ce que je peux t'affirmer, c'est que tes petits ont prié pour toi, à l'époque !

Le pauvre Sébastien… Une fois de plus – peut-être était-ce la millième –, Jeff s'était excusé en silence pour sa trahison et lui avait promis, sans le dire, qu'il ne coucherait jamais plus de sa vie avec Margot. Il avait si honte de lui. Il n'avait jamais oublié le mépris et même la haine qu'il avait lus dans les yeux de Joséphine, encore toute jeune fille, le jour où elle était venue lui jeter à la figure qu'elle l'avait vu trousser sa mère.

— Faire cela à l'homme que vous dites votre meilleur ami, quelle honte ! lui avait-elle lancé.

Quel âge avait Joséphine à l'époque ? Treize, quatorze ans ? Guère plus. Il n'avait rien répliqué, se contentant de lui demander simplement pardon avant qu'elle ne s'en aille en le toisant d'un air méprisant. S'il s'était senti humilié d'être ainsi jugé et condamné par une enfant, il ne méritait pas autre chose et, de sa vie entière, il n'avait jamais eu aussi honte de lui que ce jour-là. Il espérait que, sans oublier, Joséphine deviendrait plus tolérante avec l'âge et qu'elle pardonnerait un jour à sa maman cette faute uniquement due à un mal-être physique résultant d'un manque. Quant à lui, il savait qu'elle ne lui pardonnerait jamais et il ne l'en blâmait pas, puisqu'il ne l'aurait pas fait à sa place.

Jeff passait à nouveau une très mauvaise nuit, aussi cauchemardesque qu'agitée. Il venait d'apprendre la mort de Sébastien, pulvérisé par un obus sur le front. Son ami venait de sortir de sa tranchée et montait à l'assaut près de son capitaine quand tous ceux de sa section avaient été fauchés ou plutôt pulvérisés par cet obus. Lorsqu'il avait été appelé pour reconnaître le corps, il avait dû le faire sur la base d'une moitié de visage qu'on lui avait présenté comme celui de son ami. Et il avait tellement envie de vomir devant ces restes qu'il avait admis, pour ne plus avoir à les regarder, que cela devait être le visage de Seb…

Le cercueil était maintenant au cimetière. Quand il avait vu Margot et ses enfants se recueillir devant le caveau où reposait leur époux et père, Jeff avait eu envie de leur crier que ce n'était peut-être pas la dépouille de Sébastien qui y était ensevelie. Et pourtant, il ne l'avait pas fait ; et s'il avait entière confiance en Marie-Françoise, il ne lui avait rien dit non plus de ses doutes pour qu'elle ne soit pas tentée de répéter à Margot ce qu'il lui confierait.

Il ne lui avait pas dit que cet obus avait pulvérisé tous ceux de la section de Sébastien en une fraction de seconde ; alors, savoir à quel soldat appartenait tel ou tel membre, tel morceau de bras, de jambe ou de tronc, c'était une gageure. Il s'était renseigné et en était sûr. C'est pourquoi il avait pitié de Marguerite et de ses enfants chaque fois qu'il les voyait se recueillir devant la tombe de Bastien. C'est alors que Joséphine s'était dressée devant lui et lui avait jeté :

— Tout cela, c'est de ta faute ! C'est toi qui as tué papa !

Il se réveilla en sursaut, comme toujours, et regarda sa femme, endormie près de lui. Encore ce cauchemar! S'il avait su qu'il aurait de tels remords, jamais il n'aurait cédé à Margot… Quelle en était la cause cette fois? Oui, bien sûr, cela venait de leur discussion de la veille, quand Marie-Françoise s'était étonnée de constater que Joséphine restait curieusement marquée par l'infirmité de son père malgré les années. Elle trouvait, quant à elle, qu'on remarquait à peine que Sébastien boitait, et estimait qu'il avait eu beaucoup de chance dans son malheur puisqu'il parvenait à se déplacer sans canne. Elle s'étonnait même parfois qu'il mette en avant son handicap pour ne plus faire le goémon l'hiver.

Sébastien… Quand redeviendrait-il l'homme qu'il était naguère? C'est vrai qu'il semblait aussi marqué, sinon plus, que ceux qui étaient revenus du front. Jeff ne le comprenait plus. Ainsi, pourquoi avait-il acheté cette maison sur la route de la pointe Sainte-Barbe? Pour surveiller les viviers de son beau-père? Et le retour des pêcheurs? La pêche… Ils n'en parlaient quasiment plus jamais. Il aurait aimé aider son ami, mais leurs caractères et tempéraments étaient si différents qu'il ne voyait vraiment pas comment faire.

Lorsqu'il lui avait parlé de vendre le *Vierge de Massabielle* pour pouvoir aller plus loin en mer, Seb l'avait regardé comme s'il parlait chinois. Pourtant, il était inutile qu'ils se leurrent plus longtemps les uns et les autres : la pêche à la langouste comme au homard n'était et ne serait plus ce qu'elle était avant la guerre. Les temps étaient durs, et même plus que durs pour les pêcheurs côtiers. Sans le pilotage, ils crèveraient de faim, lui et les siens, comme bien des marins pêcheurs aujourd'hui; il en connaissait qui en étaient réduits à mendier. Avant-guerre, ils auraient été pris en charge par l'un ou par l'autre, mais la vie était si dure pour tous aujourd'hui que la solidarité entre pêcheurs n'était plus ce qu'elle était naguère. Chacun pensait d'abord à soi avant de penser au voisin.

Les prises étaient aussi faibles que les prix et Job Riou y voyait, à juste titre, une désaffection de la clientèle pour les crustacés. Cela le désespérait car il se faisait vieux et les transports des viviers au magasin le fatiguaient de plus en plus. Il en arrivait même à se demander si son fils aîné Armand, qui l'avait quitté au début du siècle après une fâcherie, n'avait pas eu raison de préférer la pêche au mareyage. Armand, son deuil vivant…

Job constatait, comme Jeff, Sébastien et tous les caseyeurs, que les langoustes qui avaient fait leurs beaux jours étaient en train de disparaître complètement de leur zone de pêche. Plus rusées et moins voraces que les homards, elles avaient sans doute migré vers des fonds de quatre-vingts mètres et plus. Les homards, c'était autre chose : leur disparition progressive était due à la surpêche d'avant-guerre et plus encore au comportement immature et même irresponsable de nombreux pêcheurs. S'il vivait vingt ans, ce crustacé croissait lentement et il fallait donc lui laisser le temps de grandir et rejeter les juvéniles à l'eau si l'on voulait ménager la ressource, ce qu'ils ne faisaient pas tous, loin de là. Job comprenait Jeff qui, comme lui, considérait que les beaux jours de la pêche aux crustacés étaient derrière eux et avait choisi de faire de son activité de pilote son métier à part entière.

TROISIÈME PARTIE

27

1923

Trois années s'étaient écoulées. Avant de retrouver Le Conquet et d'y reprendre du service sur le vieux *Vierge de Massabielle* que Jeff n'avait toujours pas remplacé, Henri était rentré à Loctudy à la fin de son service militaire et y avait passé quelques semaines avec les siens. Il avait été effaré de constater la différence de la condition de pêcheur entre ceux du Conquet et ceux de Loctudy, et il s'était promis de ne jamais devenir pêcheur goémonier s'il revenait un jour dans son village natal. Lorsqu'il s'en ouvrit à Jeff, celui-ci resta sidéré en apprenant que la majorité des pêcheurs loctudistes étaient, hiver comme été, des pêcheurs goémoniers, alors que dans le Léon, la récolte du goémon était une activité réservée aux paysans et aux pauvres d'entre les pauvres, puisque même les enfants et les femmes l'exerçaient pour ne pas avoir à mendier.

Le retour d'Henri au Conquet coïncida curieusement pour Jeff avec une période où il renoua avec le succès dans ses pêches de homards ; ce ne fut pourtant qu'un feu de paille, et très vite, le pilotage redevint son gagne-pain. Car les choses avaient changé depuis 1921. Jeff était aujourd'hui pilote titulaire et, tout en restant en excellents termes avec

Jean Quéméneur, il se trouvait en concurrence directe avec son ancien patron. C'est pourquoi il lui fallait à tout prix remplacer son vieux bateau par un autre, ponté et motorisé, qui lui permettrait de prendre de vitesse ses concurrents pilotes de Molène, Ouessant, Portsall ou même du Conquet, et d'aller de temps à autre pêcher le homard en Angleterre comme au large d'Ouessant.

Henri participait avec autant de bonne humeur aux opérations de pilotage qu'à la pêche, côtière ou plus lointaine, même s'il y trouvait moins d'intérêt. C'est ainsi qu'il assistait Jeff dont il partagea la peine, en ce jour de fin 1923, quand ils apprirent le naufrage du *Clara-Yvonne* au large de la pointe des Renards, au Conquet. Il se dirigeait vers un navire qui venait de faire appel à ses services lorsque le naufrage était survenu. Que s'était-il passé ? Jeff ne comprenait pas. Bien sûr, ce coup de noroît s'était transformé en tempête, et même en une forte tempête qui se prolongeait d'ailleurs. Mais Jean Quéméneur n'était pas qu'un excellent pilote, c'était aussi un grand marin et le *Clara-Yvonne* un très bon bateau. Pourtant, la tempête les avait tous envoyés par le fond, le bateau bien sûr, mais aussi le capitaine et son équipage, dont Jeannot Gouzien, le mari de la benjamine de leur famille. Jeannot, un chic type que Jeff avait réussi à faire engager comme premier matelot sur le *Clara-Yvonne* l'année précédente.

Jean Quéméneur, Jeannot et lui… Ils partageaient tant de souvenirs tous les trois, mauvais comme bons, d'ailleurs. Jeff ne cacha pas à Henri qu'il avait longtemps envié Jean d'être pilote titulaire, avant de devenir son principal concurrent. Devenus rivaux, ils étaient cependant restés très proches tant ils avaient partagé de moments difficiles, mais aussi de joie et même de bonheur…

La vie de marin… Quelle belle vacherie, quand même ! L'homme était là, à la barre, pleinement heureux au retour d'une bonne pêche, à tirer des plans sur la comète et à rêver à son prochain bateau, quand survenait un coup de vent ou une tempête qui lui en faisait voir de toutes les couleurs. Jusqu'à faire surgir devant lui l'Ankou qui brandissait sa faux pour l'envoyer *ad patres*…

C'est dans de tels moments que le marin prenait vraiment conscience qu'il n'était rien d'autre qu'une poussière, et son bateau, qu'il soit paquebot, croiseur ou simple canot, qu'un fétu de paille sur l'océan en furie. Rien, non, ils n'étaient rien lorsque les éléments se déchaînaient. C'est peut-être ce que s'était dit Jean Quéméneur quand il s'était vu couler… S'il s'en était rendu compte du moins. Avait-il eu le temps d'en prendre conscience ? De voir l'océan submerger son bateau, de se dire qu'ils allaient périr corps et biens ?

Jeff ne se souvenait plus très bien de ce qu'il avait ressenti lui-même lorsqu'ils avaient manqué d'être engloutis, son père, lui et *Les Deux Frères*, des années plus tôt. Il lui semblait se souvenir que ce n'était qu'une fois sorti d'affaire qu'il s'était posé des questions tant leurs réactions, à son père et à lui, avaient été différentes. Sur le moment, ils ne pensaient tous les deux qu'à une chose, sortir vivants de ce naufrage. Son père, c'était après coup qu'il avait payé le prix de sa peur, et il l'avait fait au prix fort, une fois revenu à terre. Il en avait curieusement voulu à son bateau qu'il avait rejeté et en quelque sorte renié, puisqu'il estimait qu'il l'avait trahi. La différence dans la façon dont ils avaient vécu tous les deux ce drame des *Deux Frères* était énorme : lui, Jeff, n'avait pensé qu'à se battre pour vivre, à lutter pour sa survie et à rien d'autre, il n'avait pas songé une seule seconde à la mort. Son père, au contraire, ne s'était pas battu pour vivre, il avait lutté pour ne pas mourir. Cela n'avait rien à voir. Entre l'amour de la vie et la peur de la mort, c'était le jour et la nuit…

Tout cela, il l'avait confié à Henri qui, ému comme il l'avait rarement été, s'était dit à la fin de leur entretien qu'il n'y avait qu'un homme qui pouvait aider Jeff à sortir de ce trou noir où il était en train de plonger : Sébastien. Le lendemain, en milieu d'après-midi, il se rendit donc chez lui et fit tinter la cloche d'entrée. Lorsque la porte s'ouvrit, il fut très surpris de voir s'y encadrer la silhouette d'une jeune fille. Joséphine ! La fille aînée de Seb ! Que faisait-elle là à cette heure ? Il la croyait institutrice ou quelque chose de similaire…

— Bonjour mademoiselle. Ou madame, peut-être ?

— Non, mademoiselle, lui répondit la jeune fille en souriant. Nous nous sommes déjà vus il y a quelques années. Je me souviens même de votre prénom, Henri. Mais entrez donc, ne restez pas sur le pas de la porte…

Henri entra et, peu après, s'assit dans un fauteuil face à la jeune fille, à son invitation. Il se trouvait emprunté, un verre d'eau à la main alors qu'elle s'était servi, elle, un peu de lait.

— Je suppose que je vous ai surpris en vous proposant un Pernod au milieu de l'après-midi, commença-t-elle. Ça ne doit pas être très fréquent. Heureusement, vous l'avez refusé. Je ne suis pas encore rodée à ce genre de politesse…

— En effet. Il n'est pas courant d'être reçu ainsi. Surtout par une jeune fille. Je ne m'attendais pas à vous trouver là, d'ailleurs.

— J'habite au Conquet. J'ai également une chambre à Brest, mais je ne l'utilise qu'en dépannage, lorsque mes horaires me l'imposent. C'est indispensable.

— Vous êtes institutrice, n'est-ce pas ?

— Non, infirmière, lui répondit Joséphine en lui décochant son plus beau sourire. Vous êtes toujours marin pêcheur, je suppose ?

— Bien entendu. Que ferais-je au port du Conquet sinon ? C'est d'ailleurs cela qui m'amène. Je souhaite voir votre père, Sébastien, car son ami Jeff a le moral à zéro depuis le décès de Jean Quéméneur.

— Père n'est pas à la maison pour l'instant et j'ignore où il se trouve. Nous pouvons attendre le retour de ma mère, si vous n'êtes pas trop pressé.

Henri était presque gêné par la façon dont cette jeune fille le couvait du regard. Elle ne cherchait pas le moins du monde à cacher qu'il lui plaisait et il s'attendait plus ou moins à ce que, dans cinq ou dix minutes, elle lui fasse des avances. Il avait connu des infirmières au Petit Jardin quelques mois plus tôt et elles n'avaient pas froid aux yeux, ça non ! D'ici à ce que la fille de Sébastien soit comme elles… Il se demanda ce qu'il ferait si cela arrivait, car elle était vraiment jolie. Elle tenait de sa mère ses cheveux châtain foncé et de son père des yeux d'un bleu transparent.

— Vous êtes marié, monsieur ? lui demanda-t-elle, ne voyant pas encore comment elle pouvait lui faire comprendre qu'il l'intéressait au plus haut point.

Henri sourit.

— Non, je suis célibataire. Pourquoi ?

Troublée à un point incroyable par cet homme, la jeune fille vivait une tempête intérieure comme elle n'en avait jamais connu et se demandait ce qui lui arrivait. Elle ignorait qu'une femme pouvait se trouver à ce point perdue devant un homme, car plus elle le dévisageait, plus elle sentait monter en elle des pulsions inconnues. Elle avait une envie folle de se jeter dans les bras de ce garçon, elle aurait aimé qu'il la prenne, la serre contre lui, l'embrasse, qu'il la remarque, la complimente, qu'il lui dise qu'elle était jolie. Elle voulait lui plaire, en un mot. Elle aurait aimé aussi le toucher, le sentir, le caresser, être caressée ; être désirée, en un mot. Oui, c'était exactement cela : elle désirait cet homme et voulait que ce soit réciproque !

Comme bien souvent, Margot était rentrée chez elle par le jardin. Surprise d'entendre des voix dans la grande salle à cette heure puisqu'elle savait Sébastien à Brest, elle s'approcha sans se faire voir et fut très étonnée de découvrir Joséphine en discussion avec un homme. Cette voix… Elle la reconnaissait. C'était celle du matelot de Jeff, Henri. Et sa fille venait de lui demander s'il était marié ! Elle allait vite en besogne ! Elle revenait à la charge, d'ailleurs.

— Pensez-vous que… Comment me trouvez-vous ?

— Sensée, comme une jeune fille de bonne famille.

— Ce n'est pas ce que je vous demande. Moi… Vous me trouvez comment ?

Margot, qui venait de jeter un coup d'œil dans la pièce, avait vu sa fille virevolter devant le jeune homme auquel elle demanda crûment :

— Je vous plais ?

— Je serais hypocrite de prétendre le contraire. Vous êtes une jolie fille et vous le savez très bien, Joséphine.

Margot sut à cet instant que sa fille irait jusqu'au bout. C'était incroyable ! Elle était sa digne fille, aussi enragée qu'elle à son âge ! Elle n'en douta plus quand Joséphine reprit :

— C'est toujours agréable à entendre. Est-ce que je vous intéresse, Henri ?

— Bien sûr. Comme vous intéresseriez sûrement tous les hommes de mon âge si vous leur posiez la question. Pourtant, voyez-vous, nous ne sommes pas du même monde vous et moi. Je suis un pêcheur, c'est-à-dire un ouvrier de la mer, tandis que vous êtes, vous, une infirmière. C'est pourquoi...

— Qu'est-ce qu'une infirmière sinon une ouvrière de la santé et des corps humains ? Quoi qu'il en soit, là n'est pas le sujet, Henri ! Je vous veux, moi ! J'ai envie de vous ! Vous êtes si...

— Et alors ? Cela ne change rien, Joséphine, rien.

— Il y a peut-être un détail qui changera tout pour vous : en vérité, si je ne suis pas mariée, je suis presque fiancée à un officier de marine que je vais sûrement épouser. Auparavant, j'aimerais faire l'amour avec vous ! Je voudrais que vous soyez le premier, parce que vous m'attirez. Prenez-moi ! S'il vous plaît, Henri... Vous ne risquez rien puisque je vais me marier bientôt.

Il était temps et même plus que temps d'intervenir, se dit Margot qui glissa sur la pointe des pieds vers la porte de la cuisine qu'elle agita avant de pousser un juron en pestant à voix haute :

— Quelle maladroite je fais ! C'est incroyable ! Eh bien, ce n'est pas tout ça, au boulot, ma vieille ! Il te faut ranger tout ce que tu as fait tomber par terre.

Vingt secondes plus tard, Joséphine était dans la cuisine, elle aussi. Margot joua l'étonnée et demanda à sa fille depuis quand elle était là. Un instant encore et elle écouta Henri lui expliquer qu'il souhaitait voir Sébastien. Confus d'apprendre que celui-ci était à Brest, le jeune homme les quitta aussitôt en demandant à Margot de faire part de sa visite à son mari. Joséphine ne le laissa pas partir ainsi : elle l'accompagna sur le pas de la porte et lui serra longuement la main qu'elle enveloppa dans les siennes. Elle lui sourit longuement, cherchant à transmettre par son regard tout ce qu'elle ressentait pour lui.

Sur le point de faire une plaisanterie au départ du jeune homme, Margot eut la sagesse de se retenir, persuadée que cela mettrait sa fille mal à l'aise. Elle ne se trompait pas. Joséphine avait pleinement conscience d'avoir fait une découverte primordiale, une révélation, qui lui permettait de comprendre un peu mieux sa mère. Depuis qu'elle fréquentait Roland, un officier de marine de vingt-huit ans, elle avait déjà appris qu'en raison des longues absences des hommes, la fidélité conjugale était souvent mise à mal dans la Royale. Cela valait autant pour les femmes que pour les hommes, dans les familles des officiers et sous-officiers comme dans celles des simples pompons rouges.

Son futur mari lui avait présenté plusieurs de ses collègues ou supérieurs, flanqués d'épouses loin d'être des parangons de vertu, au point que leur infidélité était parfois notoire. Si ces hommes avaient la sagesse de se montrer aussi tolérants, c'est qu'ils avaient pleinement conscience de ne pas être, eux-mêmes, des modèles de fidélité conjugale. Loin d'être mises au ban par leurs amies, leurs épouses pouvaient au contraire compter sur leur soutien. Cette découverte lui avait fait comprendre que sa mère n'était pas une exception, pas plus que ne l'avait été son écart avec Jeff Le Calvez.

Ce qu'ignorait aussi Joséphine jusqu'alors et qu'elle venait de découvrir un instant plus tôt, c'était la notion de pulsion sexuelle, ce désir animal, brutal et soudain qu'une femme pouvait ressentir pour un homme, tout comme l'homme pour la femme. Et elle savait déjà que l'attirance qu'elle avait ressentie pour Henri, elle ne la ressentirait probablement jamais pour Roland. Peut-être était-ce le moment d'en parler ouvertement à sa mère, aujourd'hui que les circonstances s'y prêtaient...

— Maman, j'ai quelque chose à te dire et ce n'est pas facile. Voilà. Je te demande de me pardonner. D'oublier tout ce que je t'ai dit ce fameux jour où je t'ai surprise avec Jeff. J'étais jeune et je ne pouvais comprendre. Pardonne-moi toutes les méchancetés que j'ai pu te dire ce jour-là.

— Joséphine, ma chérie, merci, merci de tout cœur ! Si tu savais comme tes paroles me font plaisir ! Elles me réconcilient avec la vie et avec toi. Tu n'as pas à te faire pardonner. Tu avais treize ans. Ce que tu voyais te paraissait insupportable et ça l'était. Je me suis souvent dit que j'aurais réagi comme toi à ton âge et dans les mêmes conditions !

— C'est vrai, maman ?

— C'est vrai, je te l'assure !

Joséphine se jeta dans les bras de sa mère et elles s'étreignirent comme elles ne l'avaient pas fait depuis longtemps. Quelques minutes plus tard, Joséphine ajouta :

— Je crois aussi savoir aujourd'hui ce qu'est le désir charnel.

— Et ce n'est pas Roland, mais Henri qui te fait cet effet, n'est-ce pas ?

— Oui, c'est Henri, en effet. Quand je me suis trouvée face à lui, tout à l'heure, j'ai enfin saisi ce que tu voulais me faire comprendre à l'époque.

— À treize ans, tu étais effectivement bien trop jeune pour cela ! Je croyais entendre mon confesseur quand tu me parlais du péché de la chair ! Tu sais aujourd'hui que le désir sexuel, c'est autre chose.

Quand il rentra ce soir-là, Sébastien fut très surpris de trouver sa femme et sa fille aînée en train de rire et de plaisanter à nouveau ensemble. Cela faisait si longtemps que ce n'était pas arrivé ! Et lorsqu'il le souligna, il remarqua le clin d'œil de complicité qu'elles échangèrent en se souriant. Les femmes… Il ne les comprendrait jamais…

28

Marie-Françoise s'était enfin endormie et Jeff sentit son cœur se gonfler à la fois de gratitude, de bonheur et même d'espoir dans la vie en la contemplant, si calme, si paisible… Elle était si bonne, si généreuse aussi ! Elle sentait quand il n'allait pas bien et avait le don de lui remonter le moral en deux ou trois phrases. Comment faisait-elle pour le « sentir » ainsi ? Il ne le saurait jamais et ne cherchait pas à le savoir. C'était si bon de pouvoir compter sur elle ! Il la remercia d'un dernier bisou sur le front et s'allongea sur le dos avant de se mettre à rêvasser… Et comme souvent, quand ce n'était pas à la malchance de Jean Quéméneur qu'il pensait, c'étaient les malheurs de Sébastien qui le préoccupaient. Ils en avaient discuté ensemble bien souvent depuis la fin de la guerre, Seb et lui. Il n'avait jamais eu le courage de lui parler de sa trahison qui était et resterait toujours un sujet tabou, le seul sujet qu'il ne pourrait jamais aborder ni avec Marie-Françoise, ni avec Sébastien, sa femme et son ami, les deux êtres auxquels il tenait le plus au monde, ses enfants exceptés.

Margot l'avait rassuré en lui disant que Joséphine allait très bien depuis qu'elle avait fait la connaissance d'un officier de marine de vingt-huit ans qui, sensible à son charme, lui faisait une cour assidue. Ils s'étaient rencontrés lors d'une soirée à Brest durant l'un de ses stages d'infirmière, métier qu'elle exerçait à l'hôpital maritime de Brest. Sébastien et Margot semblaient ravis de leur futur gendre et seraient heureux que les choses ne traînent pas trop entre les deux tourtereaux. On ne sait jamais ce qui peut se passer dans la tête d'une fille de bientôt vingt ans, surtout lorsqu'elle est amoureuse, lui avait confié Margot qui savait effectivement de quoi elle parlait. Et Jeff s'endormit en espérant voir se tourner enfin la page la plus difficile de son passé.

Deux mois plus tard à peine, en rentrant déçu et de mauvaise humeur après une nouvelle pêche décevante, il fut surpris de trouver, en plein après-midi, Marie-Françoise en discussion avec Margot. Il observa un moment les deux femmes et fut frappé de constater que Margot paraissait dix ou douze ans plus âgée que Marie-Françoise aujourd'hui. Margot, la pauvre… C'était ahurissant ! Comment se faisait-il qu'elle ait tant changé si vite ?

La jolie fille d'antan, celle que l'on surnommait la reine Margot, n'était plus. Que lui arrivait-il ? Elle devait se faire bien du souci pour avoir autant forci. Il avait certes remarqué que Sébastien avait changé, lui aussi, mais pas autant qu'elle, loin de là… Et si… Un rapide calcul mental lui confirma que c'était bien cela, évidemment ! L'âge… Oui, c'était l'âge qui le voulait, l'âge où les femmes n'avaient plus leurs règles et devenaient stériles. Cela n'avait rien d'étonnant car elle devait avoir, oui, quarante-cinq ans déjà. Il lui semblait se souvenir que sa mère, elle aussi, avait mal vécu cette période de sa vie. Ce ne devait pas être facile, effectivement…

— Jeff ! Tu pourrais quand même me répondre quand je te pose une question au lieu de rester dans la lune. À quoi penses-tu ? lui demanda Marie-Françoise.

— Pardonne-moi, j'étais ailleurs… C'est cette mauvaise pêche, une de plus…

— Je te disais que Margot était venue nous inviter au mariage de Joséphine.

— Joséphine se marie ? Félicitations, Marguerite, je suis heureux pour toi et Sébastien. Et tous mes compliments à Joséphine. C'est un officier de marine, je crois…

— Oui, c'est cela. Si Roland, notre futur gendre, a de la chance d'épouser Joséphine, notre fille tombe bien elle aussi car il reste très simple pour un officier de la Royale, ce qui n'est pas fréquent. Il nous a invités à Brest l'autre jour, au foyer des marins. C'était très sympathique et très bon aussi d'ailleurs.

Ce qui semblait naturel à Marie-Françoise l'était beaucoup moins pour Jeff. Bien qu'agréablement surpris par l'annonce du mariage de Joséphine, il se voyait mal féliciter la jeune mariée. Il n'avait nullement envie de se faire rabrouer une nouvelle fois. Aussi, quand Marie-Françoise s'absenta deux minutes pour faire une course à l'épicerie du coin, c'est avec plaisir qu'il apprit par Margot que ses relations avec sa fille étaient à nouveau au beau fixe depuis que Joséphine fréquentait le milieu de la Marine nationale. Sa fille et elle avaient fait la paix. Mieux même, Joséphine s'était excusée…

Margot en profita pour lui annoncer aussi que, contre la volonté de Job, son père, elle avait pris contact avec son frère Armand, installé à Landéda et fâché avec ses parents depuis des années. Elle souhaitait qu'il apprenne à pêcher à son fils Jean-Pierre avant que celui-ci ne commence à travailler avec son grand-père. Margot estimait que son fils devait avoir le choix entre devenir pêcheur ou mareyeur. C'était à lui de décider de son avenir et non à son grand-père. Job s'était fâché avec son fils lorsque celui-ci, refusant de lui succéder, de « prendre sa suite » comme il disait, avait choisi de devenir pêcheur plutôt que mareyeur. Qui sait si Jean-Pi ou elle-même ne réussirait pas à rabibocher le père et son fils, en dépit de leurs caractères ?

Ce soir-là, Jeff annonça sa décision à Marie-Françoise. Il avait bien réfléchi depuis le naufrage du *Clara-Yvonne,* et la disparition de Jean Quéméneur avait été une leçon pour lui. Leurs bateaux n'étaient pas conçus pour servir de bateaux pilotes, ni dans les tempêtes, ni même simplement par gros temps ; en témoignait le nombre impressionnant de bateaux pilotes qu'une tempête ou un fort coup de vent avaient envoyés par le fond. Il n'y avait que les Brestois qui, dans leur rade, ne risquaient rien ou presque. Ce qu'ils considéraient eux comme une tempête n'était qu'un coup de vent pour les pilotes de Camaret, de Lampaul ou du Conquet, à plus forte raison pour les Sénans, Ouessantins ou Molénais.

Le lendemain, le mauvais temps ayant rendu la pêche impossible, Jeff se rendit au chantier du Croaë et y commanda un nouveau bateau qui serait ponté et équipé d'un moteur puissant, susceptible de le mener n'importe où par tous les temps. Ce robuste bateau, qu'il baptiserait *L'Étoile du Matin*, il l'étrennerait fin novembre et en était par avance très content.

Le temps passa très vite. Une fois son bateau construit, payé et livré, Jeff le fit baptiser par le recteur avant de convier, le samedi suivant, son ami Sébastien et son fils Jean-Pierre à une partie de pêche – une pêche de loisir, souligna-t-il – dans les îles ou en rade de Brest, au choix. Henri serait également présent.

Pas une touche depuis ces deux petits lieus ! Jean-Pierre aurait aimé être ailleurs. Pourquoi son père avait-il insisté pour qu'il participe à cette partie de pêche sur *L'Étoile du Matin*, le nouveau bateau de son ami Jeff ? Ce dernier avait le don de le mettre mal à l'aise et ne l'avait pas raté dès leur arrivée en le mettant en porte-à-faux par l'une des habituelles plaisanteries douteuses dont il avait le secret :

— Jean-Pierre, je te présente mon frère Joseph, syndic des gens de mer à Brest, et son ami Pierrick Le Dû, le plus célèbre des officiers de Porstrein.

— Enchanté, monsieur Le Calvez. Enchanté, monsieur Le Dû. Porstrein… Le nom ne m'est pas inconnu puisqu'il évoque pour moi le port de Brest, mais j'ignorais qu'il y avait un bateau de ce nom…

— Il n'y en a pas, en vérité, pas plus que je ne suis officier, lui répondit l'intéressé en souriant. Ni de la Royale ni de la Marmar, d'ailleurs. Et il s'agit bien du Porstrein que vous connaissez, celui du port de commerce. En réalité, dans notre jargon, un officier de Porstrein est un docker, tout simplement.

Son père, agacé, avait haussé les épaules quand, fier de sa plaisanterie, Jeff avait, lui, éclaté de rire.

Son père… Il jeta un coup d'œil dans sa direction et constata que, toujours aussi concentré sur sa pêche, il prenait tout ce qu'il voulait, comme d'habitude, tandis que Jeff lui-même avait déjà remonté une demi-douzaine de maquereaux et Henri autant, sinon plus. Il n'était pas facile de rivaliser avec de pareils pêcheurs, d'autant qu'il connaissait une déveine rare ce samedi matin. Trois touches ratées… il n'était pas possible que cela continue ainsi, d'autant que cette malchance survenait le jour même où il était l'invité de Jeff sur son bateau. Jeff et ses sorties ironiques auxquelles il n'osait jamais répondre, au grand dam de son père qui l'incitait à le faire.

Pour couronner le tout, il était, bien entendu, le seul à pêcher au lancer, une pêche qu'il aimait, lui, même si elle constituait presque une hérésie pour les pêcheurs de crustacés. Au lancer, avec ces cannes modernes ! Si cela continuait, il allait se faire traiter de pêcheur du dimanche, surtout avec ses trois touches infructueuses. Peut-être serait-il d'ailleurs déjà passé à autre chose sans les encouragements de son père.

— Que pensera ton grand-père si tu ne lui ramènes rien, uniquement parce que tu auras jeté l'éponge ? lui avait-il glissé à voix basse en guise d'encouragement quelques minutes plus tôt.

Penser à son grand-père suffit à lui redonner un peu de tonus et à le décider à soigner particulièrement son prochain lancer ; après tout, la chance finirait bien par tourner. Allez ! Il lança à nouveau en se donnant un quart d'heure de plus. À peine eut-il commencé à mouliner que son fil se tendit brusquement et que sa main fut violemment tirée vers l'avant. Quelle secousse ! Il sentit son cœur s'emballer. Pour une touche, c'en était une, et une belle ! Un gros lieu ? À moins que peut-être… un bar ? Si c'était cela, il pesait au moins trois kilos ! Il ne devait pas le rater, il ne se le pardonnerait pas.

Il se remémora rapidement les consignes : ne pas réagir aux secousses, laisser aller. Il remuait lentement sa ligne, très calmement, sans rien tenter. Attendre… Une minute passa, interminable. Rien. Il était aussi tendu que la corde d'un arc ou celle d'un violon. C'était impossible ! Il n'était quand même pas parti, ce gros lieu ! Il n'allait pas snober son appât ! Un joli petit maquereau tout frais que venait de lui donner son père dix minutes plus tôt à peine ! Il esquissa une mimique de dépit qui disparut dès qu'Henri lui dit :

— Patience, Jean-Pi. Il est là, tout près, il tourne autour de ton appât et va revenir. Il te suffit d'attendre un tout petit peu…

Jean-Pierre lui répondit par un sourire tant c'était gentil de sa part de l'encourager.

— Qu'est-ce qui se passe ? intervint Jeff à son tour. Tu as une vraie touche, Jean-Pierre ? Qui sait, c'est peut-être un espadon ? ajouta-t-il, narquois. Une sirène, je ne le pense pas, ce n'est pas la saison des amours…

— Jeff ! le coupa Sébastien. Tes plaisanteries à la noix, ça commence à nous tanner le…

Jean-Pierre n'entendit ni la fin de la réflexion de Jeff, ni la réponse de son père que ce dernier ne finit d'ailleurs pas car le poisson était là, qui revenait à la charge. Comme un seul homme, ils s'étaient tous tus et observaient, plus ou moins tendus, les plongeons du bouchon et les courbures de la canne. Son poisson était revenu et cela seul comptait pour Jean-Pierre. Une première touche, très légère, puis une seconde, un peu plus forte, la troisième, très forte… La quatrième serait la bonne ! Pourvu qu'il morde cette fois, se disait-il, anxieux. Il remonta un tout petit peu de fil et… gagné ! Il y était allé pour de bon, l'animal ! Il avait enfin happé l'hameçon et le leurre, et à pleine gueule, cette fois ! Il était ferré, son bar ! Car c'était un bar, ce ne pouvait être qu'un bar, à la façon dont il tirait dessus. Au maximum de sa courbure, la canne faisait près de un quart de circonférence et menaçait de rompre. Bon sang, ce qu'il pesait lourd ! se disait Jean-Pi. C'était un gros, et même un très gros. Oui, pour une pièce, c'en était une sacrée ! Il laissa un peu de mou en se répétant qu'il fallait qu'il le ramène à tout prix. Il n'allait pas se rendre ridicule en le ratant !

— Laisse filer, Jean-Pi, prends ton temps et fatigue-le, lui conseilla Henri. Ne le ramène qu'à coup sûr, quand tu seras certain qu'il ne pourra plus se détacher, quand sa seule chance de t'échapper sera de casser ta ligne.

— Tu as tiré le gros lot, ajouta Jeff en regardant avec envie la tension du fil. Ne le laisse pas foutre le camp et se déchirer, hein !

Jean-Pierre se battait avec ce poisson qu'il ne voyait pas. Qu'était-ce donc ? Si ce n'était pas un bar – un bar de cette taille, ce serait trop beau –, c'était pour le moins un gros lieu de sept ou huit kilos. À tout prendre, il préférait un bar de cinq.

Il l'imaginait au bout du fil, ce poisson qui se demandait ce qui se passait et essayait vainement de se défaire de l'hameçon. Il tenta de se mettre à la place de ce lutteur qui, bar ou lieu, ne comprenait ni ce qu'il lui arrivait, ni ce qui le privait soudain de sa liberté de mouvement. Il avait juste croqué un jeune maquereau, un petit sagouin qui s'était mis dans l'idée de lui résister et qui osait lui déchirer la gueule. C'était incroyable comme il lui faisait mal, cet abruti ! Et le pire était qu'il avait beau faire, il ne réussissait pas à s'en débarrasser. Si encore il parvenait à le recracher, mais non ! Cela ne pouvait continuer ainsi, il devait se sortir de là. Il n'allait quand même pas laisser un rien du tout comme ce petit maquereau de malheur poursuivre son manège ! Il était odieux !

Le poisson s'affola soudain en sentant une force inconnue le tirer par la gueule. Il ne comprenait pas, il ne comprenait plus. Ce maquereau était doté d'une force invraisemblable pour un poisson de si petite taille. Il tentait de le traîner dans une direction autre que celle qu'il voulait prendre. D'ailleurs, ce n'était pas ce maquereau, non, ça ne pouvait être lui, puisqu'il était dans sa gueule. C'était autre chose, mais quoi ?

Il se mit à secouer désespérément la tête pour se défaire de ce piège tout en donnant de gros coups de queue de droite et de gauche. Sans résultat. Il avait beau se démener, il ne parvenait à rien, et pourtant il fallait bien qu'il se sorte de là ! Depuis des années, il était l'un des rois de la mer, un géant indomptable et indompté. Ce n'est quand même pas un petit maquereau de rien du tout qui allait lui imposer sa loi ! Remonter brusquement à la surface avant de replonger ? Oui, cela suffirait peut-être à calmer cet avorton de maquereau !

— Désolé, poisson, lui répondit Jean-Pierre à l'autre bout du fil. Désolé, mais je vais te sortir de ton élément, de ton océan. Tu ne m'échapperas pas !

Jamais encore il n'avait ferré pareille bête et il ne le referait peut-être pas de sa vie entière ! *Pourvu que mon fil tienne*, priait-il, en se demandant s'il devait ou non solliciter l'aide d'Henri. Le regard rivé sur sa propre ligne, le premier matelot de Jeff était le genre d'homme à ne compter que sur lui-même, ils en avaient encore parlé la veille au soir. À ses yeux, quel que soit son métier et quelle que soit sa place, dans un bureau comme à l'arsenal, sur un croiseur, un cuirassé, un bateau de pêche ou un bateau pilote, tout homme devait faire la preuve de ses compétences. Et jusqu'à présent, en matière de pêche, lui, Jean-Pierre, n'avait rien démontré. Pour Henri, il allait de soi que pour être pêcheur, il devait ramener sa prise le long du bord, seul. Quand il l'aurait fait, il serait temps d'aviser. Jusque-là, tout appel à l'aide de sa part serait maladroit et inutile.

Jean-Pierre mit près d'un quart d'heure à gagner son combat, à ramener lentement son poisson le long du bateau. Lorsque le bar, car c'était un bar, apparut pour la première fois à la surface à une dizaine de mètres d'eux, Jeff ne put s'empêcher de s'exclamer :

— Bon Dieu, pour un poisson, c'en est un ! Quel bar ! Je ne vais pas remonter une bête pareille au bazh-krog, ça l'abîmerait. Attends que je prenne l'épuisette, Jean-Pierre ! Avec elle, je sécuriserai le bar avant de le remonter à bord en le prenant par les ouïes !

Une minute plus tard, c'est son père qui l'encouragea :

— Tiens bon, fils, et sois prudent, lui conseilla-t-il. Si je peux t'aider…

— Bon Dieu ! Bravo, Jean-Pi ! C'est vraiment un beau bar, ajouta Henri. Je n'en ai jamais vu de si gros.

— Ah ! Celle-là, je m'y attendais, Henri ! Oui, je m'étonnais que personne ne m'ait encore sorti ce « beau bar », et je suis surpris que tu ne l'aies pas fait plus tôt ! Tu admettras… quand même que… bon sang, quel bagarreur, ce poisson ! Non… Il n'a rien d'un bobard, même s'il n'est pas encore dans le bat… Nom de nom, Jeff, fais gaffe ! Pour un peu, tu le laissais retomber à l'eau !

Jeff ne releva pas le tutoiement puisqu'il venait d'un égal, maintenant que le garçon avait prouvé ce qu'il valait. Parce que ramener un poisson pareil avec cette canne, ce n'était pas rien ! Il n'aurait pas cru cela possible s'il ne l'avait pas vu de ses yeux. Un exploit pareil, il n'en croyait pas le garçon capable, et pourtant, il l'avait réalisé sans aucune aide… *Une bonne leçon de plus pour toi*, Jeff, se dit-il : *cela t'apprendra à ne pas l'ouvrir trop comme tu le fais si souvent !*

— Ne crains rien, moussaillon ! Ton bar est à bord ! Ce n'est pas sans mal, d'ailleurs, souffla-t-il. Bon Dieu, j'ai bien cru qu'il allait m'échapper, l'animal !

— Ouais, je l'ai vu, commenta Sébastien avec une moue de réprobation pour tout commentaire tandis que Jeff détachait le poisson.

C'est avec beaucoup de précautions qu'il déposa dans le bac la bête qui se mit aussitôt à donner de grands coups de queue.

Ils restaient tous figés et muets d'admiration devant le bar qui continuait à se battre comme un beau diable, bien que sans la moindre chance de s'échapper maintenant.

— Henri, prends deux ou trois seaux d'eau, ordonna enfin Jeff. Ou plutôt quatre ou cinq. Il faut le garder en vie.

— Pourquoi ? demanda Jean-Pierre, tandis qu'Henri s'exécutait.

— Tu veux manger un poisson cuit au soleil, Jean-Pierre ? Pas moi. Je vais le mettre dans le petit vivier. Comme ça, il sera frais à souhait et toujours vivant quand nous arriverons au port. Eh bien, Bastien, qu'attends-tu pour arroser la prise de ton fils ? Tu pourrais sacrifier une ou deux demoiselles, non ? Un bar pareil, ça s'arrose ! Il y a de quoi à bord, depuis le baptême de mon bateau il y a trois jours.

— Tu as raison. Je garde le bordeaux pour tout à l'heure. Qui veut un muscadet ? Tout le monde, je pense ? À moins qu'un « chinetoque »…

— Va pour le Pernod, fit Jeff. On s'occupera du muscadet et du bordeaux ensuite !

29

Deux heures plus tard, ils mouillaient dans la presqu'île de Crozon et descendaient sur une grève près de la pointe des Capucins. Jean-François avait levé quelques filets de maquereau qu'ils firent griller sur une pierre plate à l'aide d'une flambée de goémon sec. En ajoutant à ces filets quelques tranches de pain de deux livres et autant de lard, une poignée d'oignons et deux morceaux de far chacun, le tout agrémenté d'une bouteille de muscadet et d'une autre de bordeaux, ils s'offrirent sinon un festin de roi, du moins un régal pour des pêcheurs de la rade.

— Je ne connais pas meilleur poisson que le maquereau fraîchement pêché ! s'exclama Henri en essuyant son couteau sur son pantalon. Son goût au sortir de l'eau est vraiment inégalable, alors que six heures plus tard, il est déjà tout juste passable. Quant au lendemain, je n'en parle même pas : rien que de voir son œil terne, j'en ai l'appétit coupé.

— Tu as bien raison, lui répondit Jeff, encore que je lui préfère la tête de congre. Ça, c'est du nanan, tu peux me croire. J'aurais cependant aimé comparer mes petits maquereaux à un filet du bar de Jean-Pierre.

— Laisse-le ramener son trophée au Conquet, bon sang ! C'est le premier ! s'exclama Sébastien qui pensait déjà à la fête qui marquerait d'une pierre blanche ce jour où Jean-Pi allait entrer dans le cercle restreint des grands pêcheurs de bars.

— Oui, c'est vrai. Tu as raison, Seb. Ne serait-ce que pour son grand-père. Ce sacré Job ! Il va être drôlement fier de toi, Jean-Pi !

— Et il aura des raisons de l'être ! fit Henri. Ton bar doit frôler sinon dépasser les quatre-vingt-dix centimètres, je l'ai mesuré à l'empan. Le plus grand que j'ai vu de ma vie, c'était à Sein. Il mesurait quatre-vingt-quatorze centimètres et pesait près de neuf kilos. Tu n'en es pas loin !

Tel Napoléon au soir d'Austerlitz, Jean-Pi était au septième ciel, aussi béat ou presque que s'il avait décroché la lune. Lui, un quasi-débutant, pêcher un bar pareil ! C'était la reconnaissance assurée dans le monde des pêcheurs, sinon de la mer !

Une photo ! Il lui fallait une photo, une photo qui immortaliserait cette prise mémorable et cette journée ! Une photo où il brandirait ce bar, entre Henri et Jean-François, tandis que son père, derrière lui, lui poserait la main sur l'épaule. Quant à son grand-père, nul doute qu'il exigerait d'être photographié seul avec ce poisson, puis seul avec lui et ce qui serait déjà devenu « leur » poisson. Ce bar était promis à devenir « la » réclame de son commerce de mareyeur ! Cette photo, il l'afficherait au-dessus de sa porte et elle passerait à la postérité ! Dans deux ou trois générations, sa descendance le proclamerait le plus grand pêcheur de bars de son époque…

— Pourquoi souris-tu ainsi, Jean-Pi ?

— Je pense à grand-père et à l'exploitation qu'il fera des photos de ce bar.

— Tu le connais presque aussi bien que moi. Et je ne serais pas étonné que pour fêter l'événement, il offre une tournée générale ce soir et un gueuleton à nous tous demain.

— Demain, c'est dimanche, Sébastien, objecta Jeff.

— Justement, tout le monde est libre. D'ailleurs, s'il ne le propose pas, je vais le lui suggérer.

— Dans ce cas, je crois que cela vaut la peine de rentrer directement quand nous aurons fini de déjeuner, conclut Jeff. Un gueuleton offert, moi, je ne crache pas dessus ! Et il faut quand même lui laisser le temps de se retourner, à Job !

Seuls les Brestois se taisaient : il est vrai qu'ils ne seraient pas de la fête !

Sébastien ne s'était pas trompé et Jeff s'aperçut que son ami connaissait son beau-père sur le bout des doigts, car c'est bien ainsi que les choses se passèrent. Plus fier qu'Artaban, Job offrit effectivement une tournée générale puis une seconde, avant d'appeler *La Dépêche de Brest et de l'Ouest* au téléphone. Il leur parla de la prise d'un poisson exceptionnel, un bar d'un mètre dix. Oui, ils avaient bien entendu : un mètre dix, et plus de dix kilos. C'était du jamais vu ! Peut-être était-ce le plus gros bar jamais pêché au monde. Pouvait-il en parler à M. Charles Léger ? Le reporter était absent, lui répondit-on, mais on le faisait prévenir. Quelques heures plus tard, Charles Léger riait aux éclats avec Job Riou lorsqu'il découvrit que si le poisson était gros, la ficelle pour le faire venir de Brest l'était tout autant, et peut-être même plus encore.

Vingt pour cent d'exagération, ce n'était rien, objecta Job au journaliste ; il en connaissait qui auraient doublé les chiffres. Le bar ne mesurait en effet que quatre-vingt-huit centimètres et ne pesait que huit kilos trois cents, ce qui était déjà très beau et méritait une et même plusieurs photos, ainsi qu'un reportage sur le héros de la fête, son petit-fils. Une tournée générale…

Le bistrot n'avait pas tardé à fourmiller de pêcheurs qui allaient et venaient en commentant l'exploit et en laissant entendre que le moment était peut-être venu pour eux d'abandonner les casiers et homards pour passer aux poissons et filets. D'autant plus, d'ailleurs, que les bateaux pontés et à moteur, devenus monnaie courante, leur permettaient aujourd'hui d'aller plus loin et à moindre risque. Un peu plus tard encore, les chants s'étaient élevés dans le bistrot de Félicien, le nouveau bistrotier, fils et digne successeur de Félix. Il se frottait les mains car pour lui aussi, les temps étaient durs. Quand les pêcheurs manquaient d'argent, les bistrotiers tiraient eux aussi la langue. Aussi, les tournées de Job étaient-elles les bienvenues.

— Jean-Pi, dit Henri, je suis rond comme une queue de pelle ou un quartier-maître toulonnais piégé par des P'tits Zefs rue de Siam.

— Tu as l'air de connaître la question, Henri, lui répondit Jean-Pierre en souriant.

— À moins que ce ne soit au P'tit J qu'il se fasse avoir, ce marin, par une donzelle qui va lui coller une chaude-pisse après lui avoir pris tous ses sous.

— Je vois que tu la connais même très bien, Henri. Pardonne-moi si je te laisse, mais je ne veux pas rater mon grand-père et sa séance de photos.

Henri se demandait ce qu'il avait bien pu dire à Jean-Pi pour le faire fuir ainsi. Quand il s'en souvint, il prit subitement la mesure de son ébriété et se rendit compte que ses aventures ou plutôt mésaventures brestoises le travaillaient plus qu'il ne se l'imaginait. Il se demanda aussi, avec une once d'inquiétude, s'il serait capable de rentrer chez lui dans deux ou trois heures et se prit à exprimer ses doutes à voix haute.

— T'en fais pas, matelot, lui répondit Georges Menguy auquel il venait de poser la question. Si on sait déjà qu'on aura tous la gueule de bois demain, ce soir, c'est la fête !

En définitive, Henri fut le seul de leur équipée à ne pas figurer sur la photo qui parut le surlendemain dans le quotidien *La Dépêche*. Le journaliste y reprenait les déclarations du héros de la fête, ainsi que celles de son père, de son grand-père et du propriétaire du bateau, auxquels il souhaitait pour conclure de nombreuses pêches de cet acabit, oubliant volontairement que Jeff lui avait précisé que son *Étoile du Matin* était destiné au pilotage et non à la pêche. Quant à la photo, elle était magnifique, même si le sourire et la mine réjouie des pêcheurs se remarquaient probablement beaucoup plus que la fraîcheur du bar, porté vaillamment à bout de bras par le plus âgé d'entre eux, Job Riou, le seul dont le nom figurait en gros caractères, une délicate attention de son petit-fils.

C'est encore ce bar qui faisait l'objet de tous les commentaires le lendemain au restaurant *Le Lion d'Or* où Job avait invité toute sa famille ainsi que Jeff et les siens, sans oublier Henri, parfaitement remis de ses libations de la veille. La fête s'annonçait somptueuse puisque après l'apéritif, ils commenceraient par déguster des fruits de mer qu'ils feraient suivre par du homard, et bien entendu, pour couronner le tout, par le bar de Jean-Pierre, servi entier sur un plat gigantesque. Ce repas ne ruinerait pas Job puisque c'était lui qui fournissait coquillages, crustacés et poisson, le restaurateur ayant accepté de lui faire un forfait par tête pour la cuisine et les vins.

Le temps était au beau et Sébastien avait accepté sans rechigner de rendre service à son beau-père et livré pour lui une commande urgente près de Lochrist. Il en était revenu par le sentier côtier et avait fait une pause à la pointe des Renards pour y contempler le paysage et, au loin, les îles et les volutes de fumée blanche qui s'échappaient des fours à goémon, ces fosses dallées de pierres plates. La cuisson terminée, les goémoniers récupéraient les pains de soude, encore appelés *bara mor* ou pains de mer, qui, traités dans les usines d'iode, donnaient la teinture d'iode, cet antiseptique si prisé dans les salles d'hôpital et sur les champs de bataille.

Sébastien repensait à la confidence que lui avait faite récemment Henri, le jeune et sympathique matelot bigouden de Jeff, qui ne comprenait pas que, chez eux, ce soient les pêcheurs qui fassent ce métier de goémonier, puisque c'est à cause de cela qu'ils vivaient comme des crève-la-faim. Des pêcheurs crevant de faim, il y en avait partout, car tous n'avaient pas la chance de chercher à sortir des sentiers battus. La plupart acceptaient leur sort sans chercher d'autre solution.

Comme convenu avec Job, il s'était ensuite directement rendu au *Lion d'Or* pour constater qu'il était, *a priori*, le premier arrivé. L'ambiance feutrée qui régnait dans le restaurant lorsqu'il y arriva surprit Sébastien. Le commis qui s'activait sans bruit au comptoir préparait des verres ne semblant cependant pas destinés aux quelques clients étrangement silencieux qui patientaient au bar. Par contre, un brouhaha curieux lui parvenait de la salle où il s'aventura.

Ce bruit confus provenait d'un groupe d'hommes et de femmes qui semblaient écouter très attentivement les propos de l'un d'eux. Il s'en approcha et ne put refréner un sourire lorsqu'il s'aperçut qu'ils faisaient cercle autour de Jeff, qu'ils écoutaient religieusement leur narrer sa grande aventure de la veille. S'ils faisaient honneur au verre qu'ils tenaient tous à la main, c'est avec, lui sembla-t-il, tout autant de plaisir qu'ils buvaient les propos que leur tenait le pilote. La pêche qu'il leur décrivait n'atteignait peut-être pas encore le niveau de celle, miraculeuse, des apôtres au lac de Génésareth, mais elle n'en était pas très loin. Un ou deux verres de plus et elle la dépasserait sans doute, d'autant que, contrairement à eux, les apôtres n'avaient pas grand mérite, puisqu'ils avaient en Jésus un conseiller hors pair qui faisait, sur ce lac, ses débuts en miracles.

Réputé pour sa verve de conteur, Jeff leur faisait la démonstration brillante de ses talents en réussissant le plus naturellement du monde à transformer une banale sortie en mer en une épopée maritime aussi mémorable que le combat du siècle qui, sept ans plus tôt, avait mis aux prises Dempsey et Carpentier. À l'écouter, s'ils vivaient à l'époque actuelle, Ulysse et ses compagnons ne manqueraient certainement pas de venir prendre des leçons au large de la rade de Brest, car la lutte qu'avait dû soutenir le jeune Jean-Pierre contre ce bar déchaîné avait été bien plus rude que celle de Zeus contre les Titans ou celle de David contre Goliath.

En définitive, la distance réelle entre Marseille et Brest devait être bien moins importante que celle qui figurait sur les cartes, en conclut Sébastien, se fiant à la façon dont Jeff relatait « leur » exploit. Lorsque le patron du restaurant surgit de sa cuisine où il venait de contrôler, pour la énième fois, la cuisson du bar, Seb lui fit un signe de la main auquel le commerçant lui répondit par un sourire. Sourire qu'il accompagna d'un haussement de sourcil et d'un mouvement du menton. Ne manquaient que les quelques mots qu'il ne prononça pas : « Tu le vois comme moi, ce phénomène ? »

Tandis que dans la grande salle, située à l'arrière du bar, les serveuses finissaient de dresser la table, le patron rejoignit ses commis derrière le comptoir pour y surveiller la préparation de la tournée à venir. Il s'agissait d'une bonne vingtaine de verres de « chinetoque », la boisson favorite des marins de la Royale et du Commerce comme des soldats de la Coloniale. Que son appellation soit Pernod, Ricard ou encore le jaune de l'ouvrier du port, l'apéritif anisé était devenu la règle pour le consommateur lambda dans tous les ports de France et de Navarre.

— Qu'est-ce que je sers au grand pêcheur de bar ? demanda Sébastien, caustique, à Jeff qui n'avait pas fini de pérorer.

Jeff s'interrompit aussitôt :

— Je vous demande d'applaudir comme il se doit mon ami Sébastien Le Goaster, le père du héros de cette fête qui a sorti seul de l'océan ce bar exceptionnel de huit kilos neuf cents.

— Huit kilos trois cents, Jean-François, huit kilos trois cents, rectifia Sébastien. C'est déjà beaucoup !

— Nous n'allons pas mégoter pour quelques grammes, lui rétorqua Jeff en haussant les épaules. Ne soyons pas mesquins et buvons tous un coup à la santé du grand-père du héros du jour, pour le remercier de son aimable et généreuse invitation à ce déjeuner.

— Je te remercie, Jeff, pour ton chaleureux accueil, intervint à son tour Job qui arrivait sur ces entrefaites. Je tiens cependant à préciser à tous les clients ici présents et que je n'ai pas invités qu'ils devront régler leur consommation au bar. À moins, bien entendu, qu'ils ne soient tes invités pour le baptême de ton bateau, Jeff. Je préfère clarifier les choses avant de passer à table pour qu'il n'y ait pas de malentendu après le pousse-café.

— Si je ne te connaissais pas, Job, je n'hésiterais pas à dire que c'est un homard et pas un crabe que tu as dans la poche. Comment ! Tu n'arroses pas une prise pareille mieux que cela ?

— À moins que tu n'y participes pour moitié avec moi puisque, à t'entendre, si ce n'est pas toi qui as sorti ce bar de l'eau, c'est tout comme, non ?

Un éclat de rire général marqua cette mise au point que Jeff, beau joueur, salua à son tour à sa façon.

— Admets que c'était bien tenté, Job. Tu aurais pu marcher !

30

Lorsqu'en 1925, lors de la mise à l'eau de *L'Étoile du Matin*, Jeff avait fait part à ses deux matelots de sa décision de privilégier dorénavant le pilotage à la pêche, c'est, comme il s'y attendait, Henri qui s'était montré le plus déçu. Le garçon avait vraiment la vocation de pêcheur côtier alors que François Brénéol, son second matelot, n'était devenu pêcheur que pour ne pas être garçon de ferme. Henri aimait la mer et la côte bretonne, ses récifs et ses îlots, comme il aimait aussi la pêche côtière, et cela quelle qu'elle soit, aussi bien celle de crustacés que de poissons divers ; il aimerait probablement de la même façon la pêche hauturière le jour où il s'y aventurerait, car il s'y aventurerait un jour, ne serait-ce que par curiosité, Jeff en était certain.

Par contre, il n'avait pas la vocation de matelot de bateau pilote. Sillonner la côte en attendant patiemment que se manifeste un cargo, ce n'était pas pour lui. D'autant que même si les conditions de mer étaient très différentes, c'était une activité qui manquait de variété. Jeff s'attendait donc au départ d'Henri ; aussi ne fut-il pas surpris lorsque quinze jours à peine après la mise à l'eau de *L'Étoile du Matin*, celui-ci lui annonça qu'il avait décidé de le quitter pour retourner dans son Loctudy natal. Heureux de voir Jeff prendre bien la nouvelle, il lui précisa qu'il était si gêné de lui annoncer sa décision qu'il ne s'y était résolu que deux jours plus tôt, à la réception d'une lettre de son père l'informant que sa sœur allait se marier et qu'il aurait besoin de lui très bientôt.

L'Étoile du Matin était un bateau rapide, solide, taillé pour faire un beau bateau pilote. De plus, il avait été construit en un temps record, Jeff aurait donc dû être heureux. Pourtant, dès le lendemain de cette pêche au bar qui resterait dans les annales locales, il s'était trouvé confronté à ce qu'il avait eu le tort de considérer trop longtemps comme un détail, puisque ce détail devenait maintenant beaucoup plus que cela : un véritable os et peut-être bientôt un handicap insurmontable.

La digue de Sainte-Barbe dont la construction avait débuté deux ans et demi plus tôt, n'était en effet toujours pas terminée, contrairement au programme annoncé. Or, c'était à l'abri de cette digue que Jeff comptait mouiller son nouveau bateau en l'amarrant à la chaîne traversière prévue à cet effet. Et cette chaîne n'était, bien évidemment, toujours pas installée. Son *Étoile du Matin* se trouvait donc sans abri réel, car son tirant d'eau ne lui permettait pas de mouiller dans la ria sans s'échouer à marée basse, un handicap rédhibitoire pour un bateau pilote qui ne pouvait pas travailler normalement.

Son incertitude monta encore d'un cran lorsque la municipalité décida de raccourcir la digue en raison du dépassement du budget initial. Les choses se compliquaient encore pour Jeff qui, afin d'arrêter définitivement sa décision, choisit de tester l'abri initial prévu. Ainsi, un soir de mauvais temps, il resta à bord de son bateau qu'il mouilla derrière la digue. Le résultat de cet essai fut catastrophique : correcte par temps calme, la protection de la digue était loin d'être suffisante par mauvais temps, au point que Jeff fut contraint de sortir du port pour ne pas s'échouer. Que se passerait-il par gros temps ou par tempête, lorsque les vagues submergeraient la digue ? Le résultat de cette erreur d'appréciation et de calendrier était aussi simple que terrible : dans la configuration actuelle et sans doute même future du port, par marée basse, son nouveau bateau était inutilisable au Conquet. Il n'avait d'autre solution que de le vendre au plus tôt pour en acheter un autre, plus petit et mieux adapté.

Il eut la chance de vendre presque aussitôt *L'Étoile du Matin* à un paysan conquétois qui comptait installer dans quelques mois l'un de ses fils à la ferme de l'île de Béniguet. Comme l'homme n'avait pas besoin du bateau immédiatement, Jeff se proposa de lui trouver quelqu'un qui pourrait le louer quelques mois. Il en parla à Henri qui sauta sur l'occasion et boucla l'affaire avec le paysan avant de racheter, à prix d'ami, ses casiers inutiles à son ancien patron.

Quelques jours plus tard, Henri fit ses adieux à Jeff et sa famille ainsi qu'à tous ses amis conquétois – et Dieu sait s'il en avait, tant femmes et filles qu'hommes d'ailleurs –, auxquels il annonça son départ en offrant une tournée générale chez Félicien. Durant cette soirée, Henri rencontra son jeune ami Jean-Pierre Le Goaster qu'il n'avait pas vu depuis cette fameuse pêche au bar.

Jean-Pi, qui venait de terminer ses dix-huit mois de service militaire, lui apprit qu'il souhaitait quitter le Léon pour la Cornouaille dans le but d'y apprendre le métier de mareyeur. Il avait acquis l'ABC de la pêche côtière, tant au filet qu'au casier, chez Armand Riou, son oncle, pêcheur à Landéda, avant de devenir premier matelot sur un autre bateau côtier, toujours à Landéda, puis d'embarquer sur un chalutier. Il aimerait maintenant apprendre le métier de mareyeur dans le

Sud-Finistère, à Loctudy, Concarneau ou au Guilvinec, peu importait. À tout prendre, il préférerait un petit port plutôt qu'un grand. Il en avait parlé à Jeff qui lui avait conseillé de s'adresser directement à Henri. Sa question était simple : pourrait-il l'introduire à Loctudy?

Il avait exposé dans le détail le sens de sa démarche à Henri. Son grand-père, Job Riou, espérait qu'il prendrait sa suite tout en ayant parfaitement conscience du caractère suranné de ses installations. Il admettait même qu'il connaissait mal les évolutions techniques du métier de mareyeur, qu'il exerçait pourtant depuis trente-cinq ans. Bref, comme il l'avait avoué, il s'était encroûté.

Après s'être informée auprès de confrères, Marguerite avait bien procédé à un renouvellement et à une modernisation de quelques petits équipements qui facilitaient le métier et la vie de Job. Pour autant, ce dernier n'avait pas pris pleinement conscience des bouleversements techniques survenus dans son métier depuis la guerre. S'il se savait parfaitement capable de transmettre à son petit-fils tout son savoir en matière de poissons et de crustacés, Job souhaitait par contre que le jeune homme aille apprendre le métier en dehors du cocon familial. Et c'est parce que le Sud-Finistère passait pour la zone la plus en pointe au niveau technique en matière de mareyage qu'il souhaitait que Jean-Pi y apprenne le b.a.-ba.

Le vieux mareyeur était parfaitement conscient que les temps changeaient; c'est d'ailleurs lui qui avait insisté auprès de Marguerite pour que son petit-fils passe son brevet élémentaire. Il était persuadé qu'il devait exister dans les ports comme Lorient, Concarneau et Douarnenez des machines ou appareils mécaniques qui facilitaient considérablement les métiers portuaires, dont le sien. Jean-Pierre partageait ce point de vue et c'est pour cela qu'il demanda son aide à

Henri, qui promit de le parrainer. Il comptait, pour ce faire, sur l'aide de son père; les deux hommes choquèrent leurs verres pour marquer leur accord avant de se serrer la main et de se donner rendez-vous le surlendemain matin chez Margot, à six heures *L'Étoile du Matin* serait à flot.

Ils étaient donc partis à la voile plein sud, poussés par un vent de nordet de vingt nœuds, tout en pêchant à la traîne. Ils avançaient trop vite sans doute puisqu'ils n'avaient rien pris au bout de une heure; ils ramassèrent leurs lignes. Il n'était pas encore midi lorsqu'ils passèrent le raz de Sein, et ils s'abritèrent ensuite une demi-heure derrière la pointe de Plogoff pour manger un morceau. Margot, qui n'avait pas oublié qu'Henri était célibataire, leur avait préparé quelques tranches fines de lard entre deux autres de pain et en avait fait autant avec deux darnes de lieu. Elle y avait ajouté quelques œufs et pommes, sans oublier une bouteille de vin rouge du Bordelais. Une fois rassasiés, ils mirent le moteur pendant un quart d'heure pour regagner le large avant de le couper et de faire voile sur Penmarc'h.

Il n'était pas encore cinq heures lorsqu'ils doublèrent le phare d'Eckmühl et la pointe de Penmarc'h puis Le Guilvinec, avant de longer la côte jusqu'à ce qu'ils aperçoivent enfin la tourelle rouge des Perdrix et le phare de Langoz. Ils arrivaient à destination. Il était six heures pétantes lorsqu'ils accostèrent au port de Loctudy. Durant ce voyage de près de douze heures, ils avaient pu échanger, parler de leurs familles, de leurs expériences professionnelles, de leurs attentes, de leurs espérances aussi et donc de leur futur, proche comme plus lointain. Jean-Pi avait ainsi appris l'amitié qui liait depuis la guerre Jeff et Michel, le père d'Henri, qui s'écrivaient régulièrement.

C'est d'ailleurs cette amitié qui lui avait permis de s'installer au Conquet et d'y apprendre la pêche au casier, lui avait confié Henri qui avait bien l'intention de mettre à profit son expérience dans le pays bigouden. Sans rien lui promettre puisqu'il ignorait s'il y aurait ou non de la place dans la maison familiale, Henri envisageait de loger Jean-Pierre ce premier soir.

Son père, Michel, était depuis la fin de la guerre le gardien du phare de Langoz qu'Henri lui avait montré en arrivant au port de Loctudy. C'était presque une sinécure pour lui : gardien de phare à terre, dans son village natal, que pouvait-il rêver de mieux? C'était du nanan pour Michel, d'autant qu'il était logé gratuitement, avec toute sa famille, dans la petite maison de fonction que la direction des Phares et Balises avait fait construire pour son gardien, juste au-dessus de la plage.

C'est dans cette petite maison de gardien qu'ils venaient d'arriver tous les deux. Comme chaque jour, avant de prendre son service, Michel faisait la sieste chez lui et il était profondément endormi lorsque Maryvonne, sa femme, entra dans la chambre et le secoua doucement pour le réveiller, avant de lui souffler à l'oreille :

— Michel, ton fils est là…

— Hein? Qui? Mon fils… Henri?

— Oui. Henri est enfin arrivé. Lève-toi. Il t'attend en bas. Il est avec un ami, un pêcheur qui veut devenir mareyeur, si j'ai bien compris. Un gars du Conquet.

— Dis-leur que j'arrive.

Après qu'Henri eut présenté Jean-Pierre à ses parents, père et fils s'étreignirent affectueusement avant que Michel ne reste un long moment à contempler son fils, admiratif. Il avait bien pris huit à dix kilos de muscles depuis la dernière fois qu'ils s'étaient vus. Il est vrai que cela faisait déjà deux ans. Henri avait mûri. Il avait le visage et la stature d'un homme maintenant, et c'en était un, cela se voyait autant à son regard qu'à son air décidé. Il était visiblement bien dans sa peau et irait loin. De son côté, après l'avoir lui aussi longtemps détaillé, son fils finit par dire :

— Tu n'as pas changé, papa, même si tu parais un peu fatigué.

— Un peu fatigué, moi ? Je suis crevé, fils ! Complètement crevé et je ne sais pas pourquoi. Peut-être est-ce tout simplement mon âge, ce que l'on appelle le poids des ans. J'ai franchi la cinquantaine, et ce n'est pas rien, tu le verras quand tu y parviendras. Enfin, je vais être bientôt libéré de tout souci familial puisque ton frère Pierrot finira bientôt ses études à son école de Paimpol.

— Déjà ? Ça a passé drôlement vite, dis-moi !

— Tu trouves ? Eh bien pas moi !

— Et mes sœurs ? Que deviennent-elles ?

— Les deux dernières ne nous posent pas de problèmes. Elles sont toujours sardinières à la conserverie Le Gall et encore trop jeunes pour parler de mariage. Encore qu'avec les filles, on n'est jamais sûr de rien, tu le sais aussi bien que moi… Elles ne gagnent pas grand-chose, certes, pour le travail qu'elles font, mais cela permet de mettre du beurre sur le pain. Quant à Jacqueline, elle se marie dans moins de deux mois et c'est pourquoi je suis heureux que tu sois là. Tu ne peux pas imaginer ce que c'est compliqué, une fille, aujourd'hui ! Je ne comprends d'ailleurs ni ta sœur ni ta mère, mais ça, ce n'est pas nouveau.

— Qu'est-ce que tu ne comprends pas ?

— Tous leurs chichis… C'est à croire qu'une belle cérémonie de mariage est l'assurance d'une réussite familiale !

Pour avoir un mariage qui marque, nos femmes seraient prêtes à nous endetter pour la vie ! C'est inouï ! J'ai heureusement réussi à leur faire entendre raison. Elles voulaient aller au restaurant ! Tu te rends compte ?

— Et alors ? Qu'est-ce que cela a d'extraordinaire, papa ?

— Tu imagines le coût ? Si j'étais un bourgeois, je ne dis pas ! Mais je ne suis ni un industriel de l'iode comme Tissier au Conquet, ni un conserveur comme Alexis Le Gall fils chez nous ! Nous ferons le repas en famille, comme dans l'ancien temps. Mon frère possède une grange où l'on pourra caser tous les plus âgés ; les plus jeunes iront sous des tentes. Le repas sera préparé sur place.

— Qui prépare ce repas ?

— Le chef cuistot ? C'est un ancien second de cuisine sur un paquebot. Il me demande cinq cents grammes de homard ou de langouste par personne, rends-toi compte !

— C'est raisonnable, même si cela va te coûter cher, répondit Henri, décidé à faire marcher son père qui aurait dû se montrer un peu plus franc avec lui.

— Aussi n'ai-je pas l'intention de le payer. Je compte sur toi pour me le pêcher.

— Comment ? Tu veux que je pêche les homards prévus pour ce festin ?

— Oui, pourquoi t'aurais-je demandé de venir si tôt, sinon ?

— Voyons, papa… Avec quoi veux-tu que je les pêche, ces homards ? Je n'ai ni bateau ni casiers, et je ne connais pas le coin plus que ça…

Il lui apparut d'emblée que son père, profondément troublé, n'avait pas pensé à cela. Il est vrai qu'il n'était pas pêcheur…

— C'est indispensable, les casiers? Ça ne marcherait pas avec des filets?

— Pêcher le homard au filet, je ne l'ai encore jamais fait, papa.

— Des casiers, il n'y en a pas beaucoup ici. Tu ne pourrais pas mettre Jeff à contribution?

— Trop tard pour Jeff. Il fait du pilotage maintenant et a vendu bateau et casiers.

— Il a tout vendu? Me voilà dans de beaux draps!

— Enfin, papa, tu aurais dû y penser plus tôt! Il te suffisait de m'écrire. Pour le homard, je crois que c'est cuit. Du moins pour ce qui est de ton repas de noces.

— Eh bien! Moi qui comptais sur toi…

— Qu'est-ce que tu veux, papa… La plus belle fille du monde ne peut donner que ce qu'elle a. Et un pêcheur sans bateau, ce n'est plus un pêcheur.

— Pourtant, il faudra bien le payer d'une façon ou d'une autre, ce homard.

— Combien de kilos t'en faudrait-il?

— Je ne sais pas, moi. Nous serons environ cent cinquante personnes…

— Pfuitt! Quatre-vingts kilos… Ce n'est pas rien!

— Tu aurais une solution?

— Pas pour le moment, mais qui sait… Juste une question, papa : pourquoi ne m'as-tu rien dit? J'aurais pu prendre mes dispositions pour t'aider, alors que maintenant, c'est sans doute trop tard!

— Si j'avais su…

La détresse qu'il lut à cet instant dans les yeux de son père était telle qu'Henri craqua et, décidé à mettre un terme à cette mauvaise plaisanterie, il reprit :

— Si tu avais su, tu m'aurais écrit.

— Oui.

— Et tu ne l'as pas fait. Tu as préféré écrire à Jeff. Pour l'inviter sans doute.

— Oui. Je pensais aussi qu'il t'en parlerait et te proposerait son aide.

— C'est ce qu'il a fait à sa façon, même si je ne l'ai pas compris. Enfin, l'essentiel est bien que je sois venu avec un bateau et des casiers, n'est-ce pas ?

— Tu as… un bateau et des casiers ?

— Oui. Sois rassuré : mon bateau est ici, mouillé dans le port, et dès demain, je vais t'aider à résoudre ton problème.

— Ce n'est pas vrai ! C'est une blague… Tu as vraiment un bateau ?

— Oui, papa, et ce n'est pas une blague.

— Mais alors… Tu me fais marcher depuis dix minutes ?

— Oui, et tu as couru, papa ! D'ici à une semaine, tu auras tout ce qu'il te faut : homards, poissons, vins et viande. Je vais te dire ce que nous allons faire…

31

Père et fils passèrent deux jours à mettre en place leur troc avec le mareyeur de Loctudy. Henri commença par lui proposer un échange homards et langoustes contre poissons, huîtres et coquillages, ce qui ne posa aucune difficulté. La suite fut un peu plus ardue sur le plan des négociations, puisqu'il s'agissait cette fois d'échanger langoustes et homards contre viandes et vins que le mareyeur accepta de négocier avec un boucher et un marchand de vin de Pont-l'Abbé qui comptaient parmi ses amis et très bons clients. Il prenait bien entendu sa commission au passage et, comme il n'y allait pas avec le dos de la cuillère, Henri commença par refuser ses propositions.

Après des tractations et des semblants de disputes qui laissèrent Michel pantois, ils finirent par faire affaire et transigèrent finalement sur une commission de vingt-cinq pour cent qui leur convenait à tous deux, même si Michel déclara à son fils qu'il s'était fait plumer. En réalité, si Henri était satisfait, son père l'était beaucoup plus puisque ce repas de mariage ne lui coûterait qu'environ le cinquième des frais qu'il prévoyait. Cela lui permettait aussi – et ce n'était pas rien – d'éviter d'être redevable de quoi que ce soit envers son beau-frère, auquel il comptait demander de lui fournir de la viande à prix préférentiel. Sa femme et sa fille pouvaient maintenant préparer « leur » mariage en toute sérénité, d'autant qu'il était en mesure d'annoncer à sa fille que pour accueillir ses invités, il allait louer la salle qu'elle souhaitait.

Les semaines qui précédèrent la cérémonie furent, pour Henri, source de grandes joies. Il retrouvait avec un plaisir renouvelé son Loctudy natal. Il fit découvrir à Jean-Pierre, son matelot par intérim, la douceur de la côte cornouaillaise, si différente de celle du Léon, plus sauvage et plus rude. Alors qu'il n'avait encore qu'une connaissance limitée des zones de pêche locales, Henri vit cette première semaine de pêche dans son village natal couronnée de succès, puisque Jean-Pierre et lui ramenèrent plus de quatre cents kilos de crustacés, dont un quart de langoustes. Et comme la seconde fut du même acabit, l'avenir s'annonçait radieux.

Après avoir prié son père d'inviter Jean-Pierre au mariage, Henri se demanda quelle demoiselle d'honneur lui destinait son futur beau-frère. Il l'aurait su depuis longtemps s'il avait vécu sur place, mais aujourd'hui, il était toujours dans l'inconnu puisque sa sœur n'en savait rien et qu'il ne connaissait pas son futur beau-frère, qu'il n'avait aperçu qu'une seule fois. La mentalité des jeunes Bigoudènes était, par contre, loin d'être une inconnue pour lui, ne serait-ce que parce qu'il avait deux sœurs, et il se doutait bien que quelle que soit sa cavalière, il serait pour elle une cible de choix puisqu'il était patron pêcheur et bigouden, les deux premiers critères de sélection de ces demoiselles.

Il plaida sa cause auprès de Jacqueline qui lui promit de le faire passer pour un célibataire endurci car elle ne tenait pas plus que lui à ce que son mariage devienne une chasse au mari dont son frère serait l'un des trophées. Ce qu'ignorait Henri, c'est que le danger ne viendrait pas de sa sœur mais de son père, qui brûlait d'envie de le caser et savait que le mariage de sa fille représentait la plus belle occasion qu'il aurait de le faire. Lorsqu'on avait la chance d'avoir un fils célibataire de vingt-cinq ans qui n'avait physiquement pas grand-chose à envier à Charles Boyer ou Maurice Chevalier, et qui, de plus, avait prouvé qu'il n'avait pas les deux pieds dans le même sabot, quoi de plus normal que de tenter de lui faire épouser sinon une héritière, du moins une jeune fille bien nantie ? C'était ce à quoi Michel s'était attelé, et s'il n'était pas parvenu à convaincre sa fille de l'aider, il en avait parlé à son futur gendre qui lui avait promis de l'épauler.

Vint le jour du mariage, un beau mariage où les tenues locales le disputaient aux toilettes de cérémonie, et les coiffes bigoudènes aux chapeaux-cloches et foulards assortis des élégantes. Lorsque, peu avant leur départ pour la mairie, Jacqueline lui présenta sa cavalière – l'une de ses futures belles-sœurs, également demoiselle d'honneur –, elle lui glissa dans le creux de l'oreille que cette jeune fille ne représentait aucun danger puisqu'elle était amoureuse d'un garçon également invité au mariage. Si la nouvelle rassura Henri, elle était aussi assez gênante et il se demanda un long moment ce qu'il convenait de faire. Une fois déterminé, il attendit la fin des cérémonies civile et religieuse pour aborder franchement le sujet avec la jeune fille. Ils décidèrent d'attendre les danses qui clôtureraient le déjeuner pour procéder à la permutation de partenaires qui permettrait à sa cavalière de retrouver celui qu'elle considérait déjà comme son fiancé. Ce qu'ils firent donc le moment venu, et les deux couples se recomposèrent aussitôt.

Henri constata très vite qu'il ne perdait pas au change. Sa nouvelle cavalière était une femme de trente-deux ans qui tenait à Quimper un magasin de vêtements pour femmes parmi les plus réputés de la place. Henri s'aperçut durant le dîner puis en dansant avec elle que Monique n'avait rien d'une oie blanche, d'autant qu'elle parlait beaucoup, et surtout d'elle d'ailleurs. Elle lui apprit ainsi qu'elle était veuve, sans enfants, et qu'elle n'avait nullement l'intention de se remarier. Elle tenait à son indépendance et à sa liberté, qu'elle devait pour partie à sa pension de veuve de guerre, une pension appréciable puisque son mari, capitaine dans la cavalerie, avait été militaire de carrière. Ils dansèrent ainsi toute la soirée et le dîner se terminait quand elle en revint à son époux et précisa :

— Mon militaire d'époux était un hussard en tout point, si vous voyez ce que je veux dire, Henri, lui déclara-t-elle en le regardant dans les yeux. Pour une femme libre comme je le suis, ce n'était pas l'idéal…

Il n'avait pas compris le sens de sa phrase et, pour toute réponse, choisit de lui décocher son plus beau sourire. Il s'apprêtait à ajouter qu'il avait une envie folle d'elle lorsque son père surgit et lui chuchota, assez fort pour que Monique l'entende :

— Henri, peux-tu venir une seconde, s'il te plaît ?

— Désolé, papa, pas maintenant. Plus tard, peut-être…

— Quand même, tu pourrais faire un effort. Je voudrais te présenter une jeune fille.

— Je t'ai dit non, papa. Pas maintenant.

Son père rougit avant de s'en aller, dépité, sans se douter qu'il avait peut-être rompu le charme. Effectivement, un ange passa avant que Monique, qui n'avait pas du tout apprécié cette intervention, manifeste sa mauvaise humeur.

— Quand donc termineront-ils le service ? s'agaça-t-elle.

— Dès qu'ils auront fini de servir les liqueurs et les alcools, lui répondit-il poliment.

Visiblement très contrariée, la jeune femme lui proposa alors de quitter cette soirée dont ils n'avaient que faire ni l'un ni l'autre, selon ses propres termes. Henri était partagé entre son envie de la suivre et son sens du devoir : il ne pouvait quand même pas quitter ainsi le mariage de sa sœur dont il était garçon d'honneur, lui rétorqua-t-il, contrarié. Il s'apprêtait à plaider sa cause et à lui demander de patienter quand Monique lui répondit :

— Dommage, Henri, j'aurais bien aimé faire l'amour avec vous, mais je ne vais pas perdre toute ma soirée à vous attendre dans cette ambiance campagnarde. J'estime avoir déjà fait suffisamment d'efforts depuis ce matin.

— Cela n'a rien d'une soirée campagnarde, Monique, c'est un dîner de mariage entre pêcheurs ou, du moins, entre gens de mer.

— Pêcheurs, paysans, pour moi, c'est du pareil au même, répondit la jeune femme en se levant. Je suis une citadine, moi.

— Pas moi, Monique. Je suis un pêcheur.

— Vraiment? C'est curieux… En vous, je voyais un homme, et rien d'autre.

— L'un n'empêche pas l'autre. Et tant pis si vous manquez de patience pour le vérifier.

— Tant pis pour qui? lui ajouta-t-elle, presque narquoise déjà.

Après l'avoir une dernière fois invité du regard à la suivre, elle prit son sac à main devant son signe de tête négatif, lui tourna le dos et le quitta.

Il la suivit des yeux sans la reconduire, puisqu'elle ne le lui avait pas demandé et que, surtout, il n'en avait plus du tout envie. Jamais, jusqu'à ce jour, une femme ne l'avait planté ainsi et il prenait ce départ comme un camouflet. Il croyait lui plaire et s'était trompé. Elle l'avait tout simplement choisi comme amant d'un soir et rien d'autre. De tous les hommes de l'assemblée, sans doute lui avait-il paru le plus acceptable, ou le seul passable sinon le moins minable. *Quel affront!* se dit-il, ulcéré d'être traité de cette manière. Un affront pour lui et pour toute sa famille. Pour qui se prenaient donc ces bourgeoises de la ville?

Cette femme n'était qu'une commerçante comme tant d'autres, et le fait qu'elle ait été invitée par les deux familles en remerciement de la remise qu'elle leur avait consentie sur leurs achats dans son magasin ne l'autorisait pas à se comporter comme elle venait de le faire. Puisqu'elle avait accepté l'invitation, la politesse exigeait qu'elle reste au moins jusqu'à la fin du repas. Eh bien non! Elle avait perdu assez de temps avec ces manants!

En réalité, son unique objectif ce jour-là était de se trouver un homme pour un soir. Cette femme était une chasseresse et son gibier, l'homme, le mâle. Henri n'avait jusqu'alors jamais rencontré de femmes de ce genre, il s'imaginait même qu'elles n'existaient que dans les romans érotiques comme *La Garçonne*, dont lui avaient parlé bien des filles...

Lorsqu'il passa devant lui et le vit seul, les yeux perdus dans le vague, Jean-Pierre l'invita à rejoindre son groupe de jeunes, ce que fit aussitôt Henri qui avait besoin de se changer les idées. Deux minutes plus tard, il valsait avec une première jeune fille, suivie de nombreuses autres. Et comme c'était un parfait danseur – formé au Petit Jardin de Brest, comme il le précisait souvent en plaisantant –, ces demoiselles se pressaient autour de lui. Au fil des danses, il remarqua une jeune fille, bonne danseuse, qu'il réussit finalement à inviter. Lorsqu'ils commencèrent à valser, les regards se concentrèrent très vite sur eux tant leurs corps s'accordaient. Et quand la danse s'arrêta et qu'il remercia sa partenaire, il prit enfin le temps de la regarder comme elle le méritait. Des yeux noisette, des cheveux châtain clair, des lèvres pulpeuses, un beau sourire... Bien que timide, Marie était ravissante, et comme elle était de plus sympathique...

Il était plus de minuit quand Henri et Jean-Pierre, qui dormaient dans la même chambre, se retrouvèrent seuls à fumer leur dernière cigarette de la journée en buvant une bolée de cidre. Ils étaient tous les deux ravis, Henri pour sa dernière rencontre de la soirée, Jean-Pierre pour l'une de ses premières. Peu avant le repas, sa cavalière lui avait en effet présenté quelques membres de sa famille invités à ce mariage. Et parmi ceux-ci, un de ses oncles, mareyeur au Guilvinec que Jean-Pierre avait revu après le déjeuner. Il lui avait expliqué ce qu'il recherchait comme emploi, en lui précisant dès l'abord son objectif. L'homme avait apprécié sa franchise et lui avait fixé rendez-vous le mardi suivant à neuf heures du matin.

Le lendemain, jour du retour de noces, Henri retrouva Marie et tous deux firent plus ample connaissance. Contrairement à ce qu'il s'imaginait, la jeune fille était une Loctudiste comme lui et c'est Jacqueline qui l'avait invitée à la demande de sa mère qu'Henri connaissait de vue. Marie travaillait à la conserverie d'Alexis Le Gall, comme ses deux jeunes sœurs, et s'y trouvait bien, même si c'était moins bien payé que naguère. Car elles ne chômaient pas, c'est sûr : elles se démenaient de huit heures à midi puis de quatorze heures à dix-neuf heures, sans compter les extras qui leur tombaient dessus quand il y avait du travail, au point qu'il leur arrivait parfois de ne finir qu'à minuit ou même une heure du matin. Quand elles terminaient tard, la patronne, Mme Le Gall, leur apportait le plus souvent à manger et à boire, du café ou du thé. Elle leur avait même offert une fois un alcool de poire, très bon d'ailleurs. Elles chantaient toutes ensemble en riant car elles s'entendaient très bien entre elles.

Lorsqu'il vit son fils avec la petite Le Dû, Michel en fut profondément désolé : ses plans tombaient à l'eau car Jo Le Dû, le père, n'était et ne serait jamais qu'un matelot, rien d'autre, et la petite resterait toujours une penn-sardin. Et dire qu'il avait cru dur comme fer à la possibilité d'une union entre son fils et la seconde fille de Jeff ! Lorsqu'il en avait parlé à son ami, Jeff lui avait répondu :

— Ton fils sait ce qu'il veut, Michel. Laisse-le agir comme il l'entend.

C'était dit, constata Michel, dépité. Décidément, pas un de ses enfants ne ferait le mariage qu'il espérait pour eux. Pauvres gueux ils étaient nés, pauvres gueux ils resteraient. Ils s'imaginaient que les films d'amour qu'ils voyaient au cinéma de Pont-l'Abbé peignaient la réalité ! Pour sa part, il était persuadé que l'homme ou la femme qui se mariait par sentiment avait toutes les chances d'être déçu s'il perdait cet amour en cours de route, comme c'était le cas neuf fois sur dix.

Au contraire, un mariage de convenance contraignait l'homme et la femme à des efforts quotidiens pour apprendre à se connaître et à vivre ensemble, à construire leur couple, pierre par pierre. Maryvonne, il l'avait choisie pour son caractère, sa patience, son courage, des qualités indispensables pour une femme de gardien de phare, pas pour sa beauté. Il ne s'était pas trompé sur elle. Pourquoi son fils n'en faisait-il pas autant ? Son bateau n'était pas à lui… Il lui faudrait bien en acheter un autre ! Avec quel argent le paierait-il ? Et en plus, il renâclait à faire le métier de goémonier l'hiver. Même si ça rapportait peu, il serait pourtant bien obligé d'y passer, sinon il crèverait de faim à la mauvaise saison…

32

1926-1930

Ce n'était pas un mariage bourgeois ni même de pêcheurs nantis, car les Le Dû étaient loin d'être des gens aisés. Henri avait accédé à la demande de Marie qui souhaitait quelque chose de simple et, en mars 1926, ils s'étaient unis lors d'une cérémonie d'une grande sobriété. Le déjeuner qu'Henri avait offert à sa belle-famille avait par contre été excellent, tout simplement parce que son père et lui avaient repris la méthode qui leur avait si bien réussi lors du mariage de Jacqueline. Il ne tenait pas, en effet, à écorner trop tôt les réserves financières qu'il avait accumulées durant ses six premiers mois à Loctudy. Elles n'étaient pas destinées à épater ses amis le jour de son mariage, mais à financer l'achat de son premier bateau.

Ce ne serait cependant pas pour tout de suite. Il devait rendre bientôt *L'Étoile du Matin* à son propriétaire et avait déjà arrêté la location pour un an d'un autre bateau ponté et motorisé, à un tarif raisonnable bien que, quand même, nettement supérieur à celui qu'il payait au fermier de Béniguet.

Lorsqu'il comparait sa vie à celle de ses amis d'enfance, il les plaignait d'être restés goémoniers pêcheurs, liés à vie à leurs canots à misaine. Ils n'étaient pas près de changer de façon de vivre maintenant que Roussel avait ouvert sa nouvelle usine d'iode de Kerouzilic. Quand il voyait, en plein hiver, ces hommes ainsi que leurs femmes et enfants, les pieds dans l'eau, sur les plages ou dans les rochers, ramasser du goémon de rive quand ce n'était pas d'épave, Dieu sait qu'il les plaignait. Il n'oublierait jamais qu'il avait dû le faire, lui aussi, bien des années plus tôt lorsqu'il était gamin, pour apporter son obole au budget familial.

Et lorsque, le printemps venu, il croisait Julien Cariou, son grand copain d'enfance, de Langoz comme lui, et qu'il le voyait partir dans son canot avec son mousse, cela lui fendait le cœur. Ce travail de forçat pour gagner à peine de quoi ne pas mourir de faim et retrouver chaque soir, chez soi, une épouse qui avait trimé toute la journée comme penn-sardin dans la conserverie locale, non, il n'aurait jamais pu l'envisager comme avenir. Cela le peinait de voir la vie infernale que menait son copain d'enfance qui semblait accepter sans rechigner son sort de pêcheur goémonier. Et pourtant, plus jeune, il promettait tant…

Chaque matin que faisait Dieu durant ces mois de printemps et d'été, c'est sur leurs petits bateaux que Julien et ses amis s'en allaient en mer, arracher à l'aide de leurs pigouilles les laminaires accrochées aux rochers, un travail épuisant où la force physique le disputait à l'art d'enrouler le goémon sur leur outil. Ensuite, il leur faudrait encore les ramener à terre puis les mettre en tas pour les sécher avant de les brûler sur la dune, dès l'été dans leurs fours de pierre plate, d'où ils sortiraient après cuisson les pains de soude. Oui, ces hommes souffraient mille morts pour gagner leur pain, un pain qu'ils n'étaient jamais certains de pouvoir garantir aux leurs en quantité suffisante, en dépit de leurs efforts.

Il aurait sûrement été l'un d'eux sans son père. Car c'est à son père qu'il était redevable de l'expérience léonarde qui avait changé sa vie en faisant de lui un pêcheur de crustacés. À son père et à son ami Jeff, qu'il ne remercierait jamais assez pour l'avoir accueilli comme il l'avait fait à l'époque, et pour lui avoir tiré une sacrée épine du pied l'année précédente en lui proposant de louer *L'Étoile du Matin*. Cette location s'était en effet révélée être une affaire en or et il avait pu mettre beaucoup d'argent de côté durant ses six premiers mois comme patron pêcheur, six mois qui lui avaient également permis de retrouver ses repères et ses copains d'enfance.

Depuis, il avait demandé par courrier à Sébastien de s'informer sur le marché local de l'occasion, tant au Conquet qu'à Camaret, Brest et Portsall, voire même Molène s'il y avait des contacts. Il lui avait aussi indiqué qu'il n'était pas très pressé puisqu'il avait loué un bateau pour un an, *Le Cormoran Gourmand*. Il se doutait que Sébastien avait transmis sa demande à Job, son beau-père, qui était toujours parfaitement informé du marché local de l'occasion.

Il en avait également avisé Jeff qui lui avait répondu longuement par retour en commençant par regretter qu'ils n'aient pas pu se parler plus durant les deux jours qu'il avait passés à Loctudy lors de son mariage. « Il est vrai, lui écrivait-il, que le moment n'était pas le meilleur pour cela... » Il lui indiquait qu'il avait lui aussi loué un bateau, le *Va-et-Vient*, le temps de faire construire son prochain bateau pilote, le *Notre-Dame de Bonne-Nouvelle*, qu'il avait commandé au chantier du Croaë quelques mois plus tôt. Il en avait légèrement différé la construction, compte tenu du précédent de *L'Étoile du Matin*. Il préférait attendre prudemment la fin des travaux de la digue pour ne pas avoir de mauvaise surprise, cette fois.

Jeff lui indiquait également avoir récemment rencontré, au port du Conquet, le nouveau propriétaire de *L'Étoile du Matin*. Celui-ci lui avait clairement fait comprendre qu'il ne se plaisait pas du tout, mais alors pas du tout, à l'île de Béniguet, où il se trouvait seul avec son épouse et ses commis de ferme. Le vent et le bruit des vagues et du ressac l'empêchaient de dormir. Bref, il n'était pas un gars de la mer mais de la terre, et il ne ferait jamais un îlien. D'ici à ce qu'il abandonne, il n'y a qu'un pas, s'était dit Henri qui, à la lecture de ce courrier, se voyait déjà récupérer bientôt son *Étoile*.

Six mois plus tard, Henri en était toujours au même point même si cette idée ne cessait de lui trotter dans la tête : il fallait qu'il avance puisqu'il n'en avait plus que pour six mois avec *Le Cormoran Gourmand*. Pourquoi ne pas proposer à ce paysan d'acheter son bateau s'il avait l'intention d'abandonner son île comme Jeff semblait le penser ? *L'Étoile*, ce paysan l'avait certes payé cher à Jeff, mais qui sait, peut-être sauterait-il sur l'occasion si Henri proposait de le lui acheter dès maintenant ? Même s'il n'avait pas l'intention de partir tout de suite, l'occasion faisant le larron, peut-être en profiterait-il pour le lui céder, et cela à un prix intéressant ? Ce paysan verrait au moins deux avantages à cette proposition : le premier était qu'ils se connaissaient et avaient déjà fait affaire ensemble, le second, et incontestablement le principal, était qu'il lui donnerait un motif supplémentaire et peut-être décisif pour quitter sans plus tarder cette île qu'il semblait maudire. Oui, l'idée était à creuser.

Pour l'instant, Henri avait des soucis d'un tout autre ordre. Enceinte de six mois, Marie, sa jeune épouse, était si fatiguée par sa grossesse qu'elle avait dû quitter son emploi à la conserverie. C'était une bonne chose car il préférait, et de loin, voir sa femme s'occuper d'elle-même et de leur futur bébé plutôt que de s'échiner dans cette usine pour un salaire dont ils pourraient se passer. En effet, le marché de la sardine en conserve était en crise. La surpêche avait entraîné la chute des cours et redonné du mordant au syndicat d'acheteurs constitué par les patrons des conserveries finistériennes qui faisaient à nouveau la loi, tant vis-à-vis de leurs ouvrières que des pêcheurs, car la concurrence était très rude.

Cette concurrence qui sévissait partout – à Douarnenez et Concarneau surtout – avait de sérieuses répercussions sur les salaires et même l'emploi, car certaines usines se voyaient contraintes de fermer. Ce n'était heureusement pas le cas de la conserverie locale. Alexis Le Gall fils, le propriétaire, avait eu pour premier mérite – et ce n'était pas mince – de la sauver de la fermeture en 1914 avant de la développer à partir de 1919, donnant ainsi du travail bien rémunéré aux femmes de Loctudy. Son second mérite était peut-être plus grand encore : contrairement à tant d'autres, il traitait ses employées comme des membres de la grande famille qu'était pour lui sa conserverie. Ce qui expliquait pourquoi « ses filles » appréciaient l'ambiance de la maison et la gentillesse de leur patron.

S'il en était un qui ne se faisait guère de soucis, c'était bien Jean-Pierre qui avait tiré le gros lot en arrivant au Guilvinec. Il est vrai qu'il avait fait fort. Peu après son arrivée, au détour d'une conversation chez le mareyeur qui l'employait, il était tombé sur un pêcheur de Penmarc'h qui se vantait d'avoir pris un bar phénoménal, puisqu'il pesait six kilos neuf cents et mesurait quatre-vingt-un centimètres. Le malheur pour lui, c'était qu'il n'en apportait aucune preuve, même si personne ne mettait ouvertement sa parole en doute. Lorsque ce pêcheur les avait quittés, Maurice, son patron, l'avait interpellé.

— T'en as déjà vu, toi, des bars de cette taille, Jean-Pi ? Tu n'avais pas l'air surpris.

— Non, pas du tout. Chez nous, là-haut, j'en ai effectivement déjà vu.

— Ah ? Et de quelle taille ?

— Le maximum ? Un de quatre-vingt-huit centimètres pour huit kilos trois cents.

— Mazette ! s'exclama son patron, incrédule. Tu es sûr de ce que tu dis ? Si ce n'est pas une plaisanterie de Léonard, qui t'a raconté ce bobard ?

— Cela n'a rien d'un bobard. Je suis certain de ce que je vous dis.

— Et comment peux-tu en être si sûr ?

— Parce que c'est moi qui l'ai pêché.

— Toi ? Toi, tu l'aurais pêché ? Allons… Cesse de te moquer de moi !

— Je ne me moque pas du tout de vous, pas du tout, et je peux vous apporter la preuve que j'ai pêché ce bar.

— Quelle preuve ? lui demanda son patron, toujours aussi sceptique.

— J'ai eu le droit à un article et une photo dans le journal. Dans *La Dépêche de Brest et de l'Ouest*, plus précisément.

— Que tu as sans doute oublié chez toi…

— Non, je l'ai ici, dans mes affaires.

— Vrai ? Tu peux aller chercher ce journal, Jean-Pi ? lui demanda alors son patron, visiblement un peu moins dubitatif.

Dix minutes plus tard, le mareyeur s'extasiait devant la photo où le jeune pêcheur figurait entre son père et son grand-père, son bar record entre les mains. Il ne lui avait pas menti : le journal insistait bien sur le fait que le contrôle avait été fait de façon officielle. Le mareyeur se retourna alors vers Jean-Pi et le félicita.

— Eh bien, lui dit-il, chapeau, Jean-Pi ! Comment as-tu fait pour prendre une bête pareille ?

Jean-Pierre lui raconta la fameuse partie de pêche et dix minutes plus tard, c'est au bistrot du port où l'avait entraîné son patron qu'il narrait encore et encore son exploit à tous les pêcheurs du cru qui l'adoptèrent aussitôt en le nommant « Bigouden et guilviniste d'honneur ». Tous saluaient sa modestie, qu'ils soulignaient tant c'était exceptionnel chez un Léonard. Il était de notoriété publique que tous les Léonards étaient des grandes gueules, et le mérite de Jean-Pi n'en était donc que plus grand. Et dire que sans ce prétentieux venu chez Maurice Tanneau se vanter d'avoir pris un bar exceptionnel, jamais ils n'auraient rien su du haut fait de Jean-Pi ! La plupart d'entre eux s'étonnaient ou lui reprochaient même de ne pas avoir mis en boîte ce plaisantin dont le bar ne pesait que six kilos neuf cents, comparés aux huit kilos trois cents du sien !

À compter de ce jour, Jean-Pi avait été invité à droite et à gauche sous l'œil bienveillant de Maurice qui le couvait comme un fils et ne dirait certainement pas non à sa fille Thérèse si cette dernière s'intéressait à lui. Après tout, ils avaient sensiblement le même âge. Elle n'avait que deux ans de moins que lui. Et il était incontestablement plus beau garçon qu'elle n'était jolie fille, même si ce n'était pas l'avis de sa femme qui, elle, préférait les blonds. Maurice n'avait jamais compris pourquoi sa femme l'avait choisi si ce qu'elle affirmait était vrai. Enfin, elle avait quand même eu le mérite de lui apporter en dot de quoi s'installer mareyeur.

Quoi qu'il en soit, Maurice savait qu'il était inutile de chercher à comprendre la logique féminine. Il commençait aussi à se dire qu'il était peut-être temps de donner un coup de pouce au destin et qu'il serait bien inspiré de mettre un peu du sien pour rapprocher ces deux jeunes gens. Après tout, si Sébastien, le père de Jean-Pi, était un pêcheur estimé, blessé de guerre de surcroît, son grand-père Job Riou était, lui, une figure des mareyeurs du département, un fossile même selon certains puisqu'il approchait, disait-on, les soixante-dix ans.

Lorsque Margot lui avait appris qu'elle avait perdu douze kilos en trois mois, Marie-Françoise l'avait regardée vraiment, comme elle ne l'avait pas fait depuis longtemps, et ce qu'elle avait vu l'avait affolée : comment ne s'en était-elle pas aperçue plus tôt ? Son amie n'allait pas bien, il lui aurait suffi d'ouvrir les yeux pour s'en rendre compte, et elle ne l'avait pas fait. Elle s'en voulait terriblement d'être complètement passée à côté de ce changement, et cela uniquement par manque d'attention et donc d'amitié. Comment avait-elle pu laisser Margot seule avec sa détresse ? Seule avec cette inquiétude qu'elle avait évité de lui montrer ? Et comment se faisait-il que Sébastien ne s'en fût pas aperçu plus qu'elle ? Sébastien… comme il avait changé !

Elle se leva et alla vers Margot qu'elle entoura de ses bras et serra contre elle.

— Pardonne-moi, Margot. J'aurais dû te parler… Je croyais que tu suivais un régime pour maigrir. À cause du poids que l'on prend à la ménopause, bien évidemment…

— C'est ce que j'ai répondu à Sébastien lorsqu'il s'est inquiété. En réalité, je ne sais pas ce que j'ai. Je mange bien et cependant je maigris. J'ai si peur d'apprendre une mauvaise nouvelle que je ne suis pas allée voir de médecin.

— Écoute, Marguerite, j'ai deux belles-sœurs à Brest dont l'une a eu, comme toi, des problèmes d'amaigrissement. Elle a un très bon spécialiste. Pourquoi n'irais-tu pas le voir ? Je t'accompagnerai. Nous irons d'abord chez elle et ensuite chez ce médecin pour y prendre rendez-vous.

Une semaine avait passé. Dans le tramway qui les ramenait de Brest, Marie-Françoise regardait le paysage sans le voir. Elle avait bien tenté de distraire Margot, assise à côté d'elle, mais son amie n'avait pas envie de parler, trop préoccupée par ce qu'elle venait d'apprendre : elle souffrait d'une tumeur dont le médecin ne pouvait prévoir l'évolution. Déjà inquiète pour son amie, Marie-Françoise l'aurait été encore plus si elle avait appris ce qu'elle lui cachait. Le médecin avait en effet été beaucoup plus précis que Margot ne le lui avait dit, puisqu'il avait répondu crûment par l'affirmative lorsqu'elle lui avait demandé si cette tumeur pouvait être mortelle. Poussé dans ses retranchements, il lui avait même avoué qu'elle n'avait qu'une chance sur deux de s'en sortir si le traitement qu'il venait de lui prescrire ne produisait pas rapidement d'effets.

Marie-Françoise se tourna vers Margot au moment précis où son amie faisait de même, si bien que leurs regards se croisèrent. Elles restèrent ainsi, les yeux dans les yeux durant une dizaine de secondes. Lorsque Marie-Françoise lui sourit enfin, Margot tenta bien de lui retourner son sourire, mais elle n'y parvint pas et se mit à pleurer. Marie-Françoise prit ses mains dans les siennes et les serra pour lui insuffler à la fois énergie et courage, sans pouvoir refréner l'émotion qui la submergeait à son tour, ni les larmes qui perlèrent bientôt à ses yeux.

Quelques jours plus tard, un dimanche ensoleillé d'avril, Margot venait de déjeuner avec son père et Sébastien qui ignoraient tout de son état de santé. Durant le repas, tous trois avaient débattu de l'âge de Job. Ils poursuivaient leur conversation, installés en terrasse au soleil, à l'abri du vent, tout en dégustant, Margot, une Marie Brizard, les deux hommes, un cognac. Ce digestif scellait l'accord auquel, à la demande de Job, ils venaient de parvenir : Sébastien acceptait enfin de quitter son métier de pêcheur pour celui de mareyeur. Il allait remplacer officiellement son beau-père, car Job n'en pouvait plus. Le vieux mareyeur qui s'apprêtait à fêter ses soixante-dix ans souhaitait, comme il le disait, prendre un peu de repos avant le grand départ. Il espérait pouvoir bénéficier d'un sursis de quelques mois ou années, si Dieu se montrait généreux, pour voir grandir ses petits-enfants et peut-être arrière-petits-enfants.

Ainsi avait-il l'intention d'aller jusqu'au Guilvinec pour rendre visite à son petit-fils Jean-Pierre qui semblait décidé à s'installer dans ce port, où il espérait devenir le second du principal mareyeur local. Si c'était pour épouser la fille du patron et prendre sa suite le moment venu, pourquoi pas ? se disait Job, pragmatique. Il avait hâte de voir d'un peu plus près les installations de ce Maurice Tanneau dont son petit-fils lui avait rebattu les oreilles la dernière fois qu'ils s'étaient vus. Il lui avait parlé en long et en large de ses viviers et de ses machines qui remplaçaient l'homme dans la manutention des caisses de poisson.

Si cette éventualité les avait tous contrariés de prime abord – Job avait même osé parler de la « trahison » de son petit-fils –, ils s'étaient fait une raison avec le temps : le monde changeait, les communications aussi. Il n'était plus déraisonnable d'envisager de prendre régulièrement le train ou l'autocar pour rendre visite aux siens. Il en était même – les plus optimistes et les plus riches, bien entendu – qui envisageaient le jour où ils pourraient acheter une automobile pour se promener. Il existait d'ailleurs des mareyeurs qui s'étaient déjà équipés d'un véhicule motorisé pour assurer la livraison rapide de leurs poissons et crustacés. Avant de se lever pour rentrer se reposer, Margot jugea le moment opportun et mit à profit la bonne humeur de son père pour lui demander de faire la paix avec son fils Armand.

— Papa, tu ne me pardonneras peut-être pas de me mêler de ce qui ne me regarde pas, mais c'est mon devoir de le faire. Pourquoi ne pardonnerais-tu pas à mon frère, ton fils, ce que tu acceptes aujourd'hui de Jean-Pi, ton petit-fils ?

— De quoi te mêles-tu, Margot ? Cela n'a rien à voir !

— Bien sûr que si, papa. C'est la même chose.

— Margot a raison, père, abonda Sébastien. Vous ne pouvez traiter différemment votre fils et votre petit-fils. Ce que vous pardonnez à l'un, vous devez aussi le pardonner à l'autre. Il n'y a aucune raison qu'il y ait deux poids, deux mesures.

Job les dévisagea longuement tous les deux avant de jeter l'éponge et de renoncer à sa rancune en déclarant :

— Vous avez raison et je serais un mauvais père si je n'écoutais pas votre conseil et persistais à camper sur mes positions. Je dois faire la paix avec Armand et aller le voir dès que possible. J'espère que nous nous pardonnerons mutuellement cette bouderie due à notre fichu caractère à tous deux !

33

Au Conquet, Jeff avait loué un bateau pendant quelques mois, le temps que le *Notre-Dame de Bonne-Nouvelle* qu'il avait commandé au chantier du Croaë soit enfin terminé. Vinrent enfin le jour de la livraison puis celui du baptême de son bateau, avec lequel il se promettait quelques exploits. La déception succéda très vite aux espoirs qu'il avait fait naître, car ce bateau fut pour lui une nouvelle occasion d'apprendre à ses dépens que les hommes proposent mais que la vie ou le hasard disposent quand ce ne sont ni Dieu ni les femmes.

Il était certainement écrit quelque part que les bateaux neufs seraient à vie, pour lui, source de contrariétés : à peine eut-il le temps de baptiser et d'étrenner son nouveau bateau – en mars 1927 – que, deux mois plus tard seulement, éclata un coup de tonnerre qui allait bouleverser tous ses projets, sa vie et celle des siens. Le 1er juin 1927, la société de pilotage du quartier maritime de Brest décida de convoquer tous les pilotes officiels côtiers de moins de cinquante ans à rallier le port de Brest pour y constituer, avec les huit pilotes de la rade, la future société de pilotage du quartier maritime de Brest. Ils n'avaient pas le choix s'ils voulaient continuer à exercer leur métier de pilote.

Le changement fut aussi brutal qu'inattendu. Jeff fut contraint de mettre immédiatement en vente son nouveau bateau. Il dut se séparer aussi de ses matelots, ce qui était pour eux un gros coup dur. Cela fait, il partit pour Brest où il s'installa provisoirement chez son frère Joseph, syndic des gens de mer, tandis que Marie-Françoise organisait leur déménagement tout en cherchant un logement à Brest.

Il avait quarante-six ans et un caractère plutôt difficile – ce qu'il savait, puisqu'il admettait être un peu soupe au lait, et même beaucoup. Pour autant, il n'était pas borné. Ce dont il rêvait depuis des années – la titularisation officielle comme pilote du port de Brest – se concrétisait au moment même où Marie-Françoise lui donnait son dernier garçon, Marcel. Son avenir était garanti. Que pesait la vente d'un bateau neuf en comparaison de la réalisation de son vœu le plus cher ? Rien. Cette mésaventure, il l'avait déjà connue avec *L'Étoile du Matin* et cela n'avait en rien été une catastrophe.

Sébastien regardait le médecin, incrédule. Ce qu'il venait d'entendre le tuait. L'homme lui avait annoncé, comme si c'était un détail, qu'une ambulance allait accompagner Margot au Conquet pour qu'elle puisse mourir paisiblement chez elle. Ce qu'il lui disait là était absurde puisque sa femme lui avait encore souri cinq minutes plus tôt. C'était monstrueux, il n'avait pas le droit de proférer de pareilles inepties. Margot était encore bien vivante !

— C'est la fin, monsieur Le Goaster, j'en suis navré. Si je vous demande de rentrer chez vous pour y préparer la chambre de votre épouse, c'est qu'elle n'a pas plus de quarante-huit heures devant elle, selon moi.

— Ce n'est pas possible, docteur. Vous ne pouvez pas savoir quand…

— Votre épouse est au bout du bout, je vous l'assure. Je me demande même comment elle a pu tenir jusqu'à maintenant. Elle a énormément de courage et il vous en faut autant, dès maintenant. Montrez-vous digne d'elle…

Le médecin l'avait laissé désemparé. Margot… Margot allait les quitter, lui, Job, leurs enfants… Dès qu'elle avait vu son père sortir de la pièce les yeux pleins de larmes, Joséphine avait eu la confirmation de ce qu'elle craignait : sa mère était condamnée. Pour autant, elle ne s'attendait pas du tout à ce que le chirurgien la fasse transporter si vite au Conquet. Elle était infirmière et savait ce que cela signifiait : non seulement il n'y avait plus le moindre espoir de survie, mais c'était vraiment la fin. Elle entoura de ses bras son père qui éclata en sanglots, la tête sur son épaule. Il admettait enfin que Margot allait mourir.

— Je vais prévenir Jean-Pierre, papa, et je pars avec toi au Conquet. Heureusement que mon mari est en campagne ! Je verrai Yvonne et Paul ce soir, pour qu'ils viennent voir maman. Il nous faut penser à Claudine aussi…

— Et ta sœur qui est enceinte ! Dire que Margot ne verra pas son petit-fils ou sa petite-fille. C'est injuste.

Six jours plus tard, ils étaient tous rassemblés au cimetière de Lochrist où Sébastien écoutait une fois encore ce sinistre *dies irae* qui le replongeait vingt-six ans en arrière. Il se revoyait dans l'église de Ploubazlanec, pour les obsèques de Lise, et se souvenait que ce n'était pas à elle qu'il songeait ce jour-là, mais à son ami Maudez qui, le pauvre, avait été immergé au lieu d'être, comme elle, enterré. C'est la mer qui était et resterait son tombeau, comme pour tant de marins, qu'ils soient de la Royale, de commerce ou pêcheurs.

Aujourd'hui, c'est elle, sa Margot, son épouse, la femme de sa vie, celle qui l'avait choisi et qu'il avait choisie, qui disparaissait à son tour et le laissait affreusement seul. Seul à moins de cinquante ans ! Pourquoi l'avait-elle quitté si vite ? Il n'avait rien vu venir. Lorsqu'il lui demandait pourquoi elle maigrissait, elle lui répondait invariablement qu'elle suivait un régime ; elle lui mentait pour ne pas l'inquiéter. Ce n'est que quand il avait commencé à se poser des questions sur son état de maigreur extrême et lui avait demandé de reprendre du poids qu'elle lui avait enfin avoué qu'elle était malade, et même très malade. C'était trois mois plus tôt seulement. Il n'avait eu que ces trois mois pour la choyer, la consoler, lui dire tout son amour pour elle. Et puis…

Ce *dies irae* se terminait enfin. Il fut le premier à bénir le cercueil de son épouse et partit aussitôt se placer debout près de la tombe où vinrent le rejoindre ses cinq enfants, bientôt suivis de Job puis d'Armand et des siens. Ce fut ensuite le défilé des condoléances, sincères ou de circonstance, quand fidèles et amis vinrent l'un après l'autre tremper la branche de buis dans l'eau bénite avant d'en jeter quelques gouttes sur le corps de la défunte.

Jeff était là, bien entendu, avec son épouse et ses deux aînés dont Margot s'était si souvent occupée. L'accolade que lui donna son ami était pleine d'affection et les quelques mots qu'il lui glissa lui firent du bien :

— Courage, Seb ! Nous sommes et serons toujours là pour toi et les tiens !

C'est ensuite Marie-Françoise qu'il serra dans ses bras et, curieusement, c'est lui qui dut la consoler :

— Pardonne-moi de ne t'avoir rien dit, Sébastien. Margot m'avait demandé de me taire. Je le lui avais promis.

— Tu la savais malade depuis longtemps ?

— Quatre ou cinq mois avant toi. C'était déjà trop tard. Marguerite avait choisi de ne t'en parler que le plus tard possible.

— Si telle était sa volonté, tu as bien fait de te taire. Courage, Marie-Françoise. Et merci pour tout et surtout pour ton amitié. Tu lui as fait tant de bien !

— Courage à toi aussi, Sébastien.

La journée s'écoula lentement. Dès la fin de la cérémonie, Sébastien suivit le mouvement sans prendre la moindre initiative. Il en était totalement incapable. Il était épuisé, n'avait que très peu dormi depuis quatre jours, quelques heures à deux reprises et c'était tout. Armand et Joséphine prirent les choses en main et s'occupèrent de tout avec l'aide de Jean-Pierre, arrivé l'avant-veille au soir. Claudine aida sa sœur aînée autant qu'elle le pouvait et Yvonne se joignit à elles de temps à autre, ce qui mit un peu de baume au cœur de leur père car ses deux aînées s'étaient terriblement éloignées l'une de l'autre depuis le mariage d'Yvonne, il ne savait pourquoi. Quant à Paul, son dernier fils, il ne le quittait pas d'une semelle et lui dit qu'il reviendrait vivre à la maison avec lui, pour qu'il ne soit pas et surtout ne se sente pas seul. Sébastien esquissa un sourire, persuadé que si son fils tenait parole une semaine, ce serait déjà un très beau résultat. Il ne se trompa que d'un jour.

Sébastien ne s'était pas encore remis de la disparition de Margot quand un nouveau malheur les frappa, lui et les siens ; Yvonne décéda en accouchant prématurément. Le médecin ne comprenait pas ce qui s'était passé : il semblait que son cœur avait lâché, expliqua-t-il à Joséphine qu'il connaissait très bien et qu'il avait appelée en catastrophe à son hôpital. Bien que de service, Joséphine était accourue aussitôt après avoir téléphoné à son père. En apprenant la nouvelle, Sébastien s'assit, tétanisé, abasourdi, et resta sans réagir pendant dix bonnes minutes sur cette chaise de cuisine, totalement amorphe, détruit. Yvonne, à son tour… Mais qu'est-ce qui leur arrivait ? Ils étaient maudits ! Il serra les poings, se leva en regardant le plafond avant de s'écrier :

— Pourquoi ? Mais pourquoi ? Qu'ai-je donc fait pour mériter ces morts ?

Oui, qu'avait-il fait pour mériter un pareil sort ? Rien. Il pleura. Longtemps. Et puis, il réagit, se leva, prit de l'argent et se dirigea vers la gare de tramway. Deux heures plus tard, il serra pour la dernière fois sa fille dans ses bras avant d'en faire autant avec Joséphine qui le consola comme elle le put.

L'époux d'Yvonne, un second maître de la Royale, était en mer pour deux mois encore et c'est donc aidé de la seule Joséphine, toujours présente fort heureusement dans les coups durs, que Sébastien dut s'occuper des démarches officielles, tant à la mairie qu'à l'église. Âgée de treize ans, la petite Claudine était abattue : elle venait de perdre en moins de six mois les deux personnes auxquelles elle tenait le plus au monde, sa maman et sa sœur Yvonne, celle qu'elle appréciait le plus et connaissait le mieux, la seule dont elle se sentait proche parce que la seule à l'avoir vue grandir.

Job, quant à lui, ne comprenait pas, ne comprenait plus… Comment Dieu pouvait-il condamner à vivre des vieillards comme sa femme et lui, l'une gâteuse, l'autre presque impotent, tout en leur enlevant en moins de quatre ans d'abord leurs deux filles, Jeannine et Margot, puis Yvonne, leur petite-fille préférée ? Pourquoi ? Oui, pourquoi n'était-ce pas lui qui était parti ? Il se prit, lors de l'enterrement, à faire une prière incongrue au Seigneur Dieu auquel il demanda d'être le prochain sur la liste des morts de sa famille. À quoi lui servait-il de survivre si c'était pour pleurer l'un des siens tous les six mois ?

Trente mois passèrent avant que Sébastien ne reçoive un message sibyllin, un message tenant en six mots : « Surveille ton fils Paul. Conseil d'ami ! », le tout écrit en majuscules sur un papier d'emballage. Un mois plus tard, un nouveau message : « Fais quelque chose ou ton fils ira en prison. » Sébastien pensa aussitôt que c'était lui que visait l'auteur de ce second message ; il cherchait à lui faire peur, à l'empêcher de dormir tranquille. Toujours est-il qu'il décida de prendre le taureau par les cornes. Après s'être renseigné de droite et de gauche, il apprit que, sur le port, les déplacements de son fils Paul intriguaient certains pêcheurs, même si la plupart d'entre eux estimaient que chacun avait le droit de faire ce qu'il voulait. Ce qui était indubitable, c'est qu'il arrivait régulièrement à son fils de quitter le port seul en bateau, le soir, vers six heures généralement.

Sébastien se rendit chez Paul qui ne nia pas ces départs vespéraux.

— Tu comprends, papa, j'ai une amie brestoise. Elle est mariée et la seule façon pour moi de la voir, c'est de la retrouver pendant les absences de son mari.

— Que fait-il, cet homme ?

— Il est marin de commerce et fait du cabotage. Comme il se vante d'avoir une femme dans presque chaque port, elle se venge en le trompant, elle aussi.

— C'est du propre… Enfin, ce n'est ni très moral ni très intelligent, ce que tu fais. D'abord parce que ça fait jaser, ensuite parce que tu prends des risques. Pourquoi ne vous retrouvez-vous pas à Saint-Pierre, par exemple, elle et toi ?

— Parce qu'elle est originaire de Lampaul et qu'elle a une petite maison là-bas.

— Je vois. Bon. Tu es majeur et libre de faire ce que tu veux ; pour autant, je ne t'approuve pas et tiens à te le dire.

— Si je ne t'en ai pas parlé, papa, c'est bien parce que je savais que tu n'approuverais pas ma conduite. Comment l'as-tu appris, au fait ?

— Par deux billets anonymes que j'ai trouvés sous ma porte.

— Des billets anonymes ? Ça alors ! Et que disaient-ils, ces billets ?

— Le dernier me conseillait de te surveiller pour t'éviter d'aller en prison.

— Moi ? Aller en prison ? Je me demande bien pourquoi…

— Peut-être est-ce le mari qui me l'a adressé, ou un ami à lui, qui sait ?

Paul semblait visiblement ébranlé et n'avait plus la moindre envie d'ironiser, preuve s'il en était qu'il avait mis dans le mille, se dit Sébastien. Peut-être son fils ferait-il preuve de plus de prudence, dorénavant.

Si Paul était effectivement ébranlé, Sébastien se trompait pourtant du tout au tout sur ses motifs d'inquiétude. Lorsque son fils avait réagi, ce n'était pas par crainte d'un mari trompé, même si trois jours plus tard, en début d'après-midi, il prit le tramway pour Brest pour y rencontrer sa « maîtresse », qu'il n'était autorisé à voir qu'en cas d'urgence extrême, comme cela semblait être le cas. Il rencontra son contact, celle qu'il appelait Malou et qui tenait un café à Lambézellec, une couverture aisée dans un milieu populaire. Paul lui fit part des messages qui étaient parvenus à son père. Pour Malou, il n'y eut aucun doute possible : repéré et sous surveillance, Paul représentait dorénavant un danger qu'il fallait écarter, et cela le plus vite possible. Elle réfléchit vite et, tout en lui versant un verre de vin rouge, lui précisa qu'il n'y avait rien de changé pour leur prochain rendez-vous à Lampaul.

Sans quitter des yeux un inconnu entré dans le café deux minutes à peine après Paul, elle glissa quelques mots à ce dernier qu'elle dirigea vers une table où étaient assis trois habitués de son bistrot. Elle leur demanda de prendre Paul comme quatrième à leur table pour une partie de cartes et en profita pour leur glisser qu'ils boiraient « à l'œil » toute la soirée s'ils lui rendaient ce service. L'inconnu, qui cherchait à se faire aussi discret que possible, prit son temps pour déguster à son tour un verre de vin avant de sortir afin, sans doute, de se mettre en veille à l'extérieur. Malou attendit encore une heure avant de demander à Paul de lever le camp pour se rendre à Recouvrance, dans un autre café dont elle lui donna le nom. Il y demanderait Maurice auquel il remettrait le message contenu dans l'enveloppe fermée qu'elle lui mit dans la main. Quant à eux, ils se retrouveraient comme convenu à Lampaul.

Paul suivit ses instructions avant de reprendre le tramway pour Le Conquet. Trois jours plus tard, il était à peine quatre heures et demie quand Sébastien assista au départ de son fils, auquel il lança un ironique : « Bonne soirée ! » Paul sourit et lui dit « au revoir » d'un signe de la main. Il se dirigea à la voile vers Quéménès, passa l'île et mouilla au nord de Lédénez où il attendit patiemment. Une demi-heure plus tard, un voilier l'aborda et un homme lui passa deux gros sacs avant de s'éloigner aussitôt. Paul rangea soigneusement les deux colis de faux billets avant de lever l'ancre et de mettre le cap sur Lampaul, où il mouilla dans une crique. Il s'amarra à une bouée dont il détacha une annexe qu'il emprunta pour gagner la terre.

En s'éloignant de son bateau, il s'attendait à ce que, comme d'habitude, ses deux colis aient disparu lorsqu'il remonterait à bord le lendemain matin pour regagner Le Conquet. Ce qu'il ignorait encore, c'est qu'il ne mettrait plus les pieds sur son bateau et que celui-ci ne serait jamais retrouvé, ni dans cette petite crique, ni ailleurs. Le *Margot II* était destiné à se volatiliser, et son propriétaire avec lui.

Quelques jours plus tard, inquiet de ne pas avoir de nouvelles de son fils dont il ne voyait pas non plus le bateau dans le port, Sébastien se rendit à la gendarmerie faire une déclaration de disparition. Il signala que son fils avait régulièrement rendez-vous à Lampaul avec une Brestoise, épouse d'un quartier-maître de la Marine nationale. Comme d'habitude, il avait quitté Le Conquet pour Lampaul en bateau vers cinq heures, mais, à la différence de ses précédents déplacements, il n'était pas rentré le lendemain. Si les gendarmes prirent bien note de sa déposition, ils ne manquèrent pas de souligner que comme son fils, Paul Le Goaster, était majeur et absolument libre de ses mouvements, il n'y avait pas lieu d'entamer la moindre procédure, ni même une recherche. Qui sait s'il n'avait pas disparu avec cette femme ? Ils prirent cependant son signalement et remplirent une fiche à son nom qu'ils transmettraient à qui de droit.

34

1933

Sébastien «trônait» aux toilettes depuis un certain temps déjà quand il échappa de peu à la chute après s'être assoupi quelques secondes. Il se rétablit d'extrême justesse au moment où deux hommes pénétraient dans la cour en bavardant. Il ne fit pas le moindre bruit et tendit l'oreille pour les écouter; il lui avait semblé entendre parler de Job. C'était bien le cas.

— C'est en 1927 ou 1928 que Job a dû passer la main. Il avait déjà plus de soixante-dix ans, je crois.

— Oui, c'était en 1927, et c'est mon patron qui a pris sa suite, répondit Jean-Joseph. Il m'a d'ailleurs dit qu'il ne l'avait fait qu'à la demande du vieux.

— C'est exact. Sébastien a succédé à son beau-père l'année du décès de la belle Margot. C'est d'ailleurs triste de le voir aujourd'hui, ajouta ce client. Quand on pense au pêcheur qu'il était il y a dix ans encore! Gâcher ainsi un tel talent! Job aurait dû y penser.

Cette voix... C'était celle d'un pêcheur, mais de qui? se demanda Sébastien.

— Quand je dis que c'est lui qui a repris l'affaire, ce n'est pas tout à fait cela, rectifia le commis. En fait, c'est son fils Jean-Pi qui la gère, un crack dans le métier d'après ce que j'en sais. Sébastien ne s'y intéresse pas vraiment ; il se contente de faire les entrées et les sorties et va avec ses copains chez Félicien. Un sac à vin ! Voilà ce qu'il est en train de devenir, s'il ne l'est pas encore tout à fait, conclut Jean-Joseph, rageur… Il aurait mieux fait de rester pêcheur plutôt que d'accepter la proposition de Job.

— Il a des circonstances atténuantes. S'il était resté pêcheur, il n'aurait pas évité pour autant tous les malheurs qu'il a dû encaisser ces dernières années. Qui sait s'il ne se serait pas jeté à la mer ? Une pareille série déboussolerait n'importe qui.

— Comment ça, une série ? Moi, je ne suis ici que depuis deux ans…

— Tu n'es pas au courant ?

— Je sais qu'il a perdu sa femme et son fils, bien sûr…

— Il a d'abord perdu sa femme d'une tumeur, puis Yvonne, sa deuxième fille, morte en couches la même année ainsi que son bébé.

— Sa femme, je le savais. Sa fille, il ne m'en a jamais rien dit…

— Ensuite, c'est Job qui est parti subitement, en 1930, je crois. Enfin, comme si tout cela ne suffisait pas, c'est Paul, le plus jeune de ses fils, qui disparaît en mer à peu près au même moment, et pour couronner le tout, on ne retrouve ni son bateau ni son corps. Enfin, et c'est tout récent, sa benjamine, Claudine, va entrer au couvent si elle n'y est pas déjà ! Admets que bien des hommes se seraient laissés aller à sa place, moi le premier.

— Tu as raison. C'est drôle comme les gens oublient vite les malheurs des autres quand ils ne sont pas concernés. Le pauvre gars ! C'est vrai qu'une pareille série, ce n'est pas fréquent. Pour un manque de pot, c'en est un sacré !

« Sac à vin » ! S'il n'avait pas entendu son commis de ses propres oreilles, Sébastien n'aurait jamais appris qu'il passait aujourd'hui pour un ivrogne sur le port. Il patienta et laissa les deux hommes s'en aller avant de sortir des cabinets... Sac à vin... Il allait voir ce qu'il allait voir, ce morveux, se dit-il, prêt à prendre le commis en ration. Quelques minutes plus tard, il se ressaisit et sa colère tomba aussi vite qu'elle était montée. Plutôt que de dire ses quatre vérités à Jean-Joseph, c'est son examen de conscience qu'il devait faire, car s'il était si vexé, c'est bien parce que ces critiques, il les méritait.

Il ne pleurait pas sur son sort, puisque pleurer n'était pas son genre. Il se laissait aller, tout simplement, par désintérêt de la vie. Il ne vivait plus, il ne faisait que survivre parce qu'il n'avait plus aucun but. Ses deuils, il ne les ferait jamais. Ils seraient toujours là, lourds, très lourds. Ils pesaient même si lourd sur sa poitrine, sur son cœur, qu'il en avait parfois la nausée. C'est pour échapper à cet ennui qu'il cherchait à se distraire, qu'il traînait chez Félicien où il buvait plus que de raison pour « voir du monde », pour penser quelques heures à autre chose qu'à ses chers disparus...

Et s'il retournait vivre à Loguivy ? Il y avait encore sa famille, ne serait-ce que ses sœurs. Ici, que lui restait-il ? Margot, sa femme, l'avait quitté, tout comme Yvonne et Paul. Ses deux filles habitaient Brest puisque Claudine, qui venait d'obtenir son baccalauréat, logeait actuellement chez Joséphine, avant, peut-être, d'entrer au couvent. Quant à son fils Jean-Pierre, même s'il passait deux jours par mois au Conquet, il habitait Le Guilvinec où il vivait avec sa famille. Comme contacts avec ses enfants, c'était plus que limité.

Et sur le plan amical, il n'était pas mieux loti puisque Jeff, son meilleur ami, vivait à Brest lui aussi. Sébastien se sentait seul parce qu'il était seul. Seul et même abandonné…

Il rentra chez lui, songeur… Il avait raison, cent fois raison, cet inconnu qui avait remis les pendules à l'heure avec Jean-Joseph. Il s'était laissé piéger six ans plus tôt. Piéger par Job, bien sûr, mais tout autant par Margot, qui devait déjà se savoir condamnée à l'époque. Un grand pêcheur, voilà ce qu'il était aux yeux de ses collègues ; il était devenu un mauvais mareyeur et son nouveau métier était en train de le détruire à petit feu. Comme il était hors de question qu'il finisse en « sac à vin », il n'y avait qu'une solution : le *Margot*. Il allait reprendre son rôle, remettre son bateau en état puis à l'eau, le gréer à nouveau. Jean-Pierre s'occuperait de lui trouver un remplaçant. Après tout, comme l'avait dit Jean-Joseph, le vrai patron, c'était bien son fils. Quant à lui, il allait reprendre la pêche, son vrai, son seul métier…

Après tout, le seul mareyeur de vocation dans la famille, c'était son fils. Pour ce qui le concernait, Sébastien ne l'était devenu que par faiblesse. Pêcheur il avait été, pêcheur il redeviendrait. Seule la mer pourrait lui faire oublier les disparitions de ses parents et de Job, bien sûr, mais surtout celles de Margot et de leurs chers enfants, Yvonne et Paul, morts si jeunes l'un et l'autre. Si Paul était mort, du moins. Sans oublier son aîné, Jean-Yves… De leurs six enfants, il ne lui en restait que trois, Claudine qui parlait, en effet, d'entrer au couvent, Joséphine à Brest et Jean-Pierre au Guilvinec.

Il avait d'ailleurs l'intention de se rendre dès cette semaine chez son fils pour lui faire part de sa décision. La situation était on ne peut plus claire : il ne voulait plus jouer au mareyeur et son fils ne pouvait être à la fois dans le Léon et en Cornouaille. Le plus simple serait donc de vendre le fonds de commerce du Conquet et les murs. À moins de ne vendre que le fonds et de louer les installations, y compris les viviers, avec un bail commercial. Ses trois enfants pourraient ainsi se partager le montant du loyer. Pour eux, ce serait un plus, d'abord pour Claudine, bien entendu, mais aussi pour Joséphine, à laquelle cette rente assurerait une certaine indépendance financière.

À condition de ne pas en parler à son époux car, Sébastien en avait parfaitement conscience, Roland, son gendre, était difficile, très difficile à vivre. Il était regardant, voire même avare, et devenait insupportable dès qu'il était question d'argent. Sébastien n'avait d'ailleurs jamais compris les motifs qui avaient incité sa fille à épouser cet officier de marine renfermé et qui portait mal son patronyme de Lebel. Pourquoi ne lui posait-il pas la question, au fait ? Puisque amoureuse de ce ronchon, Joséphine ne l'avait jamais été, il en était sûr.

En montant dans le Brest-Quimper de neuf heures dix ce matin-là, Joséphine se disait qu'en définitive, elle était semblable à toutes les autres femmes d'officiers de marine qui n'avaient pas d'enfant. Son mari avait quitté Brest la veille avec l'escadre pour une campagne de six mois au minimum et comme elle ne reprenait son métier d'infirmière que dans trois semaines, elle disposait de quelques jours de vacances. Ces vacances, elle avait l'intention de les mettre au maximum à profit et, comme toujours ou presque durant les absences de son époux, elle allait les passer à Pont-l'Abbé avec Henri, le seul amour de sa vie et son amant depuis cinq ans.

Il était marié comme elle, mais la grande différence entre eux, c'est qu'il était, lui, nanti de trois enfants alors qu'elle en était, elle, toujours à se demander si elle serait maman un jour. Jusqu'à présent, elle avait veillé à prendre toutes les précautions d'usage à chaque fois qu'elle rencontrait Henri, non sans trembler car un accident pouvait toujours survenir, même lorsqu'on croyait avoir tout prévu. Aujourd'hui, les dates le lui permettant pour une fois, elle était décidée à savoir si elle pouvait ou non avoir un enfant. Toujours aussi prudente, elle avait donc veillé à remplir son devoir conjugal aussi souvent et aussi bien que possible ces dernières semaines et ces derniers jours, surtout avant de rencontrer Henri.

C'est lors de la maladie de sa mère qu'ils s'étaient rapprochés, Henri et elle. À l'époque, Henri venait régulièrement à Brest voir Jeff – pour des problèmes de financement de bateau, lui avait-il dit –, et le hasard avait voulu qu'un jour, ils se rencontrent à la gare. Elle venait d'accompagner son mari au train ; il arrivait, lui, de Loctudy *via* Quimper. Ils étaient tombés nez à nez, il l'avait invitée à prendre un thé et elle avait bien entendu accepté puisqu'il lui faisait toujours le même effet. Une heure plus tard, elle devenait sa maîtresse. Ils s'étaient retrouvés le soir même et n'avaient pas fermé l'œil de la nuit. Ils se voyaient très régulièrement depuis et s'écrivaient en poste restante pour se fixer rendez-vous.

La semaine précédente, Joséphine avait donc écrit à Henri qu'elle serait durant quinze jours à Pont-l'Abbé où, à chacun de ses séjours, elle louait pour un mois un petit appartement – toujours le même. Pour justifier ses absences auprès de son épouse, Henri s'était inscrit au Parti radical-socialiste et c'était toujours le prétexte de travaux préparatoires aux réunions publiques qu'il utilisait.

Il savait que, ce faisant, il n'était pas très honnête envers Marie, sa jeune épouse, mais Joséphine avait un tel tempérament et ils s'entendaient si bien qu'il n'était pas question de rater un seul de leurs rendez-vous. Bref, si Joséphine l'avait dans la peau, la réciproque était vraie. Ils en étaient tous deux parfaitement conscients, comme ils étaient persuadés que si la passion qui les liait restait aussi vive, c'était peut-être parce qu'ils ne se voyaient que périodiquement. Au point que Joséphine lui avait confié un jour :

— Vois-tu, Henri, si tu avais été officier de marine et que nous nous soyons mariés, j'aurais été à la fois une épouse et une maîtresse modèle durant tes mois à terre, et une maman patiente et aimante le reste du temps.

— À moins que tu ne m'aies trompé moi aussi, par simple curiosité féminine, lui avait-il répondu en lui souriant.

Le train allait partir d'un instant à l'autre. Assise dans son compartiment depuis un bon quart d'heure, Joséphine observait, amusée, un agent de la compagnie qui venait d'ôter son sifflet de la bouche pour faire signe à un retardataire de se presser. C'était un homme d'un certain âge qui se mit soudain à courir ; il portait curieusement à la main un sac à dos qui le gênait dans sa course et… on aurait dit… mais oui, c'était son père ! Par réflexe, Joséphine plaça aussitôt devant son visage la revue qu'elle tenait à la main. Une chance pour elle, son père regardait droit devant lui et ne l'avait sans doute pas vue, se dit-elle pour se rassurer avant de se demander aussitôt ce qu'il allait faire à Quimper. Voyons… Ce n'était sûrement pas à Quimper qu'il se rendait mais plutôt au Guilvinec, chez Jean-Pierre. Pourvu qu'il n'ait pas l'idée de venir dans son compartiment !

Elle resta sur des charbons ardents durant quelques minutes. Le train était déjà parti lorsqu'elle réalisa qu'elle était assise en première classe alors que son père devait être en seconde, voire en troisième. Cela la rassura et le voyage se déroula sans le moindre problème. Lorsque le train arriva à Quimper, elle attendit patiemment de voir passer son père devant la fenêtre de son compartiment avant de se lever, de récupérer sa valise puis de descendre de son wagon. Elle héla un porteur et se dirigea ensuite vers la sortie lorsque, dans son dos, elle entendit :

— Joséphine ! Que fais-tu là, ma fille ? Tu viens de Brest ?

— Papa ! Ça alors ! Pour une surprise… Et toi, où vas-tu ?

— Je vais voir Jean-Pierre au Guilvinec. Toi aussi ?

— Non. Je viens passer quelques jours chez une amie près de Quimper.

— Dire qu'il nous faut venir à Quimper pour nous retrouver ! Que fais-tu ce midi ? Tu es attendue ?

— Pas avant trois heures de l'après-midi. Et toi ? Si tu veux, nous pouvons déjeuner ensemble. Tu es mon invité. Je vais au préalable déposer ma valise à la consigne et la reprendrai tout à l'heure.

— Vas-y et ne me vexe pas, s'il te plaît. C'est moi qui t'invite, ma fille.

Père et fille passèrent tous deux un excellent moment dans un petit restaurant qui jouxtait la gare routière. Le car de Sébastien pour Le Guilvinec partait à deux heures, Joséphine l'y conduisit et réussit à le quitter sans montrer son impatience : il ne lui restait que vingt minutes pour retourner à la gare ferroviaire et y récupérer sa valise qu'elle avait laissée à la consigne avant de prendre son train pour Pont-l'Abbé.

Dans son compartiment, elle regardait le paysage sans le voir tant elle réfléchissait. Au fond d'elle-même, elle savait très bien que dans leur couple, il était possible et même probable que Roland ou elle soit stérile. S'ils n'en parlaient jamais entre eux, d'autres qu'eux – officiers ou, plus encore, femmes d'officiers – le faisaient à leur place, elle l'avait appris. Elle voulait savoir si elle pouvait avoir un enfant et la seule façon d'en être sûre, c'était d'essayer d'en faire un avec Henri, même si elle n'osait pas le lui demander ouvertement. Qui sait ce qu'il en penserait, en effet ?

Il était quatre heures de l'après-midi et à peine Joséphine venait-elle d'arriver dans le deux-pièces qu'elle louait près du château qu'Henri en poussa la porte. Comme c'était souvent le cas le jour de leurs retrouvailles, le temps passa à une vitesse folle tant furent chaudes leurs premières étreintes. Elle était si pressée qu'ils firent l'amour sans prendre la moindre précaution, et quand Henri évoqua un accident possible, elle lui répondit que ce n'était pas grave puisque son mari venait de partir et qu'elle avait fait le nécessaire pour qu'il ne puisse lui reprocher quoi que ce soit. Henri traduisit sans mal ce que sous-entendait ce terme de « nécessaire » et ils continuèrent comme ils avaient commencé. L'après-midi passa très vite, si vite qu'Henri rata, une fois encore, le départ de son dernier car pour Loctudy. Ce fut à pied qu'il prit la route du retour en pestant contre son imprévoyance.

Imprévoyant… Il l'avait été aussi en acceptant de faire l'amour à Joséphine sans la moindre protection. Elle était si pressée, il est vrai… Il marchait au bord de la route et avait déjà fait plus du tiers du trajet lorsqu'une voiture le doubla avant de s'arrêter. Leur médecin rentrait de chez un patient et l'avait reconnu en le dépassant. Il lui serra la main et l'invita à monter dans son automobile, une Renault Monaquatre, avant de répondre aux questions que lui posa Henri sur son véhicule dont il était effectivement enchanté. Pensez donc : il avait parcouru dix-huit mille kilomètres en deux ans sans panne majeure…

— Vous vous rendez compte ? Dix-huit mille kilomètres sans panne ? C'est exceptionnel ! Il y a les crevaisons, bien sûr, mais qui n'en a pas, dites-moi ? En tout cas, je n'en ai pas plus de trois ou quatre par millier de kilomètres, ce qui est tout à fait raisonnable, vous en conviendrez.

— Quelle en est la vitesse maximale, docteur ?

— Il paraît que certains modèles de ce type peuvent dépasser cent kilomètres par heure. Moi, le maximum que j'ai atteint, c'est soixante-quinze.

— C'est déjà beaucoup. Ce doit même être affolant de rouler à pareille vitesse !

— À qui le dites-vous ! J'ai failli partir au fossé quand je m'en suis aperçu !

35

Cela faisait déjà trois ans qu'Henri alternait pêche au casier et pêche au filet comme c'était le cas ce jour-là. Il était accompagné de Jacquot, son matelot, et d'Hervé, un mousse qui promettait et dont il envisageait de faire son matelot n°1 dès qu'il serait en âge de pouvoir y prétendre. Pour l'instant, Hervé était encore un peu jeune, même s'il en connaissait déjà beaucoup plus sur la mer, la pêche et les poissons que Jacquot, un brave garçon, certes, mais qui manquait vraiment de jugeote. S'il n'avait pas été fort comme un Turc, il n'aurait été d'aucune utilité sur un bateau, se disait parfois Henri lorsque son matelot faisait une erreur.

Ce jour-là, il avait mis le cap sur l'archipel des Glénans où ils étaient arrivés depuis déjà deux heures. Lorsqu'il pêchait au casier trois ans plus tôt dans ce secteur, Henri avait repéré quelques coins propices à la pêche au bar qui y chassait régulièrement le maquereau au début du flot. L'une des premières fois qu'il y était en pêche, il était arrivé juste à temps pour sauver, au début de la montante, un pêcheur goémonier qui, tombé à l'eau, s'était réfugié sur un rocher. Ils avaient vite récupéré son canot qui dérivait lentement à deux ou trois cents mètres de là.

Henri, qui venait régulièrement aux Glénans, avait opté ce jour-là pour une pêche au filet. S'y sentant assez peu à l'aise, il avait attendu les mortes-eaux pour avoir moins de courant et donc moins de risque de « croche » si son filet dérivait un peu et accrochait un rocher ou une épave. Cela lui était déjà arrivé et l'on n'était jamais trop prudent avec des filets si onéreux et fragiles. Il le mouilla donc avec beaucoup de soin une heure avant la fin du jusant. L'étale ayant lieu à sept heures et demie, il relèverait son filet entre onze heures et midi et aviserait en fonction des résultats.

Si Jacquot ne cherchait pas à comprendre pourquoi le patron avait mouillé à cet endroit, le jeune Hervé, lui, ne cessait de poser des questions auxquelles Henri répondait avec le plus de précision possible, convaincu que le garçon ferait sûrement un grand pêcheur tant il était avide d'apprendre et de comprendre à la fois. Henri surveillait ses lièges d'extrémité et les voyait s'enfoncer de temps à autre. Lorsqu'il constata que l'un d'entre eux, à l'extrémité la plus éloignée, disparaissait régulièrement pendant vingt à trente secondes avant de remonter, il se demanda, intrigué, quel était ce poisson qui, en se débattant sans doute, secouait ainsi son filet. Avec optimisme, il imaginait déjà qu'un bar de belle taille s'était laissé séduire par le frétillement d'un petit maquereau qu'il avait pris en chasse. Si sa proie était passée à travers les mailles, le bar, lui, avait été pris au piège de ce filet dont il cherchait maintenant à se libérer. Tel est pris qui croyait prendre, la leçon valait aussi pour les poissons !

Lorsqu'il se décida enfin à mettre fin à ce coup de filet, Henri mit Jacquot à contribution et son matelot entreprit de le remonter, ce qu'il faisait sans effort apparent. Il y avait du poisson, mais loin de ce qu'espérait Henri. Quelques bars, certes – une douzaine dont deux d'environ cinq livres et trois petits qu'il remit aussitôt à l'eau –, quelques vieilles, des mulets et surtout des lieus, beaucoup de lieus. La seule satisfaction de cette pêche, Henri l'eut quand apparurent deux belles baudroies. L'une était de taille plus que respectable. Elle devait approcher un mètre cinquante de long et peser dans les vingt-cinq kilos, tandis que la seconde ne devait pas dépasser les huit kilos. C'était la grosse baudroie qui avait cherché à se libérer un peu plus tôt de son filet.

Il n'empêche qu'il était déçu, même s'il ne le montrait pas à son mousse qui s'extasiait devant la gueule de la grosse baudroie. Dès qu'elle l'ouvrait, on ne voyait que ses trois rangées de dents, aussi acérées que celles d'un requin. Si elle n'avait pas eu une tête aussi laide…

— Tu vois ses crocs, Hervé ! disait Jacquot au mousse. Vois comme ils sont recourbés en arrière. Elle a de quoi nous bouffer la main d'un seul coup de dent !

— D'autant qu'elle en a d'autres au fond de la gueule et tout aussi dangereuses, ajouta Henri. Avec des armes pareilles, ce poisson semble taillé pour la bagarre. Et pourtant, la baudroie ou la lotte, si tu préfères, a un gros défaut : elle n'est pas du tout à l'aise dans la mer. Il suffit de la regarder s'y mouvoir pour constater que c'est un poisson lourd et mal adapté à son élément naturel. Quand tu le compares à une raie par exemple, autant celle-ci semble voler dans l'eau, autant la baudroie a du mal à s'y traîner. Quant à nager, je ne t'en parle pas…

— N'empêche qu'elle est impressionnante, quand même, hein, patron ?

Après avoir rangé leurs prises en rejetant à l'eau ce qu'ils ne pouvaient vendre, ils nettoyèrent le filet qui n'avait subi aucun dégât – une chance, car avec cette baudroie, ce n'était pas gagné –, avant de remettre le cap sur Loctudy qu'ils devinaient dans le lointain. Demain, il ferait du crabe, se disait Henri qui, dans cette optique, mettrait Jacquot à contribution dès leur retour pour préparer les casiers. Hervé l'aiderait à porter son poisson chez son mareyeur, son ami Jean-Pierre Le Goaster.

C'est qu'il en avait fait du chemin, le Jean-Pi! Après avoir remplacé son beau-père, Maurice Tanneau, auquel il versait une rente mensuelle, il avait racheté le fonds de commerce du mareyeur de Loctudy qui avait pris sa retraite, lui aussi. Et voilà que maintenant, il s'apprêtait à remplacer son père au Conquet. Cela ne lui suffisait sans doute pas encore, puisqu'il envisageait d'armer bientôt à la pêche ; et il était très probable qu'il le fasse, le gaillard, tant il avait de l'appétit.

Ces informations, Henri les tenait de la bouche même de Jean-Pi lorsqu'il l'avait invité à déjeuner chez lui, à l'occasion de la venue de Sébastien. Il ne risquait pas d'en oublier la date puisque c'était pendant le séjour de Joséphine à Pont-l'Abbé. Il ne pouvait évidemment pas refuser cette invitation, et Joséphine l'avait bien compris ; elle avait d'ailleurs mis cette journée à profit pour visiter Quimper qu'elle ne connaissait que très mal. Jean-Pi leur avait préparé un repas extra. Ils avaient commencé par des crevettes et du homard, suivis d'une sole normande et enfin d'un gigot d'agneau, le tout arrosé d'excellents vins, tant en blancs de Bourgogne qu'en rouges du Bordelais.

Jean-Pierre réussissait brillamment comme mareyeur et il en était très fier, ce qui, à son âge, se comprenait. Il est vrai qu'il tombait au bon moment : le prix de la sardine s'était effondré ces dernières années, et si certains pêcheurs descendaient plus au sud pendant trois à six mois de l'année, car la concurrence y était moins rude et le temps plus clément, nombre d'entre eux se tournaient aujourd'hui vers la pêche côtière. Thérèse, sa jeune épouse, avait par contre un caractère très difficile et n'arrêtait pas de houspiller leur personnel à longueur de journée, qu'il s'agisse de la cuisinière, de la nounou de leurs deux enfants ou de l'homme à tout faire de la maison.

Jean-Pi avait bien essayé de la calmer, mais cela avait été peine perdue. Pour finir, il haussait les épaules avant de sourire quand son beau-père lui glissait, de temps à autre, un « Courage, Jean-Pi » plein de compassion. C'est qu'il la connaissait, sa fille, et qu'il avait dû être tout heureux de trouver un autre homme pour accepter de prendre cette mégère en charge. Comment Jean-Pi la supportait-il ? À peine était-elle aimable avec ses invités et ses parents. En tout cas, pour le moment, elle ne s'en était encore jamais prise à Marie, c'était déjà ça.

Durant cet après-midi, ils avaient beaucoup discuté pêche, Sébastien, Jean-Pi et lui, et l'ouverture d'esprit du jeune mareyeur l'avait surpris tant il avait évolué, et de façon très positive, depuis qu'il le connaissait ! Bien qu'encore très jeune, il avait une capacité de réflexion étonnante et il n'était d'ailleurs pas surprenant qu'il réussisse si bien. Ainsi, après avoir étudié l'évolution récente de la pêche, il envisageait de monter un armement de chalutiers qui opérerait de l'Irlande à l'Espagne. Il leur avait même demandé, à Sébastien et lui, si cela les intéresserait de prendre le commandement d'un de ses futurs bateaux. Seb avait souri en lui répondant :

— Fils, te rends-tu compte de mon âge ?

Cette réponse avait eu le don de rendre muette sa belle-fille, qui visiblement ignorait que Seb avait cinquante-six ans passés. Ce à quoi Jean-Pi avait rétorqué :

— Et alors, père ? Tu aimes toujours autant la mer et tu es loin d'être usé. Et puis tu es libre comme l'air, n'ayant plus ni responsabilité familiale ni enfant à élever. Tu ne crois pas que ce serait là un défi à ta dimension ?

— Ma dimension ? Comme tu y vas ! Je ne suis pas un géant de la mer comme Lindbergh ou Mermoz peuvent l'être du ciel ou des airs !

— Non, certes, mais tu pourrais devenir un modèle pour notre futur armement ! Vous me promettez d'y réfléchir, tous les deux ?

Sébastien et lui s'étaient regardés en souriant et Seb avait alors répondu :

— Pourquoi pas ? Réfléchir, ça n'engage à rien, n'est-ce pas Henri ?

— Non, effectivement.

— Cela oblige quand même à peser le pour et le contre quand il s'agit d'un projet. Et c'est exactement ce que je vous demande à tous les deux, avait répliqué Jean-Pierre. Je vous laisse un mois pour y réfléchir.

C'est ce que faisait Henri de temps à autre depuis ce déjeuner, sans se casser la tête pour autant. Après tout, peut-être l'avenir de la pêche bigoudène était-il là, puisque la ressource en langoustes et en homards déclinait d'année en année et qu'il en irait peut-être de même du crabe bientôt. C'était toujours la même chose, dans le milieu de la pêche : dès qu'un produit rapportait, tout le monde s'y mettait. Cela avait été le cas pour la morue, dont les tonnages déclinaient tout aussi régulièrement et vite que ceux de la langouste et du homard. Pour la sardine, c'était exactement l'inverse, puisque c'était sa surpêche qui cassait les prix. Ceux-ci avaient en effet chuté de soixante pour cent en quelques années et ne laissaient même plus aux sardiniers de quoi couvrir leurs frais.

La motorisation permettait aujourd'hui aux bateaux d'aller de plus en plus vite, de plus en plus loin, comme aux chalutiers, mieux équipés, de pêcher de plus en plus profond. Bref, si les progrès techniques augmentaient les prises, ils diminuaient également la ressource à une vitesse inquiétante. Il faudrait que les pêcheurs s'organisent pour fixer, port par port, des quantités maximales de prises par espèce, sinon ils se retrouveraient tous le bec dans l'eau un jour. Et ce jour n'était peut-être pas très lointain. L'idéal serait même de mettre sur pied un organisme qui fixerait les tonnages de pêche à ne pas dépasser par espèce, mais cela, c'était du rêve. C'était, en effet, demander aux pêcheurs, dont le métier était par définition aléatoire, de respecter des règles contraires à leur intérêt immédiat et donc à la nature même de leur métier, fait de hauts et de bas.

Si Henri était toujours tenté par la nouveauté, être patron d'un chalutier de douze mètres avec un équipage important de huit ou dix hommes constituerait pour lui un saut dans l'inconnu puisqu'il n'avait jamais eu plus de deux matelots sur ses bateaux. Et si partir huit ou quinze jours ne le gênerait pas personnellement outre mesure, il savait par contre que sa femme et ses enfants n'apprécieraient que peu ses absences. Bref, cela faisait une quinzaine qu'il faisait ce que lui avait demandé Jean-Pi : il réfléchissait à la réponse à lui donner. Son problème, c'était que pour le moment, il ne parvenait pas à se décider.

À cent kilomètres plus au nord, Sébastien était, lui, pratiquement prêt à donner à son fils une réponse positive. Jean-Pi l'avait convaincu en peu de mots : il ne prenait aucun risque, n'avait plus d'engagements familiaux directs, et il aimait la mer. Il avait une bonne santé et était persuadé que ce type de campagne pouvait lui redonner le goût de vivre. Bref, ce serait là une motivation nouvelle pour lui, sans compter qu'il y retrouverait l'aventure maritime, alors qu'aujourd'hui, il avait une vie de pantouflard ; c'était le train-train, pour ne pas dire le ronron quotidien. Il ne sortait plus quand le temps était mauvais, plus par crainte de prendre un coup de froid que de devoir affronter une mer grosse, d'ailleurs.

Il poussa la porte de *L'Abri du P'tit Zef*, le restaurant du port de commerce qui servait de quartier général à Jeff et à ses collègues pilotes comme à de nombreux transitaires et shipchandlers de Brest. Son ami l'attendait et, d'un signe de la main, lui signala sa présence au bar où il discutait avec le patron. Sébastien s'approcha, commanda un Pernod comme eux et écouta religieusement Jeff narrer dans le détail l'une de ses interventions dont, à son arrivée, il reprit le récit à son début.

Il avait récemment eu à piloter un cargo d'Anvers, l'*Iris*, qui avait été pris dans une tempête dans la Manche où il avait consommé beaucoup plus de charbon qu'il ne le prévoyait. Il n'avait en effet cessé de changer de cap pour éviter le coup dur, allongeant par là même sa route beaucoup plus qu'il ne l'aurait souhaité. Bref, lorsque Jeff avait pris le bateau en charge dans le nord-ouest d'Ouessant pour le conduire à Brest, ce cargo devait d'urgence « charbonner », c'est-à-dire réalimenter ses soutes en charbon pour faire tourner ses moteurs. Les chauffeurs en étaient aux dernières pelletées.

— Vous avez appelé un remorqueur, je suppose ? avait demandé Jeff au commandant.

— Non. Avec ce mauvais temps, ce serait une erreur. Les aussières auraient toutes les probabilités de péter et mon bateau de partir à la dérive. Un risque que je ne veux pas courir car je connais les courants et les récifs de vos chenaux.

— Que comptez-vous faire, dans ce cas ?

— Ne vous tracassez pas pour moi. Faites votre boulot de pilote et choisissez la route la plus économe en combustible pour rentrer sur Brest. Cela, sans mettre mon bateau en péril, bien entendu.

— Et pour le charbon ?

— Je vous l'ai dit, le combustible n'est pas votre affaire, mais la mienne.

— Bien. Comme vous risquez d'en manquer, plutôt que de contourner Ouessant, nous allons utiliser les courants marins et prendre le chenal du Fromveur. Il est sûr que ça va secouer dur, vu l'état de la mer. Par contre, nous allons gagner des milles et vous économiserez du charbon…

Ce qui fut fait. Peu après, il avait vu, sidéré, des hommes d'équipage surgir sur le pont munis de cordes, de haches et de scies. Ils s'étaient dirigés aussitôt vers les mâts de charge qu'ils avaient attaqués à coups de hache, tandis qu'une autre équipe de matelots orientait leur chute sur le pont. Les mâts récupérés, une troisième équipe se mit au travail pour débiter le bois en petits rondins, tandis qu'une quatrième formait une chaîne humaine pour alimenter les chauffeurs.

— Je n'en revenais pas, et pourtant, je n'avais encore rien vu, poursuivit Jeff.

Une fois tous les mâts de charge débités, ce furent les embarcations en bois – canots, baleinières, chaloupes – qui, une fois découpées, servirent de combustible avant que le plancher du pont ne les remplace. Le cargo venait de doubler la pointe Saint-Mathieu et entrait en rade de Brest. Quand tout le bois du pont fut brûlé, c'est celui des chambres des officiers – lambris, meubles et autres – qui fut à son tour sacrifié. Le bateau était arrivé à quai, en piteux état peut-être, mais il était parvenu à destination par ses propres moyens, comme le souhaitait son commandant.

— Incroyable ce métier, pas vrai ?

— Oui, incroyable, Jeff. Une histoire pareille mérite la tournée du patron, fit le tenancier. Je vous offre vos verres, messieurs…

— Merci, patron, répondit Seb qui ajouta aussitôt : bon, Jeff, tu finis ton Pernod et on passe à table ? C'est que j'ai faim, moi !

Ils déjeunèrent en tête à tête. À la fin du repas, Sébastien demanda à son ami ce qu'il pensait de la proposition de son fils.

— Je comprends que tu sois tenté, Seb. Pourtant, ce serait une erreur, à mon sens.

— Pourquoi ?

— La pêche au large, quelle qu'elle soit, morue, thon ou autre, te rappellera trop ta jeunesse et tes expériences islandaises.

— À moins que cela ne me remette en paix avec moi-même.

— Pour moi, tu es un grand pêcheur côtier. Pense à transmettre ton savoir à d'autres, aux jeunes en l'occurrence. Ça, c'est un but qui vaut la peine…

Sébastien était rentré au Conquet, décidé à suivre les conseils de Jeff. Son ami avait raison. Il serait beaucoup plus utile en apprenant aux jeunes les astuces de la pêche côtière qu'il connaissait sur le bout des doigts qu'à découvrir, par simple curiosité, une pêche qui devait ressembler étrangement à celle de la morue. Pourtant, moins d'une heure plus tard, il était à nouveau décidé à embarquer sur un de ces chalutiers.

36

Marie n'avait pas entendu Henri se lever et s'en félicitait, car cela lui avait permis de passer une très bonne nuit. Elle sourit en se disant qu'elle avait beaucoup de chance d'être tombée sur un mari attentionné comme lui. Quand elle le comparait à celui de la Fernande, par exemple, ce grand gueulard qui réveillait femme et enfants tous les jours, ou à celui de la Marie-Louise qui avalait un verre d'eau-de-vie avant d'embarquer chaque matin, elle se disait qu'elle avait épousé un homme exceptionnel. Elle descendit déjeuner et fit sa toilette avant de s'habiller, si bien qu'il était déjà près de sept heures lorsqu'elle entrouvrit la porte de la chambre de ses garçons. Jean-Henri y était seul puisque Adrien dormait dans la chambre de sa petite sœur depuis que son frère aîné avait la rougeole.

— Encore une chance qu'il ne l'ait pas transmise aux deux petits, se dit-elle en s'approchant du lit.

Elle se reprochait de ne pas avoir vu la rougeole venir. Ces boutons, ce rhume puis cette toux… Elle aurait dû le savoir ! Elle contempla son fils dont elle nota aussitôt la moiteur du front. Il devait avoir toujours autant de température, se dit-elle sans s'inquiéter outre mesure. Elle attendrait qu'il se réveille naturellement pour la lui prendre. Elle redescendit au rez-de-chaussée, prépara le petit déjeuner d'Adrien et le biberon de sa fille Angèle avant de songer à sa lessive de linge blanc. Si elle était allée au lavoir la veille, elle avait préféré rentrer de bonne heure en raison de la rougeole de son aîné. Elle sortit donc préparer le feu dans la cheminée de la dépendance où elle mettrait plus tard son linge à bouillir.

Quand elle rentra, Adrien était là qui l'attendait. S'il n'avait pas réveillé Angèle, il avait par contre dû aller voir son frère car il lui sembla entendre celui-ci pleurer. Elle embrassa son fils qui se serra contre elle et lui servit sa bouillie d'avoine avant de monter voir son aîné qui geignait en toussant.

— S'il te plaît, maman, dis-moi quand je serai guéri. Je suis tellement fatigué de rester au lit !

— Tu es malade, mon chéri. Et je veux autant que toi que tu guérisses. Pour cela, il faut d'abord que ta température tombe. Je vais te la prendre tout de suite.

Ce qu'elle fit aussitôt et le résultat fut plus qu'inquiétant. Alors que normalement, la température de son fils aurait dû baisser, elle avait augmenté de près de un degré depuis la veille au soir ; il en était à 39,5 °C contre 38,5 °C.

— Ta température a légèrement augmenté, Jean-Henri. As-tu passé une bonne nuit ?

— Je ne sais pas, maman. J'ai eu très chaud et à d'autres moments, j'ai eu froid.

— Tu ne sens rien ? Tu n'as pas mal à la tête, au ventre, à la poitrine ?

— Non, mais j'ai l'impression que ça ronfle, là-dedans, quand je respire.

Elle essaya de plaisanter en lui disant que c'était son moteur qui chauffait, là-dedans comme il le disait, tout en réfléchissant. Elle n'avait pas d'autre choix que de faire garder ses deux petits par ses beaux-parents. Le plus simple était qu'elle demande à sa voisine d'aller les chercher pour qu'ils viennent les prendre. Quant à elle, elle se rendrait chez le médecin pour qu'il passe au plus tôt. La santé de son aîné l'alarmait.

Jean-Henri n'avait même pas avalé la moitié de sa bouillie d'avoine, ce qui était très significatif à ses yeux sachant qu'en temps normal, il aurait mangé plutôt deux assiettées qu'une seule. Le médecin arriva vers dix heures et ausculta l'enfant avec ce drôle d'appareil dont elle ne se souvenait plus du nom, composé de deux tuyaux et d'une ventouse. Il lui en avait déjà expliqué le fonctionnement et l'utilité quelques jours plus tôt sans qu'elle y comprenne grand-chose. Quand il se redressa, il lui sourit tout en restant sérieux.

— Voici ce qui se passe, madame : la rougeole de votre fils évolue mal. Les poumons me semblent atteints et il a un degré de plus de fièvre qu'hier. Je vais vous prescrire un traitement de choc qui, je l'espère, le remettra sur pied. Si cela ne va pas mieux dans vingt-quatre heures, nous devrons envisager de l'hospitaliser.

— C'est très sérieux alors, docteur !

— Vous savez, madame Marrec, avec la rougeole, on n'est jamais à l'abri de complications. Cela arrive de temps à autre. Il y a tant de facteurs qui peuvent interférer ! Je vais vous déposer dans l'après-midi un thermomètre plus précis que le vôtre. La précision est de un dixième de degré contre un demi pour le vôtre.

Marie courut chez l'apothicaire qui lui prépara des sirops et potions qu'elle donna aussitôt à son fils. Celui-ci était si fatigué qu'il s'endormit peu après. Elle resta le regarder dormir en se félicitant de la chance qu'elle avait d'avoir épousé

Henri, qui gagnait suffisamment d'argent pour qu'elle puisse payer le médecin et le pharmacien. Elle songea à toutes ses amies sardinières qui auraient dû se contenter de prier la Vierge en espérant qu'elle guérirait leur fils. Tout simplement parce que le médecin coûtait trop cher. Encore que le leur acceptait le plus souvent de soigner les pauvres sans se faire payer.

Lorsque Henri était rentré de sa pêche, dans le courant de l'après-midi, il était resté discuter avec quelques amis sur le port avant de regagner son foyer pour y retrouver femme et enfants. La porte d'entrée était grande ouverte et cependant la grande salle était vide et il n'y avait personne au rez-de-chaussée. Surpris, il s'apprêtait à ressortir lorsque des voix lui parvinrent de l'étage, puis il entendit du bruit dans l'escalier. Son fils Adrien arriva le premier au rez-de-chaussée et dès qu'il l'aperçut, il se jeta dans ses bras en lui disant :

— Bonjour, papa. Jean-Henri est très malade.

Il s'interrompit dès qu'il vit le médecin s'approcher.

— Bonjour docteur. Qu'est-ce qui se passe ?

— Votre femme m'a demandé de passer pour la rougeole de votre aîné. Elle est encore à l'étage mais ne va pas tarder à descendre.

— Pourquoi ? Il y a du nouveau ?

— C'est le cas, en effet, et c'est pour cela qu'elle m'a demandé de venir. Vous n'avez pas remarqué que votre fils respirait difficilement, ce matin, quand vous vous êtes levé, avant de partir en mer ?

— Non. Vous savez, je descends vite, en faisant le moins de bruit possible car les enfants dorment. Je me lave en bas. Si je l'avais remarqué, j'aurais annulé ma pêche et réveillé ma femme.

— Bien évidemment. Pardonnez-moi. Ah ! Voici Mme Marrec. Je dois vous laisser maintenant. Ne vous en faites pas de trop quand même.

Marie ne ferma pas l'œil de la nuit tandis qu'Henri mit un temps fou à s'endormir, au point qu'il ne se réveilla pas à quatre heures comme d'habitude. Marie le laissa dormir et sortit prévenir son matelot et son mousse qu'il n'y aurait pas de pêche ce jour-là. Au petit matin, lorsqu'elle lui apprit qu'elle avait pris sur elle d'informer Jacquot, estimant que mieux valait qu'il reste veiller leur fils malade, Henri l'approuva d'avoir pris cette décision. Pour l'instant, l'état de l'enfant ne s'améliorait pas, s'ils se référaient du moins à la fièvre qu'ils relevèrent ensemble, grâce au thermomètre Magnien que leur avait gentiment laissé le médecin la veille.

— Il a 40,6 °C, Marie. Cela me semble beaucoup, surtout si le docteur t'a dit de l'alerter dès que la température atteindrait 41 °C.

— Pour le moment, elle ne les atteint pas, c'est déjà cela, lui répondit sa femme, plus optimiste. Et il m'a indiqué que le traitement mettrait vingt-quatre heures à agir. Or nous n'en sommes qu'à douze.

Henri restait beaucoup plus soucieux que son épouse, persuadé qu'au bout de douze heures, la température aurait déjà dû baisser si le traitement médical était efficace. Il s'assit près de son fils qui, abattu pas la fièvre, dormait profondément en dépit de sa transpiration, puis passa l'essentiel de la matinée à lire le quotidien que Marie était sortie lui acheter. Sa femme le relaya en début d'après-midi tandis qu'il entamait la lecture de *Fortune carrée*, un roman que Jean-Pi lui avait gentiment offert lorsqu'il l'avait invité chez lui.

— Tu verras, tu vas l'aimer autant que moi, lui avait-il glissé en le lui offrant.

Et c'est vrai qu'elle était passionnante, l'histoire de ces deux hommes. Mordhom… Comme nom de héros, il fallait quand même y penser, se dit-il en consultant sa montre après avoir posé son livre sur la table.

Il monta pour remplacer Marie auprès de leur fils et, la trouvant endormie, choisit de ne pas la réveiller. Il prit une chaise, s'assit près d'elle et observa leur enfant. Il lui semblait… mais oui, c'était le sifflement de sa respiration qu'il entendait ! Il se leva, quitta sa chaise et se dirigea vers le lit sur lequel il se pencha. Il plaça son oreille au-dessus de la poitrine de l'enfant, écouta très attentivement et entendit comme un râle.

Que faire ? se demanda-t-il en se redressant. La première chose était de réveiller Marie, ce qu'il fit immédiatement. Sa femme réagit aussitôt.

— Comment ça, que faire ? Mais courir chez le médecin, bien évidemment, et lui demander de venir de toute urgence voir ce qu'il en est, et s'il y a lieu, conduire le petit à l'hôpital de Quimper.

— On devrait peut-être prendre sa température auparavant, ne crois-tu pas ? suggéra Henri.

— Tu as raison. Fais-le pendant que je me prépare, lui répondit-elle, plus que jamais décidée à ramener le médecin avec elle.

Ce râle l'inquiétait tant… Cinq minutes plus tard, Henri lui annonça :

— 41,2 °C ! Vas-y vite ! Je reste près du petit.

— Quand je pense que je m'étais endormie ! Quelle mère je fais !

— Ne te reproche rien, Marie, car cela n'aurait rien changé. J'étais là, moi, près de toi, et je n'ai rien remarqué avant d'entendre ce râle...

— Merci, Henri. Si tu savais comme tes paroles me soulagent !

Marie courait plus qu'elle ne marchait, même si courir ne l'avançait en rien. Le médecin était en effet absent pour l'après-midi ainsi que son épouse, et ils ne rentreraient sans doute pas avant huit heures du soir, lui indiqua l'employée de maison.

— Dites-lui que Mme Marrec est passée et que son fils avait 41,2 °C de fièvre à quatre heures de l'après-midi. Je peux compter sur vous, n'est-ce pas ?

— Je préfère que vous lui laissiez un mot, madame. Voici du papier et un crayon.

L'employée de maison, qui ne devait pas avoir une bonne mémoire, ne savait sans doute pas écrire non plus, se dit Marie qui griffonna le message puis s'en alla. Elle rentra chez elle et monta aussitôt voir son fils auquel elle tenta en vain de donner son médicament. Il transpirait énormément et avait le front brûlant.

— Henri, demanda-t-elle à son mari, peux-tu aller chez tes parents et leur demander de garder Adrien et Angèle chez eux ce soir ? Si nous devons aller à l'hôpital, cela vaut sans doute mieux. C'est plus prudent.

— Tu as raison, bien entendu. J'y vais tout de suite, Marie. Je ne pensais plus à eux. Comme ça, quoi qu'il arrive, nous serons libres de nos mouvements.

À peine arrivé chez ses parents, Henri raconta à son père ce qui se passait. Fataliste, Marcel lui conseilla de prier.

— C'est ce que fait ta mère depuis que le petit a la rougeole. Les médecins, ils n'en savent pas beaucoup plus que nous, vois-tu, même si le nôtre est un bon. Et puis, dis-toi, mon fils, que s'il arrive malheur à ton aîné, il t'en restera encore deux et vous avez le temps d'en avoir d'autres…

— Papa, tu as une curieuse façon de voir les choses !

— Je vois les choses comme il faut les voir et comme on les voyait dans le temps, Henri. La vie, ça va, ça vient. Malheurs et bonheurs se succèdent et nous n'y pouvons rien. Regarde tes amis : Jeff et Sébastien. Autant Jeff a eu de la chance dans sa vie jusqu'ici, tant avec sa femme qu'avec ses enfants, autant Sébastien en a manqué. Pourquoi ? Personne ne le sait. C'est le destin.

— C'est vrai, Jeff n'a perdu personne, alors qu'en trois ans, Seb a vu partir son épouse, un fils et une fille. Auparavant, il avait déjà perdu des doigts et un pied. Cela fait effectivement beaucoup pour un seul homme. Et pourtant, il n'est pas du tout jaloux de Jeff.

— Il y a pire, cependant. Par exemple, les cousins de ta mère qui ont perdu leurs quatre fils pendant la guerre, alors que d'autres familles qui avaient cinq ou six enfants au front ont été miraculeusement épargnées.

— Tu as une façon de voir les choses qui tient à ton âge et à ton vécu, papa. Moi, je ne peux admettre de perdre mon fils. Je veux que Jean-Henri vive ! Il le faut !

Henri rentra chez lui, soucieux. Il n'allait quand même pas entrer dans un cycle de malheurs identique à celui qu'avaient vécu Sébastien et Joséphine ! Il se souvenait très bien de ce que lui avait lâché celle-ci, tout récemment encore :

— Je veux avoir un enfant de toi, Henri, un enfant que je verrai grandir près de moi. Comme cela, je penserai tous les jours à toi.

Qui sait ? Peut-être Joséphine était-elle enceinte aujourd'hui. Si c'était le cas, il ne devrait pas tarder à l'apprendre. Et si elle lui avait déjà écrit ? Il fallait qu'il se rende à Pont-l'Abbé pour voir s'il n'avait pas une lettre dans sa boîte postale. À peine envisagea-t-il cette idée qu'il s'en voulut terriblement. Comment pouvait-il penser à sa maîtresse alors que sa femme se rongeait les sangs pour la santé de leur fils aîné dont la vie était peut-être en péril ?

Marie était repassée à six heures au cabinet du médecin pour apprendre que le docteur accouchait une parturiente à la campagne. À huit heures, toujours sans nouvelles, elle se rendit à nouveau à son domicile où son épouse lui annonça qu'elle n'attendait pas son mari avant dix ou onze heures du soir, car il l'avait prévenue que l'accouchement serait délicat. Marie rentra chez elle. Que feraient-ils si les choses évoluaient mal ? À peine arrivée, elle se précipita au premier et pénétra dans la chambre de Jean-Henri auquel elle réussit à faire absorber une nouvelle dose de médicaments avant de prendre sa température. Celle-ci n'avait baissé que de un dixième de degré par rapport à ce qu'elle était quatre heures plus tôt, mais elle avait baissé. Henri y vit aussitôt un signe encourageant et lui suggéra que le mal était peut-être enrayé si les médicaments commençaient à faire de l'effet. Encore quelques doses et il se résorberait peut-être.

— J'aimerais bien être de ton avis, Henri. Si je suis plus pessimiste que toi, c'est parce que le médecin est absent et que s'il faut conduire notre fils à l'hôpital, nous ne pourrons pas le faire avant demain, maintenant.

Ils étaient à moitié endormis tous les deux lorsque Henri se réveilla en sursaut. Il lui avait semblé entendre son fils. Il ne se trompait pas. L'enfant venait de murmurer d'une voix à peine audible :

— Maman, j'ai faim…

Il réveilla aussitôt Marie qui, laissant Henri embrasser son aîné sur le front, descendit l'escalier quatre à quatre pour lui préparer un bol de bouillie d'avoine, un plat facile à avaler et qu'il adorait. Lorsqu'elle remonta, tenant à la main une assiette plate sur laquelle était posé le bol, la première chose qu'elle vit en entrant dans la chambre fut le bras levé de son mari et le thermomètre qu'il brandissait comme un trophée :

— 39,6 °C, Marie ! Tu as gagné, ma chérie, nous avons gagné ! Tu vas guérir, mon fils, tu vas guérir ! Mange, mon trésor, prends des forces. Tu en as besoin.

Une heure plus tard, encore à demi dévêtus, tous deux finissaient de déguster un verre de Martini quand Henri chuchota :

— Je dois te faire un aveu, Marie. Ce matin, en rentrant de chez mon père, je me suis promis de ne jamais te laisser seule, sauf quand j'y serai obligé.

— Et alors ?

— Je n'irai pas pêcher sur un de ces chalutiers. Cela me contraindrait à te laisser te débrouiller seule avec les enfants les trois quarts du temps. Et comme j'ai le choix, je sais aujourd'hui que je me dois de rester aussi présent que je le peux pour toi et les enfants. Je téléphonerai à Jean-Pierre dès demain.

— Merci, Henri. Rien ne pouvait me faire plus plaisir.

Le médecin passa vers onze heures comme il l'avait promis et les rassura.

— Couchez-vous, maintenant, et dormez. Vous en avez bien besoin. Votre fils est sauvé, n'ayez plus d'inquiétude. Bonne nuit !

Pourtant, deux heures plus tard, alors que Marie dormait paisiblement à ses côtés, Henri ne parvenait toujours pas à trouver le sommeil tant il était perturbé par les événements récents. En plus d'être une maman exceptionnelle, Marie était également une épouse dévouée et aimante et il n'avait pas le droit de se comporter avec elle comme il le faisait. Son aventure avec Joséphine était un manque d'honnêteté et de respect pour elle. Il se promit de ne plus la tromper, et cela quoi qu'il puisse lui en coûter. Sa décision était prise une fois pour toutes. Il allait en aviser Joséphine tout comme il allait prévenir Jean-Pierre qu'il ne donnerait pas de suite à sa proposition.

Cinq minutes plus tard, il était au royaume des songes…

37

Henri l'avait déjà vu, ce foutu bateau allemand avec ses drapeaux à croix gammées. Il était passé à cent brasses de lui tout au plus, le matin même. Il avait pu lire son nom, et pour cause, il était si près ! Le *Clare Gammerto*, probablement les prénom et nom d'une Allemande. Ce cargo avait d'ailleurs donné à Jacquot l'occasion de demander, avec sa finesse habituelle :

— Qu'est-ce que c'est comme pays, cette croix bizarre, patron ?

— Tu as déjà entendu parler d'Hitler, non ?

— Oui, bien sûr. C'est le pavillon de son pays, cette croix ?

— Cette croix, c'est le symbole des nationaux-socialistes allemands, ceux que l'on appelle les nazis, des cons de Teutons qui veulent à tout prix leur revanche alors que l'on n'a pas encore réussi à panser les plaies de la boucherie de 1914-1918. Non, tu n'as pas fini d'entendre parler d'Hitler et des nazis, je le crains.

Henri avait regardé son matelot, pensif. Sans doute avait-il entendu parler d'Hitler, mais des nazis, probablement pas. S'il était au courant, lui, c'est bien parce qu'il s'occupait de politique et était un radical-socialiste actif. Sinon, comment l'aurait-il su ? Il achetait si rarement un quotidien !

Ils avaient remonté leurs casiers et étaient rentrés au port. Henri était satisfait de leur journée. Tandis que Jacquot rangeait les crustacés et nettoyait les casiers, il évaluait leur pêche du jour : entre quatre-vingts et cent kilos de homards et deux fois plus de crabes, sans compter une demi-douzaine de langoustes… c'était une bonne pêche par les temps qui couraient. En arrivant, ils furent surpris par l'animation qui régnait à l'autre bout du quai et aperçurent, au loin, des touristes qui discutaient avec des dockers devant le bateau allemand.

— Qu'est-ce qui se passe au port, patron ? lui demanda Jacquot, curieux.

— Tu le vois comme moi. Je crois que les Allemands ont trouvé à qui parler et cela me réconforte. Je parie que les manutentionnaires refusent de décharger leur bateau.

— Pourquoi le feraient-ils ?

— Parce qu'ils n'apprécient pas plus Hitler que moi. Et que si c'est bien du bois que livre ce cargo, le drapeau qu'il arbore n'est pas celui de l'Allemagne, mais celui des nazis.

Ils déchargèrent tranquillement leurs paniers de crustacés puis Jacquot partit chercher une voiture à bras chez le mareyeur. En attendant son matelot, Henri questionna les pêcheurs qui déambulaient près de lui et apprit que les dockers refusaient effectivement de décharger le bateau allemand en raison de son drapeau. Si tous savaient qu'Hitler avait pris le pouvoir au mois de janvier précédent, comment auraient-ils pu imaginer qu'il avait déjà eu l'impudence d'imposer l'étendard nazi comme drapeau officiel ? Et pourtant, celui-ci était bien devenu l'un des deux drapeaux que tout bateau civil allemand devait arborer aujourd'hui.

— On se souviendra de ce 20 juillet 1933, déclara Henri, satisfait, à un collègue.

— Et pourquoi donc? lui rétorqua celui-ci. Si tu crois que le refus de nos dockers de décharger le *Clare Gammerto* va déboucher sur une affaire d'État, tu te fiches le doigt dans l'œil! Il s'en balance complètement, Hitler.

— Pas moi, en tout cas, ni nos dockers. Hitler est un danger public!

— Il paraît que le commandant discute avec la direction du port, intervint un troisième larron. Ils lui demandent de remplacer son pavillon par un autre.

C'est effectivement ainsi que se régla le problème. Le commandant du cargo allemand finit par accepter d'amener le drapeau à croix gammée et de le remplacer par le classique drapeau allemand à trois bandes horizontales, noire, rouge et jaune.

Le surlendemain, Sébastien arriva au Guilvinec chez Jean-Pierre et lui annonça qu'il était d'accord pour faire un essai sur l'un de ses chalutiers, ce qui n'eut pas l'air d'enthousiasmer outre mesure son fils. Jean-Pi apprit alors à son père, avec un sourire mi-figue, mi-raisin, qu'Henri Marrec lui avait téléphoné la veille pour l'aviser qu'il ne donnait pas suite à sa proposition, sans d'ailleurs lui en donner les véritables raisons.

— Que t'a-t-il dit pour justifier son refus?

— Qu'il préfère faire la pêche côtière pour être présent auprès des siens, femme et enfants. Il m'a dit qu'il avait failli perdre son aîné et que cela lui avait ouvert les yeux.

— Cela ne m'étonne pas de lui et j'estime qu'il a raison. J'aurais fait la même chose à sa place.

— Vraiment?

— Bien entendu, si je te le dis! Mon absence, pendant la guerre, m'a assez coûté. Dix-huit mois sans vous voir… Cela m'a fait comprendre à quel point les liens familiaux sont importants pour l'équilibre d'un être humain; et cela vaut autant pour les parents que pour les enfants, d'ailleurs.

— Tu sais, papa, les choses changent. Je ne sais pas si tu t'en rends compte, mais aujourd'hui, les pêcheurs s'absentent jusqu'à six mois ! Sur la place du Guilvinec, c'est très net : ils sont nombreux à partir vers le sud, où les mareyeurs paient poissons et crustacés plus cher qu'ici. C'est toujours la même chose : la concurrence y est moins rude.

— Henri est certainement d'un autre avis que toi. Bon, alors, dis-moi : ce test, on le fait quand ?

— Dès cette semaine, si cela te va. Mon beau-père a deux chalutiers, dont le *Pen-ar-Bed* qui part dans trois jours. Je lui en ai parlé et il est d'accord pour un essai.

— Je suis prêt. Mais j'aimerais bien rencontrer le patron du chalutier avant de partir.

— Le patron se prénomme Lucien. Tu le verras tout à l'heure.

Sébastien embarqua sur ce chalutier à panneaux, plus performant et de beaucoup que les chaluts à perche[1]. Ils partirent à six sur ce *Pen-ar-Bed*, un douze mètres qui disposait d'un moteur de quatre-vingts chevaux. Même s'il n'en avait jamais vu, Sébastien savait, bien entendu, qu'il existait des chalutiers dont les moteurs étaient beaucoup plus puissants, jusqu'à mille cinq cents chevaux, à Boulogne et à La Rochelle, par exemple, des chalutiers d'une tout autre taille que ceux du pays bigouden.

---

1. Le chalut à perche est équipé d'une armature rigide qui maintient ouvert le chalut, le filet en forme de sac. Dans le cas du chalut à panneaux, deux panneaux divergents, des pièces de bois rectangulaires, assurent l'ouverture maximale du chalut quand le bateau avance.

Si le temps était assez beau lorsqu'ils quittèrent Le Guilvinec, il devint très vite maussade et, loin de s'améliorer, il empira au fil des heures. Ils faisaient route sud-est, leur but final étant les parages de l'île d'Yeu. À moins, bien entendu, qu'ils ne rencontrent leur bonheur en chemin, ajouta le patron en plaisantant avant de préciser :

— Qui sait ? Ce sera peut-être du côté de Belle-Île où les filles sont aussi belles que leur île, surtout l'été avec toutes ces touristes assez déshabillées.

— Des touristes déshabillées ? releva Sébastien, dubitatif.

— Oui. Figure-toi, Sébastien, que Cheun, l'un de mes matelots, en a trouvé deux ensemble, toutes nues sur le sable, dans une crique. Tu te doutes de ce qui s'est passé.

— J'espère qu'elles étaient consentantes !

— Sûrement, puisqu'elles étaient deux ! Et d'après lui, elles en redemandaient !

— Tu ne crois pas qu'il en a rajouté un peu, le Cheun ?

C'est près de Groix qu'un peu plus tard, en dépit du vent qui se levait, le patron décida de donner un premier coup de chalut. Le bateau stoppa, se mit au travers, tribord au vent, et les matelots prirent aussitôt position à l'arrière du bateau. Le filage[1] débuta par la mise à l'eau du filet suivie par celle des deux panneaux de bois rectangulaires, et enfin la remise en route du bateau qui avançait à deux nœuds, en tirant derrière lui un chalut en forme d'entonnoir.

La première question que posa Henri concernait la nature des fonds marins sur lesquels ils pêchaient. Du sable, mais encore ? Des galets ? Des roches ?

1. Filage : mise à l'eau du chalut.

— Du sable et des herbiers, précisa le patron. Je ne prends pas de risque. Tu as vu le temps ? Il est en train de changer. D'habitude, l'été, quand on va vers le sud, c'est toujours plus beau et plus chaud. Et là, il pleut et le vent forcit… Enfin, on verra. Je m'abriterai au port du Palais s'il fait mauvais.

Deux heures plus tard, ce fut le virage[1] du chalut. Dès que le bosco ouvrit le raban de cul, ce cordage qui fermait le « cul du chalut », le contenu du filet se déversa sur le pont du bateau et les matelots se précipitèrent. Ils commencèrent à trier grossièrement le poisson dont le nettoyage et le rangement dans des caisses de bois viendraient plus tard, pendant le trait suivant. Sébastien, qui participait, fut étonné par la variété des poissons et des coquillages qu'ils avaient remontés, comme par le nombre de petites prises qu'ils furent obligés de rejeter à l'eau, car non commercialisables.

— J'espère que la plupart de ces petits réussiront à regagner le fond de la mer, dit-il à son voisin.

— Pourquoi ?

— Tu imagines les pertes, sinon ?

— On ne fait pas d'omelette sans casser des œufs, mon vieux. Tant pis pour eux, s'ils sont bouffés.

— Tant pis pour nous surtout, car c'est autant de poissons et de coquillages que nous ne pêcherons pas à l'âge adulte, dans quelques années.

— Ah, ça ! Ce n'est pas demain que nous manquerons de poissons !

Satisfait de sa pêche, le patron décida de faire un deuxième trait un peu plus loin. Sébastien observa le ciel puis la mer lorsqu'il l'entendit leur faire part de sa décision et, plutôt que de se taire comme les autres matelots, il se dirigea

1. Virage : remontée du chalut.

vers lui. Il n'avait pas encore ouvert la bouche que Lucien lui dit :

— Si tu viens me parler du vent qui se lève, Bastien, c'est inutile. Je sais ce que je fais. Ce nouveau trait de chalut ne durera pas plus d'une heure.

Pourtant, moins d'un quart d'heure après la mise à l'eau du chalut, le vent de sud-est forcit encore et le bateau commença à rouler, ce qui obligea le patron à changer lentement de direction pour se mettre face au vent. La mer se formait peu à peu et, tout en nettoyant les poissons du trait précédent, les matelots jetaient de temps à autre un coup d'œil interrogatif sur le ciel et l'horizon, car les averses se faisaient de plus en plus drues. Et soudain survint l'imprévu quand le patron distingua, à moins de cent mètres devant eux, des remous aussi anormaux qu'inquiétants parce que souvent synonymes de hauts-fonds, voire de récifs.

Il réagit aussitôt et, instinctivement, mit la barre à tribord toute sans penser une seule seconde à son chalut. Seul comptait à cet instant son bateau qui se mit à rouler et fut immédiatement secoué comme un prunier par les lames qui le prenaient de travers. Il mit un peu de gaz sous le regard interrogatif de son bosco qui en était toujours à se demander quel était le motif de ce changement brutal de cap. Le mieux était de se renseigner, se dit-il, ce qu'il fit aussitôt. L'échange fut bref et la décision vite prise : on remontait le chalut et cap sur Belle-Île.

Le virage ne se passa pas tout à fait comme prévu. En effet, les matelots constatèrent en remontant le chalut qu'à la suite de la manœuvre brutale effectuée par leur patron pour éviter ces remous, les deux panneaux s'étaient croisés et le filet en avait souffert. Tant et si bien qu'une fois le chalut remonté et vidé, les matelots échangèrent des regards désolés : ils avaient du pain sur la planche, car ils passeraient des heures à remettre le filet en état. Et comme la couture, fût-elle celle de filet de pêche, n'avait jamais été leur tasse de thé aux uns et aux autres, la déception était grande. La soirée ne serait pas aussi drôle qu'ils se le promettaient, loin de là… Et tout ça par la faute de l'entêtement du patron ! Qui ne mettrait même pas la main à la pâte, lui.

— Un coup malheureux, constata le patron le soir même à Belle-Île dans un bistrot du port du Palais où Sébastien offrait un coup de « jaune » à l'équipage avant qu'ils ne se retrouvent tous à manger leur casse-croûte sur le *Pen-ar-Bed*.

La soirée fut amicale mais brève et ils se couchèrent tous très tôt. Dès quatre heures le lendemain matin, ils mettaient le cap plein sud, direction la Vendée et l'île d'Yeu.

Si Sébastien fut satisfait de l'expérience qu'il venait de vivre, lorsqu'il rentra en fin de marée, il n'était guère convaincu par la pêche au chalut, du moins pratiquée dans de telles conditions. Contrairement au matelot côtier, celui de chalutier n'avait aucune initiative ou presque. Il compara même son sort à celui d'un ouvrier d'usine : filage, trait, virage, tri et traitement des prises, réfection du chalut le cas échéant ; c'était de la pure routine, réglée comme du papier à musique. Sa principale satisfaction professionnelle, c'était la paie en fin de semaine ou de quinzaine. Non, ce métier ne l'intéressait pas, surtout à son âge.

38

1936

Jeff savait depuis des mois que cette année 1936 serait sa dernière année de service comme pilote et qu'il prendrait sa retraite le 1er septembre. Cinquante-cinq ans, ce n'était pourtant pas un âge canonique, d'autant qu'il était en bonne santé et espérait avoir encore de nombreuses années devant lui. Sa plus forte motivation pour ne pas baisser les bras face à ce qu'il considérait presque comme une mise au rancart, c'était Marcel, le dernier de ses fils, que Marie-Françoise lui avait donné en 1928.

Avoir un enfant de huit ans à élever alors qu'on le mettait à la retraite, c'était difficilement concevable. Il ne fallait pas faire d'enfant si tard, lui avait dit son patron. Comme plaisanterie, c'était plutôt mal venu ! La différence entre son dernier-né et ses aînés, c'était qu'il disposait maintenant de plus de temps pour s'occuper de lui et qu'il envisageait de lui faire faire des études, du moins si les dispositions qu'il montrait aujourd'hui se confirmaient. Cette hypothèse ne pouvait que l'inciter à travailler pendant encore une dizaine d'années, que ce soit à temps complet ou à temps partiel.

Sa retraite serait donc active et la première chose qu'il allait faire, c'était de redevenir inscrit maritime : il voulait recommencer à pêcher, et cela le plus tôt possible. Son dernier bateau, le *Marie-Françoise*, était en très bon état : c'était un sept mètres cinquante ponté et motorisé, tout ce qu'il fallait pour faire de la pêche en professionnel comme pour se faire plaisir lors de sorties entre amis. Parmi ceux-ci figurait en bonne place Michel Marrec auquel il venait d'expédier une carte de vœux pour son soixantième anniversaire.

Eh oui ! Son père avait atteint la soixantaine, se disait Henri à l'autre bout du département. Michel venait en effet de fêter ses soixante ans dans son cher pays bigouden, chez lui, à Loctudy. La fête s'était déroulée dans l'intimité familiale ; tous ses proches étaient là. Avec ses deux sœurs, leurs conjoints et leurs enfants, Henri était bien entendu du nombre. Il avait voulu inviter Jeff à cet anniversaire, sachant que rien ne pouvait faire plus plaisir à son père, mais, toujours égales à elles-mêmes, ses sœurs avaient repoussé cette proposition dans le seul objectif de ne pas avoir à supporter des frais inutiles.

Henri n'avait pas abandonné son idée et en avait parlé à son père, bien sûr, mais surtout à ses amis conquétois : Jeff, bien entendu, puisque le premier concerné, ainsi que Sébastien, qu'il appréciait beaucoup. Il leur proposa d'organiser dans le pays bigouden, à Loctudy ou au Guilvinec, une réunion amicale de deux ou trois jours, organisée autour de la pêche. Les héros en seraient bien entendu les deux amis, ex-sémaphoristes de la guerre 1914-1918, qui arroseraient ainsi, à terre et en mer, l'un sa retraite, l'autre ses soixante ans. Ce serait une fête d'hommes, à laquelle ils ne seraient que quatre ou cinq à participer : les deux héros, Sébastien, lui-même et éventuellement Jean-Pi, s'il parvenait à se libérer. Il était si surchargé de travail, ce forçat de la mer ! Cette fête, ils la fixèrent dans la première quinzaine de septembre, à charge pour eux d'en préciser la date exacte vers juin-juillet.

— Sais-tu, lui répondit Jeff quand il lui en parla, que j'avais moi aussi l'idée de faire une fête semblable, à Brest ou au Conquet ? J'en ai d'ailleurs parlé à ton père sur la carte que je lui ai adressée pour son anniversaire.

— C'est drôle, il ne m'en a rien dit. Sans doute pensait-il que tu n'invitais que lui.

— Il doit plutôt être obnubilé par les élections de la fin du mois. Toi, tu vois ça comment, Henri ? Pour moi, le bloc des gauches va au-devant d'une déculottée.

— Oublie la politique, Jeff. Tu sais que nos opinions divergent en la matière.

— Tu as raison. Attendons…

Ils ne prévoyaient ni l'un ni l'autre la « révolution pacifique » qui se profila le 26 avril et se confirma le 3 mai avec la victoire du Front populaire aux élections législatives, l'émergence de la SFIO comme premier parti politique français et la nomination de Léon Blum comme président du Conseil.

Radical-socialiste depuis toujours comme son père, Henri fut très agréablement surpris par le résultat de ces élections. Il ne comprit rien, par contre, aux premières occupations d'usines début mai, puis à la grève générale qui en résulta et qui conduisit à la paralysie complète du pays. Ces mouvements sociaux débouchèrent sur des négociations entre le bloc syndical et le gouvernement Blum qui décida de premières mesures sociales immédiatement applicables en faveur des salariés : semaine de quarante heures et quinze jours de congés payés assortis de billets de chemin de fer à prix réduits.

Ces premières mesures sociales ne manquèrent pas d'étonner Henri : s'il estimait tout à fait normal d'accorder à tout salarié quinze jours de congés payés, il ne comprenait pas la seconde décision, le passage brutal de la semaine de travail à quarante heures. Il lui semblait aberrant d'envisager qu'une entreprise puisse réduire, et cela en une seule étape, le temps de travail de quarante-huit à quarante heures sans se ruiner. Cela faisait un sixième de temps de travail en moins, auquel venaient s'ajouter ces quinze jours de congés payés, soit un vingt-quatrième du temps annuel de travail, soit au total… Il prit un papier et un rapide calcul l'amena à plus de vingt pour cent de temps de travail en moins pour un salaire mensuel inchangé. C'était énorme ! Et pourtant, les syndicats mettaient une telle pression sur le gouvernement que l'on parlait, en plus, d'une augmentation générale des salaires de sept à quinze pour cent, dont le but serait de relancer la production par la consommation. Comment les entreprises pourraient-elles s'en sortir ? Et qu'allaient exiger les salariés des petits patrons pêcheurs comme lui ?

Il oublia ces sombres perspectives dès le début du mois de juillet 1936, qui marqua un changement majeur dans la vie des citoyens français. Si la majorité des salariés se rendirent dans leur famille durant ces congés pour y voir leurs parents, tous ceux qui en avaient la possibilité choisirent de mettre à profit les plus beaux mois de l'année pour « prendre leurs vacances » en bord de mer, auquel, pour la plupart, ils n'avaient encore jamais eu accès. Cette expression nouvelle allait vite devenir populaire, surtout lorsqu'on y ajouta le mot « d'été ».

Comme tous les « côtiers », Henri fut sidéré par le nombre de touristes, hommes et femmes, qui déferlèrent sur les côtes françaises et bretonnes dès le début du mois de juillet. Ils venaient aussi bien de Quimper ou d'autres villes bretonnes que de Paris et de la région parisienne. Les touristes, les Loctudistes les connaissaient de longue date puisque, cinquante ans plus tôt, Marie de Kerstrat, une pionnière en la matière, avait fait construire quatre maisons de luxe pour y accueillir des Anglais fortunés.

Aujourd'hui, la clientèle n'était plus la même, il s'en fallait de beaucoup. Les visiteurs n'avaient généralement en poche que trois francs six sous à dépenser dans la semaine ou les dix jours qu'ils passaient sur place, même s'il y avait des exceptions. Les cinq mille estivants que reçut Loctudy durant cet été 1936 furent cependant une bénédiction pour la commune et ses commerçants, comme pour les habitants chez lesquels ils trouvèrent à se loger. Malgré le précédent de Marie de Kerstrat, le petit port de Loctudy n'était, en effet, pas plus préparé qu'un autre à une pareille invasion amicale. Ce qui sembla aussi sûr que réconfortant, c'était que ces nouveaux touristes reviendraient l'année suivante et qu'il fallait donc, d'ores et déjà, s'apprêter à les accueillir.

Ce fut l'un des sujets de leur discussion durant le repas qu'ils partagèrent ce premier soir où ils se retrouvèrent tous les quatre, non à Loctudy mais au Conquet, dans la maison de Jeff, rue Saint-Christophe. Marie-Françoise était restée à Brest avec ses deux derniers enfants, ses fils Émile et Marcel, laissant Jeff seul avec ses amis, chez lui. Sébastien avait bien proposé de loger tout le monde, mais Jeff n'avait voulu rien entendre. Henri dormait donc chez Sébastien et Michel chez son ami Jean-François.

En lisant *La Dépêche de Brest* du jour, Henri avait noté qu'il existait dans le Nord-Finistère des garderies de vacances et il aurait bien aimé apprendre de la bouche de Jeff ce qu'il en était. Pour l'instant, il ne pouvait mettre le sujet sur le tapis ; il devait se taire car Jeff venait de se lancer dans une diatribe contre le gouvernement, alors qu'ils s'étaient promis de ne pas parler politique. Fort heureusement, il suffit à Sébastien de lever la main pour que Jeff s'interrompe, confus de s'être laissé aller, avant de s'excuser et de s'adresser à Michel, qui s'était mis à rire :

— Eh bien, Michel, pourrais-tu nous dire ce qui te fait rire ainsi ? J'espère que ce n'est pas moi !

— Qui veux-tu que ce soit d'autre, Jean-François ? Je constate que tu n'as pas changé depuis notre jeunesse. Tu as toujours le verbe aussi haut.

— Le verbe aussi haut... Où as-tu trouvé cette formule, Michel ? Et ça veut dire quoi, au juste ?

— J'ai lu ça dans un roman, et ça m'a plu. Je n'ai employé la formule que pour rester poli et ne pas te dire, crûment, que tu es toujours aussi grande gueule.

— Merci pour moi ! Ainsi, tu oses me traiter de grande gueule, toi, mon ami de guerre ?

— Tu ne vas pas te vexer, quand même ? intervint Sébastien, amusé. Tout le monde le sait, y compris toi-même, ne dis pas le contraire !

Quand Henri se mit à rire à son tour, Jeff accepta enfin la remarque et, faisant contre mauvaise fortune bon cœur, déclara :

— Bon. La prochaine fois que je me lance encore, arrêtez-moi tout de suite, les copains. Comme ça, vous n'aurez pas à vous moquer de moi !

— Je lève mon verre à Jeff qui montre là l'un de ses bons côtés, il n'est pas rancunier, envers nous tout du moins, conclut Michel, mettant fin ainsi à l'incident avant d'ajouter : bon, que fait-on demain ?

L'ambiance se détendit encore davantage quand Jeff annonça qu'il avait prévu une sortie aux Pierres Noires, une vraie journée de pêche au filet, comme dans l'ancien temps, celui de leur jeunesse. Et, que celle-ci soit bonne ou mauvaise, ils prendraient le temps de faire un casse-croûte sur la côte ou dans une île, selon le temps et l'humeur du moment.

— On prend un ou deux bateaux ? s'informa Sébastien.

— Cinq sur un seul bateau, cela ferait beaucoup, lui répondit Jeff.

— Comment ça, cinq ?

— Mon fils François est en vacances et m'a demandé s'il pouvait venir avec nous. Il a dix-sept ans et je lui ai dit oui, si vous n'y voyez pas d'inconvénient…

— C'est d'accord pour ton fils, bien sûr, Jeff. Tu le prends donc à ton bord avec Michel. Henri embarque avec moi sur le *Margot II*. Je choisis le lieu de pêche du matin, toi celui de l'après-midi. Ou inversement, c'est comme tu veux.

— C'est d'accord. Faisons ce que tu proposes : toi le matin, moi l'après-midi.

Jeff se reprocha, le soir même avant de s'endormir, d'avoir dit oui sans réfléchir. Il n'avait en effet pas pensé aux horaires de marée. L'étale de basse mer était à neuf heures quarante-trois, flot ensuite jusqu'à la renverse de l'après-midi avec une marée de soixante-huit. Il aurait dû faire le choix inverse, bien entendu.

Le lendemain matin, ils se retrouvèrent sur le quai à six heures et demie pétantes comme convenu, et la marée descendante leur permit de sortir du port sans le moindre effort. Ils durent malgré tout mettre le moteur pour passer la pointe de Kermorvan et pénétrer dans la baie des Blancs

Sablons, le courant leur étant contraire. Car c'était bien sûr aux Pierres Jaunes que Bastien allait les conduire, se dit Jeff en se reprochant à nouveau de ne pas y avoir pensé la veille. Avec un coefficient de soixante-huit, en début de flot, les Pierres Jaunes, que ce soit au filet ou à la ligne, c'était du gros lieu et du bar assuré ! C'était d'ailleurs très clair pour Sébastien qui prenait tout son temps pour s'y rendre puisqu'ils avaient deux heures à tuer.

Ils avaient donc laissé traîner quelques lignes et pris quelques maquereaux et lieus en guise de mise en bouche avant le festin qui les attendait, ils l'espéraient tous. Ils avaient passé Illien et dans les deux bateaux qui avaient jeté l'ancre, les pêcheurs attendaient patiemment la renverse, en préparant tranquillement les filets qu'ils ne mouilleraient qu'en début de flot. Pour l'instant, ils discutaient et plaisantaient tout en appréciant le casse-croûte de neuf heures. Le soleil paressait et tardait à percer le léger voile de brume qui, pour l'instant, leur cachait encore l'horizon et les îles. C'était une question de minutes, se disait précisément Henri qui le vit soudain surgir au-dessus de la falaise et déchirer enfin le voile ouaté qui les enveloppait. Sous les rayons du soleil, l'air comme la mer devinrent limpides et leur révélèrent des trésors : Béniguet au sud-ouest, Quéménès, Triélen et Molène plein ouest, face à eux, et Ouessant au nord-ouest.

— Que c'est beau ! s'exclama François, le plus jeune de leur bande.

— Oui, c'est beau, ajouta Michel. Pas aussi beau, certes, que les aurores que je pouvais admirer chaque jour de mon phare de Langoz lorsque j'y étais gardien, mais quand même, ce n'est pas trop mal, je le reconnais.

— Bien dit, papa, approuva Henri.

— Heureusement que tu es mon hôte, Michel, releva Jeff. Sans quoi tu attrapais ton pegement…

— Que diriez-vous, les uns et les autres, si vous aviez comme moi assisté à tant de splendides levers de soleil sur la côte du Goëlo ! intervint à son tour Sébastien. À Loguivy, la côte vous offre toutes les orientations : nord-ouest, nord, nord-est, est, et même deux petits bouts de sud. C'est dire que vous avez le soleil la journée entière. Ici, il faut attendre qu'il daigne se montrer…

— Bref, la côte bretonne est belle partout, conclut Henri prudemment.

Ils y étaient enfin. Les filets étaient prêts lorsque arriva l'heure de la renverse. Sur chaque bateau, ils en avaient quatre de trente-trois mètres reliés bout à bout entre eux que Jeff et Sébastien mouillèrent différemment. Jeff le premier, Sébastien ensuite, qui savait cependant déjà que Jeff pêcherait plus de gros lieus que lui. Pour les bars, cela se vaudrait… S'il y avait du poisson du moins, et cela, rien ne le garantissait.

L'attente leur parut longue et il était presque midi lorsqu'ils remontèrent leurs filets. Sur le *Marie-Françoise*, Jeff et son fils échangèrent un regard dès qu'apparurent les premiers poissons : ils n'étaient pas venus pour rien, loin de là. Les premiers lieus étaient vraiment très beaux, plus de trois kilos même pour certains. Et puis, au fur et à mesure qu'ils avançaient, la déception commença à se lire sur leurs visages. Le nombre n'y était pas même si la taille restait belle, et Jeff nota aussi que plus ils approchaient de la falaise, plus les mulets l'emportaient sur les lieus jaunes dont le nombre décroissait. C'est alors que, tout d'un coup, apparurent les premiers bars, nombreux mais de petite taille, et juste à l'extrémité du filet, un dans les deux ou trois kilos.

— Merde de merde, c'est fini ! s'exclama Jeff, dépité. Juste au premier bar intéressant… Une pêche ratée.

Henri l'écoutait, sidéré. Se reprocher à voix haute d'avoir mal choisi son emplacement, quel culot ! se disait-il. Une pêche ratée, ça ? Jeff devenait incroyablement exigeant avec l'âge. Un véritable enfant gâté !

— Tu vas me ridiculiser, Seb.

— Allons, Jeff, lui répondit son ami. Garde le moral, ça ira mieux tout à l'heure.

François détaillait la pêche de son père et s'étonnait de sa réaction. C'était bien la première fois qu'il le voyait réagir ainsi après une pêche pareille. Ce qu'ils avaient ramené en lieus valait déjà le déplacement et le reste n'était que bonus. Il observa Sébastien qu'Henri aidait à remonter son filet lorsqu'il entendit son père lancer :

— Et alors, Seb ?

— Pas terrible pour ce qui me concerne. J'ai, quoi… une vingtaine de lieus, une quarantaine de bars, quelques soles, rougets, une raie d'une douzaine de kilos et une flopée de mulets.

— Quand même ! En lieus, tu as combien de kilos ?

— Une quarantaine, pas plus. Et environ le double en bars. En mulets, ce sont des petits de huit cents grammes à un kilo. Une petite centaine à vue de nez.

— Ce n'est pas une trop mauvaise pêche, finalement, conclut Jeff en lançant un clin d'œil complice à Seb qui avait du mal à ne pas éclater de rire.

C'en était trop pour Henri qui, ulcéré, s'écria :

— Vous nous pompez l'air, tous les deux ! Comment ? Vous plaisantez ou quoi ? Faire la moue après avoir pris autant de poissons en trois heures avec si peu de filets, vous croyez que c'est sérieux ? Des faux-culs, voilà ce que vous êtes tous les deux !

— Henri ! S'il te plaît, reste poli, l'interpella son père.

— Enfin, papa ! Je connais des tas de pêcheurs qui seraient heureux de prendre ça en une semaine puisque ça leur apporterait de quoi vivre. Non, mais quoi ! Vous rêvez tous les deux et devez vous tromper d'époque ! Vous vous imaginez que pêcher en deux heures sans risque et sans se fatiguer près d'une demi-tonne de poisson, même à deux bateaux, c'est monnaie courante de nos jours ?

Lorsque Seb et Jeff pouffèrent de rire, Henri devint rouge de confusion : il venait de comprendre qu'il s'était fait posséder dans les grandes largeurs. Ses deux amis le chariaient et il n'avait rien compris !

— Allons, ne t'énerve pas, gamin, lui fit Jeff, condescendant. On t'a fait marcher et tu as couru ! N'en fais pas un fromage non plus ! On a eu du pot, c'est tout. Cela arrive encore, vois-tu ! Je te signale cependant que le hasard n'a rien à voir dans la pose de nos filets. Sébastien les a mouillés au mètre près. Il a étudié le coin pendant des années. C'est en cela qu'il est un grand pêcheur…

39

Après un second coup de filet un peu plus tard, ils ramenèrent leur pêche chez le mareyeur tout en se gardant quelques belles pièces pour les repas, avant de se retrouver à six heures chez Sébastien. Ce soir-là, c'était lui qui régalait. Ils commencèrent par se mettre en appétit en dégustant quelques « chinetoques » bienvenus en guise d'apéritif, avant de faire honneur à la terrine de poisson ainsi qu'à la raie au beurre noir qui suivait, toutes deux préparées par la cuisinière. Cela avant que Sébastien ne se charge lui-même de griller dans sa cheminée le bar de deux kilos six cents qu'ils se partagèrent. Ils arrosèrent le tout d'un vin blanc de derrière les fagots, un muscadet-sur-lie bien frais de Vallet, rafraîchi comme il se devait dans un seau en bois rempli d'eau du puits. Henri félicita Suzanne, la cuisinière, aussi gentille que souriante, et ses compliments la touchèrent visiblement beaucoup par leur sincérité. Dès que son employée se se fut retirée dans la cuisine, Sébastien remercia Henri en précisant :

— Quand Suzanne a perdu son mari, je l'ai aussitôt prise comme employée de maison. Elle me sert ainsi de cuisinière comme de femme de ménage. Tu te souviens sans doute de Georges, mon matelot ?

— Georges ? Non, je ne crois pas l'avoir connu.

— Tu as raison, bien évidemment, encore que… Enfin, peu importe. Dès qu'il a été démobilisé, Georges a repris son métier de pêcheur, s'est marié et a eu deux enfants avec Suzanne. Un jour, pour gagner quatre sous de plus, il a embarqué sur un chalutier lorientais. Moins d'un an plus tard, il se noyait en plein golfe de Gascogne. C'était il y a cinq ans. J'ai aussitôt embauché sa femme. Je n'allais pas laisser leurs enfants dans la misère noire.

— Le pauvre gars… On n'a jamais retrouvé son corps sans doute. En tout cas, c'est bien de ta part, Sébastien.

Un ange avait passé avant que Suzanne ne fasse son retour en leur apportant, comme un trophée, le far breton aux pruneaux qui leur tiendrait lieu de dessert. Ils allaient le déguster avec un bon grog au Negrita qu'elle venait de leur préparer.

— Tu sais qui fabrique le Negrita, Seb ? demanda Jeff qui jubilait déjà, certain de poser une colle à tous ses amis.

— Bien sûr, Jeff, lui répondit son ami, à sa grande surprise. C'est la marque emblématique de la maison Bardinet.

— Bardinet… Oui, c'est cela, en effet, admit Jeff, déconfit.

— Et, bien entendu, tu connais leur réclame, Jeff.

— Leur réclame ? Non, quelle réclame ?

— Comment ? C'est bien sûr le célèbre : « Pas de bon dîner sans Bardinet ! »

— Celle-là, je l'ignorais, commenta Michel. Elle n'est pas mal, pas mal du tout. Qu'en dis-tu, Jeff ?

— Que veux-tu que je t'en dise ? lui répondit Jeff, dépité.

Ça lui apprendrait à vouloir frimer ! Il voulait se mettre en valeur et c'est Seb qui tirait, encore une fois, la couverture à lui !

Ils se quittèrent peu après et comme la veille, Henri retrouva sa chambre en se réjouissant de voir son père heureux comme il ne l'avait pas été depuis des années. Il passa une nouvelle et excellente nuit, l'avant-dernière, déjà ! se dit-il en se félicitant de l'amitié qui les liait tous. Ils étaient si différents pourtant ! Le lendemain matin, il retrouva Sébastien. Ils prirent leur petit déjeuner ensemble, en dégustant une bouillie d'avoine que Sébastien fit suivre comme chaque jour d'un morceau de pain et d'une tranche de lard.

— Si je te dis pourquoi je prends ce lard, tu ne me croiras pas, Henri. C'est une promesse que je me suis faite lors de ma dernière campagne sur un morutier : manger tous les matins un bout de pain frais avec du lard non fumé. Ce que je n'ai pas toujours réussi à faire, bien entendu, d'abord parce que je n'en ai pas toujours eu les moyens, et puis parce que, pendant la guerre, c'était hors de question.

Ils discutèrent ensuite de choses et d'autres jusqu'à ce qu'Henri en vienne au domaine privé. Voilà trois ans qu'il se demandait ce que devenait Joséphine et c'était sans doute le moment d'en savoir plus, Seb ne parlant que rarement des siens. Il aborda donc le sujet en commençant par son fils.

— Tu es toujours sans nouvelles de Paul, Seb ?

— Oui, et j'ai perdu l'espoir de le revoir un jour. Selon moi, Paul est mort. Il a sans doute été assassiné par un mari jaloux puisque, d'après ses dires, si sa maîtresse vivait à Brest, elle possédait une maison à Lampaul. Le mari trompé a probablement découvert le pot aux roses avant de lui tendre un piège et de faire disparaître son bateau. Les gendarmes ont mis un temps fou à considérer sa disparition comme anormale et m'ont dit qu'ils n'ont jamais trouvé la moindre trace de lui, ni à Lampaul, ni ailleurs.

— Et tes filles ?

— Elles vont bien et ne me causent aucun souci. Je ne les vois pas beaucoup. Tu sais que Claudine, ma benjamine, est devenue religieuse ?

— Religieuse ? Ce n'est pas possible !

— Si. Carmélite. Ce qui signifie que je ne peux la voir que très rarement, et encore est-ce à travers une grille. Qui sait ? Peut-être ses prières me vaudront-elles le paradis ?

— Et ton aînée ?

— Joséphine est toujours mariée à son olibrius d'officier de marine. J'espère qu'elle déjeunera avec nous tout à l'heure. Tu auras ainsi l'occasion de faire la connaissance de Sébastien junior, mon petit-fils. Il est adorable !

Les deux nouvelles avaient surpris Henri qui réussit cependant à répondre presque normalement :

— J'ignorais que tu avais un petit-fils. Quel âge a-t-il ?

— Deux ans et quelques mois. Et il est si gai ! Ma fille tenait à ce qu'il s'appelle Sébastien comme moi et si elle y est facilement parvenue, c'est parce que Roland, mon gendre, était absent au moment de la naissance. Sinon, qui sait comment il l'aurait prénommé ! Quel idiot, celui-là ! Plus con que lui, c'est impossible ! Enfin, il a quand même réussi à faire un enfant à Joséphine, c'est déjà ça. J'ai bien cru qu'il n'y parviendrait jamais, ce nigaud. Cela lui a pris plusieurs années. Sans doute lui fallait-il s'entraîner longuement avant d'y parvenir. Je ne comprends toujours pas pourquoi Joséphine l'a épousé.

— Tu n'as pas l'air de le porter dans ton cœur !

— Non, et pour cause ! Tu vois… J'ai pensé un moment que Joséphine te…, commença Seb qui laissa sa phrase en suspens.

— Quoi ?

— Non, rien.

— Vas-y, n'hésite pas ! Si tu as quelque chose à me dire ou me reprocher, fais-le ! Je te promets de ne pas me formaliser, même si c'est désagréable à entendre…

— Ce n'est pas ça du tout ! En réalité… Je voulais te dire… Bon, vois-tu, un temps fut où j'ai cru que ça pouvait coller entre Joséphine et toi.

— Joséphine et moi ?

— Oui. Tu lui plaisais beaucoup, elle me l'a confié à l'époque.

— Tu aurais aimé ?

— Et comment ! Je priais le ciel pour que ça se fasse… Je t'appréciais beaucoup et cela n'a pas changé d'ailleurs.

Henri ne répondit pas tant il était abasourdi… S'il avait su…

— Je n'ai rien vu, rien, Sébastien.

Puis il ajouta, après quelques secondes de silence :

— Que veux-tu, c'est la vie… J'aurais pu être ton gendre ! J'en aurais été très heureux.

— Heureux de quoi ? D'être mon gendre ou d'avoir Joséphine comme femme ?

— Les deux, répondit Henri après un moment d'hésitation tout en rougissant.

— Excuse-moi si je t'ai blessé, Henri, s'excusa Sébastien.

— Tu n'as pas à t'excuser. Ton hypothèse m'a tout simplement fait penser à ma femme. Bien, que dirais-tu d'aller faire un tour au port ? Tu m'accompagnes ?

— Si tu le veux. Je vais cependant rentrer vers onze heures pour être là quand Joséphine arrivera.

Ils étaient passés rue Saint-Christophe pour y saluer Jeff et Michel qu'ils avaient ratés. Ils étaient ensuite descendus quai du Drellach où ils avaient rencontré un bon nombre de marins pêcheurs qu'Henri n'avait pas vus depuis une dizaine d'années. Comme toujours entre pêcheurs, ceux-ci lui serrèrent la main comme s'ils s'étaient quittés la veille. Il n'était encore que dix heures, heureusement, sinon il n'aurait pas coupé aux tournées du bistrot du port, s'était-il dit en comparant la décontraction et le comportement des pêcheurs conquétois à ceux des Bigoudens. Apparemment, il y avait plus d'argent ici qu'à Loctudy, en avait-il conclu, peut-être un peu vite. C'est alors qu'il s'était soudain trouvé face à Jacques Kermaïdic, l'un de ses copains de jeunesse et du P'tit J.

Ils s'étaient donné l'accolade et s'étaient détaillés un long moment en se tenant à bout de bras avant de conclure de leur examen qu'ils n'avaient changé ni l'un ni l'autre et que le temps n'avait aucune prise sur eux puisqu'ils resteraient éternellement jeunes. Ils étaient tous deux mariés bien que, contrairement à Henri, Jacques n'avait pas encore d'enfant. Il est vrai qu'il n'avait épousé sa femme que cinq mois plus tôt et que, s'il avait été père, cela aurait signifié qu'il avait sauté le pas avant l'heure légale. Il était trop respectueux et trop pieux pour cela, avait-il plaisanté.

— Tu me connais, un péché pareil !

— C'est bien pour cela que je suis si surpris, lui rétorqua Henri qui ajouta : et ton frère Maurice ? Que devient-il ?

— Maurice ? Comment ça… Tu n'es pas au courant ?

— Au courant de quoi ?

— Maurice est mort, Henri ! Et René aussi. Ils ont disparu en mer le même jour.

— Bon Dieu ! Pardonne-moi, Jacky, je l'ignorais. Quand cela s'est-il passé ?

— Il y a dix-huit mois, dans le sud de l'Irlande. La mer était démontée ce jour-là, vraiment démontée, une tempête de force dix ou onze. On était tous les trois sur le même chalutier. Ouais, tu t'imagines? Les trois frères Kermaïdic sur le même bateau... Nous étions à la cape depuis plusieurs heures et secoués comme je te le laisse imaginer dans cette mer si dangereuse et par un vent dingue. Des rafales à plus de cent cinquante kilomètres à l'heure. Tu connaissais mon jeune frère René, au fait?

— Non. Maurice, oui, très bien, mais pas René. Il était dans la Royale, je crois.

— C'est ça. René était, comme on le dit, un peu fêlé. C'est d'ailleurs pourquoi il a été viré de la Royale. Il lui arrivait de déconner, et même grave, parfois. Bref, ce jour-là, comme un con, il parie vingt francs qu'il est capable de pisser hors du bateau par-dessus le bastingage malgré le vent. Avec sa cervelle de moineau, il ne prend pas la mesure des risques qu'il court et se lève. Moi et les autres, nous sommes tellement surpris que nous ne réagissons pas sur le coup. Il y va et n'est pas depuis dix secondes sur le pont qu'il est balayé par une déferlante. Nous le voyons tous glisser. La mer va l'emporter. Comme mû par un ressort, Maurice se lève à son tour et court vers lui pour tenter de l'empêcher de passer par-dessus bord. Il réussit même à l'attraper! Pour son malheur, car il y laisse la vie. On voit une puis deux nouvelles lames balayer le pont, l'une après l'autre, très proches, et mes deux frères se faire ensevelir sous cette montagne d'eau. Quand la mer se retire, ils ne sont plus là, il n'y a plus personne, plus rien! Le ressac les a emportés tous les deux. Disparus, les deux frères Kermaïdic! Péris en mer...

— Mon pauvre Jacky! C'est vraiment un manque de pot...

— Non, c'était inévitable, du moins pour René. Et c'est uniquement parce qu'il était avec nous que Maurice a disparu. Avec le recul, je me dis que cela devait se produire. Tu vois, depuis notre prime enfance, Maurice et moi protégions notre petit frère, même et y compris contre nos parents, très souvent remontés contre lui, surtout mon père qui refusait d'admettre qu'il lui manquait un grain. Il lui donnait des volées à la pelle, persuadé que toutes ses conneries, il les faisait délibérément. Et nous savions, Maurice et moi, qu'il n'en était rien.

— C'est vrai, alors, ce que l'on disait de lui à l'époque, quand on l'appelait « René la catastrophe » ?

— Bien entendu ! Quand il y avait une connerie à éviter, René était sûr de la faire ! C'est bien pour cela que nous étions tous les trois sur le même bateau cette année-là. Ce qui ne l'a pas empêché de la faire, cette connerie. Et comme Maurice, l'aîné de nous trois, était son premier protecteur, il s'est sacrifié en tentant de le sauver. Une double punition en quelque sorte. Heureusement que mes parents étaient déjà décédés tous les deux !

— Comme tu as dû souffrir ! Voir tes deux frères disparaître devant toi… Si j'avais su… je t'aurais écrit un mot !

— En tout cas, cela m'a fait du bien de te parler, Henri. Tu vois, j'ai fini par me ranger. J'ai attendu un an pour épouser ma belle-sœur, Yvonne, la veuve de Maurice. C'était la meilleure solution pour elle et ses enfants, comme pour moi. Les gens bien intentionnés commençaient déjà à jaser parce que je m'occupais d'eux. À leurs yeux, l'homme ne fait rien gratuitement pour une femme, fût-elle la mère de ses neveux et la veuve de son frère. Sans doute aurait-il fallu que je les laisse crever de faim… Auquel cas, j'aurais été traité de roi des égoïstes… Tu connais les mauvaises langues.

40

Après s'être poliment écarté, laissant les deux amis de jeunesse échanger leurs souvenirs, Sébastien revint vers Henri. Son ami avait encore les larmes aux yeux après avoir tenté de consoler Jacques qui s'était effondré dans ses bras à la fin de son récit. La vie était parfois si injuste, se disait-il. Dire que Maurice, en se noyant pour sauver son frère, laissait derrière lui sa femme et leurs deux petits. C'est Jacques qui s'occupait d'eux aujourd'hui, qui les nourrissait, par amour fraternel !

— J'ai préféré ne rien te dire de ce drame, Henri, s'excusa Sébastien. C'est si dur pour Jacques !

— Tu aurais dû, Seb. Pour lui, c'est inimaginable comme épreuve : voir disparaître ses deux frères en une seconde, tu t'imagines l'horreur ? Et puis, s'occuper ensuite de deux familles à vie, c'eût été tout aussi rude comme épreuve ! C'est pour cela qu'il a épousé la veuve de son frère. J'espère pour lui qu'ils feront un enfant sans tarder, cela lui fera du bien. Il te ressemble par son abnégation…

— Comment ça ?

— Certes, tu n'as pas perdu tes deux frères comme lui, mais depuis que Georges est mort, tu fournis à Suzanne de quoi élever ses enfants.

— Tu penses à la sortie de Jeff, je parie.

— Un peu, bien entendu. Ce n'était pas très spirituel. Te dire qu'elle pouvait te rembourser en nature plutôt qu'en travaillant pour toi…

— Vois-tu, Henri, je pense que je suis celui qui connaît le mieux Jeff, après Marie-Françoise bien entendu. Si la plupart du temps il sait se montrer spirituel, il n'a pas toujours l'humour très fin, et dès qu'il s'agit d'une femme, il peut devenir lourd et même très lourd. C'est pourquoi il va de soi, pour lui, que Suzanne et moi avons une « relation charnelle », pour m'exprimer poliment. Le contraire serait anormal à ses yeux.

— Tu ne lui as rien répondu quand il en a parlé. Pourquoi ?

— À quoi bon ? Cela aurait été inutile. Je vais d'ailleurs te faire une confidence : lorsque j'ai proposé mon aide et que j'ai embauché Suzanne après le décès de Georges, elle a cru que je la surpayais parce que je m'attendais à bénéficier d'un droit de cuissage. Et le premier jour, son travail terminé, elle m'a demandé si elle devait m'attendre dans ma chambre ou si on le faisait dans la grande salle.

— Ce n'est pas possible !

— Si. Et quand je lui ai dit qu'il n'était pas question de cela, sais-tu ce qu'elle m'a répondu ?

— Non.

— Je ne vous plais donc pas ?

— C'est étonnant. Et que lui as-tu dit ?

— Que cela n'avait rien à voir, bien évidemment. Je les aidais, elle et ses enfants, par amitié pour Georges. Elle a montré de la suite dans les idées, si bien qu'il nous est arrivé et il nous arrive encore de le faire, quand l'un ou l'autre de nous en émet le désir ou le souhait et que l'autre est d'accord. Jeff n'avait pas tout à fait tort, vois-tu... Les femmes sont peut-être plus réalistes que nous.

Les deux amis se promenèrent jusqu'à la pointe Sainte-Barbe avant de faire demi-tour vers le village. Ils n'avaient plus que cinquante mètres à parcourir pour arriver chez Sébastien qui, après avoir ouvert sa porte, resta pétrifié sur le seuil avant que son visage ne s'éclaire de façon incroyable. Henri le contemplait, sidéré : il y avait des années qu'il n'avait pas vu une douceur pareille dans le regard d'un homme! C'est alors qu'il entendit le gazouillis de l'enfant. C'était son petit-fils, Sébastien junior, qui rendait son grand-père aussi incroyablement heureux. Et effectivement, il put bientôt constater que, fixés sur l'enfant, les yeux de son ami irradiaient d'un bonheur pur! Mon Dieu, s'il pouvait se voir!

Sébastien prit l'enfant qu'il leva à bout de bras en riant aux éclats tout comme son petit-fils. Lorsque Henri quitta Sébastien et l'enfant des yeux, son regard fut aussitôt happé par un autre, aussi expressif et beaucoup plus ardent; celui de Joséphine, bien sûr, qui s'empara aussitôt du sien. Toujours aussi ravissante, elle avait cependant légèrement changé : son visage était plus lisse, plus rond, elle faisait plus femme. Oui, c'était cela : la maternité l'avait adoucie et lui allait parfaitement.

Son corps réagit au quart de tour et il sentit aussitôt le désir monter en lui... Bon sang, elle lui faisait toujours autant d'effet et il n'avait rien oublié de sa peau, de son corps, de son odeur. Le choc était terrible de constater que malgré toutes ses résolutions, il avait toujours autant envie d'elle. Il était d'ailleurs si persuadé que la réciproque était vraie que, lorsqu'il lui saisit la main, il s'apprêta à lui prendre les lèvres. Aussi resta-t-il penaud quand, après avoir tourné le visage vers lui, il eut la mauvaise surprise de la voir lui tendre la joue. Ce fut donc en frère et non en amant qu'il l'embrassa, et peu après, lorsque leurs lèvres se frôlèrent par hasard, il ne chercha pas à en tirer profit.

Ils avaient ensuite échangé un nouveau regard, chargé de tendresse celui-là, et, quand Henri lui désigna l'enfant d'un mouvement du menton, Joséphine se contenta pour toute réponse d'un sourire énigmatique. Henri ne savait plus que penser tant il était perdu, totalement déboussolé. Dans la même seconde, il venait de retrouver son ancienne maîtresse, une femme qu'il désirait toujours aussi intensément et qui le désirait peut-être tout autant, et il avait découvert que son enfant à elle était peut-être aussi son fils à lui… Pourquoi ne voulait-elle pas lui dire la vérité ? Parce que leurs vies s'étaient séparées trois ans plus tôt ? Parce qu'il lui avait écrit cette lettre de rupture à laquelle elle n'avait jamais répondu ?

Lorsque, d'un coup d'œil, Sébastien avait surpris leurs regards, il n'en avait tout d'abord pas cru ses yeux. Sa surprise était telle qu'il s'était même demandé ce qu'ils avaient à se contempler aussi sottement. S'il ne les avait pas connus si bien l'un et l'autre, il aurait pu les prendre pour deux amoureux transis. C'est alors que l'évidence lui sauta aux yeux : c'était cela, bien évidemment ! Henri et Joséphine s'aimaient et le lui cachaient depuis des années ! Oui, ce ne pouvait être que cela ! Et le père du petit, ce n'était peut-être pas Roland, mais lui, Henri. C'était même sûrement cela ! Joséphine n'avait jamais renoncé à son amour de jeunesse et comme son imbécile de gendre n'était pas capable de lui faire un enfant, Henri l'avait remplacé ! Il regarda son petit-fils, puis Henri… Bien sûr ! Il aurait dû remarquer tous ces détails qui lui paraissaient évidents maintenant : les yeux, les cheveux, les sourcils étaient les mêmes, et leur ressemblance allait jusqu'au sourire...

Sébastien prit l'enfant dans ses bras et se dirigea vers le couple que formaient Joséphine et Henri. Tous deux lui ouvrirent un bras et, deux secondes plus tard, ils se serraient tous les trois les uns contre les autres ; au milieu d'eux, l'enfant riait, ravi.

— Je suis pleinement heureux et ne pourrai jamais l'être plus qu'en cette minute... Merci à vous deux, ou plutôt, merci à vous trois.

Il n'en avait pas dit plus et, une heure plus tard, après avoir couché Sébastien junior, ils déjeunaient dans une ambiance à la fois chaleureuse et gaie. Pour autant, d'un accord tacite, ni Henri ni Sébastien ne cherchèrent à arracher à Joséphine la moindre information sur le seul sujet qui les préoccupait tous les trois, celui de la conception et de la naissance de Sébastien junior. Joséphine était la seule à connaître la vérité, de même qu'elle était libre de choisir de la révéler ou de continuer à la taire. Et comme elle préférait visiblement la mutité, ils acceptèrent et respectèrent sa décision. Le sujet était donc tabou et ils savaient tous les trois qu'ils n'y reviendraient jamais, à moins d'un événement imprévu ou d'un changement de décision de Joséphine.

Les dernières trente-six heures que passèrent ensemble les quatre amis furent beaucoup plus apaisées que les premières qu'ils avaient tous vécues intensément, bien que pour des raisons différentes. En accord avec Seb et Henri, Jeff proposa de partager en quatre le produit net de leurs ventes, tout en sachant d'ores et déjà qu'Henri laisserait sa part à son père dont la retraite était trop faible pour lui permettre la moindre folie. Ce serait leur cadeau d'anniversaire à Michel, le premier d'entre eux à passer le cap de la soixantaine que Seb franchirait à son tour dans quelques mois. Une raison suffisante pour de nouvelles retrouvailles…

41

1937

Ce matin-là, Henri prit dès quatre heures quarante-cinq la direction de l'archipel des Glénans, préoccupé par ce qu'il avait appris la veille au soir : les cours de l'iode s'effondraient de plus en plus et, en raison de la concurrence internationale, les usines bretonnes fermaient les unes après les autres, ce qui allait réduire bientôt à la mendicité un bon nombre de pêcheurs goémoniers. Ils avaient passé les îles à la renverse de la basse mer et il n'était que sept heures et demie lorsque le *Marie-Josèphe* arriva au sud de l'archipel où, avec l'aide de Jacquot, Henri mit ses filets à l'eau en espérant avoir choisi le bon moment et le bon endroit. Il attendit patiemment midi avant de les relever et fut très déçu par sa pêche, moyenne pour ne pas dire médiocre. Il hésita un instant à faire demi-tour car le vent commençait à se lever, et se décida finalement à tenter un nouveau coup de filet avant de rentrer au port, option qu'il aurait sans doute écartée si Jacquot n'avait tant insisté pour qu'ils fassent demi-tour.

Il avait jeté un regard noir à son matelot car il ne voulait à aucun prix rester sur cette première tentative ratée qui le contrariait beaucoup plus qu'elle n'aurait dû le faire. Il persista donc dans son idée première et ils s'en allèrent plus au sud où ils remirent leur filet à l'eau. Ils patientèrent une heure, puis deux, dans le vent qui forcissait peu à peu, et Henri répondait systématiquement par un signe négatif de la tête aux interrogations muettes de Jacquot dont la peur était maintenant manifeste. Henri finit cependant par se résoudre à remonter le filet et se félicita de sa persévérance en constatant qu'il semblait bien rempli tant Jacquot peinait à le haler, s'il se fiait du moins à la transpiration qui perlait sur son front. À moins que ce ne soit la panique due au changement de temps qui l'angoissait ainsi ?

— Allons, n'aie pas peur, Jacquot, lança-t-il en souriant à son matelot. Ce n'est qu'un coup de vent !

— Un coup de vent qui va tourner à la tempête, patron, et je n'exagère pas.

Henri, que le ciel commençait effectivement à inquiéter, lui répondit :

— J'ai l'impression qu'on va avoir un orage de mer.

— Un orage de mer… Qu'est-ce que c'est ?

— Tu l'apprendras dans dix minutes tout au plus. Pour l'instant, dépêche-toi de remonter le filet. Je viens t'aider tout de suite. Si je le peux du moins.

L'orage s'annonça par des lames très courtes qui secouèrent le bateau. Henri bloqua la barre et conseilla à Jacquot de se sécuriser avant d'en faire autant lui-même, se ceinturant d'un bout qu'il attacha à un taquet. Ils remontèrent tous deux le filet à toute vitesse, sans même prendre le temps de détailler leur pêche, apparemment pourtant une réussite cette fois ! Jacquot venait de commencer à trier le poisson et à nettoyer les filets quand la fréquence des vagues s'accéléra brusquement. L'orage éclatait ! Sous les ruades, le matelot perdit l'équilibre à plusieurs reprises, au point de tomber sur le côté et de se blesser aux côtes, ce qui contraignit Henri à mettre son moteur au ralenti et à bloquer à nouveau la barre pour venir l'aider.

Il le releva, l'assit et n'eut pas le temps de reprendre la barre en main qu'une vague beaucoup plus forte que les précédentes noya soudain le bateau qu'elle mit en travers. Aussi surpris l'un que l'autre par l'impact de ce paquet de mer, Henri et Jacquot étaient avec un bel ensemble tombés à la renverse sur le pont où la mer les roulait maintenant. Le tonnerre grondait et des zébrures blanches se mirent à illuminer le ciel dans tous les sens. Tandis que Jacquot se protégeait la tête des deux mains, Henri cherchait, lui, à se redresser pour reprendre tout de suite le contrôle de son bateau. Il s'accrocha d'une main à son cordage de sécurité, de l'autre au pantalon de son matelot qu'il lâcha très vite lorsqu'il s'aperçut de son erreur.

Sa glissade s'arrêta lorsque son crâne heurta assez violemment le flanc du bateau. Encore sonné, il prit appui sur le bastingage pour se mettre debout et se précipita aussitôt sur la barre qu'il atteignit au moment même où une nouvelle lame prenait d'assaut le pont. Il lui fallait d'abord sauver son bateau, ensuite il aviserait, car pour l'instant, le risque de chavirage était grand tant ils restaient à la merci d'une déferlante. Peu à peu, Henri parvint à redresser le *Marie-Josèphe* jusqu'à le replacer face au vent avant de s'occuper du moteur qui semblait noyé. Après quelques minutes et une bonne douzaine de tentatives infructueuses, il parvint enfin à le remettre en marche et jeta un coup d'œil derrière lui sur le pont entièrement recouvert par le filet.

Si le ciel était toujours zébré d'éclairs, ceux-ci n'étaient plus assez nombreux pour composer un feu d'artifice comme dix minutes plus tôt. L'orage commençait déjà à faiblir. Il respira profondément à trois ou quatre reprises pour se détendre un peu. S'ils n'étaient pas encore tirés d'affaire, ils en prenaient le chemin et allaient même peut-être s'en sortir indemnes si… Jacquot?

Où était Jacquot? Bon sang, il était seul à bord! Il se mit à hurler le prénom du matelot avant de prendre conscience que cela ne lui servait à rien. Le coup d'œil plein de rancune qu'il jeta à son filet était stupide et il s'en voulut aussitôt… Cette pêche était peut-être réussie, mais à quel prix? La vie de son matelot? Non, c'était impossible!

Car si Jacques s'était noyé, c'était lui, Henri, le fautif, le seul fautif! La seule cause de sa mort, c'était son entêtement ou son orgueil, sinon les deux! Jacquot lui avait demandé à plusieurs reprises de faire demi-tour et il avait refusé! Il devait le trouver et, pour cela, le chercher. Oui, mais où? Il laissa son regard traîner sur la mer et hocha la tête. Une mer formée comme celle-là… Non, cela ne servirait à rien. Il n'avait pas la moindre chance de le retrouver.

Mais, bien sûr… Avant ce coup de tabac, Jacques s'était sécurisé! Comment son cordage avait-il pu péter? Sans doute était-ce le taquet qui avait lâché. Il chercha des yeux ce fichu taquet auquel Jacquot s'était attaché quelque vingt minutes plus tôt seulement et… Bon sang! Le taquet était bien là, en place, et le bout y était aussi! Comment cela se faisait-il? Le bout… Il était engagé dans le filet où il se perdait! Et s'il était là-dessous? se demanda sur-le-champ Henri qui, en une seconde, retrouva son humour et un peu d'optimisme. C'était plus que probable. Il observa soigneusement la mer et après quelques coups d'œil de droite et de gauche, se baissa vite et attrapa un bout du filet qu'il tira lentement à lui en prenant garde de ne pas le déchirer.

L'amas informe où mailles de filet et poissons étaient mêlés de façon indescriptible se défaisait peu à peu lorsqu'il aperçut enfin l'extrémité d'un premier sabot caoutchouté, puis celle du second, bientôt suivie par le pantalon lie-de-vin de Jacquot. Henri sourit... Son matelot était à bord, c'était déjà cela. Restait à savoir en quel état car il ne se manifestait pas. Il l'appela, cria son nom mais en vain. Il est vrai que le bruit de la mer en furie était tel ! Sans doute Jacquot avait-il été victime d'un choc plus violent que celui qu'il avait subi lui-même. Il ne pouvait s'être noyé puisqu'il n'avait jamais eu la tête sous l'eau plus de dix ou vingt secondes... Oui, il avait certainement pris un coup qui l'avait mis K-O. Et s'il était blessé, cela ne devait pas être trop grave.

Il se battait depuis... depuis combien de temps au juste ? Il n'en avait aucune idée. Ce dont il était convaincu, c'est qu'il n'avait d'autre solution que de laisser passer l'orage. Un quart d'heure passa, puis un autre, avant qu'enfin celui-ci ne s'éloigne, aussi vite qu'il était arrivé. En cinq ou dix minutes, le calme succéda à la tempête et la mer redevint paisible. Henri mit son moteur au ralenti et se dirigea vers le filet. Il mit un temps fou avant de parvenir à dégager Jacquot et à l'examiner. Son matelot respirait aussi normalement que battait son cœur, c'était déjà ça. Il lui tâta le crâne et sentit aussitôt une grosse bosse sur l'occiput. Lorsqu'il retira sa main, elle était pleine de sang. Jacquot n'était, d'évidence, pas en état de se dégager lui-même, car il avait dû heurter quelque chose de dur et assez violemment pour être toujours sans connaissance si longtemps après.

Curieusement, il lui suffit pourtant de mouiller très légèrement le visage de son matelot puis de lui essuyer le crâne avec de l'eau de mer pour qu'il reprenne conscience. Mieux même, il sourit avant de demander :

— Ça va, patron ? Que se passe-t-il ? Où sommes-nous ?

— Tu es sur le pont du bateau et nous sommes en pêche.

— Qu'est-ce que je fais là, allongé sur le pont ?

— Tu ne t'en souviens pas ?

— Non. Attends, si ! Il y avait une tempête… J'ai dû rêver puisque le temps est calme ! Et ce filet en vrac ? Ces poissons ? Nous étions vraiment en pêche ?

— Oui. Il y a eu un gros coup de vent, un orage de mer. Bref mais méchant. Tu as été balayé par une lame. Est-ce que tu peux bouger ?

— Attendez… Oui, pourquoi ? Et que fait ce filet, là, sur moi ?

Tout en le dégageant, Henri lui fit un compte rendu succinct de ce qui s'était passé et dont Jacquot ne semblait pas du tout se souvenir. Au bout de quelques minutes, le matelot reprit cependant pleinement conscience et, une heure plus tard, sur le chemin du retour, il avait presque entièrement récupéré au point de reprendre son travail. Ce n'est cependant qu'en arrivant en vue de Loctudy qu'il entreprit de trier le poisson. Le lendemain, il n'y aurait pas de pêche. Il leur faudrait remettre le filet en état, et cela, ce serait une autre paire de manches !

Sébastien était fou de rage. Il venait de retrouver ses casiers mouillés la veille couverts de coaltar, dont une partie était même entrée à l'intérieur au point que certains tourteaux, déjà morts, en étaient couverts. Il était invraisemblable de voir des choses pareilles ! Pourquoi les cargos vidaient-ils leurs soutes si près des côtes ? Ils allaient détruire l'océan, ces pourris, si cela continuait ! Sans compter qu'il lui faudrait nettoyer les casiers salis, maintenant. Comment s'y prendrait-il ?

— C'est dégueulasse, patron. C'est vraiment dégueulasse. Regardez ces pauvres crabes… Ils vont tous crever avec de pareilles saloperies.

— Et nous ? Tu as pensé à toi ? Que deviendras-tu si tu ne peux plus pêcher ?

— C'est vrai, ça ! Comment peut-on faire de pareilles cochonneries ? Si on ne peut plus pêcher... Il faut faire quelque chose...

— Oui, mais quoi ? Je vais en parler à Jeff. Il a des frères dont l'un au moins est syndic des gens de mer. Ils n'ont qu'à se remuer !

Dès qu'il fut rentré, Sébastien se rendit chez Jeff auquel il demanda de le suivre jusqu'à son bateau qu'il avait laissé à quai. Lorsqu'il lui montra le coaltar sur ses casiers, Jeff demanda :

— Que veux-tu que j'y fasse, Seb ? C'est le manque de pot !

— Tu ne peux pas en parler à ton frère ? Celui qui est syndic des gens de mer ?

— Je veux bien, mais je ne crois pas qu'il y puisse grand-chose. Tu es parti pêcher dans une zone où un cargo a vidé ses résidus il y a peu, c'est tout.

— Ils pourraient le faire en plein océan, quand même, ces porcs !

— Qui sait ? C'est peut-être involontaire.

— Involontaire ? Et quoi encore ? C'est délibéré au contraire ! Ils n'en ont rien à faire de nous, ces abrutis.

— Il y a parfois des circonstances qui font que tu ne peux y échapper...

— Des circonstances ? J'aimerais bien savoir lesquelles !

— Si tu as une minute, je vais t'en donner un exemple et te raconter une histoire qui m'est arrivée juste après la guerre, en 1922 je crois. Oui, c'est cela, puisque à l'époque, j'avais encore le *Vierge de Massabielle* comme bateau pilote.

— Vas-y puisque tu en meurs d'envie. Je t'écoute. Mais sois bref, s'il te plaît.

— Bon. C'était un jour de forte tempête. L'un de mes amis du sémaphore de Saint-Mathieu m'avait fait savoir, la veille au soir, qu'un gros pétrolier remontait du sud et serait en vue de la rade le lendemain matin ou midi. Alors que tous les bateaux de pêche restaient au port, compte tenu du temps, j'ai quitté celui-ci en fin de nuit avec mes trois marins, et nous nous sommes mis en faction dans le chenal de l'Iroise entre Sein, Camaret et Douarnenez, en espérant que nous n'aurions pas de concurrence sur ce coup. La mer était exécrable, le vent soufflait du sud sud-ouest et comme de juste, pour couronner le tout, c'était le jusant, c'est-à-dire que le courant était, lui, nord-sud. Vent contre courant par une tempête pareille, pas besoin de te faire un dessin, je te laisse imaginer le tableau.

« Je me suis mis à la cape et donc en position pour accueillir le bateau qui venait du sud. Peu avant onze heures, un panache de fumée… J'ai très vite eu la confirmation à la jumelle que c'était notre pétrolier, car ce bateau avait « tout à l'arrière ». D'ailleurs, il tanguait, roulait et souffrait autant et même plus que nous dans cette tempête, bien qu'il eût dû connaître bien pire dans le golfe de Gascogne d'où il arrivait.

— Viens-en au fait, s'il te plaît, Jeff, intervint Seb.

— Quelle impatience, mon Dieu ! J'y suis, au fait ! Nous avancions vers lui et je me préparais, non sans une certaine anxiété. Un transbordement dans des conditions de mer et de vent pareilles est très périlleux et, je le savais, je risquais ma peau. Tu sais qu'il n'y a rien de plus dangereux lors d'une telle opération que ces lames courtes mais profondes et cette mer hachée. Le gros pétrolier a réduit sa vitesse pour se mettre à la nôtre et les deux bateaux ont avancé côte à côte ; enfin, côte à côte, c'est façon de parler, puisqu'ils étaient quand même séparés par une douzaine de mètres. Je m'apprêtais à rejoindre le pétrolier dans l'annexe avec deux de mes marins, prêts à souquer ferme en direction de l'échelle de corde à laquelle je comptais m'agripper quelques instants plus tard.

« Nous avons largué l'amarre qui nous reliait au bateau pilote et vlan ! dix secondes plus tard, une vague a rempli notre canot d'eau. Retour immédiat au bateau pilote dans lequel nous nous sommes hissés tant bien que mal. Une autre déferlante et nous coulions avec notre canot. Que faire ? Au porte-voix, j'ai annoncé à l'officier qui dirigeait la manœuvre sur le pétrolier ma décision de reporter provisoirement le transfert. J'allais mettre mon bateau à la cape et je lui conseillais d'en faire autant.

— Et alors ?

— Alors ? Il m'a répondu qu'il n'en était pas question. Son équipage était épuisé et n'avait pas fermé l'œil depuis qu'ils avaient quitté Gibraltar, trois jours et quatre nuits plus tôt. Peu après, il a ajouté que leur commandant préférait tenter d'entrer dans la rade seul plutôt que de rester là, en attente. Se posait donc pour moi un dilemme : nous mettre en danger moi et mes hommes ou les laisser prendre des risques plus grands eux-mêmes, dans les pires conditions. Je me triturai l'esprit dans tous les sens, et j'en fis autant de la casquette entre mes mains, quand m'est venue une idée apparemment biscornue qui prit cependant peu à peu de la consistance. J'ai fini par la proposer à mon interlocuteur sur le pétrolier.

— Et quelle était cette idée de génie ?

— Je lui ai demandé de pomper quelques tonnes de mazout pour les verser dans la mer entre nos bateaux : le mazout allait créer naturellement une zone plus calme qui ne donnerait pas prise au vent et atténuerait énormément les lames. Après quelques minutes de réflexion, le commandant a accepté ma suggestion et, peu après, il a mis en place trois pompes puis des manches à mazout. Le liquide sombre qui s'en échappait a bientôt formé une nappe huileuse. Celle-ci s'est étendue rapidement sur la mer, qui méritait bien le qualificatif de « mer d'huile ». Cette fois, le transbordement du pilote ne présentait plus de risque… Je suis monté à bord du pétrolier, direction Brest, tandis que mon équipage regagnait Le Conquet où je suis rentré le lendemain par mes propres moyens.

— Content de toi, je suppose, en dépit de tout ce pétrole jeté à la mer ! D'ailleurs, ça me revient maintenant… C'était en 1923, cette intervention. Je m'en souviens très bien. Nous sommes une bonne vingtaine de patrons pêcheurs à avoir eu tous nos casiers couverts de mazout, à l'époque. Ainsi, c'était toi le fautif !

— Cesse de déconner, Sébastien. Tu me fais marcher, hein ?

— Moi ? Pas du tout. Fais un effort pour t'en souvenir ; ce n'est pas si loin quand même !

— Sincèrement, je crois que tu te trompes. Cela m'aurait quand même marqué… Tu souris… C'est encore une de tes blagues vaseuses, hein ?

— Sacré Jeff ! fit Sébastien en éclatant de rire. Je t'ai fait marcher et tu as couru, comme toujours… Enfin, pour une fois que je réussis !

— Réussi ? Que non ! Je n'avais pas mordu à l'hameçon ! L'appât était trop gros !

— Quoi qu'il en soit, cela m'a fait du bien d'écouter ton histoire. Cela m'a fait oublier mes casiers. Tu en parles à ton frère, hein ?

— Promis. De toute façon, on se voit pour ton anniversaire, dans quinze jours. Dommage que ce soit encore chez les Bigoudens. Il est vrai que Michel est malade…

— C'est même grave, m'a dit Henri. C'est pourquoi il a insisté pour qu'on ne le fête pas trop loin de Loctudy. Ce sera donc au Guilvinec, chez Jean-Pi, qui mettra les petits plats dans les grands, il me l'a promis.

— Son divorce, c'est fait ?

— Oui, depuis six mois. La Thérèse, il fallait la supporter ! Et qui plus est, elle courait les hommes ! C'est sans doute pour cela que le divorce a été prononcé à ses torts exclusifs. Bien entendu, Jean-Pierre a obtenu la garde des enfants.

— Ton fils doit être écœuré.

— Il est ravi, au contraire ! Une femme acariâtre comme elle, c'était l'enfer !

42

Dire que Michel n'allait pas très bien était un euphémisme. Il vivait ses dernières semaines. Son médecin ne lui avait d'ailleurs pas caché la vérité, qu'il avait confirmée peu après à Henri. Michel en avait parlé à son épouse mais sans l'inquiéter. Il l'avait assurée que ce n'était rien de grave. Maryvonne oublia d'ailleurs presque aussitôt ce terme savant de « cancer » pour ne retenir que celui de « maux de ventre », beaucoup plus parlant.

Le médecin ne se trompait pas. La même semaine, Henri se vit contraint de faire transporter son père à l'hôpital de Quimper. Il avait trouvé sa mère totalement perdue à son chevet, alors que Michel était presque inconscient. Elle ne comprenait pas qu'il puisse être mourant puisqu'il n'avait été que très rarement malade de sa vie entière. Si rarement même qu'elle n'avait qu'un souvenir très vague de la seule fois où elle l'avait vu vraiment mal fichu, quand il avait attrapé une bronchite dans son phare et qu'il avait beaucoup toussé pendant un mois.

Ce qui chagrinait le plus Henri, c'était l'apparente indifférence de ses sœurs, qui n'étaient que très rarement venues voir leur père durant sa maladie, et cela alors qu'elles habitaient toutes à moins de quinze kilomètres de Loctudy. Il était très déçu de leur attitude et n'hésita pas à leur dire que leur comportement était d'un tel égoïsme qu'il en avait honte pour elles. Pour sa part, il se félicitait d'avoir eu la chance de voir son père lui sourire bravement à l'hôpital, la veille de sa mort. Après lui avoir demandé des nouvelles de ses petits-enfants, Michel avait conclu leur entretien en lui disant :

— Je suis très fatigué, Henri. Promets-moi de t'occuper de ta mère puisque je sais que je ne peux pas compter sur tes sœurs. C'est de ma faute, d'ailleurs : je les ai incitées à épouser des hommes beaucoup trop égoïstes qui ne voudront pas de ta maman chez eux. Je compte sur toi pour les remplacer et je suis désolé d'imposer cela à ton épouse. Mais Marie est si gentille qu'elle le fera volontiers.

— Tu peux compter sur nous, père. Et dis-toi que tu n'as rien à te reprocher.

— Quand doit-elle accoucher, au fait ?

— Dans un mois, à moins d'un événement imprévu, bien sûr.

— C'est bien. Je verrai le nouveau-né de là-haut. Et merci pour ta visite, mon fils. Je suis fatigué et vais dormir. *Kenavo ar wech all*[1].

— *Kenavo*, père, lui répondit Henri.

Il ignorait que ces mots d'au revoir étaient les derniers de son père qui décéda moins d'une heure plus tard.

L'église était pleine pour les obsèques et, comme il s'y attendait, les Phares et Balises étaient très bien représentés, tant en nombre qu'en qualité, puisque le directeur départemental lui-même était là. Il en allait de même pour les guetteurs de sémaphore, tout comme, bien entendu, pour les anciens combattants, parmi lesquels figuraient nombre de pêcheurs de Loctudy.

---

1. Au revoir à bientôt.

S'ils assistaient à la cérémonie funèbre, ces derniers étaient là autant par amitié pour lui que pour son père, se disait Henri, réconforté en constatant que ses amis du Conquet avaient fait le déplacement eux aussi. Jeff avait bien entendu la larme à l'œil, tandis que Sébastien était parvenu à lui sourire lorsqu'ils lui avaient donné l'accolade l'un après l'autre. Jean-Pi était, lui aussi, très ému quand il l'avait étreint, et tous trois l'avaient suivi de près dans le cortège funèbre qui avait quitté l'église pour le cimetière où tous vinrent rendre un dernier hommage au défunt et lui dire adieu pour les uns, au revoir et à bientôt pour les autres.

Jean-Pierre avait invité son père Sébastien et Jeff, ainsi qu'Henri et sa famille, au restaurant où Jeff raconta aux siens quelques-uns des souvenirs les plus marquants qu'ils avaient partagés dans leur jeunesse, Michel et lui, au sémaphore de Saint-Mathieu. Henri en était très heureux, surtout pour sa mère qui découvrait là des facettes oubliées du caractère enjoué de son époux lorsqu'il était jeune. Jeff avait d'ailleurs un tel talent pour transformer en épopée la plus petite aventure qu'il finit par réussir à arracher des sourires d'abord puis des rires francs en contant les exploits supposés de son ami à la pointe Saint-Mathieu. C'est ainsi que Michel devint le héros principal de l'histoire du sauvetage des treize Anglais, en ses lieu et place, au point que la toute nouvelle veuve en sourit de fierté. Elle ne savait pas que son époux était un héros si discret !

Dans l'omnibus des chemins de fer du Finistère qui les ramenait à Quimper d'où ils prendraient le train pour Brest, Sébastien félicita Jeff pour son altruisme.

— C'est bien ce que tu as fait, Jeff. Valoriser ainsi Michel devant les siens, le jour où ils le quittent, oui, cela mérite un grand coup de chapeau.

— C'est le moins que je pouvais faire pour lui. D'autant que, sans lui, ce sauvetage n'aurait jamais été possible.

— C'est pourtant toi qui étais dans cette annexe et pas lui, non ?

— Oui, mais c'est lui qui a convaincu notre chef de me laisser tenter ce sauvetage à ma façon. Parce que je me voyais mal courir de Saint-Mathieu au Conquet par nuit noire. C'était impossible à faire sans chute, au passage du ruisseau du Goazel que tu connais, par exemple. Ensuite, sortir du lit un équipage de retraités et de gamins m'aurait pris un temps fou. Les naufragés auraient eu dix fois le temps de se noyer. Et cela d'autant plus que le port du Conquet est trois fois plus loin des Vieux Moines que Saint-Mathieu ! Son mérite était donc réel !

— Dans ce cas, il méritait bien la médaille que vous n'avez reçue ni l'un ni l'autre. Quand tu leur as dit que c'était le chef de centre qui l'avait reçue à sa place, tu as pu constater comme moi à quel point toute la famille était fière de son défunt !

— Du moins garderont-ils de leur mari, père ou grand-père l'image d'un héros méconnu, et ce n'est pas rien. Vois-tu, ce qui m'a fait le plus plaisir dans cette histoire, c'est l'aide que j'ai apportée à Henri pour que ce jour de deuil leur paraisse à tous moins triste. Qui sait ? Peut-être Henri réussira-t-il à en faire le jour de gloire du défunt, aux yeux de tous les siens et surtout de sa mère, qu'il aura dorénavant à charge.

— C'est un bel au revoir à un ami, en tout cas. Bravo à toi ! Michel doit te voir de là-haut en se disant que, décidément, Jeff ne changera jamais.

L'ancien sémaphoriste se rengorgea et risqua :

— Toi, Seb, si raisonnable et modéré dans tes propos comme dans ton comportement, tu me vois comment ? Comme un allumé ? Un doux dingue ?

— Pas du tout, Jeff. Je te vois comme un ami pour lequel je risquerais volontiers ma vie, tout simplement parce que tu le mérites et que tu viens de le prouver une fois de plus. Même si, à côté d'une générosité incroyable, tu es parfois capable aussi d'une mesquinerie surprenante.

— Vraiment ? Tu me trouves mesquin par moments ? Quand ça ?

— Comme pêcheur, par exemple. Tu ne m'as jamais donné le moindre vrai tuyau sur tes bases de pêche favorites. Des tuyaux crevés, par contre, ça oui !

— Peut-être… Oui, c'est vrai, tu as raison sur ce plan… mais c'est normal, ou du moins, c'est humain.

— Normal ? Humain ? Et pourquoi donc ?

— Parce que, tout simplement, tu es né pêcheur, toi. Tu sais où il y a de la langouste, du homard, du bar. C'est comme si tu le sentais. Alors que moi… Je n'ai été, ne suis et ne serai toujours qu'un pêcheur parmi d'autres, même s'il m'est parfois arrivé de faire des pêches miraculeuses.

— Détrompe-toi, Jeff, je n'ai pas de talent particulier pour la pêche. Ce que j'ai de plus que toi, peut-être, c'est le sens de l'observation. Je regarde la mer, la surface de l'eau, les frémissements, je prends en compte les fonds marins et je note tout cela en rentrant chez moi après chaque pêche. C'est ainsi que je me fais mon idée sur le meilleur moment et le meilleur endroit pour tel crustacé, tel poisson. C'est cela, l'expérience. As-tu déjà remarqué, par exemple, à quelle heure du jour l'on prend le plus de homards, d'araignées ou de crabes ?

— Non. Pourquoi, il y en a une ?

— Biens sûr qu'il y en a une ! Prenons le homard… Si tu mets des casiers à huit heures du soir ou même à deux ou trois heures du matin, tu as de bonnes chances de faire une bonne pêche quand tu les remonteras. Alors que si tu les mets à huit heures du matin et que tu les relèves à six heures du soir, tu n'auras pas grand-chose.

— Je n'ai jamais fait attention à ça ! Comment le sais-tu ?

— C'est le fruit de l'expérience ! Je le sais parce que, comme je te l'ai dit, je prends des notes, et cela depuis toujours. Et j'en tire des constats.

— Et tu es sûr que c'est partout pareil ?

— Oui. On peut donc supposer que les homards sortent de leurs trous la nuit et aussi qu'ils hibernent comme les ours. J'ignore pourquoi. Peut-être est-ce à cause de leur mue ? Peut-être parce qu'ils n'aiment pas l'eau froide ? On le vérifiera peut-être le jour où les scaphandriers accepteront de nous donner un coup de main…

— En tout cas, aujourd'hui, je comprends mieux pourquoi tu es un grand pêcheur.

— Grand pêcheur… Si je l'étais, je ne serais pas obligé de travailler à mon âge. Rends-toi compte, soixante ans et toujours inscrit maritime…

Dans le Quimper-Brest, ils s'étaient mis d'accord pour dîner tous deux en tête à tête dans un petit restaurant, rue de Siam. Depuis quand n'avaient-ils pas passé une soirée en célibataires tous les deux à Brest ? s'était demandé Sébastien. Cela remontait à des lustres. Il devait avoir vingt-quatre ou vingt-cinq ans, la vie devant lui, et maintenant… À l'exception de ses petits-enfants, c'est derrière lui qu'était sa vie. Il n'y avait plus rien devant, ou si peu. Il était seul, malgré Suzanne qui lui apportait tout ce qu'elle pouvait et réciproquement. Leur problème, c'était qu'ils étaient tous deux trop nostalgiques pour pouvoir construire quelque chose ensemble. Et puis, il y avait l'âge, bien évidemment. Dix-huit ans d'écart, cela faisait quand même beaucoup !

Si, durant ce dîner, Jeff et lui s'étaient promis de faire la fête quinze jours plus tard, Sébastien était beaucoup moins sûr que ce serait le cas deux heures après, alors qu'il regagnait la chambre qu'il avait prise dans un petit hôtel minable, près du P'tit J, à Recouvrance. Là, en entendant son nom, le gardien s'exclama :

— Tiens ! Tu t'appelles Le Goaster… Et tu es du Conquet en plus ! Tu n'as pas eu un parent prénommé Paul, des fois ?

Seb dévisagea l'olibrius avec curiosité et lui répondit prudemment :

— Non, pourquoi ? Tu sais, au Conquet, les Le Goaster, c'est comme les Le Gall, il y en a à la pelle ! Pourquoi me poses-tu cette question, dis-moi ?

— Oh ! Pour rien… C'était un pêcheur. Je l'ai bien connu dans le temps…

Sébastien nota le passé composé et l'imparfait utilisés par cet homme. Pour en apprendre plus, il sut se montrer patient. Il sortit, acheta une bouteille de rhum et invita le gardien à la partager avec lui. Si Sébastien n'en but que quelques gorgées, la bouteille était cependant déjà plus qu'à moitié vide lorsqu'il revint sur le sujet qui le préoccupait : son fils.

— Tu me disais que ce Le Goaster était un pote à toi… Qu'est-ce qu'il faisait ?

— Pêcheur, je ne te l'ai pas dit ? Enfin, pas que pêcheur quand même ! Ça non.

— Qu'est-ce qu'il faisait d'autre ?

— C'était un beau gars qui avait eu la malchance de plaire à Malou, une bistrotière de Lambé. Elle en avait fait un maillon de son trafic.

— Quel trafic ?

— De la fausse monnaie. Paul récupérait les faux billets en mer et les amenait sur la côte. C'est Malou qui, à Brest, dirigeait ce trafic dont les policiers n'ont jamais retrouvé le grand chef. Selon moi, c'était sans doute elle. Tu te souviens peut-être… Les journaux en ont parlé. C'était à la fin des années 20. Sans le savoir, j'étais moi aussi dans la combine à l'époque, dans un bistrot, près d'ici. Mon patron était un ex-petit ami de Malou et c'est Paul qui l'avait remplacé près d'elle. Enfin, Paul n'était quand même qu'un parmi d'autres.

— Il y en avait beaucoup ?

— Plusieurs, je t'ai dit. C'était une croqueuse d'hommes, cette femme. Bref, un soir, Paul est venu nous voir de la part de Malou. Il a remis une lettre à Maurice et après, plus rien. Volatilisé, le Paul ! On ne l'a plus jamais revu. Cette femme dirigeait tout à l'époque. C'était un vrai danger public…

— Tu penses que c'est elle qui a liquidé Paul ?

— Sûr et certain ! Maurice, mon patron, me l'a dit deux semaines plus tard. C'était comme d'habitude un jour où il avait bu un coup de trop. Quand je lui ai fait remarquer qu'on ne voyait plus Paul, il m'a dit que cela ne risquait plus d'arriver, plus jamais. Il était à Lampaul quand Paul y avait été liquidé par un homme, recruté spécialement par Malou. Un gars dont personne ne connaissait le nom et qui ne pouvait donc être dénoncé… Prudente, la Malou !

— Qu'est devenue cette femme ? Elle sévit toujours ?

— Que non ! Sinon, je ne serais pas là à te raconter cette histoire. Elle est en taule ; elle a écopé de vingt ans pour ce trafic de faux billets et d'autres conneries…

— Et ton ancien patron ?

— Il est mort, lui. C'est pour cela que je suis ici. Sinon, tu penses, je travaillerais toujours pour lui. C'était un mec sympa, le Maurice !

— Maurice comment, au fait ?

— Maurice Cornec. Et si tu veux voir Malou en taule, tu devras demander Malou Gaouer. Et Gaouer, c'est la traduction bretonne de « menteur ».

— Où est-elle en prison, cette menteuse ?

— À Rennes. À la prison des femmes. Pourquoi tu me le demandes, au fait ?

— Pour rien. Comme ça. Pour parler. Je suis désolé mais j'ai trop bu et j'aimerais bien aller me coucher. Je te laisse la bouteille de rhum…

43

Sébastien était monté dans sa chambre en sachant parfaitement qu'il ne dormirait sans doute pas de la nuit, une fois de plus convaincu que l'être humain pouvait parfois être incroyablement déconcertant. Il était persuadé que ce gardien savait très bien qu'il était de la parentèle du Paul et que, s'il avait bu plus que de raison, c'était parce qu'il voulait se donner le courage et une excuse pour lui apprendre ce secret qui devait le tenailler depuis des années. Qui sait ? Peut-être était-ce lui qui avait présenté Paul à cette Malou ? Ou alors, peut-être avait-elle supprimé son ancien patron, ce Maurice ? Peu importait au demeurant ; l'essentiel, c'était ce qu'il lui avait appris.

Paul, complice de trafiquants de fausse monnaie ! S'il avait pu se douter ! Il se souvenait très bien de ces messages placés sous sa porte... Celui qui les avait glissés là savait que Paul était mouillé jusqu'au cou dans ce trafic. Et ce n'était sans doute pas un policier ; plutôt un douanier. Oui, ce devait être un douanier. La douane devait surveiller Paul à la jumelle quand il quittait le port le soir et d'autres douaniers en faisaient autant à Lampaul quand il y arrivait. Pourquoi ne l'avaient-ils jamais contacté à l'époque ? C'était incompréhensible.

Il ne réussirait pas à trouver le sommeil, s'était-il dit en allumant une cigarette. Il était près d'une heure du matin et la mort de son fils le tourmentait à un point inouï. Comment se faisait-il qu'il n'ait rien vu, rien deviné ? Il était, certes, obnubilé par la maladie de Margot à l'époque. Cependant, pour un père, ne pas voir la dérive d'un fils, c'était plus qu'une faute, c'était presque un crime. Paul avait sans doute si peur de le décevoir qu'il avait préféré tricher pour lui faire croire qu'il était un bon pêcheur, ce dont lui, son père, était effectivement convaincu lorsqu'il le voyait changer régulièrement de bateau. Dire que ce n'était que du tape-à-l'œil, du bidon, du flan ! Qu'un père puisse être crédule à ce point, c'était impardonnable. Et pourtant, non, puisque c'était aussi une marque de confiance envers son enfant !

Il devait téléphoner à Joséphine dès son réveil et aller lui rendre visite si elle était disponible.

Ce n'était pas Joséphine qui avait répondu au téléphone mais son employée de maison. Madame ne rentrerait que vers quatre heures ce soir et elle s'apprêtait, quant à elle, à conduire l'enfant à l'école, lui avait-elle dit. S'il ne pouvait voir son petit-fils, il allait renter tout de suite chez lui où il avait quelques vérifications à faire. À peine eut-il réintégré son domicile, route de Sainte-Barbe, qu'il descendit à la cave où il ouvrit la vieille armoire qui lui servait à ranger tous ses vieux papiers, documents, ainsi que d'anciens objets de famille.

Il y trouva immédiatement ce qu'il était venu chercher : le coffret de quarante sur vingt-cinq centimètres, haut d'une douzaine de centimètres, qu'il prit sous le bras avant de se saisir d'un pied-de-biche. Il avait patienté jusqu'à aujourd'hui, mais maintenant qu'il savait son fils décédé, il voulait savoir ce que contenait ce coffret qu'il avait récupéré chez Paul, des années plus tôt. Il ne mit pas une minute pour en faire sauter la serrure et en sortir des paquets de billets, faux sans doute, chacun composé de dix liasses de dix billets de dix francs. Cela faisait mille francs par liasse et il y en avait… dix-huit! Ce coffret ne pouvait pas en contenir plus, d'ailleurs. Dix-huit mille francs… C'était une petite fortune, du moins si ces billets de banque étaient des vrais, ce dont il doutait fortement.

Il renversa le coffret; en tomba une petite clef à laquelle était attachée une étiquette. Sur celle-ci, inscrit à la machine, il lut : «Crédit lyonnais. N° 136». Paul avait un coffre dans cette grande banque… Qu'était-ce encore que cela? Que pouvait-il contenir? Il devait l'apprendre et le plus vite possible. Pour le moment, il lui fallait réfléchir. Il garda la clef, prit un billet de chaque paquet et remit tous les autres dans le coffret.

Depuis la veille, il avait dû digérer un nombre de révélations plutôt indigestes qui l'avaient anéanti : la confirmation de la mort de son fils ne l'avait pas surpris, car il s'y était préparé, par contre, il ne s'attendait pas du tout à apprendre qu'il était devenu un petit escroc, complice d'un trafic de fausse monnaie! Cette Malou, il était décidé à la voir, et qu'elle soit internée à Rennes, à Paris ou au diable vauvert n'y changerait rien. Eût-elle été en enfer qu'il s'y serait rendu tant il voulait apprendre la vérité.

Auparavant, il alla se confier et même se confesser à Joséphine. Il lui dit tout, depuis les messages reçus qui le mettaient en garde dix ans plus tôt jusqu'à ce qu'il venait d'apprendre. Sa fille était effarée : que son jeune frère ait pu devenir un trafiquant à la petite semaine pour ne pas perdre la face, cela la dépassait. Elle insista cependant auprès de son père pour que ce soit elle et non lui qui rende visite à la fameuse Malou. Pourrait-il garder son petit-fils pendant deux jours, le moment venu ?

Joséphine retrouva très vite l'avocat de Malou Gaouer qui lui obtint, sans mal, une visite avec sa cliente. Auparavant, elle s'était rendue à sa banque où elle avait demandé qu'on vérifie quelques billets de dix francs. Ils étaient tous faux, comme elle s'y attendait. Elle s'était également rendue au Crédit lyonnais où elle avait dû payer une somme considérable d'arriérés pour avoir accès au coffre de son frère dont elle avait la clef. Elle y prit le seul coffret qu'elle y trouva : il contenait quelques pierres – de petits rubis et deux émeraudes –, ainsi que deux sachets contenant cinquante napoléons chacun qu'elle rangea chez elle. Elle donnerait le tout à son père plus tard, car elle devait partir pour Rennes le soir même.

Le lendemain matin, dès huit heures cinquante-cinq, elle était à la prison des femmes de Rennes. Elle rencontra la fameuse Marie-Louise Gaouer qui, vu son nom, la prit dès l'abord pour la femme et non la sœur de Paul. Après l'avoir narguée un moment, la prisonnière changea d'attitude lorsqu'elle comprit que si Joséphine était là, c'était pour qu'elle lui dise où se trouvait la dépouille de Paul, qui avait disparu à Lampaul des années plus tôt. La visiteuse voulait que son frère – parce que Paul était son frère et non son mari – ait une sépulture où elle et son père pourraient se recueillir. Lorsque Malou prétendit qu'elle ignorait le décès de Paul, Joséphine se dit qu'elle allait droit dans le mur et n'en tirerait rien. Elle tenta donc le tout pour le tout. Elle fit mine de se lever. Alors la prisonnière déclara :

— Attends ! Pourquoi veux-tu t'en aller si vite ?

— Parce que je n'ai pas de temps à perdre avec une menteuse. Si je vous dis que je sais que vous ou quelqu'un d'autre de votre groupe de faux-monnayeurs a fait exécuter Paul, vous me direz que ce n'est pas vrai et vous pourrez sûrement le prouver. Aussi n'est-ce pas pour cela que je suis venue vous voir. La seule chose qui compte pour moi, c'est sa dépouille.

— Son corps ? C'est un squelette aujourd'hui ! Faut-il que vous y teniez, dites-moi !

— Pas vous ?

— Qu'avait-il d'extraordinaire, votre frère ?

— Vous devez le savoir mieux que moi puisque vous couchiez avec lui.

— Moi ? Je le connaissais à peine… Enfin, allez voir de ma part le gardien du cimetière de Lampaul. Cet homme est un cousin éloigné qui sait tout sur ce qui se passe sur son territoire. Peut-être pourra-t-il vous renseigner si votre frère a vraiment disparu là-bas comme vous le croyez…

Cette femme était drôlement forte, s'était dit Joséphine en la quittant. Oui, drôlement. Enfin, la piste qu'elle lui donnait serait peut-être la bonne… Elle ne se trompait pas. Le corps de Paul avait bien été enseveli dans ce petit cimetière dix ans plus tôt, et moyennant finances, Joséphine et Sébastien n'eurent aucun mal à le récupérer, puisque le gardien et fossoyeur s'appelait, lui aussi, Gaouer.

C'était une triste histoire qui se clôturait, confia Sébastien à sa fille à laquelle il demanda de garder ce qu'elle avait ramené de la banque : les quelques pierres et napoléons que contenait le coffret. Ni lui ni elle-même et encore moins sa sœur et son frère n'en auraient sans doute jamais besoin. Par contre, peut-être seraient-ils utiles un jour à Sébastien junior ou à l'un des enfants de Jean-Pi, ce serait à elle d'en juger. Quant à la dépouille de Paul, il tenait à la faire bénir par un prêtre avant de l'ensevelir dans son jardin puisque, s'il avait bien fait une déclaration d'absence dix ans plus tôt, il lui était impossible de faire une déclaration de décès aujourd'hui sans courir le risque d'une enquête et donc de voir leur famille déshonorée et leur nom traîné dans la boue. Paul ne serait donc déclaré officiellement mort que dans dix ans au plus tôt. C'était le délai minimum prévu par la loi pour que l'absence se mue en décès.

44

Sébastien était abattu lorsqu'il se présenta chez Jeff qui venait lui-même d'arriver dans sa maison de la rue Saint-Christophe pour fêter la Toussaint et fleurir ses morts comme chaque année au cimetière de Lochrist, au Conquet. Jeff comptait aujourd'hui au nombre des pêcheurs de la rade de Brest, ces pères tranquilles du monde de la pêche côtière. Le métier était le même mais sans le sel des grands espaces de l'Atlantique, car la rade de Brest n'était pas très grande, quoi qu'on en dise, même si elle était parmi les plus vastes du monde. Quand, à la pointe Saint-Mathieu, à celles de Sainte-Barbe ou de Kermorvan, s'étalaient devant lui l'océan et ses vastes horizons, Jeff avait l'impression de rajeunir. C'était le monde de son enfance qu'il retrouvait. Au loin, c'était l'Amérique, comme il le dirait bientôt à son premier petit-fils !

— Ça n'a pas l'air d'aller, Seb, dit-il à son ami en l'accueillant. C'est ta santé ?

— Ma santé ? Non, c'est mon moral. J'ai eu la confirmation du décès de Paul.

— Tu t'en doutais, tu me l'avais dit. De là à en être sûr… Comment l'as-tu appris ?

— Par hasard, en faisant boire un garçon qui le connaissait à l'époque.

— Et comment est-il mort ?

— Il est mort assassiné et c'est cela qui me fout en l'air, vois-tu. Mon fils a été assassiné par des complices d'un trafic de fausse monnaie. C'est dingue, non ?

— Mon pauvre Seb, je te plains ! De la fausse monnaie, c'est incroyable... Tu peux quand même te consoler en te disant que maintenant, tu sais. Tu connais la vérité. Et son corps ?

— Je l'ai récupéré et l'ai enterré dans mon jardin pour le moment. Quand je décéderai, Joséphine m'a promis de mettre sa dépouille avec la mienne dans notre caveau au cimetière où elles rejoindront celles de Margot, Job, Yvonne et tous les Riou.

— C'est bien. Maintenant que tu as réglé ce problème, mets ton mouchoir dessus et oublie cet écart de Paul. Tout le monde peut avoir des faiblesses. Il était jeune et avait perdu sa mère depuis peu... Ce sont autant de circonstances atténuantes. Il a dû confier sa détresse à une fille qui se sera montrée compréhensive et ensuite, il se sera fait avoir par elle jusqu'au trognon !

— Bon sang ! C'est exactement ça, Jeff ! Comment fais-tu pour tout deviner ainsi ? Comme il ne pouvait pas se confier à moi car il me voyait détruit par la disparition de Margot, il est parti se consoler ailleurs. Si je ne l'avais pas laissé seul avec son chagrin, il serait toujours vivant et je...

On frappait à la porte que Jeff ouvrit. Lorsqu'il vit devant lui deux enfants qui lui tendaient la main, il les fit entrer et leur demanda qui ils étaient. La fillette, l'aînée, lui répondit qu'ils étaient les enfants d'Émile Le Bars. Un matelot passé par-dessus bord six mois plus tôt du côté de Molène, lui dit Sébastien qui connaissait la famille.

— Comment va ta maman, Herveline ? demanda Sébastien à la petite fille.

— Maman est malade. Elle tousse et a de la fièvre, monsieur Le Goaster.

— Et elle n'a pas d'argent, bien sûr. Bien, nous allons passer chez le médecin et lui demander d'aller voir votre maman. Voici pour vous de quoi acheter à manger aujourd'hui. Dites à votre maman que je passerai la voir tout à l'heure et que je réglerai également ses potions à la pharmacie. Tu as compris ?

— Oui, monsieur Le Goaster. Tu passeras tout à l'heure, tu paieras le médecin qui va venir chez nous et aussi le pharmacien.

— C'est cela même. Allez les enfants, rentrez chez vous maintenant et rassurez votre maman. À tout à l'heure.

Jeff n'avait pas dit un mot. Il avait laissé Sébastien prendre en charge les enfants et savait très bien qu'il ne s'en tiendrait pas à un effet d'annonce. Il irait voir cette femme.

— Tu vois, Jeff, je suis en train de pleurer sur mon sort quand près de moi, il y a de la misère noire que je ne vois même pas.

— Si, tu la vois, et tu agis. Tout cela, c'est la vie, Seb, et le moins que l'on puisse dire, c'est qu'elle ne te gâte pas beaucoup. Non, tu n'es vraiment pas verni, par rapport à moi, par exemple.

— Ne dis pas ça, Jeff, ou tu vas t'attirer le malheur.

— C'est ce que l'on dit. Peu importe, parce que c'est vrai. Tu es bon, généreux, et aussi courageux, même très courageux. Ce serait bien si nos dirigeants politiques prenaient exemple sur des hommes comme toi. C'est loin d'être le cas.

— Tu penses à ces accords de Munich ?

— Oui. Pour une fois, les communistes ont raison de critiquer Daladier. Baisser ainsi le pantalon devant Hitler ! Il ne comprend pas que ce fou va nous rentrer dedans ? Hitler ?

C'est un dingue qui n'a aucune parole, quand Daladier et Chamberlain sont des guignols ! Deux guignols dont Anglais et Français veulent à tout prix faire des héros parce qu'ils ont évité la guerre. Éviter la guerre en capitulant, tu parles d'un exploit ! Il va très vite remettre le couvert, le Hitler, tu verras !

— Tu crois que nous aurons la guerre ?

— Selon moi, on y va tout droit, même si j'espère de tout cœur me tromper. Pas pour nous, mais pour nos enfants et petits-enfants. Parce que, s'il y en a une nouvelle, elle risque d'être encore plus terrible que la Grande. Et cette fois, nous n'avons que très peu de chances de la gagner. Je pense même que nous prendrons une déculottée.

— Eh bien ! C'est toi qui n'es pas très gai, maintenant. En tout cas, si elle éclate et qu'elle dure autant que la précédente, nous n'avons pas fini de bosser…

— Je vais te dire un truc, et je ne sais pas ce que tu en penseras, Seb. La chance, la grande chance que nous avons ici, c'est d'être nés sur la mer, d'être des gars de la côte. Même en guerre, nous serons, cette fois encore, loin de la zone des combats. Enfin, parlons d'autre chose. Tiens, sortons, cela nous fera du bien…

— Promets-moi de ne pas marcher trop vite. J'ai des soucis avec ma jambe. Je vais devoir changer d'appareillage pour mon pied manquant. L'os pose problème. Heureusement que la médecine fait des progrès chaque jour… Bien, pensons à notre malade et commençons par aller voir le médecin et le pharmacien.

Jeff tint à payer la consultation du médecin avant qu'ils ne passent voir le pharmacien, que Sébastien réglerait plus tard. Les deux amis entamèrent ensuite leur promenade en descendant, comme d'habitude, la rue Saint-Christophe avant d'emprunter la route côtière qui longeait le port. Ils s'arrêtèrent sur la place Saint-Christophe pour y saluer leurs copains, pêcheurs retraités comme eux, accoudés au muretin de pierre surplombant la cale et le port où étaient mouillés les bateaux rentrés de pêche, avant de prendre la route du môle, le chemin de terre qui bordait la mer en direction de la pointe Sainte-Barbe.

Peu après, ils passèrent juste sous la demeure de Seb. Si du linge séchait dans le jardin, ils n'aperçurent pas Suzanne qui devait pourtant être là à cette heure. Après le restaurant de Sainte Barbe, ils longèrent la plage du Paradis, puis celle de Portez avant de grimper l'étroit et sinueux chemin qui les mena jusqu'à la pointe des Renards.

— Le maire pourrait faire aménager cette sente, quand même, pesta Jeff qui s'était rattrapé de justesse au bras de son ami après avoir heurté un caillou. Un de ces jours, je vais m'y casser la jambe.

Ils s'arrêtèrent au sommet pour respirer à pleins poumons l'air vivifiant du large. La vue était somptueuse.

— Tu saisis ce que je veux te faire comprendre, Seb, quand je te dis que nous sommes chanceux d'être nés ici.

— Bien sûr, même si je ne suis conquétois que d'adoption.

— Nous sommes au Conquet, certes, mais cela vaut autant pour Loguivy et Loctudy, comme encore pour Concarneau ou Roscoff, Camaret, Douarnenez ou Portsall, comme encore Penmarc'h, Audierne, Le Guilvinec ou Lampaul. Tous les ports de pêche du coin, en réalité. Enfin, tu me comprends. Pour tous les pêcheurs de Penn-ar-Bed ou du Finistère si tu préfères, pour tous ceux du bout du monde, la vie c'est en effet cela, c'est la mer, l'infini de l'océan, cet air pur, l'odeur des algues, de l'iode…

— C’est vrai et tu as raison de dire que cet air vif et iodé, c’est le nôtre, que cet océan est le nôtre, et que le courir, c’est notre vie. Que nous prenions ou non beaucoup de poissons ou de crustacés importe peu, finalement, pour nous du moins. Nous aimons tous notre métier de pêcheur et la meilleure preuve, c’est que nous ne parvenons pas à le quitter parce que nous aimons tous la mer. Tu vois, la vérité, elle est là : notre maîtresse, notre vraie maîtresse à tous, c’est elle, la mer.

— C’est drôlement bien trouvé ! La mer comme maîtresse… C’est pour cela qu’elle est parfois si traîtresse, d’ailleurs !

— J’aurais pu te dire, tout aussi bien, que la mer, c’est notre passé et notre présent à nous tous, les pêcheurs du bout du monde, comme c’est aussi l’avenir de nos enfants et petits-enfants.

— N’en rajoute pas, veux-tu ? Sébastien, poète de la mer… Quand cesseras-tu de m’étonner ? Pêcheurs du bout du monde… Il fallait quand même y penser.

Carte de la mer d'Iroise

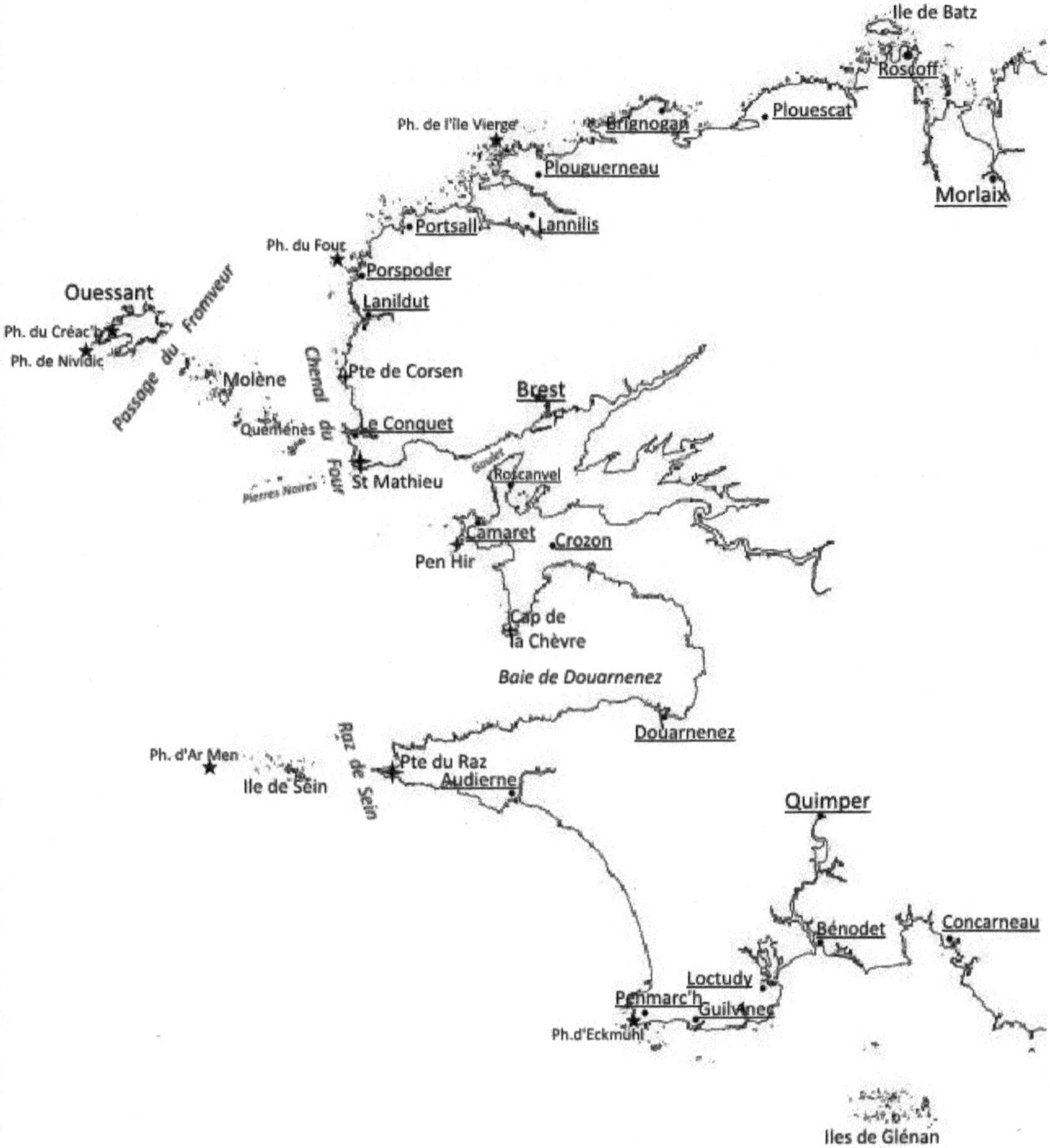

Remerclements

Mes sincères remerciements vont à tous ceux qui de près ou de loin ont contribué à l'élaboration de cet ouvrage et, parmi ceux-ci, Jean-Pierre Clochon, la « mémoire conquétoise », Hervé Baudy ainsi qu'Amédée Le Reun, Marcel et Raymonde Le Berre pour la partie Loctudy.

Enfin, un merci tout particulier à mon oncle François Le Boité auquel je dédie ce roman qui lui doit beaucoup, ainsi qu'à ses enfants Anne, Daniel, Marie-Françoise et Marie-Gabrielle.

Collection
TERRITOIRES

Jean ANGLADE
Une vie en rouge et bleu
Le Dernier de la paroisse
Le Choix d'Auguste
Le Sculpteur de nuages
Les Cousins Belloc
Le Grand Dérangement

Sylvie ANNE
Le Gantier de Jourgnac
La Maison du feuillardier

Sylvie BARON
Un été à Rochegonde
Les Ruchers de la colère
L'Auberge du pont de Tréboul
L'Héritière des Fajoux
Rendez-vous à Belinay
Terminus Garabit

Jean-François BAZIN
Les Raisins bleus
Le Clos des Monts-Luisants
Le Vin de Bonne-Espérance
Les Compagnons du grand flot
Le Maître de la lumière

Henriette BERNIER
Le Baron des champs

Jean-Baptiste BESTER
L'Homme de la Clarée
Plus près des anges
Les Amants de Sainte-Catherine
Meurtre au pont du Diable

Françoise BOURDON
Le Moulin des Sources
Le Mas des Tilleuls
La Grange de Rochebrune
Retour au pays bleu
Le Fils maudit
Les Sentiers de l'exil
Les roses sont éternelles
Le Maître du Castellar
Le Secret de Belle Epine

Édouard BRASEY
Les Lavandières de Brocéliande
Les Pardons de Locronan
La Sirène d'Ouessant
L'Affaire Cabre d'or
Le Domaine des oliviers
Les Fils du patriarche

Patrick BREUZÉ
Les Remèdes de nos campagnes
La Valse des nuages
L'Étoile immobile
Mon fils va venir me chercher
La Montagne pour refuge

Nathalie de BROC
La Vallée des ambitions
La Robe pourpre

Michel CAFFIER
Corne de brume
La Paille et l'Osier
Les Étincelles de l'espoir

Anne COURTILLÉ
La Tentation d'Isabeau
Le Gaucher du diable
Les Damoiselles de Clermont

Annie DEGROOTE
Les Racines du temps
D'infinies promesses

Jérôme DELIRY
Une rivière trop tranquille
L'Héritage de Terrefondrée
La Maraude

Raphaël DELPARD
L'Enfant sans étoile
Pour l'amour de ma terre
L'enfant qui parlait avec les nuages
Le Courage de Louise

Alain DUBOS
La Mémoire du vent
La Corne de Dieu
Le Dernier Combat du Dr Cassagne

Élise FISCHER
Les Noces de Marie-Victoire
Je jouerai encore pour nous
Villa Sourire
L'Étrange Destin de Marie
Le Jardin de Pétronille
Aux Deux Hirondelles
Les Femmes des terres salées
La Promesse du sel

Emmanuelle FRIEDMANN
Le Rêveur des Halles
La Dynastie des Chevallier
L'Orphelinat
La Faute des autres

Alain GANDY
Les Cousins de Saintonge

Gérard GEORGES
Une terre pour demain
Le Destin des Renardias
Le Bal des conscrits
Mademoiselle Clarisse
Anatole, fils de personne
La Mésangère

Georges-Patrick GLEIZE
La Fille de la fabrique
Pas plus tard que l'aurore
Le Serment des oliviers
Le Vent de la jeunesse
Quelques pas dans la neige
Les Noisetiers du bout du monde

Yves JACOB
Sous l'ombre des pommiers

Guillemette de la BORIE
La dernière héritière

Hélène LEGRAIS
L'Ermitage du soleil
Les Héros perdus de Gabrielle
Les Ailes de la tramontane
La Guerre des cousins Buscail
Les montagnes chantaient la liberté
Ceux du Château, ceux du Moulin
Trois gouttes de sang grenat
Les Anges de Beau-Rivage
Le Bal des poupées

Philippe LEMAIRE
Rue de la Côte-Chaude
L'Enfant des silences
L'Oiseau de passage
La Mélancolie du renard

Alfred LENGLET
Du poison dans les veines
Jeux mortels en hiver
Temps de haine
Cœurs de glace

Éric Le NABOUR
Retour à Tinténiac
La Louve de Lorient
À l'ombre de nos larmes
La Frondeuse

Jean-Paul MALAVAL
L'Or des Borderies
Soleil d'octobre
Les Noces de soie
La Villa des térébinthes
Rendez-vous à Fontbelair
La Folie des Bassompierre
Chronique des Strenquel
La Bastide aux chagrins
Les Sœurs Querelle
Les Larmes de la pinède

La Belle Étrangère
Adélaïde au bord de la falaise
Les Gens de Combeval
La Souveraine en son domaine

Antonin MALROUX
La Promesse des lilas
La Cascade des loups
La Pierre marquée
L'Homme aux ciseaux d'argent
Les prés refleuriront
Fenêtre sur village
Marie des Adrets
L'Espoir de belles aurores
Le Pain de paille
Le Cœur de mon père

Jean-Luc MOUSSET
L'Enfant des labours
Le Secret de Neige

Nicole PROVENCE
Le Secret d'Aiglantine

Joël RAGUÉNÈS
La Maîtresse de Ker-Huella
La Dame de Roz Avel
La Sirène du port
Les Trois Saisons de la vie
L'Or du lin
Les Vies de Jeanne
Pêcheurs du bout du monde

Florence ROCHE
La Terre des Falgères
L'École du lac
La Réfugiée du domaine

Geneviève SENGER
La Maison Vogel
L'Enfant de la Cerisaie
La Dynastie des Weber
Les Jumeaux du val d'amour
La Promesse de Rose
Les Bellanger
La Dame des Genêts

Jean SICCARDI
La Source de saint Germain
Le Maître du diamant noir
L'Ivresse des anges
L'Auberge du gué
Gaston des vignes

Bernard SIMONAY
L'Or du Solognot
Le Marais des ombres
Meurtres d'outre-tombe

Jean-Michel THIBAUX
L'Olivier du Diable
Le Maître des Bastides
Le Rappel du tambour

Katia VALÈRE
Après la nuit vient l'aube

Brigitte VAREL
Le Secret des pierres

Louis-Olivier VITTÉ
La Guérisseuse de Peyreforte
Là où coule une rivière
Le Secret de Tire-Lune
La Statue engloutie
La Dame des vignes hautes
La Femme qui voulait voir la mer

Colette VLÉRICK
L'Enfant sur le pont
Un air de liberté
La Nacre des abers
Dans la lumière de Pont-Aven

Photocomposition Datamatics

Achevé d'imprimer en mars 2019
par CPI BUSSIÈRE (18200 Saint-Amand-Montrond)
pour le compte des Éditions Calmann-Lévy
21, rue du Montparnasse, 75006 Paris

PAPIER À BASE DE FIBRES CERTIFIÉES

CALMANN LÉVY s'engage pour l'environnement en réduisant l'empreinte carbone de ses livres. Celle de cet exemplaire est de :
750 g éq. CO_2
Rendez-vous sur www.calmann-levy-durable.fr

N° d'éditeur : 8667343/01
N° d'imprimeur : 2043605
Dépôt légal : avril 2019
Imprimé en France.

Stander oder Verklicker
Topp
Gaffel
Rolle oder Block
Stagen
Gaffelklau
Wanten
Großsegel
Fock
Mast
Doktor
Nannerl
Schiebeluck über Niedergang
Koje
Mast-stuhl
Deck
Pinne
Kiel
da schläft Nannerl
Stauraum
Schwert unten
Schwert-kasten
Kleider-schrank
Bilge
Ruderblatt
Stauraum

Unsere Kinderbuch-Klassiker

Band 5

Unsere Kinderbuch-Klassiker
herausgegeben von Elmar Faber und Konrad Reich

Peter Abraham

Ein Kolumbus auf der Havel

OSTDEUTSCHE ZEITUNGSVERLAGE IN KOOPERATION MIT FABER & FABER

Die Edition erscheint im Auftrag ostdeutscher Zeitungsverlage:

Dresdner Neueste Nachrichten

Freies Wort

Lausitzer Rundschau

Leipziger Volkszeitung

Märkische Allgemeine

Märkische Oderzeitung

Mitteldeutsche Zeitung

Nordkurier

Ostsee-Zeitung

Ostthüringer Zeitung

Sächsische Zeitung

Südthüringer Zeitung

Thüringer Allgemeine

Thüringische Landeszeitung

Volksstimme

Zeitungsverlag Schwerin

Die Erstausgabe erschien 1975 im Kinderbuchverlag Berlin
Reihengestaltung Frank Eilenberger
Layout und Herstellung atelier eilenberger, Leipzig
Druck Klingenberg Buchkunst Leipzig
Bindung Kunst- und Verlagsbuchbinderei, Leipzig
Printed in Germany
ISBN (10) 3-86730-004-6
ISBN (13) 978-3-86730-004-9

www.unsere-kinderbuch-klassiker.de

1. Wie Oskar Nannerl vorstellt

Christoph Kolumbus entdeckte anno Tobak bekanntlich Amerika.

Als Schuljunge ärgerte ich mich darüber, dass ich vierhundertfünfzig Jahre zu spät geboren wurde, sonst hätte ich, Oskar, Amerika entdeckt! Immerhin fuhr mein Onkel Paul mehrere Jahre als Steward auf dem Passagierdampfer *Kolumbus* und entdeckte alle paar Wochen Amerika – nämlich, wenn das Schiff in New York anlegte.

Es ist darum nicht verwunderlich, dass ich meinen Sohn, Kolumbus zu Ehren, Christoph oder Christophoro nennen wollte.

Zu meiner Überraschung brachte meine Frau ein Mädchen zur Welt. Für mich stand nun fest, sie würde Christopha heißen. Leider ließ meine Frau den Namen Marianne, ohne mich zu fragen, in die Geburtsurkunde eintragen. Marianne – so hieß auch eine Tante von mir. Als ich ein kleiner Junge war, ging diese Tante manchmal mit mir Eis essen in eine Konditorei. Wenn etwas von dem Schokoladeneis in meinen Mundwinkeln klebenblieb, befeuchtete Tante Marianne ihr Taschentuch mit Spucke und versuchte, mir den Mund zu säubern, deshalb konnte ich die Tante und den Namen Marianne nicht ausstehen.

Ich rufe nun meine Tochter niemals Marianne, sondern immer Nannerl. Früher ärgerte sich meine Frau darüber, bis sie schließlich selbst Nannerl rief.

Nannerl ist ein lebhaftes Mädchen.

Ich will nicht von ihren Betragenszensuren reden. Das ist ein trauriges Thema. In Mathematik und in Deutsch schafft es Nannerl durch Anstrengungen vor den Ferien immer auf eine Zwei. Ihre Freizeit verbringt sie mit Fußballspielen, Lesen und Fernsehen.

Sie ist für ihr Alter ziemlich in die Höhe geschossen. Vielleicht rührt es daher, dass sie zu uns Erwachsenen etwas vorlaut ist. Sie fordert zum Beispiel, alle Kinder sollten den Erwachsenen gegenüber gleichgestellt sein! Dass ich nicht lache! Sie vergisst stets, den Mülleimer hinunterzutragen, das Geschirr abzutrocknen und andere Kleinigkeiten. Und dann, verdammt nicht noch einmal, hat sie eine Ausdrucksweise! Aber davon kann sich jeder in den folgenden Kapiteln selbst überzeugen.

Ein bisschen traurig macht mich, dass Nannerl und ich, trotz meiner Vorliebe für Kolumbus, noch niemals zur See gefahren sind. Viel schlimmer – noch nicht einmal die Havel haben wir im Boot befahren!

2. Wie Nannerl Oskar vorstellt

Manche aus meiner Klasse sagen „mein Papa", „mein Daddy" oder „mein alter Herr". Ich sage einfach „Oskar".

Oskar besitzt drei Fotoapparate. Er reist mit ihnen durch die halbe Welt und macht Aufnahmen. Die Bilder werden dann in den Zeitungen und Illustrierten abgedruckt. Wenn einer mal unter einem Foto „Oskar" liest, dann ist es von ihm. Mal knipst er kirgisische Schafhirten, mal koreanische Kinder, dann wieder eine Fußballmannschaft aus Bukarest. Einmal ist er nach Warschau gefahren und hat wer weiß wie viele Filme verknipst. Als er sie zu Hause in der Dunkelkammer entwickelte, sah man überall das Gleiche: Negerkampf im Eisenbahntunnel. Das bedeutet, man sah nichts. Zuerst wollte er mir die Schuld in die Schuhe schieben. Ich sollte angeblich in die Filmbüchsen hineingeguckt haben. So dumm bin ich nicht.

Ich weiß doch, dass der Film futsch ist, wenn Licht hineinkommt. Aber das ist typisch Oskar. Immer soll ein anderer schuld sein, wenn er seine Tabakspfeife nicht findet, wenn er zu spät zur Besprechung kommt und so weiter. Ganz ehrlich, sonst ist Oskar ein dufter Schuh. Er wird natürlich wild, wenn ich so rede, aber einen mordzigeren Ausdruck finde ich kaum noch.

Oskar sieht auch gut aus. Sogar sehr gut, nach meiner Meinung. Leider gehen ihm laufende Meter Haare aus. Mutter sagt, wenn er so weitermacht, kann er den Kopf bald mit Möbelpolitur auf Hochglanz bringen. Leider hat Oskar einen kleinen Kugelbauch. Darum redet er immer davon, dass er nun bald anfängt, Sport zu treiben. Sag ich aber mal: „Kommst du, ej, mit in die neue Schwimmhalle, Oskar?“, sagt er: „Erstens habe ich keine Zeit, zweitens keine Badekappe und drittens, was heißt ej?“

3. Oskar erzählt, wie es beinahe zu einem Familienstreit wegen der Spaghetti mit Tomatensoße kam

Man muss Gerda kennen, um das alles zu verstehen. Sie ist Nannerls Mama, also meine Frau und eine richtige Dame. Das bedeutet, sie bemalt sich die Fingernägel, tuscht sich die Augenbrauen, biegt sich mit einem komischen Apparat, der so ähnlich wie eine Schere aussieht, die Wimpern nach oben und trägt Schuhe, die ganz wundersam aussehen, die aber zum Laufen nichts taugen.

Sie arbeitet als Meteorologin. Dieses Wort ist schrecklich lang. Darum sagt jeder: Wetterfrosch. Wenn Nannerl und ich alles, was wir wissen, zusammenzählen würden, dann würde es nur knapp die Hälfte von dem ausmachen, was Gerda weiß. Darum redet man sie auch mit „Doktor" an.

Gerda lebt im Urlaub gern in großen Hotels. Sie malt sich das ganze Jahr die Springbrunnen in den Hotelhallen aus und die weißgekleideten Ober. Sie schwärmt von Speisen mit fremden Namen wie Omelette à Confiture oder Petit Brisolettes mit Pommes frites. Meist ist sie dann enttäuscht, wenn diese klangvollen Namen einfach andere Bezeichnungen für Eierkuchen mit Marmelade oder Buletten mit Bratkartoffeln sind.

Nannerl und ich essen am liebsten Spaghetti mit Tomatensoße. Eines Tages sagte Gerda beim Abendbrot: „Ich habe eine Überraschung für euch."

Nannerl und ich spitzten die Ohren.

„Es ist mir gelungen, über unseren Betrieb Ferienplätze im besten Hotel von Bratislava zu besorgen."

Nannerl und mir klappten die Augenlider herunter, und wir blickten betrübt auf unseren Teller. Wir dachten daran, dass wir für drei Wochen auf Spaghetti mit Tomatensoße verzichten müssten. Denn in welchem Hotel kochten sie schon unser Lieblingsgericht!

„Ihr seid solche Überraschungen überhaupt nicht wert", sagte Gerda böse.

„Mama, wir möchten, ej, endlich mal Urlaub auf unsere Art machen", sagte Nannerl mutig.

„Sehr richtig", murmelte ich. „Es muss demokratisch zugehen. Drei Jahre lang sind wir in irgendwelche Hotels gefahren!"

„Und wie ist das, Urlaub auf eure Art?", fragte Gerda. Sie sah uns mit funkelnden Augen an.

Wie war denn unsere Art? Ich blickte ratlos zu Nannerl, und Nannerl blickte ratlos zu mir.

„Ich weiß schon", sagte Gerda, „ihr wollt den ganzen Urlaub zu Hause bleiben und Bücher lesen. Ich aber soll in der Küche stehen und Spaghetti mit Tomatensoße kochen."

„Wir werden unseren Urlaub auf einem Boot verleben", sagte ich.

„Auf einem richtigen Segelboot", fügte Nannerl hinzu.

„Ihr seid ganz schöne Spinner", lachte Gerda.

Damit hatte sie den Nagel auf den Kopf getroffen. Wir hatten nämlich überhaupt kein Boot, viel weniger noch ein Segelboot.

Ich sah Nannerl an, wie sie sich über die Mutter ärgerte. Besonders ärgerte sie sich, weil die Mutter recht hatte.

„Ein Segelboot mit einer Kajüte", sagte sie nun trotzig.

„Bringt mir das Boot, und ich bin einverstanden", sagte Gerda.

Nannerl blickte wieder sehr traurig drein, denn sie wusste ja, wir konnten das Boot nicht vorzeigen. Nannerls traurige Augen taten mir so leid, dass ich Gerda meine Hand hinstreckte.

„Schlag ein", sagte ich. „Du wirst das Boot schon nicht übersehen."

Sie schlug ein. Damit war unsere Abmachung gültig. Nun brauchten wir nur noch das Boot.

4. Oskar erzählt von zwei Zeitungsannoncen und wie er sich seine Fehler von einem Esel auszahlen lässt

Ich hatte ein bisschen voreilig gehandelt, als ich von dem Boot zu sprechen anfing. Aber wenn Nannerl so traurige Augen macht, dann tue ich häufig etwas Unüberlegtes. Einmal war sie traurig gewesen, weil ihr schöner roter Luftballon fortgeflogen war. Da hatte ich versucht, einen doppelten Salto aus dem Stand heraus zu drehen. Weil ich aber noch niemals einen einfachen Salto zustande gebracht hatte, schlug ich der Länge nach hin und verknackste mir einen Fuß. Das sah komisch aus. Aber vom Saltodrehen kamen wir doch nicht zu einem Segelboot!

Am Sonntagmorgen blätterte ich lustlos in einer Zeitung, ohne wirklich darin zu lesen. Plötzlich hielt ich mir das Blatt ganz dicht vor die Augen. Da war eine Annonce:

FREUNDE DES WASSERSPORTS! WIE IN JEDEM JAHRE WERDEN AUCH AN DIESEM WOCHENENDE GEBRAUCHTE BOOTE ALLER ART AM TOTEN ARM VERKAUFT!

„Nannerl“, schrie ich aufgeregt. „Nannerl!“

Sie kam angelaufen.

„Oskar, ej, wo brennt es denn?“, fragte sie.

Ich deutete auf die Annonce. Sie las und sagte: „Uff! Hast du Geld?“

Ich schüttelte den Kopf. „Ich habe nichts, bis auf meine Fehler.“

„Sei nicht albern, Oskar. Du willst doch nicht behaupten, ej, dass man sich für seine Fehler etwas kaufen kann.“

„Es kommt auf die Fehler an“, sagte ich, „kennst du nicht die Geschichte vom Kapitän Baxter?“

Nannerl schüttelte den Kopf.

„Das war so“, sagte ich und zündete meine Tabakspfeife an und schlug die Beine über Kreuz, „dieser Kapitän Baxter fuhr über fünfzig Jahre zur See. Er fuhr auf kleinen Schonern, auf riesigen Klippern und auch auf Fischkuttern. Fünfzehnmal hatte er in seinem Leben Schiffbruch erlebt. Und ein Haifisch hatte ihm den kleinen Finger abgebissen.

Genau zu seinem siebzigsten Geburtstag verließ er das Schiff, um sich an Land, in einem kleinen Häuschen, zur Ruhe zu setzen. Geld hatte er nicht, und damals gab es noch keine Altersrente. Aber er brauchte nun mal Geld, um sich sein tägliches Brot zu kaufen. Eines Tages setzte er eine Annonce in die Zeitung:

VERKAUFE MEINE FEHLER ZU MÄSSIGEN PREISEN.
JOHN BAXTER, KAPITÄN.

Alle, die diese seltsame Annonce lasen, wollten sich bald totlachen. Ein Fehler ist doch etwas Wertloses. Jedermann sollte danach streben, ihn loszuwerden. Der alte Dummkopf glaubt, irgendjemand würde ihm Fehler abkaufen. So redeten die Leute. Einige Tage später ging Kapitän Baxter zum Hafen. Ein Schiff wurde mit Baumstämmen beladen. John Baxter schaute sich das Beladen ein Weilchen an, dann sagte er zu dem jungen Kapitän des Schiffes: ‚Ich verkaufe dir billig einen meiner schlimmsten Fehler, wenn du willst.'

Der andere Kapitän zeigte John Baxter mit dem Finger einen Piep. Da ging der alte Kapitän beleidigt nach Hause. Doch als das Schiff auslief, war er wieder am Hafen. Er stellte sich erregt auf die Hafenmauer, legte die Hände als Trichter an den Mund und rief zu dem Schiff hinüber: ‚Ich verkaufe euch den Fehler für zwei Kilo Brot und eine Tonne Salzhering.'

Der junge Kapitän aber lachte und rief zurück: ‚Nicht einen halben Heringsschwanz bekommst du!'

John Baxter brüllte nun mit ganzer Kraft, denn das Schiff entfernte sich immer mehr vom Hafen: ‚Komm zurück, ich schenk dir den Fehler.'

Der junge Kapitän dachte, der Alte ist vielleicht nicht mehr ganz richtig im Kopf. Er ließ alle Segel setzen und entfernte sich immer schneller vom Festland. John Baxter traten die Tränen in die Augen, als er rief: ‚So fahr denn in den Abgrund!'

Das hörten die Seeleute im Hafen. Sie drehten sich um und spuckten aus, weil man so etwas nicht sagt. Seeleute sind nämlich abergläubisch.

Kaum eine Woche war vergangen, da trieben Baumstämme an den Strand und Trümmer eines Schiffs. Es war das Schiff des jungen Kapitäns. Die Seeleute erinnerten sich an die Worte des alten Baxter:

‚So fahr denn in den Abgrund.‘ Vielleicht hatte er das Schiff verhext? Sie zogen vor das Haus des alten Kapitäns und wollten es in Brand stecken.

Der alte Baxter trat vor die Tür und sagte: ‚Ich bin schuld. Warum habe ich meinen Fehler aus dem Jahre siebzehnhundertachtunddreißig nicht verschenkt! Damals hatte ich Baumstämme an Bord der *Engel von Haiti*. So hieß nämlich unser stolzer Dreimaster. Ich hatte versäumt, die Ladung festzuzurren. Im Sturm begannen die Baumstämme von einer Seite des Schiffs auf die andere zu rollen. Schließlich durchschlugen sie die Planken, und die *Engel von Haiti* wurde mit der ganzen Mannschaft vom Meer verschlungen. Nur ich überlebte, an einem Baumstamm festgeklammert, das Unglück.‘

Die Seeleute vor dem Haus schwiegen. Sie verstanden nun, wie nützlich der Fehler des alten John Baxter für den jungen Kapitän hätte sein können.

Fortan gingen die Kapitäne, die auf See hinaus wollten, zu John Baxter und kauften ihm für Brot, Hering und ein bisschen Priem seine Fehler ab. Und er lebte gut, denn er hatte viele Fehler gemacht in seinem Leben."

Nannerl schwieg ein Weilchen, und ich steckte mir die Tabakspfeife neu an. Plötzlich sagte sie: „Vielleicht, ej, könnte ich meine Rechtschreibfehler aus dem letzten Diktat verkaufen."

„Ich glaube, Nannerl", sagte ich, „diese Rechtschreibfehler wird dir niemand abnehmen. Aber vielleicht kann ich dir dieses alberne ‚ej' abkaufen. Das ist schließlich auch ein Fehler."

Sie kaute ein Weilchen auf ihren Haaren herum. „Also gut, ej. Für fünfundzwanzig Pfennig verkaufe ich es dir. Dafür hole ich mir ein Himbeereis."

Ich nahm aus meiner Geldbörse fünfundzwanzig Pfennig und gab sie ihr. „Danke, ej", sagte sie.

„Nannerl!", rief ich laut. „Du hast jetzt kein Recht mehr, ‚ej' zu sagen. Ich habe es dir abgekauft."

„Uff", sagte sie. „Aber welche Fehler willst du verkaufen, Oskar?" Sie schluckte ein „ej" hinunter.

Ich ging an meinen Schreibtisch und holte ein graues Eselchen aus dem Schubfach. Das Eselchen war aus Steingut und hatte einen Schlitz auf dem Rücken. Eine Sparkasse.

„Für jeden meiner Fehler habe ich in den letzten zwei Jahren zehn Mark eingezahlt", sagte ich.

Nannerl nahm den Sparesel und wog ihn prüfend in der Hand. „Es wird nicht viel drin sein", sagte ich. „Hole mir bitte den Hammer aus der Küche."

Als sie mir den Hammer brachte, sagte ich: „Am besten ist, du gehst hinaus, wenn ich das Eselchen zerschlage, sonst bekommst du womöglich noch eine Scherbe an den Kopf."

Aber bevor ich es verhindern konnte, schlug sie schon selbst mit dem Hammer zu. Peng! Peng! Der Sparesel zersprang in tausend kleine Stücke. Unter den Scherben lagen kleine weiße Zettelchen und viele Geldscheine. Ich schämte mich, weil es so viele waren.

„Manometer“, rief Nannerl, „hast du eine Menge falsch gemacht, Oskar!“ Sie griff zu und las laut, was auf den Zetteln stand.

„Am siebenten Oktober vergessen, Nannerls Hausaufgaben nachzusehen; erster August, Versprechen nicht eingehalten, mit Nannerl ins Kino zu gehen; sechster Juli, habe Nannerl beschuldigt, dass sie in die Filmbüchsen geschaut hat, dabei war ich es selbst, der sie verwechselt hat.“

Nannerl blickte mir lange und strafend in die Augen. „Aha“, sagte sie schließlich, „und jetzt werden wir das Geld zählen!“

Es waren zweitausendeinhundertundzwanzig Mark.

„Zweihundertundzwölf Fehler“, rief Nannerl vorwurfsvoll.

„Hätte ich die Fehler nicht gemacht“, verteidigte ich mich, „dann hätten wir jetzt kein Geld für das Boot.“

„Pah“, machte sie, „kann man etwa nicht sparen, wenn man keine Fehler macht?“ Sie rannte hinaus und legte stolz ihr Sparbuch auf den Tisch. „Das ist, falls deine Fehler für das Boot nicht ausreichen!“

Es waren einhundertundzwölf Mark. Nannerl legte noch die fünfundzwanzig Pfennig dazu. Die fünfundzwanzig Pfennig für die Eiswaffel.

5. Nannerl erzählt, wie Oskar durch das Zugreifen des Toten Armes einen alten Eimer kauft

Manometer, das war wohl der überquadratischste Sonntag, den ich je erlebt habe! Meine Mutter hatte ihr neuestes Sommerkleid in zartem Violett angezogen. An den Füßen trug sie Schuhe, die Oskar als „Affenkäfige“ bezeichnete. Farblich passten sie genau zum Kleid. Auch ich war vollkommen neu angezogen. Neue Sachen mag ich nicht, weil ich immer Angst habe, ein Fleck kommt drauf. Und für Flecke bin ich so eine Art Magnet. Oskar war von unserem Doktor, also von Mutter, gezwungen worden, seinen guten Anzug anzuziehen. Er trug dazu ein knallrotes Hemd. Das fand meine Mutter nicht schön. Sie liebte weiße Oberhemden mit einem Schlips. Aber wenn Oskar etwas nicht wollte, dann brachte ihn niemand dazu. Wir gingen im Spaziergängerschritt zum besten Hotel unserer Stadt. Dort sollten wir, nach Mutters Anweisung, bei der Musik einer Jaulkapelle Kaffee trinken.

Vor dem Hotel sagte Oskar zu meiner Mutter: „Gerda, geh schon voran. Nannerl und ich haben noch eine Kleinigkeit zu erledigen.“

Wir drehten uns beide blitzschnell um und liefen im Sturmschritt los. Meine Mutter erholte sich jedoch früher von dieser Überraschung, als wir berechnet hatten.

„Halt“, rief sie und trippelte, so schnell es ihre „Affenkäfige“ erlaubten, hinter uns her. „Heute ist Sonntag, da gehört eine Familie zusammen!“

„Aber Mutter“, beschwor ich sie, „es dauert höchstens fünf Minuten.“

„Ich kenne euch“, sagte sie, „ihr lasst mich dort warten, bis ich schwarz werde. Ich gehe dorthin, wo ihr hingeht!“

„Auf zum Toten Arm!“, rief Oskar fröhlich.

„Was wollt ihr bloß am Toten Arm!“, nörgelte der Doktor.

Während wir so liefen, fiel mir ein, dass Toter Arm ein komischer Name für einen Fluss war.

Unten am Wasser holten Oskar und ich tief Luft.

„Uff“, sagte ich, „jetzt ziehe ich mich aus und bade!“

„Das wirst du nicht tun“, sagte Mutter streng. „Es ist noch viel zu kalt.“

„Dann laufe ich wenigstens barfuß.“

„Kommt überhaupt nicht in Frage! Wenigstens einmal in der Woche kannst du anständig angezogen gehen“, sagte Mutter. Ich hatte es ja geahnt!

Am Ufer saß ein Mann und angelte. Gerade zog er einen winzigen Fisch aus dem Wasser. Der zappelte. Ich hätte das auch getan, wenn ich der Fisch gewesen wäre. Denn wer hat schon Lust, gebraten zu werden! Der Mann fand das Fischlein zu klein und warf es wieder zurück.

Wir staksten hintereinander durch den Morast am Ufer.

„Oskar", fragte ich, „warum heißt der Tote Arm eigentlich Toter Arm?"

Oskar wischte sich den Schweiß von der Stirn. „Irgendeinen Grund wird das schon haben", sagte er. Ich wusste: Solche Antworten gab er nur, wenn ihm nichts einfiel.

Nun meldete sich unser Doktor. „Faktisch ist der Arm nicht tot", sagte sie. „Es leben Fische in dem Wasser. Dort schwimmt eine Schwanenfamilie. Der Arm wird nur als ‚tot' bezeichnet, weil hier keine Schiffe fahren. Früher kroch die Havel wie eine Schlange durch das Land. In den Kurven blieben die langen Schleppkähne häufig hängen. Außerdem war die Strecke beinahe doppelt so lang wie heute. Kluge Leute gruben später mit Baggern schnurgerade Verbindungskanäle. Die Windungen der Havel aber blieben als ‚tote Arme' übrig. Nur die Sportboote befahren sie. Au!"

Wir sahen uns nach Mutter um. Sie stand auf einem Bein wie ein Storch und rieb sich den Knöchel. In der anderen Hand hielt sie einen ihrer „Affenkäfige". Der Absatz war abgebrochen und steckte im Morast.

„Das ist eure Schuld!", rief sie. „Ihr habt mich hierhergelockt. Dabei könnte ich jetzt im Hotel sitzen und Kaffee trinken! Was soll ich nun machen?"

Oskar stand hilflos da und betrachtete den abgebrochenen Absatz wie ein Wunder.

„Mutter", sagte ich, „geh doch einfach barfuß!"

„Ich bin noch nie im Leben barfuß gegangen", erwiderte sie heftig.

„Du kannst auch meine Schuhe anziehen, dann gehe ich barfuß!"

Mutter sah zu Boden und brummte: „Na schön. Aber so kann ich nicht mehr ins Hotel!"

Ich hatte meine Schuhe schon ausgezogen und warf sie ihr zu. Froh hüpfte ich barfuß den Weg entlang.

Nach kurzer Zeit kamen wir zu der Stelle des Toten Arms, an der die Boote verkauft wurden. Da war was los! Paddelboote, Kanadier und Angelkähne lagen im Gras. Sogar ein Wasserrad war da. Mit der Spitze zum Ufer schaukelten die größeren Boote im Wasser. Es wimmelte von Leuten. Einigen sah man an, dass sie nur zum Gucken gekommen waren. Andere betasteten

die Boote Zentimeter für Zentimeter. Ganz fetzig fand ich die Männer mit den weißen Mützen und 'nem Anker drauf.

„Dies ist zauberhaft", sagte Mutter und blieb vor einem riesigen weißen Motorboot mit chromblitzenden Beschlägen stehen.

Oskar schüttelte den Kopf. „Das ist eine schwimmende Gartenlaube. Es fehlen nur noch die Obstbäume darauf."

Gleich neben einem großen Motorboot startete ein schnittiger Flitzer. Ich sah, wie sich Oskars Mund beim Sprechen bewegte. Aber verstehen konnte ich kein Wort. So laut heulte der Motor. Dann schoss das Boot, eine riesige Welle hinter sich lassend, los.

„Das sieht gut aus", sagte die Mutter, „und bestimmt ist es sehr angenehm, sich an heißen Tagen den Fahrtwind ins Gesicht wehen zu lassen."

„Da könnten wir gleich eine Straßenbahn kaufen, die macht genauso viel Lärm", sagte Oskar. „Schaut euch lieber diese schnittige OK-Jolle an. Leider ist sie zu klein für uns."

Mutter nickte heftig. „So eine Nussschale kippt zu schnell um."

„Hier seht ihr einen prächtigen Jollenkreuzer", sagte Oskar fachmännisch. „Aber der kostet zuviel!" Es war ein beinahe neues Segelboot mit Kajüte.

„Oskar, was heißt ‚Jolle' und ‚Kreuzer'?", fragte ich.

„Ganz einfach! Jollen sind offene Boote, und Kreuzer haben eine Kajüte."

„Oskar!", brüllte ich plötzlich.

Er schrak zusammen. „Was ist passiert?"

„Oskar, sieh nur, ein richtiges Räuberschiff." Wir standen vor einem altertümlichen Segelboot mit Kajüte. Das Boot hieß *Pütz*.

„Das ist wirklich ein schönes Schiff. Ein sogenanntes Dickschiff", sagte Oskar.

„Das soll ein Schiff sein! Das ist ein Wrack", rief meine Mutter.

„Dieses Schiff, liebe Frau, ist siebzig Jahre alt, und es wird noch einmal siebzig Jahre alt“, sagte eine dunkle Stimme. Hinter uns stand ein älterer Mann mit ergrautem Haar. Er trug Gummistiefel und Pumphosen. „Sie können sich den Kahn gern ansehen. Mein Name ist übrigens Zirrgiebel.“

Wir reichten uns die Hände.

„Sicher haben wir zu wenig Geld“, stotterte ich aufgeregt.

„Ansehen kostet nichts“, lachte Herr Zirrgiebel.

„Kommen Sie an Bord“, rief eine Frau im Trainingsanzug vom hinteren Teil des Bootes – Frau Zirrgiebel. Ich war mit einem Sprung an Deck.

Oskar zog sich zuerst die Schuhe aus. Dann machte er einen riesigen Schritt und zog sich empor.

Mutter stand hilflos herum. Sie traute sich nicht. Da packte Herr Zirrgiebel zu und hob unseren Doktor an Bord.

Wir balancierten den schmalen Gang neben der Kajüte nach hinten. Frau Zirrgiebel streckte mir die Hand entgegen. Als ich auf einer der hölzernen Bänke im hinteren Teil des Schiffs Platz genommen hatte, reichte Frau Zirrgiebel auch Oskar die Hand hilfreich. Aber Oskar lehnte ab. „Sie müssen wissen, ich bin ein alter Segler. Seit Kindesbeinen habe ich …“

Es machte plötzlich „plumps“. Oskar schwamm in seinem besten Anzug im Toten Arm. „… auf Planken gestanden“, vollendete Oskar seinen Satz prustend.

Zuerst erschraken wir alle sehr. Dann musste unser Doktor lachen. Und wir lachten alle mit. Nur Oskar machte schwimmend eine finstere Miene.

„Will mich keiner retten?“, prustete er.

Herr Zirrgiebel reichte Oskar die Hand und half ihm an Bord.

„Auf Strümpfen rutscht man an Deck leicht aus“, sagte Frau Zirrgiebel. „Aber nun gehen Sie schnell in die Kajüte und ziehen sich um. Ich gebe Ihnen Sachen von meinem Mann."

„Reichen Sie uns die nassen Kleidungsstücke heraus", sagte Herr Zirrgiebel. Zuerst tauchte Oskars Hand mit der Hose auf, dann folgten das Jackett, das rote Oberhemd, die Unterwäsche, die Socken und schließlich eine Brieftasche und ein Bündel Geldscheine. Ja, sogar Oskars Fehler waren nass geworden! Ich glättete die Scheine sorgfältig. Herr Zirrgiebel zog inzwischen Oskars Kleidungsstücke wie Segel am Mast auf.

Dann kam Oskar selbst aus der Kajüte. Er trug einen Trainingsanzug, der viel zu klein war.

„Setzen Sie sich in die Sonne", sagte Frau Zirrgiebel zu ihm, „ich koche Kaffee. Das wärmt ordentlich durch!"

Kurze Zeit später saßen wir beim Kaffee auf der *Pütz* und unterhielten uns prächtig mit Familie Zirrgiebel, die wir vor einer Stunde noch nicht gekannt hatten. Und es war so gemütlich wie bei Oskars Schulfreund Eddi, den wir ab und zu besuchten.

Oskar blinzelte in die Sonne und nieste plötzlich. Dann sagte er zu Herrn Zirrgiebel: „Warum wollen Sie dieses schöne Schiff verkaufen?"

„Ich schipper nun schon seit über zwanzig Jahren auf der Havel", sagte Herr Zirrgiebel. „Immer zusammen mit meiner Frau und der alten *Pütz*. Obwohl es hier wunderschön ist, denken wir oft an unsere Heimat – Thüringen. Dort ist es ganz anders als hier. Berge, Dörfer mit Fachwerkhäusern, Gebirgsbäche, aber es gibt dort kaum Seen. Ich bin von Beruf Betonierer. Wir bauen große Fabrikschornsteine. Überall, wo wir so ein Ding hinsetzen, ärgern sich die Leute, weil oben Rauch rauskommt. Dabei würde der Ruß den Leuten ohne die hohen Schornsteine sofort in den Kochtopf fallen. Nun möch-

Pütz

te ich mal etwas bauen, was die Leute auf Anhieb schön finden. Ich baue mir einen eigenen See mit glasklarem Wasser in meiner Heimat Thüringen."

„Einen eigenen See?", fragte ich. Herr Zirrgiebel schien ganz schön zu spinnen.

„Ja, ich werde an der großen Sperrmauer mitbauen, hinter der sich dann ein Stausee bilden wird. Für diesen See ist mir unser alter Kahn zu groß. Dort werden wir am Bergwald und dicht am Ufer des Sees wohnen."

„Dann können Sie mal Berge besteigen und mal segeln", sagte ich. Der Herr Zirrgiebel war ganz schön helle, wenn man es genau überlegte.

„Was soll der Kahn kosten?", fragte Oskar mit einer Miene, als hätten wir zu Hause einen Kleiderschrank voller Geld.

„Viertausend", sagte Herr Zirrgiebel.

Ich musste vor Schreck husten.

„Wir haben aber nur zweitausendzweihundertundzweiunddreißig Mark und fünfundzwanzig Pfennig", rief ich.

„So", sagte Herr Zirrgiebel und schmunzelte.

Oskar ließ ein langgezogenes Stöhnen hören.

Dann schwiegen wir alle ein Weilchen.

Unerwartet sagte unser Doktor: „Ich kann doch die tausend Mark, die für den Urlaub in Bratislava gedacht waren, hinzulegen."

„Mann", rief ich und fiel meiner Mutter um den Hals.

„Sie können sich mit dem Rest des Geldes ruhig Zeit lassen", ließ sich die Stimme von Frau Zirrgiebel hören. „Wir wollen auch noch unseren Urlaub auf dem Kahn verleben."

„Der Kahn würde Ihnen ab Juli zur Verfügung stehen", fügte Herr Zirrgiebel hinzu. „Sind Sie einverstanden?" Er hielt Oskar die rechte Hand hin.

Oskar schlug mit seiner Hand ein.

„Topp“, sagte er.

So waren wir mit einem Schlage „Bootseigner“.

Am späten Nachmittag gingen Oskar, der Doktor und ich wieder den morastigen Weg am Toten Arm zurück. Mutter in meinen Schuhen. In der Hand trug sie die „Affenkäfige“.

„Der Kaffee hat besser geschmeckt als der im Hotel“, sagte sie.

Oskar machte mir hinter Mutters Rücken ein Zeichen. Es bedeutete: Siehst du, manchmal ist der Doktor ganz vernünftig!

Übrigens trug Oskar seinen feuchten, zerknautschten Anzug wie ein Lord.

„Der Name *Pütz* ist komisch“, sagte ich.

„In der Seemannssprache ist Pütz ein Gefäß“, erklärte Oskar.

„Kurzum“, sagte Mutter, „ein alter Eimer.“

6. Nannerl erzählt über Reisevorbereitungen nach Afrika und erfährt den Nutzen einer Ohrfeige

Während ich mich an Oskars Schreibtisch mit den Matheaufgaben abquälte, segelten die Zirrgiebels mit unserem Boot seelenruhig bei Rathenow umher und erholten sich. So ungerecht war die Welt.

„Kreuzdeubeldreimalverdammterspierenbruch …“, sagte ich laut. Da öffnete sich die Tür. Oskar stand in Hut und Mantel da. Er war gerade von der Arbeit heimgekommen.

„Schäm dich, Nannerl, so zu fluchen!“

„Ein richtiger Seemann muss auch richtig fluchen“, sagte ich.

Oskar holte tief Luft. Ich wusste, er würde mir jetzt eine längere Gardinenpredigt halten.

„Als die Seeleute das Fluchen erfanden, war das Leben auf der See hart. Wenn du bei eisigem Wind in die Takelage klettern musst, um die Segel zu bergen; wenn du Tag und Nacht die Pumpe bedienen musst, weil diese romantischen Klipper Wasser machten; wenn auf einer langen Reise das Trinkwasser alle wird, dann hast du Grund zum Fluchen!“

„Na“, sagte ich, „wenn du meine Matheaufgaben lösen müsstest, Manometer, da würdest du auch fluchen!“

Die Tage bis zu den Ferien schienen aus Kaugummi zu sein. So zogen sie sich in die Länge.

Oskar hatte mir ein Buch besorgt. Es hieß „Abc des Segelns“. Darin las ich häufig.

Oskar saß Abend für Abend über Landkarten gebeugt und steckte unseren Kurs ab. Manchmal hob er den Kopf und sagte: „Nannerl, wenn wir den Havelkanal entlangfahren, dann müssen wir beim Kilometer vierzehn Komma zwei aufpassen. Dort soll es laut Wasserwanderkarte eine starke Querströmung geben."

Nur unser Doktor schien sich von unserem Eifer nicht anstecken zu lassen. Meine Mutter tat so, als ginge sie die bevorstehende Fahrt überhaupt nichts an.

Darum stellte ich mit Oskar eine Proviantliste zusammen – Proviantliste für große Fahrt des Kielschwertkreuzers *Pütz*:

1. 1/2 Doppelzentner Spaghetti
2. 1 Marmeladeneimer mit Tomatenmark
3. 2 Kilo Speck
4. 40 Kilo Zwiebeln
5. 1 Kilo Salz
6. 10 Kilo Zwieback
7. 1 Flasche Rum
8. 100 Flaschen rote Brause

Wir gingen mit dem Zettel in die Küche. Mutter backte gerade Kartoffelpuffer. Unser Doktor warf einen kurzen Blick auf den Zettel und sagte: „Ja, Afrika ist weit!"

„Wieso Afrika?", fragten Oskar und ich wie aus einem Munde. „Wir wollen zur Müritz!"

„Ich dachte nur", meinte sie, „weil eure Verpflegung für ein halbes Jahr ausreichen würde. Außerdem bin ich der Koch an Bord. Ich bestimme also, was mitgenommen wird."

„Koch – hast du gehört, Oskar", sagte ich.

„Schrecklich, schrecklich", sagte Oskar,

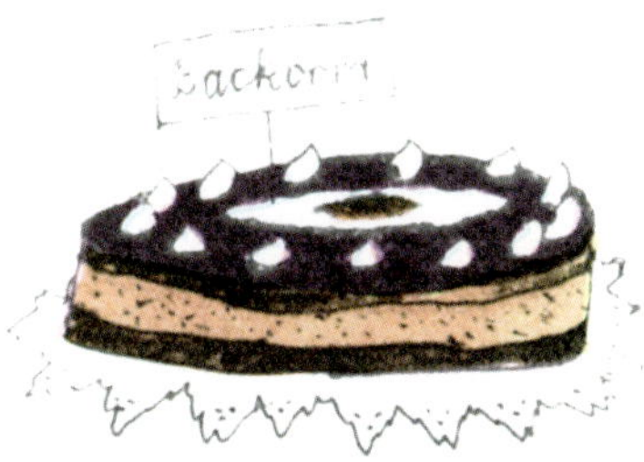

„nun lebt unser Doktor in einer Seemannsfamilie und hat immer noch nicht begriffen, dass der Koch an Bord Smutje heißt."

„Doktor", rief ich, „weißt du wenigstens, wo Backbord ist?"

„Am Küchenschrank", sagte meine Mutter.

„Aber nur, wenn am Fenster der Bug des Schiffes, also die Spitze ist", belehrte sie Oskar.

„Ich sage einfach für Backbord links, wie findet ihr das?"

„Um Gottes willen", schrie Oskar. „Das bringt uns doch in Gefahr. Stell dir vor, du drehst dich mal um und schaust nach hinten. Plötzlich sagt Nannerl, du sollst die Leine auf der linken Seite losschmeißen. Da wirfst du glatt die falsche los. Aber Backbord bleibt immer Backbord, wie du dich auch drehst und wendest."

„Und Steuerbord bleibt Steuerbord, das kann selbst der Klabautermann nicht verhindern. Uff!", fügte ich hinzu.

„Ach, seid ihr klug", sagte der Doktor und drückte uns jedem einen heißen Puffer in die Hand. Wir ließen die Puffer von einer Hand in die andere wandern, um uns nicht die Finger zu verbrennen.

„Da wäre noch die Frage des Reiseproviants", sagte ich.

„Na, dann öffne doch mal den Kühlschrank."

„Drück dich bitte verständlich aus", forderte Oskar. „Wenn wir dich richtig begreifen, meinst du die Proviantkiste, die sich in unserem Fall achtern befindet. Aber wahrscheinlich weißt du nun wieder nicht, wo achtern ist. Das bedeutet hinten."

Unser Doktor hatte während dieses Wortschwalls den Kühlschrank geöffnet. Wir sahen, er war zum Bersten voll mit Konserven.

Oskar und ich mussten uns erst von der Überraschung erholen, denn gewöhnlich konnte in unserem Kühlschrank eine Maus verhungern, weil sich bei uns jeder darauf verließ, dass der andere einkaufte. Am Ende gingen wir dann meist in die Selbstbedienungsgaststätte.

 „Das ist ja fetzig, ej", entfuhr es mir.

Oskar warf mir einen strafenden Blick zu, weil ich ihm das „ej" doch verkauft hatte.

„So", sagte der Doktor, „nun schert euch steuerbords aus der Kombüse!"

Wir trollten uns murrend.

„Du, Oskar", sagte ich, „das mit Backbord und Steuerbord ist ja sehr schön, aber wie krieg ich raus, wo Backbord und wo Steuerbord auf so einem Schiff ist. Das müsste man doch groß ranschreiben!"

„Also, wenn du von hinten nach vorn zum Bug schaust, ist rechts Steuerbord."

„Mann, Oskar, begreif doch mal, ich weiß doch nie genau, welches meine rechte und welches meine linke Hand ist."

Mir war das Ganze eigentlich peinlich. Überall wurde man deshalb angepflaumt. Neulich hatte mich beinahe eine Straßenreinigungsmaschine überfahren, weil ich beim Überqueren der Straße zuerst nach rechts und dann nach links gesehen habe. Vielleicht wusste Oskar einen Rat, wie man diese verdammten Hände auseinanderhalten konnte?

„Das ist ganz einfach", sagte Oskar. „An Bord gibt es die sogenannten Positionslaternen. Links ist die rote, rechts die grüne."

„Heiliges Meeresungeheuer", sagte ich verzweifelt, „woran merke ich mir nun wieder, dass Grün rechts ist?"

Oskar putzte sich die Hände am Taschentuch ab, zog seine Pfeife hervor und stopfte sie.

„Zur Zeit, als auf allen Meeren noch die großen Segelschiffe fuhren", begann Oskar und zündete sich die Tabakspfeife an, „da gab es einen Jungen namens Timm in Rostock. Timm war in der Schule ein fleißiger, aufgeweckter Kerl. Aber er war nicht nur fleißig, sondern auch sehr stolz. Und wenn

der Lehrer den Rohrstock nahm und einen Schüler verprügelte, zitterte Timm vor Wut und sagte leise: Ich würde mir das nicht gefallen lassen!

Einmal sollte er die rechte Hand heben. Das war ein Problem für Timm, denn er irrte sich häufig. So hob er die linke Hand. Der Lehrer holte zweimal kurz aus. Und Timm hatte seine Ohrfeigen weg.

Wie gesagt, Timm war stolz. Er lief in der Pause einfach aus der Schule fort. ‚Wer mich noch einmal schlägt', sagte er, ‚der wird es büßen müssen.'

Gerade zu diesem Zeitpunkt sollte die Brigg *Marye und Betty* nach Chile auslaufen.

Timms Vater, der selber viele Jahre zur See gefahren war, sprach mit dem Kapitän. Und Timm wurde als Moses, das heißt als Schiffsjunge, angeheuert. Zum Abschied schenkte der Vater Timm noch ein gutes Seemannsmesser.

Kapitän Friedrich Joach war ein strenger, aber sehr erfahrener Kapitän. Schon im Hafen wusste er, dieser Timm würde einmal ein guter Seemann. Timm huschte wie ein Wiesel bis in die oberste Rahe hinauf, griff kräftig wie ein Erwachsener am Ankerspill zu, lernte schnell, wie man das gebrochene Tauwerk spleißt. Nur eins konnte sich der Bursche nicht merken: wo Backbord und wo Steuerbord war.

Nun geschah es am dreiundzwanzigsten Tag der Reise, dass die *Marye und Betty* auf dem gleichen Kurs mit der holländischen Brigg *Theun van Holzen* lief.

Keiner der beiden Kapitäne wollte langsamer als der andere sein. Wenn der eine noch ein Segel zusätzlich verheißte, so tat es der andere auch. Auf beiden Schiffen wurden die Lasten umgelagert, um die beste Lage für das Schiff zu erreichen. Jeder falsche Handgriff der Mannschaften konnte das eine oder das andere Schiff zurückwerfen.

Als nun der Kapitän Joach rief: ‚Jungs, alles Eisen nach Backbord', rannte Timm als erster in den Laderaum und versuchte, die Tonnen mit Eisenschrauben, die für Chile bestimmt waren, von der einen zur anderen Schiffsseite zu bugsieren. Die anderen Matrosen waren von seinem Eifer so angesteckt, dass sie, ohne zu überlegen, mit anpackten. Das Pech war, dass sie im Eifer nicht bemerkten, wie sie die Last nach Steuerbord trimmten. Der Kapitän auf der Brücke merkte es zuerst, weil das Schiff an Fahrt verlor und sich zur falschen Seite neigte.

Die *Theun van Holzen* zog stolz vorbei.

Da packte den Kapitän eine gewaltige Wut. Er griff sich den Timm und knallte ihm seine Seemannshand auf die linke Backe.

Die wurde knallrot.

‚Damit du es dir merkst, Moses', schrie der Kapitän. ‚Da, wo deine Backe rot wird, ist Backbord!'

Zuerst wollte sich Timm mit seinem Seemannsmesser auf den Kapitän stürzen. Wie gesagt, er war sehr stolz. Dann aber kam er zu der Erkenntnis, dass dies die nützlichste Backpfeife seines Lebens gewesen sei. Und tatsächlich fiel ihm immer, wenn er die rote Positionslampe sah, seine rote Backe ein.

Er verwechselte nie mehr Backbord mit Steuerbord. Und es wird berichtet, Timm soll später sogar Kapitän geworden sein."

„Vielleicht hat diese Ohrfeige auch für mich noch einen Nutzen", sagte ich.

„Aber trotzdem bin ich gegen die Prügelstrafe."

7. Oskar erzählt von einer Meuterei auf der *Pütz* und wird in einen Streit über Demokratie verwickelt. Dabei erleidet er beinahe Havarie

Ich, Oskar, will ehrlich sein. Ein Mensch kann weder alles wissen noch alles kennen. Und Väter, das wird niemand bestreiten, sind auch Menschen!

Das ganze Wochenende werden mir Fragen gestellt.

Das geht schon so, seit Nannerl sprechen lernte.

„Oskar, warum fällt der Mond nicht herunter?"

„Oskar, warum hat die Wurst zwei Zipfel und nicht drei?"

„Oskar, warum fliegen die Fliegen immer?"

Als Nannerl klein war, fand ich ihre Fragen schon ganz schön schwer. Aber jetzt ist es noch viel schlimmer geworden.

„Oskar, fährt ein Schiff auf orthodromem Kurs schneller oder auf loxodromem?"

„Oskar, wie ist das Mondgestein zusammengesetzt?"

„Oskar, Oskar, Oskar …"

Ich sage nicht gern „Das weiß ich nicht". Ein Vater muss es einfach wissen. Darum erzähle ich manchmal Geschichten, die nicht so ganz stimmen. Zum Beispiel die Geschichte von diesem Timm … Aber um Gottes willen, Nannerl darf das nicht wissen! Ich kann leider auch nicht alles.

„Oskar, kannst du ein Seil über die Havel spannen und darauf spazieren gehen?"

„Natürlich, kann ich, Nannerl, nur ich habe gerade kein Seil zur Hand."

Nun lag das Dickschiff *Pütz* am Steg. Zirrgiebels hatten es uns verkauft und waren nach Thüringen abgereist. Und Nannerl glaubte, ich sei ein ganz großartiger Segler.

Als ich jung war, bin ich mit dem Paddelboot und einem Badetuch gesegelt. Später war ich im Segelklub. Dort bin ich dann auf ganz kleinen Booten gefahren. Ja, ich habe sogar meine Prüfung für die Binnengewässer abgelegt. Aber seit zehn Jahren habe ich mir auf dem Wasser keinen Wind mehr um die Ohren wehen lassen.

Und nun wartete dieser Riesenkahn mit einer Segelfläche von fünfundzwanzig Quadratmetern am Steg.

Mir war flau in den Kniekehlen, als der Tag der Abfahrt herangekommen war. Ich musste bis zum letzten Tag fotografieren, und wir hatten nicht einmal eine Probefahrt mit dem Segelboot machen können.

Von all meinen Ängsten durften Nannerl und unser Doktor nichts mitbekommen. Ein Vater muss einfach alles können!

Am Morgen der Abfahrt lag ein riesiger Berg Sachen auf dem Steg. Die gehörten uns und sollten verstaut werden. Gerade sah ich, wie sich Nannerl mit zwei Jahrgängen der „Nautischen Mitteilungen" an Bord schleichen wollte.

„Nannerl, was willst du mit diesen ‚Nautischen Mitteilungen'?"

„Weißt du, Oskar, damit wir nicht auf eine Sandbank oder ein Riff laufen, das ist doch wohl wichtig, wie?"

„Aber Nannerl, in den ‚Nautischen Mitteilungen' steht zwar drin, dass sich an den Neufundlandbänken was verändert hat oder dass der Marianengraben tiefer geworden ist, aber über die Havel steht kein Wort geschrieben."

Nannerl blitzte mich zornig an:

„Gehen wir auf große Fahrt oder nicht? Auf ein richtiges Schiff gehören die ‚Nautischen Mitteilungen'!"

„Die ‚Nautischen Mitteilungen' bleiben hier!", sagte ich.

Da setzte sie sich auf die beiden dicken Bände und sagte: „Dann bleibe ich auch hier!"

Ich wusste natürlich, dass Nannerl diese Drohung niemals wahr machen würde.

An Bord war unser Doktor dabei, den Kleiderschrank einzuräumen. Ich hatte außer den Sachen, die ich am Leib trug, nur noch einen Trainingsanzug und Ölzeug mit.

Als Gerda meinen Trainingsanzug sah, rief sie empört: „Oskar, der passt hier nicht mehr rein! Sieh mal, ich bekomme ja meine Kleider nicht mal unter!"

„Lass mich mal an den Schrank", sagte ich und schob den Doktor zur Seite.

Ich nahm aus dem Kleiderschrank: drei kurze Kleider, ein langes Kleid, ein Kostüm, zwei Hosenanzüge, einen Sommermantel, sechs Paar Schuhe, ein Bügeleisen.

„So", sagte ich und stellte ein Paar Holzlatschen in den Schrank und hängte auch ein kurzes Kleid hinein. Alles andere nahm ich und ging damit von Bord.

„So", sagte nun der Doktor, „ich fahre doch nicht nackt!"

Wohlgemerkt, unser Doktor war mit einem Pullover und Jeans bekleidet.

„Nackt und mit einem Bügeleisen", brummte ich. „Dabei haben wir gar keinen Strom an Bord."

„Ich fahr jedenfalls nicht ohne meine Sachen und ohne mein Bügeleisen!"

Ich hängte alles in den Schrank, der uns

im Bootsschuppen gehörte, und legte auch die beiden Bände „Nautische Mitteilungen“ dazu.

Als ich zurückkam, saßen Nannerl und der Doktor eng umschlungen in der Plicht des Bootes und besahen sich interessiert das Treiben auf dem Wasser. Sie taten so, als wäre ich Luft.

„Uff, manche Menschen haben überhaupt keine Vorstellungen von Demokratie“, sagte Nannerl.

„Ich finde das besonders traurig bei einem erwachsenen Menschen“, fügte der Doktor hinzu.

„Manometer", stöhnte Nannerl, „das ist ja alles noch viel, viel schlimmer. Der Mensch, um den es hier geht, ist sogar in der Gewerkschaft Vertrauensmann. Den sollen sie mal zur Schulung schicken, damit er wenigstens einen Schimmer von Demokratie bekommt."

„Wenn ihr meint, Demokratie ist, wenn jeder machen kann, was er will, wenn jeder ein Segelschiff in eine Gerümpelkiste verwandeln darf, dann bin ich gegen die Demokratie. Schließlich bin ich hier Kapitän."

Ohne auf mich zu achten, sagte Nannerl: „Komm, Doktor, wir setzen uns auf den Steg, da ist es viel ruhiger."

„Du hast vollkommen recht", sagte Gerda, „vielleicht sollten wir auch ein Eis essen gehen!"

„Hiergeblieben", sagte ich, „sonst sind wir morgen früh noch am Steg!"

Aber Nannerl und der Doktor taten wieder so, als gäbe es mich überhaupt nicht.

Das war Meuterei!

Früher wurden meuternde Matrosen an den Rahen aufgehängt. Da hatte meine Mannschaft wirklich Glück, dass sich die Zeiten so verändert hatten!

Was sollte ich machen? Wohl oder übel musste ich allein weiterarbeiten. Ich füllte die Wasserkanister, verstaute die Lebensmittel, nahm Benzin an Bord, befestigte die Segel an den Leinen. Meine Mannschaft hockte noch immer unbeteiligt auf dem Steg.

Irgendetwas musste passieren. Ohne Mannschaft konnte ich nicht segeln. Außerdem machte es keinen Spaß.

„Alles klar zum Ablegen", rief ich.

Meine Mannschaft tat so, als sei sie taub.

Denen werde ich es zeigen, dachte ich.

Der Wind kam genau von vorne. Das machte es mir möglich, die Segel im Stand zu verheißen. Zuerst zog ich die Fock, das kleine Vor-

segel, auf. Dann stieg auch der große Lappen, will sagen, das Großsegel, am Mast in die Höhe.

Als die Segel im Winde flatterten, wurden Nannerl und der Doktor auf dem Steg unruhig. Sie riefen mir irgendetwas zu. Ich verstand es nicht, weil die Segel laut knatterten.

Nun warf ich die hinteren Leinen los, ging dann nach vorn und warf auch die vorderen los.

Da sprangen Nannerl und der Doktor schnell an Bord. Sie glaubten wohl, ich würde sie tatsächlich auf dem Steg sitzen lassen. Ich stieß unser Boot mit dem Bootshaken aus dem Stand.

Als wir auf dem freien Wasser waren, schrie ich: „Fock backbord dicht holen!"

Nannerl hatte gut gelernt. Sie wusste sofort, was sie zu tun hatte. Der Doktor hatte mich nicht richtig verstanden und zerrte das Vorsegel an der zweiten Leine hinüber auf die andere Seite.

„Da habt ihr eure Demokratie", schimpfte ich. „Ich habe backbord gesagt." Der Doktor ließ beleidigt die Leine fahren.

Nun holte ich die Großschot dicht und brachte damit das Großsegel in die richtige Stellung. Das ging verhältnismäßig einfach. Die Großschot ist nämlich eine Leine, die über mehrere Rollen läuft. Im Prinzip ist sie ein Flaschenzug, der sich auf einem Boot aber Talje nennt. Zu meiner Verwunderung fuhr unser Boot nicht einen Zentimeter vorwärts. Es trieb plötzlich quer auf andere Boote zu, ohne auf das Steuer zu reagieren.

Vielleicht hatten uns die Zirrgiebels betrogen, und dieses Boot war zum Segeln ungeeignet. Diesen Gedanken verwarf ich jedoch sofort wieder. Es blieb mir auch keine Zeit, im „Abc des Segelns" nachzuschlagen, denn wir näherten uns einem blitzblanken Jollenkreuzer. Auf dem Steg beobachteten fast alle Segler des Sportklubs „Rot-Weiß" unser Manöver.

 Mein Kopf wurde rot.

Plötzlich sagte der Mann auf dem Jollenkreuzer: „Sportsfreund, du mußt das Schwert herunterlassen!“

Nannerl flitzte in die Kajüte und löste die Schwertleine, auch Schwertfall genannt.

Es bumste. Das Schwert war also unten.

Im gleichen Augenblick rief der Doktor langgezogen: „Huch ...“

Die *Pütz* hatte sich nämlich stark zur Seite geneigt und kam in Fahrt. Man hörte plötzlich das Rauschen des Wassers am Bug. Ach, war das ein schönes Gefühl!

„Mast- und Spierenbruch", brüllten die Segler auf dem Steg. Auf dem Festland sagt man „Hals- und Beinbruch" – hofft auf das Gegenteil.

Es herrschte ein Weilchen Stille an Bord, bis auf das Rauschen und das zeitweilige Knarren des Mastes. Nannerl tuschelte plötzlich mit dem Doktor.

Dann sagte sie laut: „Oskar, hör zu, wir haben uns soeben geeinigt, dass keiner von uns Kapitän sein soll. Wir führen das Schiff kollektiv."

„Ha", lachte ich künstlich. „Ihr habt ja gesehen, was dabei herauskommt. Vorhin habt ihr die Fock in zwei verschiedene Richtungen gezerrt. Das war nicht so schlimm. Wenn aber in einer brenzligen Situation der eine hü und der andere hott macht, liegen wir schließlich alle zusammen im Bach."

Nannerl und der Doktor tuschelten wieder miteinander.

Dann sagte Nannerl: „Uff, obwohl du dich wie ein Kutscher ausdrückst, nicht wie ein Seefahrer, geben wir zu, es ist was Wahres an deinen Worten."

„Ich finde nur", sagte der Doktor, „ein bisschen leidet die Demokratie ..."

„Gut", sagte ich, „meine Anordnungen werden also befolgt!"

Der Doktor war immer noch nicht zufrieden. „Was ist, wenn du uns etwas ganz Idiotisches befiehlst. Zum Beispiel, wir sollen ein Loch ins Boot bohren."

„Tja", sagte ich langgezogen, „man muss natürlich Vertrauen zum Kapitän haben."

„Eu, eu, eu, eu“, rief Nannerl, „Vertrauen muss man sich erwerben, und das Ding mit dem Schwert vorhin, wo wir beinahe Havarie hatten …“

„Klar zur Wende“, unterbrach ich sie barsch, denn dieses Thema war mir unangenehm.

Wir wendeten, das heißt, ich riss den Steuerknüppel, der sich an Bord Pinne nennt, hart herum. Im gleichen Augenblick ging das Boot durch den Wind, die Segel flatterten einen Augenblick, füllten sich aber auf der Steuerbordseite sofort wieder mit Wind.

Als ich noch einmal zurückschaute, sah ich, wie ein Radfahrer in vollem Tempo auf den Bootssteg raste und beim Bremsen beinahe kopfüber ins Wasser gestürzt wäre.

Nannerl hatte den Mann auch erblickt.

„Das ist Eddi, dein Jugendfreund“, sagte sie. „Was will er nur?“

Eddi gestikulierte wild. Doch wir wussten nicht, was er meinte.

„Wird wohl nicht so wichtig sein“, sagte ich.

„Den Schlüssel für unsere Wohnung hast du ihm doch gegeben?“, fragte der Doktor.

„Du kannst dich auf ihn verlassen“, sagte ich, „er gießt die Blattpflanzen bestimmt jeden Tag.“

8. Nannerl erzählt, wer ER ist und wie einem Schwan, der ein Tintenfisch war, ein Meeresopfer dargebracht wird

„ER schläft“, sagte Oskar, „aber vielleicht kommt ER später noch. ER ist nämlich unberechenbar.“

ER war der wichtigste Mann bei uns an Bord.

Ohne ihn schaukelten wir auf den Wellen der vorüberflitzenden Motorboote, und das Segel sah aus wie ein alter, leerer Sack.

ER war der Wind.

Oskar hatte uns verboten, das Wort „Wind“ auszusprechen.

„Wenn man zu viel über IHN redet, bleibt er weg“, sagte er.

Wir redeten aber kaum über ihn, und trotzdem blieb er weg. So lümmelten wir uns alle drei faul auf der *Pütz* und blinzelten in die Sonne.

Eine lange Wegstrecke vor uns ragte ein Kirchturm auf. Dort machte die Havel einen Knick.

„Du, Oskar, was meinst du, wie viele Tage benötigen wir bis zum Kirchturm?“

„Kommt darauf an“, sagte Oskar, „wie ER gelaunt ist.“

„Ach, du mein lieber Schwan“, rief ich plötzlich, weil ich eine schwarze Wolke entdeckte, die wie ein Tintenfisch aussah.

Oskar und der Doktor hielten indessen nach dem Schwan Ausschau.

„Wo denn nur?“, fragte der Doktor.

„Ich meine doch die Wolke dort oben. Sieht aus wie ein Tintenfisch.“

Da hatte ich mir nun wieder etwas eingehandelt.

„Wieso sagst du ‚mein lieber Schwan‘, wenn du eine Wolke meinst, die deiner Ansicht nach wie ein Tintenfisch aussehen soll?“

„Ich muss auch sagen“, fügte Oskar hinzu, „deine Ausdrucksweise lässt zu wünschen übrig!“

So sind die Erwachsenen! Sie machen es unsereinem schwer!

Wer weiß, was ich mir noch alles hätte anhören müssen, wenn uns nicht in diesem Augenblick ein feiner Luftzug berührt hätte. Der Doktor öffnete schon den Mund, um eine weitere Abhandlung über die Sprachverwilderung der Jugend abzulassen, da machte Oskar: „Pst!“

Sein Gesicht bekam einen Glanz, als würde der Weihnachtsmann im nächsten Augenblick an Bord kommen.

„ER“, hauchte Oskar. Dabei blickte er auf das Windfähnchen an der Mastspitze.

„ER kommt doch aus der falschen Richtung!“, sagte ich. Denn tatsächlich wehte ER vom Kirchturm her.

„Der pustet uns glatt zurück zum Bootshaus.“

Da lachte Oskar überlegen.

Das Segel füllte sich schlagartig mit Wind. Unsere alte *Pütz* legte sich sanft zur Seite, und wir steuerten auf einen Punkt zu, der nicht weit vom Kirchturm entfernt war.

„Das ist ein Ding!“, sagte ich.

„Ein dolles Ding!“, bestätigte Oskar. „Es hat aber auch ein paar Jahrtausende gedauert, bis die Menschen darauf kamen, dass man gegen den Win…“

Oskar bekam plötzlich einen Hustenanfall. Beinahe hätte er das Wort „Wind“ ausgesprochen.

„… gegen IHN segeln kann“, verbesserte er sich.

„Die alten Griechen zum Beispiel konnten häufig nicht auslaufen, weil der Wind genau auf die Küste drückte. Du solltest mal die Odyssee von Homer lesen. Die alten Griechen versuchten,

das Problem durch lange Gebete an den Gott des Meeres zu bewältigen. Sie brachten sogar dem Meeresgott Opfer. Zum Beispiel warfen sie hübsche Mädchen ins Wasser und ließen sie ertrinken ..."

„Das ist eine Sauerei ...", sagte ich. „Wäre ich zweitausend Jahre früher in Griechenland geboren, dann hätten sie mich vielleicht auch geopfert. Prost Mahlzeit!"

„Klügere Leute", fuhr Oskar fort, „fassten den Entschluss, dem Meeresgott nicht mehr zu opfern, sondern ihn zu überlisten. Sie bauten bessere Boote und erfanden immer zweckdienlichere Segel. Unser Gaffelsegel gehört nun auch schon nicht mehr zu den modernsten, aber immerhin ..."

In diesem Moment fiel eine starke Böe über uns her. Das Boot legte sich stark auf die Seite. „Mann, Oskar", sagte ich erschrocken und klammerte mich an die Sitzbank.

In der Kajüte klirrte etwas.

Der Doktor eilte sofort unter Deck, um zu prüfen, was geschehen war. Nach kurzer Zeit kam er mit einem zerbrochenen Teller zurück.

„Der war noch von Oma", sagte der Doktor vorwurfsvoll. „Und die eingezuckerten Johannisbeeren liegen in der Koje."

„Das ist unser Opfer an den Meeresgott", kicherte ich.

„Tscha", sagte Oskar, „an Bord muss man alles festbinden."

„Seht mal, mein Tintenfisch", sagte ich.

Die Wolke war näher gekommen. Es schien, als würde sie immer größer.

„In zwanzig Minuten haben wir ein Gewitter", sagte der Doktor für Meteorologie amtlich. „Ich schlage vor, wir suchen uns am Ufer ein ruhiges Plätzchen und warten ab."

„Ha", schrie Oskar, „jetzt, wo ER gerade bläst, sollen wir die Segel streichen! Keinesfalls!"

„Wenn's aber doch Gewitter gibt", unterstützte ich Mutter vorsichtig.

Pütz

„Das Gewitter treibt ab!“, meinte Oskar. „Ich habe meinen Riecher. Auf die Wetterfrösche darf man sich nicht verlassen. Wisst ihr noch, Ostern vor zwei Jahren? Da haben sie Sonnenschein angesagt, und was war? Regen. Oder denkt mal an Weihnachten vor drei Jahren! Ich ziehe mir einen Pelz an, als ob ich zum Nordpol führe … ha, und dann waren sieben Grad Wärme.“

„Also gut“, sagte der Doktor, „es gibt kein Gewitter …“, und zog sich ihr Regenzeug an.

Ich blieb unentschlossen sitzen. Einerseits hatte ich Angst vor dem Gewitter, andererseits wollte ich Oskar nicht im Stich lassen.

Wir sausten über die Havel wie der Fliegende Holländer. Der Kirchturm lag bald hinter uns, das heißt achternaus. Das Wasser hatte ein merkwürdiges Aussehen bekommen. Es war rabenschwarz, und die Wellen trugen Schaumkronen. Plötzlich blitzte es.

„Wetterleuchten“, sagte Oskar ein wenig unsicher.

Schlagartig setzte Regen ein.

Wir konnten kaum ein Stück vom Festland sehen, obwohl wir ganz in der Nähe des Ufers segelten.

„Leinen los!“, rief Oskar und drehte unseren Kahn in den Wind. Das Segel flatterte, und der Großbaum schlug wie ein wildes Pferd um sich.

„Segel bergen!“, brüllte er. Der Doktor und ich zerrten das Segel vom Mast. Es war klitschnass. Oskar warf den Anker.

„So“, sagte er befriedigt, „jetzt kann uns nichts mehr passieren.“

Wir deckten das Boot mit der Plane zu. Auch das war nicht ganz einfach. Der Sturm versuchte, uns die Plane aus den Händen zu reißen.

Ohne Segel schaukelte das Boot fürchterlich. Und ich war sehr froh, dass wir in der Nähe des Ufers lagen.

Der Doktor war schon unter Deck.

 „Mann, Oskar, wir treiben!“, sagte ich.

Die *Pütz* fuhr wirklich ohne Segel mit beachtlicher Geschwindigkeit über das Wasser.

„Der Anker hat nicht gehalten. Nannerl, los, ans Ruder. Wir müssen das Boot hinter die Schilfinsel am anderen Ufer steuern."

Nun hockte ich am Ruder und konnte nichts sehen, weil wir das Boot mit der Plane abgedeckt hatten.

Ab und zu hörte ich Oskars Stimme durch das Wüten des Gewitters: „Mehr backbord, jetzt steuerbord ..."

Wenn ich die Geschichte von Timm nicht gekannt hätte, wäre ich aufgeschmissen gewesen. Aber meine linke Backe brannte, als hätte ich eine Ohrfeige bekommen. Da war Backbord.

Schließlich wurde unsere Fahrt ruhiger. Oskar hatte im Windschatten der Schilfinsel den Anker noch einmal ausgeworfen. Er kam nun auch unter die Plane.

„Ach ja", sagte der Doktor in der Kajüte. „Gottlob haben wir einen klugen Kapitän, der einen Riecher fürs Wetter hat."

Das traf Oskar.

„Man darf sich doch mal irren", brummelte er und schüttelte sich wie ein Hund, der ins Wasser gefallen ist.

Der Doktor reichte uns eine Tasse heiße Brühe.

„Mann, Mutter, wie hast du das bei der Schaukelei fertigbekommen!", sagte ich bewundernd.

„Bin schließlich der Smutje hier an Bord", sagte sie stolz. Ich wollte aufspringen, um sie zu umarmen. Aber meine Waden klebten an der Holzverkleidung der Koje fest. Ich fiel wieder zurück aufs Schaumgummipolster.

Einen Augenblick dachte ich, der Klabautermann hielte mich fest. Dann begriff ich, dass es die eingezuckerten Johannisbeeren waren.

9. Oskar erzählt, wie laut die Totenstille sein kann, und er gewöhnt dem Nannerl durch eine wahre Spukgeschichte das Gruseln ab

Es war Nacht. Die erste Nacht, die wir auf unserem Boot verbrachten.

In der Kajüte roch es nach dem Öl der Petroleumlampe. Sie war erst vor kurzem gelöscht worden. Der Docht glimmte noch in der Dunkelheit wie ein Glühwürmchen.

Unser Doktor wälzte sich unruhig in der Koje.

„Oskar, erinnerst du dich noch an die herrlichen Betten im Prager Hotel ‚Ambassador'? Dort schlief man wahrhaftig wie auf Wolken gebettet."

„Na", sagte ich, „auf den Wolken möchte ich nicht liegen. Das muss ekelhaft nass sein. Du als Doktor der Meteorologie müsstest das doch wissen! Hier in den Kojen liegen wir wenigstens trocken."

„Trocken wohl, aber so hart wie auf einem Steinfußboden! Diese Nacht über werde ich wohl kein Auge zumachen."

Nun ließ sich Nannerl aus ihrer Koje im Vorschiff hören: „Also, ich habe seit zweitausend Jahren nicht besser gelegen als in dieser Koje. Ich werde hier schlafen wie drei Bären."

Nannerl übertrieb ja wieder einmal außerordentlich. Darum sagte ich: „Ich werde jedenfalls hier wie ein gesunder Mensch schlafen, und das genügt mir!"

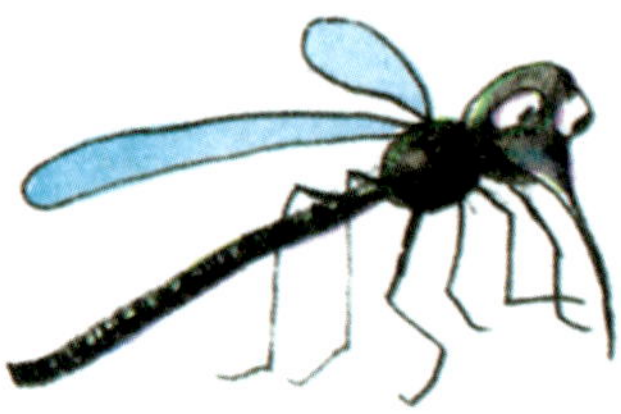

„Ach", stöhnte der Doktor, „ihr seid wirklich zu beneiden!"

Dann herrschte Stille an Bord. Totenstille!

Hat schon jemand Totenstille erlebt?

In dieser Totenstille hörte ich zuerst einen ganz feinen Summton. Mal kam er näher, mal entfernte er sich wieder. Aber dann spürte ich dort, wo früher einmal Haarwellen gewesen waren, als ich noch Haare hatte, einen Schmerz.

„Patsch", schlug ich mit der Hand auf meinen eigenen Kopf. Nun summte es wieder. Aber zu dem hohen Ton war noch ein tiefer hinzugekommen. Es dauerte nicht lange, da erschien es mir, als würde ein ganzer Chor summen. Mein armer Kopf würde morgen gewiss wie eine Hügellandschaft aussehen, so viel Mücken stachen mich.

Etwa nach einer Stunde hatten sich die Mücken satt getrunken und versanken in tiefen Schlaf.

Nun konnte ich endlich einschlafen.

Wenn nur nicht irgendetwas gepfiffen hätte! Es pfiff ganz regelmäßig im Rhythmus des menschlichen Atems. Ja, das war es!

„Nannerl", sagte ich, „dreh dich doch bitte mal auf die andere Seite!"

„Für einen Kapitän gibst du wirklich seltsame Befehle", sagte sie hellwach.

Es war also der Doktor, der das Pfeifkonzert gab. Ich griff mit dem Arm nach Gerdas Koje und stieß sie an. Sie drehte sich auf die andere Seite und murmelte dabei: „Steward, bitte bringen Sie mir das Frühstück ans Bett."

Natürlich träumte sie von einer Fahrt mit einem Luxusdampfer. Immerhin pfiff sie nun nicht mehr.

„Tam", ging es. Und nach einer Weile wieder: „Tam". Irgendetwas klapperte draußen.

Ächzend kletterte ich aus meinem Schlafsack und schlüpfte von der Plicht aus durch einen Spalt in der Plane ins Freie. Ich tapste vorsichtig die Reling entlang zum Mast. Eines der Taue war nicht festgezogen. Der Wind schlug es in regelmäßigen Abständen gegen den Mast. Ich zurrte es fest.

Kaum hatte ich mich in die Koje gewälzt und den Reißverschluss des Schlafsackes zugezogen, da machte es wieder: „Tam".

Natürlich, ich hatte das falsche Tau erwischt.

Noch ein anderes Geräusch war hinzugekommen. Es hörte sich an, als würde ein nasser Sack über Deck geschleift.

„Oskar", hörte ich Nannerls aufgeregte Stimme, „da ist wer an Bord."

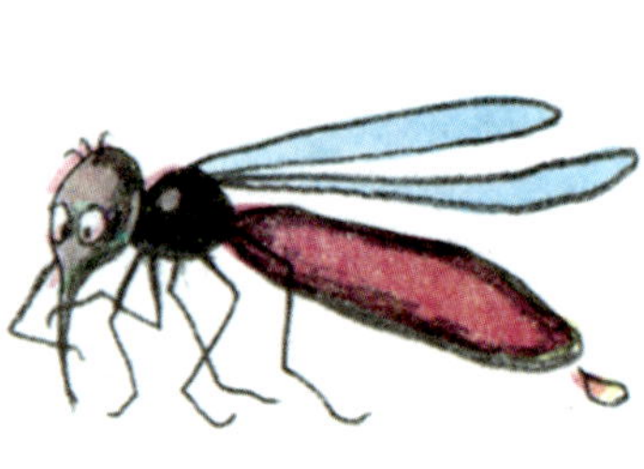

„Unsinn! Ich denke, du schläfst wie drei Bären!"

„Du, Oskar, wenn es den Klabautermann geben würde, hätte er dann einen langen Mantel an?"

„Wieso?“

„Hör doch mal, da geht einer mit 'nem langen Mantel übers Deck.“

„Schlaf wenigstens wie *ein* Bär“, sagte ich.

Nach einer Weile hörte ich wieder Nannerls Stimme, diesmal sehr kläglich: „Oskar, ich graule mir so!“

„Nannerl, wahrscheinlich macht dich der Petroleumgestank etwas wirr. Schlaf, du musst dich daran gewöhnen! Außerdem heißt es, ich graule mich!“

Nach weiteren fünf Minuten sagte Nannerl: „Oskar, ich graule mich!“

Da hatte ich nun meine Totenstille!

„Zieh dir einen Trainingsanzug an! Wir gehen an die Luft!“

„Was denn ... raus ... Nein, Oskar, das nicht!“

Aber als ich aus der Kajüte stieg, hatte sie Angst, allein zu bleiben, und kam nach.

Wir schlugen die Plane in der Plicht zurück.

Der Mond ging auf dem Schilf, das leise hin und her wogte, spazieren. Kleine Wellenzungen leckten sanft an unserem Boot. Plötzlich klatschte dicht neben der Bordwand etwas ins Wasser. Nannerl drängte sich zitternd an mich.

„Das war er“, stieß sie hervor, „der Klabautermann!“

„Aber Nannerl, Klabautermänner gibt es doch überhaupt nicht!“

„Das weiß ich“, sagte sie, „aber trotzdem habe ich Angst vor dem Klabautermann.“

Nun spritzte das Wasser ganz in der Nähe unseres Bootes auf. Wir sahen in dem Augenblick eine silberne Fischhaut im Mondlicht aufleuchten. Der Fisch hatte vielleicht ein Insekt gefangen und fiel klatschend zurück in die Havel.

Nannerl lachte nun vor Vergnügen.

„Großer Häuptling, der kann springen!“

Wir entdeckten auch, was sich wie ein Sack, der übers Deck geschleift wurde, angehört hatte: Es war ein Schilfhalm, der an der Bordwand scheuerte. Ich atmete tief durch, es roch nach Wasser, Fischen und gemähtem Gras.

„Trotzdem“, meinte Nannerl, „irgendetwas muss doch dran sein am Klabautermann und an den Gespensterschiffen. Die alten Seefahrer haben dran geglaubt. Und ich kann mir nicht denken, dass die alle feige waren oder ängstlich?“

Bevor ich Nannerls Frage beantwortete, setzte ich meine Tabakspfeife in Brand.

„Ängstlich oder feige waren sie nicht, darauf kannst du Gift nehmen. Man muss schon eine Portion Mut haben, wenn man mit einem Segelschiff den Stillen Ozean überqueren will. Selbst die größten Schiffe von damals waren, am Ozean gemessen, nicht größer als eine Stecknadel in einem unserer großen Havelseen. Und viel wissen mussten sie auch, denn sonst hätten solche Seefahrer wie Kolumbus nicht Amerika entdeckt.“

„Wenn man was entdecken will, muss man doch nicht klug sein, Oskar“, widersprach Nannerl.

„Doch, Nannerl, Menschen, die nichts wissen, entdecken nichts. Denk doch mal, wovon die alles eine Ahnung haben mussten: vom Schiffsbau, von den Segeln, von Stürmen und Meeresströmungen, von der Geographie, von der Sternenkunde …“

„Wieso Sternenkunde?“

„Am Tage bestimmten die Schiffe ihren Kurs nach der Sonne und in der Nacht nach den Sternen. Die alten Seefahrer waren nicht auf den Kopf gefallen. Nur vieles, was ihnen begegnete, konnten sie sich nicht recht deuten. Und nun will ich dir eine Spukgeschichte über ein Gespensterschiff erzählen.“

 „Ich denke, so etwas gibt es nicht, Oskar.“

„Nein", sagte ich, „Gespensterschiffe gibt es nicht, darum will ich ja eine wahre Spukgeschichte erzählen."

„Na, Oskar, du flunkerst ganz schön. Aber wenn du mir versprichst, dass ich mich nicht zu sehr grusele, dann erzähl sie!"

Nannerl tat so, als würde es für sie ein großes Opfer bedeuten, mir zuzuhören. Dabei wusste ich, dass sie vor Spannung fast fieberte.

„Ich will von einem Schiffsjungen namens Roger aus Marseille erzählen. Er war fünfzehn Jahre alt. Ein Junge wie viele andere, die hinter jeder ganz gewöhnlichen Sache immer ein großes Abenteuer wittern. Unser Roger heuerte auf dem Dampffrachter *Fripon* an. Als das Schiff den Hafen verlassen hatte, dachte Roger, jetzt sollte das Abenteuer beginnen. Statt dessen drückte ihm der Bootsmann einen Feudel in die Hand und sagte: ‚Schrubb mal ordentlich das Deck, mein Junge.' Roger wartete nun jeden Tag auf das Abenteuer, aber stattdessen musste er die Dreckarbeit übernehmen. Wenn er etwas nicht gründlich tat, dann bekam er eins mit dem Tauende übergezogen. Manchmal schlich sich Roger auf die Kommandobrücke und stellte sich vor, er wäre der Kapitän. Aber wenn er beim Träumen entdeckt wurde, bekam er einen Fußtritt.

Dann wieder schlich er sich in den Maschinenraum und betrachtete mit Staunen die riesigen Kolben der Maschine, die das Schiff vorwärts trieben. Manchmal legte er auch die Hand an den Regler. Der Regler bewirkte, wenn man ihn bewegte, dass das Schiff schnell oder langsam fuhr, stoppte oder rückwärts lief. Roger bildete sich für Minuten ein, er sei der Chefingenieur und seiner Hand gehorchte das ganze Schiff. Häufig wurde er von einem Schraubenschlüssel wachgerüttelt, der, vom Chefingenieur geschleudert, dicht neben Roger an die Wand flog.

Eines Tages meldete man dem Kapitän: ‚Wasser im Laderaum.' Damit begann Rogers richtiges Abenteuer. Der Kapitän ließ die Motorpumpen in Gang setzen. Aber obwohl die Pumpen ununterbrochen arbeiteten, stieg das Wasser im Laderaum von Stunde zu Stunde. Der Schiffszimmermann fand schließlich ein großes Leck. Aber es war zu groß, um es mit den primitiven Mitteln an Bord reparieren zu können.

Der Kapitän rechnete sich aus, dass die *Fripon*, wenn das Wasser weiterhin so schnell stieg, keinen Hafen mehr erreichen würde. Die einzige Hoffnung war, einem anderen Schiff zu begegnen, das die Mannschaft übernahm. Zu allem Unglück kam Nebel auf. Das Nebelhorn der *Fripon* heulte Tag und Nacht. Roger hatte zwar gehört, daß es Wasser im Laderaum gab. Er wusste jedoch nichts von der ernsten Gefahr, die dem Schiff drohte. Und nach wie vor musste er alle Dreckarbeiten an Bord verrichten. Der Kapitän atmete erleichtert auf, als im Nebel die Glocke ei-

nes Lastenseglers ertönte. Die beiden Schiffe näherten sich vorsichtig auf Sichtweite, und der Kapitän gab den Befehl, die Maschinen zu stoppen und die Boote klarzumachen.

Zu dieser Zeit befand sich Roger wieder einmal unerlaubt im Maschinenraum. Als der Chefingenieur hereinstürzte, um die Maschine zu stoppen, gelang es Roger, sich zu verstecken. Er war froh, dass der Chefingenieur ihn nicht entdeckt hatte. Es verwunderte ihn nicht im Geringsten, dass die Maschine gestoppt wurde, denn das war in den letzten Stunden häufiger vorgekommen. Der Kapitän hatte mehrmals geglaubt, die Signale eines anderen Schiffes zu vernehmen. So konnte Roger selbstvergessen vor dem Regler stehen und träumen, er sei der Chefingenieur. Inzwischen suchte man nach ihm. Schließlich gab man es auf. Die Boote mussten ins Wasser, denn der Segler trieb immer weiter ab.

Für Roger wurde die Versuchung größer und größer, den Regler wirklich einmal zu betätigen. Schließlich hielt er es nicht mehr aus und schaltete auf ‚volle Kraft voraus‘! Ihm war alles egal. Mochte man ihn prügeln, oder sollte man noch so große Schraubenschlüssel nach ihm schleudern, einmal musste er den Dampfer beherrschen! Zu seiner größten Verwunderung kam weder durch das Sprachrohr von der Kommandobrücke ein saftiger Fluch, noch flog der Schraubenschlüssel des Ingenieurs durch die Luft.

Roger kam die Sache sehr seltsam vor. Noch seltsamer wurde ihm, als er im Kesselraum keinen der Kohlentrimmer vor den Feuerlöchern fand.

Er kletterte schnell die Stiegen zum Deck hinauf. Es war wie ausgestorben. Roger stürzte von unheimlicher Angst gepackt auf die Kommandobrücke. Auch sie war verlassen. Doch das Feuer in den Kesseln reichte noch aus, den Dampfer mit großer Geschwindigkeit vorwärts zu bewegen.

Eigentlich erfüllte sich Rogers Traum. Er war Chefingenieur, und er war Kapi-

tän. Doch Roger berührte das Steuerrad lustlos. Das Schiff ging auf einen kreisrunden Kurs. Roger fand keine Freude mehr am Spiel. Er hatte nur noch Angst.

Plötzlich tauchte steuerbords ein riesiger Schatten aus dem Nebel auf – das Segelschiff, auf das sich die Mannschaft der *Fripon* gerettet hatte. Roger begriff, dieses Schiff konnte seine Rettung werden. Er musste die *Fripon* nur irgendwie zum Stehen bringen.

‚Maschine stopp!, brüllte er in das Rohr, das in den Maschinenraum führte. Aber dort unten war ja niemand. Und bevor Roger den Maschinenraum erreichen würde, wäre das Segelschiff schon wieder im Nebel verschwunden.

Auf dem Segelschiff herrschte große Aufregung. Die Mannschaft der *Fripon* hatte ihr Schiff erkannt. Beide Mannschaften standen an Deck und blickten schweigend auf die Umrisse der *Fripon.* Und der Segelmacher sprach aus, was alle dachten: ‚Der Kahn ist ein Gespensterschiff.‘

Plötzlich fiel jemandem ein, dass *Fripon* Schalk oder Narr hieß. Und der Kapitän, der sich immer wieder darüber Gedanken gemacht hatte, ob er nicht das Schiff mit der Mannschaft zu früh verlassen hatte, sagte schuldbewusst: ‚Der Dampfer will sich rächen, weil wir ihn im Stich gelassen haben.‘

Roger hockte hoffnungslos auf der Kommandobrücke. Ihm wurde klar, er war verloren.

Das Schiff lief inzwischen weiter auf seinem kreisrunden Kurs. Darum war es nicht verwunderlich, dass die *Fripon* nach kurzer Zeit abermals an dem Segelschiff vorüberfuhr. Diesmal berührten sich die Schiffe sogar. Nur dem geschickten Manövrieren des Segelschiffkapitäns war es zu verdanken, dass der Dampfer das Segelschiff nicht in den Grund bohrte.

Roger hatte den Dampfer wieder nicht zum Stehen gebracht, weil das erneute Auftauchen des Seglers für ihn ebenfalls eine Überraschung war.

Er brüllte laut von der Brücke: ‚Helft mir! Helft mir!' Die Matrosen hörten diesen Schrei undeutlich, und sie bekamen vor Schreck Gänsehaut. Der Segelmacher behauptete sogar, auf der Kommandobrücke den Fliegenden Holländer gesehen zu haben, der für ein besonders grässliches Gespenst gehalten wurde. Roger begriff, die *Fripon* brachte das Segelschiff in Gefahr. Er bewegte das Steuerrad, und der Dampfer schlug einen anderen Kurs ein. Nach einiger Zeit verringerte sich die Fahrt des Dampfers, und schließlich blieb die Maschine stehen. Der Dampfdruck reichte nicht mehr aus. In der Nacht sank das Schiff.

Roger trieb, an ein Ölfass geklammert, ein paar Stunden auf dem Ozean. Dann wurde er von einem portugiesischen Fischer gesichtet und an Bord geholt. Die Besatzungen der *Fripon* und des Segelschiffes erzählten in jeder Hafenkneipe die schreckliche Geschichte vom Gespensterschiff *Fripon*. Und weil die meisten Seeleute ausgezeichnet erzählen können, standen den Zuhörern vor Angst und Schrecken die Haare zu Berge."

Nannerl sagte in merkwürdig schläfrigem Tonfall: „Oskar, ich glaube, ich bin müde."

Sie gähnte und legte ihren Kopf an meine Schulter. Wenige Sekunden später war sie eingeschlafen.

Ich rüttelte sie.

„Nannerl, du musst doch erst in deine Koje klettern!"

Aber sie schlief wirklich wie drei Bären.

Behutsam schleppte ich sie in die Kajüte und riss dabei allerlei um.

Unser Doktor, der die ganze Nacht kein Auge schließen wollte, pfiff wieder in tiefem Schlaf laut vor sich hin.

10. Nannerl erzählt, wie der schweigsame Mathematiker Archimedes durch einen Fischer und einen Doktor zum Randalieren bewegt wird

„Reise, reise!“, hörte ich Oskar um sechs Uhr früh rufen. Das war ein alter Weckruf auf Segelschiffen.

Am liebsten wäre ich in meiner Koje geblieben. Ich hörte, wie sich unser Doktor murrend auf die andere Seite drehte.

Plötzlich, als ich schon wieder im Halbschlaf war, sagte Oskar:

„Also gut, wenn von euch beiden niemand aufstehen will, dann gehe ich als erster ins Badezimmer.“

Mit einem Ruck war ich hoch und stieß mit dem Kopf gegen einen Decksbalken.

Meine Mutter war ebenfalls aufgesprungen. Wir sahen uns verdutzt an und hörten Oskars zufriedenes Lachen. Bei uns zu Hause rannten nämlich beim ersten Weckerklingeln Oskar, der Doktor und ich zum Badezimmer. Jeder wollte der Erste sein. Wenn der Doktor es wirklich einmal schaffte, hatten Oskar und ich den Schaden. Der Doktor benötigte jeden Morgen einhundert bis einhundertfünfzig Stunden zum Waschen.

„Meine Damen“, sagte Oskar mit der Miene eines Stewards auf der Hamburg-Amerika-Linie, „das Bad ist gerichtet.“

Er deutete auf die Havel, über der ein dünner Dunstschleier lagerte.

Es dauerte ein paar Minuten, dann standen wir alle drei zitternd auf dem Heck unseres Bootes und stritten uns, wer zuerst in die Fluten sprang. Ich schrie laut: „Hurrra …“, und sprang. In letzter Sekunde umarmte ich Oskar und den Doktor und riss sie mit hinein.

Das Wasser war angenehm warm.

Leute, das müsst ihr einmal probieren – morgens vor dem Frühstück baden!

Die Havel ist dann spiegelglatt. Und überall hocken Angler in Kähnen. Sie haben lange Stangen in den Grund gerammt und daran ihre Boote festgebunden. Über den Bäumen am Ufer taucht so ein Ding auf und sieht aus wie eine Tomate. Das ist unsere Sonne. Sie klettert schnell höher und höher. Und wenn ihr über die Strickleiter an Bord gekommen seid, dann habt ihr Hunger wie ein Saurier.

Nach dem Frühstück legten Oskar und ich den Mast des Bootes. Vor uns lag nämlich eine lange Kanalstrecke. Leider darf man auf den Kanälen nicht segeln. Das würde die Berufsschiffer behindern. Außerdem spannen sich alle paar Kilometer Brücken über die Wasserstraße. Unser Boot passt im Leben nie durch so eine Brücke, wenn der Mast nicht gelegt wird.

Schließlich lag der Riesenprügel auf dem Boot, schaute sogar noch ein ganzes Stück über das Heck. Wir verhedderten uns in den verschiedenen Tauenden, die dem Mast beim Segeln die notwendige Stabilität geben, die aber jetzt lasch und beinahe unentwirrbar wie Spaghetti herumhingen.

Es dauerte eine Weile, bis wir die Spaghetti geordnet hatten. Am Heck unseres Bootes war der Motor befestigt. In großen Buchstaben stand der Name „Archimedes“ auf dem Benzintank.

Archimedes hieß ein berühmter Mathematiker im alten Griechenland. Frau Babelkau, unsere Mathelehrerin, hatte uns über ihn eine Geschichte erzählt.

Dieser Archimedes lebte zur Zeit des Königs Hiero II. von Syrakus. Damals herrschte eine komische Hutmode. Die Könige trugen auf dem Kopf eine Krone. Ich finde das nicht sehr nützlich, denn den Regen kann so eine Krone nicht abhalten. Und wenn es draußen kalt war, haben den Königen und Königinnen die Ohren bestimmt gefroren. Aber am schlimmsten muss das Gewicht dieser komischen Hüte gewesen sein, denn sie waren aus Gold. Gold ist beinahe das schwerste Metall, schwerer als Aluminium oder Silber. Legt euch mal zwei Ziegelsteine auf den Kopf und geht damit spazieren. So schwer müssen die Kronen gewesen sein. Dieser Hiero II. von Syrakus hatte sich beim Juwelier eine Krone anfertigen lassen. Er vermutete, der Juwelier habe ihn betrogen, indem er statt des puren Goldes Silber untergemischt hätte. Wie sollte man das herausbekommen? Man wusste zwar, wie viel ein silberner oder ein goldener Würfel von bestimmter Größe wog. Aber so eine Krone ist eben kein Würfel.

Wenn so ein König ein Problem hatte, dann dachte er nicht lange nach, sondern er beauftragte jemanden, über das Problem nachzudenken.

König Hiero beauftragte also Archimedes, er sollte ausrechnen, ob für die Krone nur Gold verwendet worden war.

Der betrachtete die Krone lange, bohrte ein bisschen in der Nase, denn Taschentücher kannte man damals noch nicht, und kam zu der Erkenntnis, dass dies ein schweres Problem wäre. Aber das Problem interessierte ihn, und er wollte nicht davon ablassen. Er dachte im Dunkeln darüber nach und im Hellen. Er ging spazieren. Er zerkaute an die zwanzig Griffel, aß kaum etwas und trank auch nichts. Seine Haare wuchsen immer länger, und sein Bart glich einem Brombeergestrüpp. Er wusch sich wochenlang nicht und roch ekelhaft. Nur dem Geheimnis der Krone kam er nicht näher. Die Frau des Archimedes ärgerte sich über ihren verwahrlosten Mann. Eines Tages hatte sie genug. Sie goss Wasser in einen hölzernen Zuber und sagte zu Archimedes: „Krone hin, Krone her, jetzt wird gebadet, oder du musst dir eine andere Wohnung suchen!“

Da blieb dem armen Archimedes keine Wahl. Er musste sich ausziehen und in den Zuber steigen. Seine Frau dachte, je mehr Wasser in dem Zuber ist, desto sauberer wird dieses Ferkel von einem Mathematiker. Darum füllte sie den Zuber bis zum Rand. Als Archimedes in sein Bad stieg, lief eine Menge Wasser aus dem Zuber und überschwemmte die Küche. Archimedes sprang wie von einem Seeigel gestochen aus dem Zuber, der jetzt nur noch halbvoll war. Er schlug sich an die Stirn und begriff, dass gerade so viel Wasser aus dem Zuber gelaufen war, wie sein Körper Raum benötigte. Wenn man also die Krone in den vollen Zuber steckte und das überlaufende Wasser auffing und abmaß, wusste man, wie viel Raum die Krone einnahm. Dann brauchte man nur noch zu vergleichen, ob der Rauminhalt der Krone dem Gewicht des Goldes entsprach!

„Heureka", rief Archimedes, das bedeutet so viel wie „Ich hab es", und rannte, so nackt wie er war, durch die Stadt zum Palast des Königs Hiero II. Wer weiß, was es für einen Ärger gegeben hätte, wenn nicht die Frau des Archimedes mit seinen Hosen und seinem Hemd hinterhergelaufen wäre. Sie holte ihn kurz vor dem Eingang des Palastes ein und zwang ihn, sich anzuziehen.

Wenn die Ferien vorüber sind, werde ich Frau Babelkau erzählen, dass unser Motor „Archimedes" heißt, dachte ich.

Trotzdem, „Archimedes" war ein seltsamer Name für einen stinkigen Benzinmotor.

Mir fiel noch etwas ein. Frau Babelkau hatte erzählt, dass dieser Archimedes eine Schiffsschraube erfunden haben sollte. So seltsam war der Name also doch nicht.

Unser Motor sah aus wie ein Raumschiff von einem entfernten Planeten. Es

gab da Hebel und Häkchen, Zahnräder und Rohrleitungen. Wie sollte Oskar, mein Vater, unser Kapitän, damit zurechtkommen!

Oskar machte einen optimistischen Eindruck. Er kniete auf dem Heck. Mit der rechten Hand wickelte er ein dünnes Seil um eine Schwungradscheibe. Der Doktor und ich hielten uns etwas abseits und schauten ihm erwartungsvoll zu. In wenigen Sekunden würden wir starten. Oskar holte tief Luft und riss an dem Seil. Das Schwungrad drehte sich, blieb aber sofort wieder stehen.

„Beim ersten Mal kann er überhaupt nicht anspringen", sagte ich, um Oskar aufzumuntern. „Denk doch mal, wie lange der alte Archimedes brauchte, um die Sache mit der Krone herauszubekommen!"

„Ganz ruhig bleiben!", empfahl der Doktor.

Nachdem Oskar das zehnte Mal erfolglos an dem Seil gezogen hatte, sagte ich: „Das hat überhaupt noch nichts zu bedeuten!"

Oskar machte ein Gesicht, als hätte er Seifenlauge getrunken. Ich traute mich nicht, ihn anzusehen. In der Ferne sah ich einen Fischer, der die Fischreusen ausnahm. Er fuhr mit einem schwarzen, klobigen Holzboot von einer Reuse zur anderen. Jedesmal warf er mit einer kurzen, ruckartigen Bewegung seinen Motor an.

Oskar schraubte nun schon zum zweiten Mal die Zündkerzen heraus und säuberte sie.

Trotzdem, der alte Mathematiker schwieg.

Der Fischer kam inzwischen immer mehr in unsere Nähe.

Nachdem Oskar zum fünfzigsten Mal erfolglos an dem Seil gezogen hatte, verfärbte sich seine Glatze rot.

Der Doktor tat so, als merkte er das nicht. Er blickte intensiv in die Gebrauchsanweisung.

„Willst du mich mal an den Motor heranlassen?“, fragte meine Mutter plötzlich.

„Du?“, schrie Oskar aufgebracht. „Du willst das Ding in Gang bringen?“ Er lachte künstlich.

„Dieses Ding wird kein Mensch mehr zum Leben erwecken“, schrie er. Und riss den Motor aus seiner Halterung. „Diesen miserablen Schrotthaufen kann man nur noch ins Wasser werfen!“

Mutter und ich schwiegen vor Schreck. Wir sahen seinem Gesicht an, dass Oskar im nächsten Augenblick den alten Mathematiker versenken würde.

„Morgen“, sagte plötzlich eine Stimme.

Wir drehten uns um. Der Fischer war unbemerkt längsseits gekommen.

„Morgen“, sagten wir alle zusammen.

Oskars Gesichtsfarbe wurde etwas heller.

Der Fischer deutete auf Archimedes und sagte: „Will wohl nicht, der alte Schlorren!“

Oskar schüttelte verzweifelt den Kopf.

Der Fischer trieb näher heran und beugte sich von seinem Boot aus über unseren Motor. Die Fältchen um seine Augen zogen sich glatt. Ich schaute derweil in sein Boot.

Dort lagen sie, die Fische unserer Havel: Aale, Hechte, Plötzen, Rotfedern, Schleie, Bleie, Barsche und Zander.

Die zappelnden Fische glitzerten im Sonnenlicht.

„Hat er einen Funken?“, fragte der Fischer;

Oskar nickte.

Der Fischer drehte an einem kleinen Hahn, dann wickelte er das Seil um die Schwungradscheibe und zog kräftig.

Ohrenbetäubendes Geheul erfüllte die Luft.

Unser alter Mathematiker konnte randalieren! Er machte auch Qualm.

„Heureka!“, rief ich.

Der Fischer ließ den Motor ein Weilchen laufen, dann stellte er ihn ab.

„Lieber Mann“, sagte er zu Oskar, „haben Sie schon mal ein Pferd gesehen, das ohne Futter auskommt? Sehen Sie, so ist das mit einem Motor. Der braucht Benzin. Wenn Sie aber den Benzinhahn nicht aufmachen, dann verreckt er Ihnen. Sie sehen ja, der Motor ist einwandfrei.“

Oskar kratzte sich verlegen hinter dem Ohr.

Der Fischer lachte.

Ich hätte am liebsten mitgelacht. Aber irgendwie tat mir Oskar ein bisschen leid.

„Einwandfrei“, sagte der Fischer noch einmal.

Der Doktor reichte dem Fischer eine Tasse heißen Kaffee.

„Nanu“, sagte der Fischer, trank aber.

Als er die Tasse geleert hatte, sagte er: „Der Kaffee ist einwandfrei! Essen Sie Fisch?“

„O ja“, rief der Doktor.

Da griff der Fischer in den Kahn und hielt einen großen Schlei an den Kiemen in die Höhe.

„Na“, sagte er, „einwandfrei, was?“

Wir nickten. Oskar griff nach seiner Geldbörse.

Der Fischer winkte ab. „Bin heute in Geberlaune, lieber Mann. Einwandfrei!“ Er warf den Fisch zu uns ins Boot. Dann knatterte sein Motor, und er entfernte sich schnell mit seinem Kahn. Der Schlei schlug mit dem Schwanz um sich. Oskar und ich versuchten, ihn zu greifen. Er rutschte uns immer wieder durch die Finger. Der Doktor packte ihn mit einem Lappen und steckte den Fisch in einen Eimer mit Wasser. Dort schwamm er nun.

„Schlei, gebraten, mit Kartoffeln gibt es zum Mittagessen“, verkündete der Doktor.

Oskar holte den Anker auf. Es hingen Wasserpflanzen daran. Oskar hielt sie empor und rief: „Salat haben wir auch!“

Unsere *Pütz* trieb langsam auf den See hinaus.

„Volle Kraft voraus!“, rief Oskar fröhlich und riss an der Leine unseres Motors. Aber der alte, weise Archimedes schwieg.

Oskars Glatze rötete sich diesmal nach dem fünften Versuch.

Der Doktor griff unerwartet ein.

„Oskar, geh zur Seite!“, sagte meine Mutter im Tonfall eines Admirals.

„Bitte sehr“, rief Oskar ärgerlich. „Bitte, du wirst schon sehen!“

Er setzte sich trotzig auf die Bank und streckte sich scheinbar behaglich in der Plicht aus.

Der Doktor schloß den Benzinhahn und schraubte die Zündkerzen heraus. Dann zog sie mehrmals am Seil und schraubte die Zündkerzen wieder ein. Nun öffnete sie den Benzinhahn und zog kräftig an der Leine.

Der schweigsame Mathematiker wurde schlagartig gesprächig. Er puffte, knallte und begann dann, monoton zu rattern.

Oskar war aufgesprungen.

„Aber Dok ... Doktor, wie hast du das ge ... gemacht?“, stotterte er.

„Ganz einfach“, antwortete der Doktor hochmütig. „Ich habe die Gebrauchsanweisung genau gelesen! Ein warm gelaufener Motor muss anders behandelt werden als ein kalter. Das Gas-Luft-Kraftstoff-Gemisch ...“

„He“, rief ich, „einer muss steuern. Wir fahren direkt in die Reuse.“ Oskar riss die Pinne herum. Wir zogen knapp an einer Reusenstange vorüber.

„Geh du ans Ruder, Nannerl“, sagte Oskar.

Ich war mächtig stolz. Jetzt gehorchte das Boot allein mir.

Oskar umarmte den Doktor und küsste sie auf die Stirn. Das habe ich bisher nur zu Mutters Geburtstag erlebt.

„Einwandfrei!“, sagte ich.

Weit weg von uns, am Ufer, stand ein Mann mit einem Fahrrad und fuchtelte wild mit den Armen in der Luft herum.

„Der sieht wieder wie dein Jugendfreund Eddi aus“, sagte ich zu Oskar.

„I wo, was sollte der hier!“, antwortete mein Vater.

11. Oskar erzählt, wie er beinahe zum Mörder wurde und wie Nannerl durch den schwarzen Teufel Mischa kennen lernt

Der Kanal war gerade wie ein Lineal. Wenn vor uns eine Brücke in Sicht kam, dauerte es eine Dreiviertelstunde, bis wir endlich hindurchtuckerten. Falls sich dann einer von uns dreien nach einer weiteren Dreiviertelstunde umdrehte, sah er noch dieselbe Brücke in der Ferne.

Wir bewegten uns mit beinahe kosmischer Geschwindigkeit vorwärts – sieben Kilometer pro Stunde. Die erste kosmische Geschwindigkeit, die benötigt wird, damit ein Raumschiff in die Erdumlaufbahn gelangt, beträgt auch sieben Kilometer. Allerdings in der Sekunde. Ich war froh, dass wir nicht sieben Kilometer in der Sekunde fuhren: Gewiss, wir hätten gleich Gagarin die Erde wie einen Globus betrachten können. Aber dafür konnte Gagarin manches andere von dort oben nicht sehen. Die Rehe zum Beispiel, die aus einem Waldstück herausgesprungen kamen, oder die kleine Ringelnatter, die schwimmend den Kanal überwand. Wir hätten den Fischreiher nicht gesehen und die Transportschiffe aus Hamburg, Magdeburg, Szczecin und anderswoher. Zuerst zitterte Nannerl, wenn wir diesen Schiffen begegneten oder wenn sie uns überholten. Unsere *Pütz* nahm sich daneben wie eine Maus neben einem Elefanten aus. Später grüßte Nannerl die Schiffer jedoch, als sei sie selbst ein alter Seemann.

Als hinter uns ein anderes Segelboot in Sicht kam, wurde sie ganz aufgeregt. Wir wussten aber, dass es noch lange dauern würde, bis das andere Boot heran war.

Unser Schlei zog indessen in dem Blecheimer seine Kreise. Trotzdem war ihm die neue Umgebung verdächtig. Ab und zu versuchte er einen Sprung, um sich aus seinem Gefängnis zu befreien. Aber er schaffte es nicht, der Anlauf war zu kurz.

Je länger ich den Fisch betrachtete, desto mehr dauerte er mich. Vor seiner Gefangenschaft hatte er auf dem Grunde der Havel in alten Schuhen und versackten Kisten Versteck gespielt. Wenn ein Motorboot über ihn hinweggefahren war, hatte er gierig nach den Luftblasen des Propellers geschnappt. Ganz bestimmt gab es auch eine Frau Schlei, die nun vergeblich auf ihn wartete.

Nannerl unterbrach mich in meinen Gedanken.

„Ich finde, der Schlei müsste Anton heißen", sagte sie.

„Nein", erwiderte ich, „meiner Ansicht nach sieht er mehr wie Fritz aus."

Der Doktor saß mit einer Schürze in der Plicht und schälte Kartoffeln. „Egal", sagte er, „ob Fritz oder Anton. Schmecken wird er jedenfalls."

Nannerl und ich nickten zustimmend.

Dabei schauten wir einander nicht in die Augen.

Auch dem Nannerl tat der Schlei leid.

Der Doktor warf eben die letzte Kartoffel in den Topf. Er stand auf, trat vor den Blecheimer und sagte: „Deine Stunde ist gekommen, Anton-Fritz."

Er nahm das große Messer und begann es am Schleifstein zu wetzen.

„Musst du den Fritz unbedingt vor unseren Augen schlachten?", sagte Nannerl.

„Ich?", rief der Doktor. „Ich habe niemals im Leben irgendein Tier getötet. Ich werde es auch niemals tun! Das ist eure Aufgabe!"

Gerda drückte mir resolut das geschliffene Messer in die Hand. Ich hatte ebenfalls noch niemals ein Tier getötet.

Aber einer von uns musste es doch tun. Wir wollten zu Mittag gebratenen Schlei essen. Ich befühlte die Klinge des Messers. Sie war scharf.

E5

Wenn ich es nicht tat, wie würde ich vor Nannerl dastehen! Darum gab ich mir Mühe, kaltblütig zu sein. Wie ein Mörder stellte ich mich mit gezücktem Messer vor den Blecheimer.

Mir war, als würde der Schlei gerade jetzt einen flehenden Blick zu mir hinaufwerfen.

„Habt ihr überhaupt Appetit auf Fisch?“, fragte ich.

„Ich nicht“, sagte Nannerl schnell.

Der Doktor rief: „Aber Oskar, du weißt doch, wie gern ich im Restaurant Fisch esse! Erinnerst du dich nicht mehr an Nummer sechsundsechzig auf der Speisekarte im Gastmahl des Meeres – Hecht à la Toulouse?“

„Ich meinte“, sagte ich nachdrücklich, „ob du heute Fisch essen möchtest?“

„Ach, heute meinst du, heute möchte ich nicht unbedingt Fisch. Wir haben eine Büchse Schweinegulasch an Bord. Die könnten wir essen!“

„Einwandfrei“, rief Nannerl , „wir essen Schweinegulasch!“

Ich wusste, dass sie eigentlich nicht gern Schweinegulasch mochte. Jetzt schien es ihre Lieblingsspeise zu sein. Ich nahm den Eimer in die Hand und schüttete das Wasser und den Schlei in großem Bogen über Bord.

„Leb wohl, Anton-Fritz“, rief ich, „und lass dich nicht wieder fangen!“

Während ich die Gulaschbüchse öffnete, machte ich mir ein paar Gedanken.

Manche Menschen sind komisch, dachte ich. Sie essen gern Fisch, aber sie können keinen Fisch töten. Stattdessen essen sie Gulasch von Schweinen. Die Schweine aber haben noch vor kurzer

Zeit lustig in ihren Koben gequiekt. Vielleicht sollte man sich nur von Obst und Gemüse ernähren!

Bei dem letzten Gedanken stieg mir der Geruch von Fleisch angenehm in die Nase.

Inzwischen war das Boot, das wir seit langer Zeit gesehen hatten, herangekommen. Am Bug stand der Name *Santa Maria.* So hieß auch das Schiff, mit dem Kolumbus Amerika entdeckt hatte. An der Spitze der *Santa Maria* saß ein rabenschwarzer Pudel. Sein Schwanzstummel wackelte aufgeregt hin und her. Und seine Augen leuchteten in der Sonne grün. Ein richtiger schwarzer Teufel!

Am Ruder des Bootes saß lässig ein Junge in Nannerls Alter. Der Vater und die Mutter des Jungen grüßten zu uns herüber.

Nannerl hob auch nach Seglerart die Hand und sagte: „Einwandfrei!“

Der Junge winkte zurück. Er hatte einen wilden blonden Schopf und im Gesicht viele Sommersprossen.

„Was ist einwandfrei?“, fragte der Doktor.

„Das Boot natürlich“, sagte Nannerl. Sie schaute dabei weiter zu dem Jungen hinüber.

Und der Junge schaute zu ihr.

Was mochte Nannerl wohl denken?

Wahrscheinlich überlegte sie, was das wohl für ein Junge war. Ob er Bücher las und Fratzen schneiden konnte und ob er gern Fußball spielte. Mit Besorgnis sah ich, dass der Abstand zwischen unseren beiden Booten immer geringer wurde.

„Pass auf“, sagte ich. Schließlich hatte der Kapitän die Verantwortung. Und der Kapitän war ich!

Plötzlich jaulte der schwarze Pudel auf und sprang mit einem gewaltigen Satz zu uns an Deck.

„Sascha!“, brüllte der Junge, und seine Eltern fuchtelten wild mit den Armen in der Luft herum. Aber Sascha, der schwarze Teufel, sah sich nicht um, sondern kletterte schwanzwedelnd in unsere Plicht.

Nannerl umarmte ihn stürmisch. Dabei bewegte sie unwillkürlich das Ruder. Unser Kahn machte so einen Schlenker, dass mir angst und bange wurde.

Inzwischen schimpfte der Kapitän der *Santa Maria* gehörig mit seinem Steuermann. Der zuckte aber nur einmal mit den Achseln. Genauso würde es Nannerl im umgekehrten Falle tun. Diese Kinder konnte man ausschimpfen noch und noch. Wörter rannen an ihnen herab wie Regen an einem Wettermantel.

„Entschuldigen Sie“, rief mir der Mann zu. „Wir nehmen Sascha an der Schleuse wieder an Bord.“

„Gut, gut“, rief ich.

So hatten wir einen Bordhund.

Als die *Santa Maria* allerdings stolz an uns vorüberzog, wimmerte Sascha kläglich, und wir hatten Mühe, ihn mit einer Bockwurst zu trösten.

Übrigens zog die *Santa Maria* ein kleines Beiboot hinter sich her. Das war ein komisches, eckiges Boot. Man konnte ein Segel darauf setzen. Diese Boote nennen sich „Optimisten“. Ich habe sie schon segeln sehen.

Ein paar Minuten nach der *Santa Maria* erreichten wir den Bootssteg vor der Schleuse.

Die Ampel zeigte Rot. Wir mussten also warten, bis das große Eisentor gehoben wurde.

Sascha war, kaum dass wir uns dem Ufer genähert hatten, gesprungen. Er hatte sich aber in der Entfernung verschätzt und war ins Wasser geklatscht. Er erreichte schwimmend das Festland und sprang in übergroßer Wiedersehensfreude

an der Besatzung der *Santa Maria* empor. Dann schüttelte er mehrmals sein nasses Fell aus. Das machte er so, dass seine Besitzer nass wurden. Mir kam das wie gerufen, denn aus irgendwelchen Gründen ließ sich unsere *Pütz* erst nach längerem Hin und Her am Ufer festbinden. Und vor den anderen Sportsfreunden wollten wir uns doch nicht blamieren.

Nannerl ging, als wir den Kahn endlich festgebunden hatten, zu dem Jungen.

Sie standen sich gegenüber und blickten sich an.

„Einwandfrei, der Hund“, sagte Nannerl.

„Dufter Knochen, möchtest du wohl haben, ej?“

Ich mochte solche Gespräche nicht anhören. Sie kratzten mir in den Ohren wie Sandpapier.

Der Kapitän der *Santa Maria* und ich begrüßten uns.

„Wir werden mal fragen, wann geschleust wird“, sagte er.

Wir gingen zusammen zum Schleusenwärterhaus.

Ein Mann mit der Schiffermütze harkte akkurat die Wege an der Schleuse. Neben ihm lehnte ein anderer in Gummistiefeln und blauer Montur auf dem Fahrrad. Sie unterhielten sich.

Der Schleusenmeister mit der Schiffermütze sagte: „Eure verdammten Kühe trampeln die Uferbefestigung runter!“

Der andere: „Das ist bloß gestern gewesen, weil der Elektrozaun kaputt war.“

„Ach, ihr habt einfach geschlafen“, gab der Schleusenmeister zurück.

„Geschlafen?“, empörte sich der andere. „Geschlafen habt ihr doch an der Schleuse. Nach dem großen Regen vor drei Wochen ist das Wasser im Kanal so angestiegen, dass uns beinahe das Heu auf den Wiesen weggeschwommen ist.“

Der Schleusenmeister kratzte sich das Kinn.

„Also gut", sagte er, „dann sind wir quitt. Aber glaub mir, ich war in der Nacht dreimal draußen und habe das Wehr weiter aufgemacht. Das Wasser stieg trotzdem überraschend."

Der Kapitän der *Santa Maria* hustete, um sich bemerkbar zu machen.

„Alle zwei Stunden werden Sportboote geschleust", sagte der Schleusenmeister. „Wir haben jetzt wenig Wasser. Aber Sie haben Glück. In einer halben Stunde schleuse ich einen Berufsschiffer."

Wir kehrten mit dieser Nachricht zum Bootssteg zurück.

„Oskar", rief der Doktor, „sollen wir hier ewig warten?"

Der Kapitän der *Santa Maria* blieb stehen. „Heißen Sie Oskar?"

„Ja", sagte ich. „Ist das so merkwürdig?"

„Gewissermaßen", sagte er nachdenklich. „Heute früh, als ich mir am Ufer die Füße vertreten wollte, kam ein Mann angeradelt, sprang vom

Rad und sagte: ‚Oskar, du befindest dich in akuter Lebensgefahr!‘ Dann sagte er: ‚Ich habe Sie wohl verwechselt, Pardon!‘ Er schwang sich wieder aufs Rad und fuhr davon!“

„Eddi“, rief ich, „mein Freund Eddi!“

„Sagen Sie, ist dieser Eddi vielleicht ein bisschen plemplem?“

„Nein“, sagte ich, „der ist nur ein bisschen komisch!“

Welche Lebensgefahr sollte uns drohen?

Ich wurde unruhig.

Nannerl und der Junge saßen im Gras. Zu ihren Füßen ließ sich Sascha, der schwarze Teufel, von der Sonne trocknen.

„Wetten, du gehst in die Kopernikus-Oberschule“, sagte der Junge. Nannerl nickte.

„Habe dich schon anvisiert“, fuhr der Junge fort. „Jeden Mittwoch gehe ich dort vorbei, wenn ihr Sport habt.“

„Komisch“, sagte Nannerl, „wieso hast du mich gerade anvisiert? Wir sind fünfzehn Mädchen in der Klasse.“

„Na, eben so! Wie heißt du eigentlich?“

„Marianne. Aber Vater sagt immer Nannerl zu mir.

„Wie bei mir“, rief der Junge. „Eigentlich heiße ich Michael. Aber alle sagen zu mir Mischa!“

„Ich sage auch Mischa, ja? Wohin fahrt ihr eigentlich?“

„Zum Bolter Kanal.“

Nannerl machte ein enttäuschtes Gesicht.

„Wir fahren zur Müritz.“

Mischa schrie: „Ach, du großes brennendes Aquarium!“ Dann lachte er unbändig.

Ich sah Nannerl an, sie glaubte, Mischa hätte einen Rappel bekommen.

Endlich beruhigte er sich wieder.

„Der Bolter Kanal, Mädchen, liegt doch an der Müritz! Ihr seid wohl blutige Anfänger auf dem Wasser! Hab ich mir gleich gedacht, als ich euch anlegen sah. Ihr hättet den Kahn erst vorne anbinden müssen und dann hinten. Die Strömung kommt doch von vorn. Kapiert?"

Ei, dachte ich, der Bursche ist nicht dumm! Es ärgerte mich nur, dass ich nicht von selbst darauf gekommen war.

„Du gibst eine Stange an", sagte Nannerl.

„Olle Primel", sagte Mischa und stieß Nannerl an, „bist wohl sehr empfindlich?"

Ein polnischer Frachter war herangekommen.

Er gab ein langgezogenes Hornsignal.

Das große schwarze Tor der Schleuse hob sich langsam empor. Die Einfahrt wurde frei.

„Wir lassen uns von dem Polen auf den Haken nehmen", sagte Mischa. „Macht doch mit."

„Auf den Haken nehmen?", wunderte sich Nannerl.

„Schleppen!", sagte Mischa. „Die fahren schnell, und das Motorrattern fällt weg."

Der Schleusenmeister machte uns ein Zeichen. Wir sollten einfahren.

Mischa und sein Vater nahmen ein Stechpaddel in die Hand und fuhren hinter dem Berufsschiffer in die Schleuse.

Der Doktor und ich griffen ebenfalls zu den Paddeln. Nannerl ging ans Ruder.

Aber unser Boot trieb augenblicklich quer. Es ließ sich mit den Paddeln nicht gegen die Strömung bewegen. Und den Motor konnten wir so schnell nicht anwerfen. So blieb nur noch der lange Stakhaken. Damit wollten wir

uns abstoßen. Leider ging auch das nicht. Der Staken war zu kurz. Er reichte nicht bis zur Kanalsohle. So trieben wir hoffnungslos von der Schleuse weg. Ach, war das eine Blamage!

Plötzlich kam Mischa mit einer Wurfleine gelaufen. „Ich treidle euch", rief er.

Die Wurfleine sauste durch die Luft. Ich konnte sie gerade noch fangen.

„Nannerl", rief Mischa, „du musst ein bisschen gegensteuern, sonst knallt der Kahn ans Ufer!"

„Okay, Mischa", rief Nannerl.

Ich fühlte mich ein bisschen überflüssig.

Mir war peinlich, dass Mischa uns durch seine Körperkraft in die Schleuse bugsierte. Das war keine leichte Arbeit. Endlich lagen wir hinter der *Santa Maria* an der Schleusenmauer. Es war muffig und düster in der Schleusenkammer, die Wände glitschig und mit grünen Algen bewachsen. Das große Schleusentor kam langsam herunter.

Dann stieg das Wasser. Wir hielten uns mit der einen Hand an den schmierigen Griffen der Schleusenkammer fest, mit der anderen hielten wir die *Pütz*.

Langsam stiegen wir höher und höher. Immer heller wurde es. Als uns das Wasser drei Meter emporgehoben hatte, schien für uns wieder die Sonne.

Mischa kletterte vom Boot auf die Schleusenmauer und schlenderte zu dem polnischen Schiff.

„Du verstehen Deutsch?", brüllte er zu dem Schiffer hinüber.

„Ich verstehe Deutsch", sagte der.

„Du schleppen eins, zwei Boote, ja?"

Der polnische Schiffer wiederholte: „Du schleppen eins, zwei Boote? Was ist das für ein schlechter Satz. Du musst besser lernen in der Schule."

Mischa wurde vor Verlegenheit rot. „Ich dachte, sonst verstehen Sie mich nicht“, stammelte er.

„Gute Sätze versteht man gut“, sagte der Schiffer. „Also, ich schleppe euch.“

Das obere Schleusentor wurde langsam geöffnet. Wir warfen ein Tau zur *Santa Maria*. Und die *Santa Maria* warf ein Tau zum Frachter. So fuhren wir im Schlepp.

Was hatte Eddi nur mit seiner dunklen Andeutung gemeint? Ich sah nirgends eine Gefahr!

12. Oskar erzählt etwas über Flaschen, dabei werden ein Reglerbügeleisen und die „Nautischen Mitteilungen“ beinahe nass

Was ist eine Flasche?

Der Doktor würde antworten: Eine Flasche ist ein Hohlkörper aus Glas zum Zwecke der Aufbewahrung von Flüssigkeiten.

Nannerl dagegen würde behaupten, eine Flasche ist einer, der immer petzt und niemals das Treppengeländer herunterrutscht.

Und ich, Oskar, sage euch: Flaschen sind Boten des Schicksals! Mancher Kapitän schaute so lange in die Rumbuddel, bis er den Kompass nicht mehr erkennen konnte, bis sein Schiff auf ein Riff lief und versank.

Und auch mancher Hafenarbeiter gab früher sein Geld für Schnapsflaschen aus, so dass am Ende nichts mehr blieb, um das Brot für die Familie zu kaufen.

Aber sogar Flaschen ohne Rum haben das Schicksal von Menschen bestimmt. Sie haben uns Botschaften von Seeleuten übermittelt, die gestrandet auf einsamen Inseln hockten.

Die Mannschaft der *Pütz* dagegen missachtete die Flaschen. Und gerade das wäre ihr beinahe zum Verhängnis geworden.

Der polnische Frachter, der unser Boot und die *Santa Maria* auf den Haken genommen hatte, schien es eilig zu haben. Unser „Archimedes“ schwieg vor Neid über das Tempo der zwei Schiffsmaschinen des Frachters. Nannerl hockte am Ruder und sah nach vorn. Sie schien zu dösen. Wer weiß, woran sie wieder dachte,

an Indianer, wilde Tiere oder auch nur an Mischa, der braungebrannt die *Santa Maria* steuerte. Unser Doktor war in die Kajüte gegangen. Wahrscheinlich hielt er ein Nachmittagsschläfchen.

Ich blätterte in der Zeitung für Segler. Ein Protestschreiben des Präsidiums des Seglerverbandes war dort zu lesen:

„Wir Segler protestieren auf das allerschärfste gegen die Darstellung von Sportsfreunden mit abstehenden Ohren. Es ist nicht wahr, dass alle Segler abstehende Ohren haben. Wer das dennoch behauptet, fügt den Seglern auf der ganzen Welt schweren moralischen Schaden zu …"

Während ich nach meinen Ohren tastete und mit Befriedigung feststellen konnte, dass sie nicht abstanden, fiel mein Blick auf eine Artikelserie „Die Gefahren beim Schleppen". Das interessierte mich.

„Du, Nannerl", sagte ich erschrocken und hob dabei den Finger drohend, „dass du mir auch immer schön hinter der *Santa Maria* herfährst!"

Nannerl blickte mich an, als wäre mir ein Horn auf der Nase gewachsen.

„Oskar, willst du nicht lieber einen Hut aufsetzen, die Sonne brennt dir auf die Bonje, wer weiß, ob das gut ist!"

„Wie meinst du das?", fragte ich scharf.

„Ich kann nämlich überhaupt nicht anders, als hinter der *Santa Maria* herfahren, weil wir durch eine Perlonleine mit ihr verbunden sind." Nannerl sagte das ganz langsam und ganz deutlich, als würde sie mit einem Kranken reden.

„Ich meine, du sollst an einer Kurve den Weg nicht abschneiden! Das ist gefährlich!"

„Du, Oskar, dort schwimmt eine Flasche."

„Flasche, Flasche, das ist jetzt unwichtig. Wir müssen ein Beil bereitlegen. Ein Beil."

„Willst du Brennholz machen? Du, Oskar, es ist wirklich besser, du setzt dir einen Sonnenhut auf."

„Hör doch zu, Nannerl, wir müssen jederzeit das Schlepptau kappen können. Denk dir, was passiert, wenn wir plötzlich irgendwo hängenbleiben. Das Boot würde auseinandergerissen werden!"

Da wir kein Beil an Bord hatten, legte ich das große Messer bereit.

Nannerl interessierte sich dafür nicht.

Sie sagte: „Du, Oskar, wieder eine Flasche!"

Auch Mischa hatte die Flasche gesehen. Er machte ein Zeichen nach hinten. „Flaschenpost!", brüllte er.

Ich las weiter in meiner Zeitung, um schneller herauszufinden, was uns noch alles für Gefahren drohten.

„Sofort einen Eimer!", rief ich. „Wir müssen einen Eimer mit einer Leine griffbereit halten!"

„Wozu einen Eimer? Oskar, setz einen Hut auf!"

„Lass mich mit diesem Hut in Ruhe! Wir brauchen einen Eimer als Anker, als Bremse. Denk mal, Nannerl, aus irgendeinem Grunde muss der Frachter stoppen. Er lässt seine Maschinen rückwärts laufen. Dann laufen wir auf die *Santa Maria* auf. Die *Santa Maria* läuft ihrerseits auf den Frachter. Vielleicht wickelt sich die Schleppleine um die Schiffsschrauben. Der Frachter wird manövrierunfähig, kollidiert mit einem entgegenkommenden Schiff. Beide fahren gegen einen Brückenpfeiler; die Brücke bricht zusammen, aus beiden Richtungen nähern sich zum gleichen Zeitpunkt Eisenbahnzüge; sie stürzen …"

„Oskar", hörte man den Doktor aus der Kajüte, „soll ich dir deine Beruhigungspillen geben? Sonst schnappst du uns noch über."

Nun wurde ich erst richtig wütend. Das kommt davon, dachte ich, wenn man mit zwei Frauen auf große Fahrt geht! Zugegeben, ich hatte meinen Faden zu weit gesponnen.

Trotzdem, nach meiner Meinung befanden wir uns in Gefahr! Wir brauchten dringend einen Eimer und eine Leine!

In diesem Augenblick ertönte ein gellendes Indianergeheul. Mischa hatte es ausgestoßen. Er hielt eine tropfnasse Flasche in der Hand, die er soeben aus dem Wasser gefischt hatte.

Er entkorkte die Flasche und nahm einen Zettel heraus. Nachdem er ihn gelesen hatte, steckte er ihn wieder hinein, band die Flasche an eine Leine und ließ sie zu uns nach hinten treiben.

Wir lasen ebenfalls den Zettel aus der geheimnisvollen Flasche. Er hatte folgenden Wortlaut:

„An die Mannschaft des Segelschiffes *Pütz*!

Vorsicht, Lebensgefahr bei steifer Brise und im Schlepp.

Ihr Heinis, achtet auf den roten Bolzen!

Alle Schiffe, die diese Botschaft auffinden, sind zum Teufel verpflichtet, die bedrohte Mannschaft zu retten.

Eddi, Kapitän im Dämmerzustand.

PS. Der Rotwein aus den Flaschen hat gut geschmeckt.

Tschüschen, E.“

Ich musste lachen.

Der Doktor war ein wenig erstaunt.

„So kenne ich deinen Eddi eigentlich nicht“, sagte er. „Bisher war er höflich, bescheiden und zurückhaltend!“

„Ach so, weil er uns mit Heinis anredet. Das meint er nicht so.“

„Ich finde, er hat eine Sauklaue“, sagte Nannerl. Der Doktor und ich sahen Nannerl wegen ihrer Ausdrucksweise scharf an.

„Ich meine, er hat eine schlechte Handschrift!“

„Ich rechne mich jedenfalls nicht zu den Heinis“, sagte der Doktor und wollte wieder in die Kajüte klettern. Nannerl nickte solidarisch.

„Er war ein bißchen betütert. Wahrscheinlich suchte er leere Flaschen. Als er sie nicht fand, hat er volle gekauft und sie ausgetrunken. Haben wir nicht drei Flaschen insgesamt gesehen?"

Nannerl nickte bestätigend.

„Er hätte auch Most trinken können!" Der Doktor verschwand endgültig in der Kajüte.

„Most", rief ich, „Most! Hat man denn schon jemals von einer Flaschenpost in einer Mostflasche gehört!"

Nannerl stimmte mir in diesem Punkte zu.

„Was ist aber mit dem roten Bolzen?", wollte Nannerl wissen.

„Was für ein roter Bolzen? Ach so, von dem in dem Brief die Rede ist. Eddi wollte sich gewiss einen Spaß machen. Er hofft vielleicht, wir würden das ganze Boot kopfstellen, um diesen lächerlichen roten Bolzen zu finden."

„Vielleicht hat Eddi erfahren, dass in unserem Boot eine Höllenmaschine eingebaut ist, die jeden Augenblick losgehen kann."

„Wer sollte die wohl eingebaut haben, Nannerl?"

„Vielleicht ein Seeräuber, dem das Boot früher einmal gehörte!"

Was sich Kinder so alles ausdenken! Immer wittern sie hinter der harmlosesten Sache ein Abenteuer.

„Warum sollte dein Freund Eddi ohne einen Grund drei Flaschen auf die Reise schicken?"

„Er hat einen Grund: Er will uns zum Lachen bringen."

Aber Nannerl hörte nicht auf zu bohren: „Eine Flaschenpost ist eine ernsthafte Sache."

„Früher", sagte ich. Und um Nannerl ein wenig von Eddis dunkler Warnung abzulenken, erzählte ich ihr von einer Flaschenpost, die im Jahre 1918 gefunden wurde:

„Die Botschaft der Flasche lautete: Sollte dies aufgefischt werden, bitte sagen Sie all meinen Freunden, dass der Steuermann mich schrecklich schlecht behandelt. Auch sagt die ganze Mannschaft, wir würden niemals mehr einen Hafen erreichen, da das Schiff viel Wasser macht. George Westerley, Steuermannslehrling auf der *Taifun*, Mai 1888."

„Das war vielleicht ein Junge im Alter von Mischa", sagte Nannerl nachdenklich. Sie stutzte. „Die Flaschenpost war ja dreißig Jahre unterwegs!"

„Ja", nickte ich. „Und die *Taifun* ging tatsächlich 1888 mit Mann und Maus verloren."

„Welchen Grund hatte dieser arme George Westerley, eine Flaschenpost abzuschicken?"

Über diese Frage musste ich längere Zeit nachdenken, bevor ich eine Antwort geben konnte.

„Ich glaube, George Westerley fühlte sich sehr allein. Und irgendjemandem wollte er sagen, was ihn bedrückte. Die Menschen sind mitteilsam. Sie wollen nichts für sich allein behalten. Darum schreiben sie Briefe, Tagebücher, Flaschenpostbriefe, und die Geschwätzigsten verfassen Bücher und freuen sich, wenn sie gelesen werden."

„Ich meine", sagte Nannerl mit Nachdruck, „man muss das Geschriebene ernst nehmen! Du selbst hast mir einmal von englischen Matrosen erzählt, die auf der MacDonalds-Inselgruppe gestrandet sind. Sie hatten eine Botschaft in einer Blechkanne ausgesandt und um Hilfe gebeten. Die Nachricht wurde tatsächlich aufgefangen, und ein Rettungsdampfer machte sich auf den Weg. Doch als der Dampfer am Ziel anlangte, fand er die Insel leer.

Die Matrosen hatten vier Tage vorher die Insel mit einem provisorischen Floß verlassen. Sie waren ertrunken. Und warum? Weil sie ihrer eigenen Flaschenpost nicht trauten!“

„Die Geschichte ist ja sehr schön und lehrreich, Nannerl. Schließlich habe ich sie dir ja mal erzählt, aber in unserem Fall ist sie nicht anwendbar. Was soll uns passieren? Das Ufer ist keine zwanzig Meter von uns entfernt.“

Ich hatte den Artikel „Gefahren beim Schleppen“ ganz vergessen.

Kreidebleich kletterte der Doktor aus der Kajüte.

Ich starrte sie an und rief laut: „Nein, nein, das glaube ich nicht!“ Dabei bedeckte ich mein Gesicht mit den Händen. Hier musste Zauberei im Spiel sein, denn der Doktor trug mindestens sechs Kleider über dem Arm, und in der einen Hand hielt er das Reglerbügeleisen. Diesen ganzen Plunder hatte ich eigenhändig von Bord getragen und im Bootshaus eingeschlossen.

„Wir sinken“, sagte der Doktor fassungslos. Doch ich überhörte das in diesem Moment.

„Wir sinken“, sagte der Doktor noch einmal.

„Um Himmels willen“, kreischte Nannerl, ließ das Ruder einfach sausen, sprang in die Kajüte und kehrte in derselben Sekunde mit den „Nautischen Mitteilungen“ zurück.

„Wir sinken“, sagte auch sie. „Das Wasser steht schon bis an die Kojen. Helft mir die ‚Nautischen‘ retten! Die sind aus der Bibliothek.“

Wenn meine Familie glaubte, sie könnte mich verkohlen, dann sollte sie sich gründlich verrechnet haben!

Ich nahm die Seglerzeitung wieder zur Hand und tat so, als würde ich lesen. Dabei schielte ich kurz über den Zeitungsrand in den Niedergang zur Kajüte. Ich sah, wie unsere Abwaschschüssel dort lustig herumschwamm.

„Wir sinken", brüllte auch ich jetzt und sprang auf.

„Nannerl, Schleppleine kappen! Der Doktor hilft beim Ösen!"

Jetzt kam Bewegung in die Mannschaft.

Nannerl rannte mit dem Messer nach vorn und schnitt uns, ohne auf Mischas erstauntes Gesicht zu achten, von der *Santa Maria* los.

Ich füllte den Eimer mit Wasser und reichte ihn dem Doktor, der das Wasser über die Reling schüttete.

„Steuere das Ufer an", befahl ich Nannerl. „Dort ist es flach. Sonst säuft uns der Kahn ab."

Ich bemerkte nämlich, dass unser Boot schneller Wasser aufnahm, als es unser Eimer über Bord befördern konnte.

Nannerl rief von draußen: „Oskar, wir sind am Ufer. Aber es ist hier mindestens zwei Meter tief."

„Mach den Kahn an einem Baum fest!"

So konnte unsere *Pütz* wenigstens nicht auf Nimmerwiedersehen zu den Fischen hinabtauchen.

„Die *Santa Maria* kommt uns zu Hilfe", brüllte Nannerl.

Der Doktor schüttete nach wie vor das Wasser eimerweise über Bord. „Dabei könnte ich jetzt auf der Terrasse eines Hotels liegen und Eis essen", stöhnte sie.

Mischa und sein Vater erfassten sofort unsere Lage. Sie machten die *Santa Maria* an der *Pütz* so fest, dass unser Heck nicht versinken konnte.

„Sportsfreund Oskar", sagte Mischa wie ein Erwachsener zu mir. „Es hat keinen Zweck, drauflos zu ösen. Wir müssen das Leck finden!"

Das leuchtete mir ein. Aber wer gibt schon einer Rotznase gerne recht!

„Das ist auch eine Möglichkeit!", brummte ich, obwohl es nur diese eine gab.

Mischa nahm bereits die Bodenbretter heraus und reichte sie seinem Vater zur *Santa Maria* hinüber. Dann kletterte Mischa barfuß in die überflutete Bilge und begann, jede Planke und jede Spante unter Wasser abzutasten.

„Nichts", sagte er schließlich enttäuscht.

„Prüfe die Bolzen!", sagte Herr Fisch, der Kapitän der *Santa Maria*.

„Das Wasser ist fast zum Stillstand gekommen", ließ sich der Doktor hören.

„Wir müssen weiter ausschöpfen, dann sieht man vielleicht, wo es hereinströmt."

Wir stimmten alle zu. Ich wäre sehr glücklich gewesen, wenn mir auch so etwas Kluges eingefallen wäre, aber leider, leider …

„Ach, du vergoldeter Klosettdeckel", rief Nannerl und schlug sich heftig mit der Hand gegen die Stirn. „Mischa, sieh doch mal nach, ob dort ein roter Bolzen zu sehen ist."

„Klar", gab Mischa zur Antwort, „das ist einer der Bolzen, an denen der Motor hängt."

Jetzt fühlte ich meinen großen Augenblick gekommen.

„Dieser Bolzen", sagte ich, „kann nicht leck sein, denn er befindet sich über der Wasserlinie."

„Normalerweise", sagte Mischa, „aber beim Schleppen liegt der Kahn mit dem Heck tiefer im Wasser."

Wieder brummten alle irgendeine Zustimmung. Ich schwieg jetzt lieber.

„Da", rief Mischa, „man sieht deutlich, wie das Wasser hereinströmt. Es scheint eine Dichtung zu fehlen!"

Nannerl warf mir einen triumphierenden Blick zu.

Wirklich, ich hätte die Flaschenpost von Eddi viel ernster nehmen sollen!

Mischas Vater stieg mit einem hölzernen Kasten an Bord der *Pütz*.

Als er den Kasten geöffnet hatte, erblickten wir ein heilloses Durcheinander von Muttern, Schrauben, Nägeln, Sicherheitsnadeln, Lederstreifen, Gummidichtungen, Angelhaken, Bolzen, Kerzenstummeln ... und wer weiß was noch alles.

Andächtig ließ er die verschiedenen Teilchen durch die Finger gleiten, betrachtete das eine und andere und warf es in den Kasten zurück. Und ich wusste nun: Dieser Mann hatte Erfahrungen mit Booten.

Es kribbelte mir in den Fingern, als ich Herrn Fisch zusah. Er aber sagte: „Immer mit der Ruhe. Pfuscharbeit zahlt sich nicht aus."

Endlich hatte er einen Bolzen, eine Mutter und eine Lederdichtung gefunden, die seinen Vorstellungen entsprach.

Als unser Boot wieder abgedichtet auf den Wellen schaukelte und die Ordnung an Bord wiederhergestellt war, leuchteten die Wipfel der Kanalbäume bereits in der goldgelben Abendsonne.

Der Doktor und Frau Fisch hatten gemeinsam ein Abendbrot zurechtgemacht, das auf der *Santa Maria* eingenommen wurde. Auf die glückliche Rettung wollten wir mit einem Glas Wein anstoßen.

Bevor wir einen Bissen gegessen hatten, nahm ich Nannerl und den Doktor noch einmal beiseite: „Ich möchte nur wissen, wie ihr es geschafft habt, die ‚Nautischen Mitteilungen', das Reglerbügeleisen und den ganzen anderen Klimbim an Bord zu schummeln!"

Nannerl und der Doktor sahen sich eine Sekunde in die Augen. Dann kicherten sie – und ich fühlte mich ihnen unterlegen.

13. Nannerl erzählt vom Schicksal der *Adrian* und wie sie und Mischa bei der Erörterung von pädagogischen Fragen vergessen werden

Wir saßen alle gemütlich an Bord der *Santa Maria* und ließen uns das Abendbrot schmecken.

„Schmatz nicht so entsetzlich", rief Mischas Mutter.

Mischa schaute einen Augenblick von seinem Teller auf.

„Wenn es mir aber schmeckt, Mutter!" Er gab sich dann doch einen Augenblick Mühe, nicht zu schmatzen.

Gerade als ich einen Becher mit Saft an den Mund setzte, ließ Mischa wieder einen lauten Schmatzer hören. Ich hätte vor Lachen platzen mögen. Aber schließlich waren wir ja zu Besuch. Doch man soll nie sein Lachen unterdrücken! Jetzt musste ich nämlich husten. Dabei kleckerte der Saft auf meinen Pullover.

„Marianne!", sagte meine Mutter in einem Ton, als hätte ich eine Fünf in Mathe nach Hause gebracht.

„Nannerl bekleckert sich immer mit dem größten Vergnügen", fing Oskar zu erzählen an. „Wir hatten einmal Spinat zum Mittagessen ..."

Immer wieder muss Oskar diese blödsinnige Geschichte erzählen, die schon Jahre her ist! Ich hatte mich damals mit Absicht bekleckert, weil ich gerade Förster spielte. Oskar sollte lieber etwas von seiner Arbeit erzählen! Zum Beispiel sein Erlebnis im Zirkus, als ihm beim Fotografieren der Löwe das Frühstücksbrot aus der Aktentasche gefressen hatte.

„Oskar“, sagte ich leise. „Der Löwe.“

Aber mein Vater hatte nun die Sache mit dem Spinat beim Wickel. Er hörte überhaupt nicht, dass ich ihm ein Stichwort gab.

„Das Frühstücksbrot“, sagte ich nach einer Weile lauter.

Er warf mir nur einen funkelnden Blick zu.

„Der Zirkus“, rief ich nun sehr laut, alle schauten mich verwundert an.

„Was brabbelst du immerzu dazwischen? Wenn sich Erwachsene unterhalten, haben Kinder zu schweigen“, rief Oskar.

„Ich wollte dich nur an die Geschichte mit dem Löwen im Zirkus erinnern“, sagte ich betrübt.

„Zirkus!“, schimpfte Oskar. „Hörst du nicht, dass ich mit Herrn Fisch gerade pädagogische Fragen bespreche?“

Ich blickte zu Mischa. Und Mischa blickte zu mir. Er kniff ein Auge zu und deutete mit einer Kopfbewegung zum Ufer hin.

Unauffällig erhoben wir uns und trollten an Land.

„Und was nun?“, fragte ich.

„Entdeckungsreise“, sagte er. „Wir rekognoszieren jetzt das Festland.“

„Rekognoszieren, komisches Wort. Was heißt denn das?“

„Auskundschaften.“

„Also, los. Wir rekognoszieren!“

Der Mond rekognoszierte auch gerade die Erde.

Die Büsche am Uferweg warfen gespenstische Schatten. Wenn man so einen Schatten einen Moment lang beobachtete, schien er sich zu bewegen.

Ich wollte dem Mischa nicht zeigen, dass mir ein bisschen flau war. Zum Rekognoszieren musste man sich nicht unbedingt die Dunkelheit aussuchen. Ich möchte wetten, Kolumbus hätte niemals gemerkt, dass er Amerika entdeckt hat, wenn er in der Nacht an Land gegangen wäre. Aber was nutzten mir solche Argumente! Mischa hätte mich ausgelacht und sofort behauptet, ich sei ein Angsthase.

Vor uns huschte plötzlich irgendetwas durch das Gras. Mischa und ich blieben wie zu Steinen verhext stehen. Dann gab es ein klatschendes Geräusch auf dem Wasser. Ein paar Wildenten, die wir aufgestöbert hatten, schimpften aus sicherer Entfernung auf uns. Der Weg bog nun vom Ufer ab und führte durch dichtes Gestrüpp. Mischa blieb abrupt stehen, so dass ich ihm in die Hacken trat. Er deutete stumm nach oben.

Auf dem kahlen Ast eines abgestorbenen Baumes saß ein großer Vogel und blickte mit runden grünen Augen auf uns herab.

„Wenn das nicht 'ne Eule ist", flüsterte Mischa, „will ich ein vierbeiniger Kanarienvogel sein!"

„Vielleicht ist es ein Uhu", sagte ich. Dabei fiel mir ein, dass Uhus angeblich Menschen anfallen sollten, wenn sie sich bedroht fühlten. Wer konnte wissen, was der Uhu oder die Eule dort oben von uns dachte. Vielleicht glaubte das Tier, wir wollten es fangen! Oskar hätte gesagt, Tiere können überhaupt nicht denken. Wer weiß? Am besten war schon, sich überhaupt nicht vom Fleck zu bewegen.

Doch ganz unvermutet sprang mir irgendetwas in den Rücken. Ich stolperte und rempelte Mischa an. Jaulend leckte uns der Pudel Sascha die Hände und feierte auf seine Weise Wiedersehen mit uns.

Der große Vogel auf dem kahlen Ast klappte seine Schwingen auseinander und flog davon. Bei jedem Flügelschlag gab es ein pfeifendes Geräusch. Der Ast, auf dem er vorher gesessen hatte, wackelte noch ein Weilchen.

Nun erst bellte Sascha wild. Ich war froh darüber, denn bei diesem Lärm fühlte man sich nicht mehr ganz allein.

Der Weg führte uns zu einem Toten Arm. Mischa ging voraus. Nun blieb er stehen und sagte: „Nannerl, das hier ist ein Friedhof!"

Gänsehaut kroch mir den Rücken hinauf. Nachts auf einem Friedhof. Na, Hilfe!

„Sind doch gar keine Grabsteine da“, sagte ich.

„Das ist ein Schiffsfriedhof, Nannerl.“

Ich stand neben ihm. Am Ufer türmten sich die schwarzen Umrisse alter Schiffe.

Mischa ließ die Taschenlampe aufleuchten. Der Lichtkegel wanderte über das Deck eines Vergnügungsdampfers. *Allotria* hieß er. Dann tastete sich der Lichtkegel an einer halb vom Wasser überspülten Dampframme vorbei zu einem Lastkahn.

„Du, sieh mal, dort führt ein Steg zu dem Schlepper *Adrian*!“

Mischa ging entschlossen auf die Laufplanke zu, die das Schiff mit dem Festland verband.

Ich hielt ihn am Ärmel zurück.

„Wohl Angst vor Gespenstern, was?“, sagte Mischa. Er lachte. Das Echo seines Lachens wurde von den Stahlwänden zurückgeworfen.

„Nee“, sagte ich mit zittriger Stimme. „Oder hast du etwa keine Angst?“

Mischa klopfte mir beruhigend auf die Schulter. „Du, ich habe auch manchmal Angst“, flüsterte er. „Aber dann tue ich so, als hätte ich keine.“

Wie zum Beweis kletterte er über die Laufplanke auf das Schiff. Als er den Fuß auf den Schiffskörper setzte, gab es einen Ton, als würde jemand einen Gong in Bewegung setzen. Sascha trippelte seinem Herrn selbstverständlich nach. Das Schlimmste ist, in so einer Situation alleine zu sein!

Darum lief ich den beiden nach. Wieder dröhnte der Gong, als ich meinen Fuß an Bord setzte.

„Du, Mischa, lass uns an Land gehen, hier ist es gefährlich.“

„Was soll hier gefährlich sein?“

Er stolperte und wäre gefallen, wenn ich ihn nicht festgehalten hätte.

„Hier ist ein Loch", sagte er.

Wir leuchteten in das Loch hinein. Es führte zum Maschinenraum, der halb unter Wasser stand.

„Lass uns lieber gehen!"

Der Lichtstrahl aus Mischas Lampe tastete ein dickes, rostiges Rohr ab, das an Deck lag.

„Das ist der Schornstein. Man konnte ihn legen, wenn das Schiff eine Brücke passierte."

„Schade um das Schiff", sagte ich.

„Die Dinger sind nicht mehr rentabel. Ein Mann musste ständig den Kessel mit Kohle versorgen. Schleppen ist auch nicht mehr modern. Denk mal, auf jedem Schleppkahn wurde eine Mannschaft benötigt. Heute, auf den Schubverbänden, brauchst du drei Mann. Und transportieren kann man bestimmt so viel wie auf drei Schleppkähnen."

Der Gong ertönte unvermittelt. Ich krallte mich an Mischa fest.

Irgendjemand war an Bord gekommen.

Sascha bellte wie verrückt. Dröhnende Schritte näherten sich uns. Eine Gestalt tauchte aus dem Dunkel auf.

Mischa richtete den Strahl der Taschenlampe auf den Mann.

Manchmal wünschte ich mir, ich könnte zaubern. Das war wieder einmal so ein Augenblick. Schwuppdiwupp – hätte ich mich in eine Maus verwandelt.

Der Mann war von dem Strahl der Taschenlampe geblendet. Er fuchtelte hilflos mit einer Angelrute und einem Eimer herum. Sascha schnappte mutig nach seinen Beinen.

Da sagte der Mann: „Macht doch mal die Latichte aus." Seine Stimme klang gutmütig.

Mischa knipste die Lampe aus und beruhigte Sascha.

„Darf ich wohl fragen, was ihr zu so später Stunde auf der *Adrian* sucht?", fragte der Mann.

„Wir sind sozusagen auf Entdeckungsfahrt", sagte Mischa, „wie damals Kolumbus."

„Ah", lachte der Mann, „dann verstehe ich, warum die *Santa Maria* am Ufer stromauf festgemacht hat."

„Und die *Pütz!*", sagte ich stolz.

Mischa trat einen Schritt vor und reichte dem Mann die Hand. „Ich bin Mischa Fisch. Und das hier ist Nannerl, meine Sportsfreundin."

Heu, wie Mischa das sagte: „... meine Sportsfreundin." – Das machte mich verlegen, aber zum Glück sieht man im Dunkeln nicht, wenn einer rot wird.

Der Mann steckte einen Wurm auf die Angel. „Whitt", sauste die Pose mit dem Köder ins Wasser.

„War einmal ein schönes Schiff, die *Adrian*", sagte der Mann. „Jetzt taugt sie gerade noch zum Angeln. Schade!"

Wir schauten auf die Pose, ob sie unterging.

„Wieso schade", sagte Mischa. „So ein Schlepper ist doch unmodern."

„Das schon", sagte der Mann. „Mein Sohn fährt auf einem Schubverband. Trotzdem ist's schade, dass der alte Schlorren ausgebrannt ist."

„Und wie ist das passiert?", platzte ich heraus.

„Kurz vor Kriegsende", sagte er. „Wir waren damals noch drei Hagelmanns. Mein Vater, ich und mein Sohn. Soldat war keiner von uns. Vater war zu alt, der Heinz zu jung, und ich habe immer so getan, als wäre ich schwerhörig. Wenn sie mich bei der Musterung nach dem Namen fragten oder nach der Adresse oder sonst was, hab ich immer ‚jawohl' gesagt.

Aber ganz zuletzt, als der Krieg beinahe aus war, holten sie jeden ohne Unterschied. Sogar meinen Onkel, und der hatte ein Holzbein. Darum ließen wir Hagelmanns uns im Ort nicht mehr sehen. Wir wohnten alle drei auf dem Schlepper. Und unser Schlepper lag gut versteckt im Hafen der alten Ziegelei. Dort kam nie jemand hin, weil es hieß, dort würden Minen liegen.

Eines Tages sahen wir mit unserem Fernrohr vom Dach der Ziegelei, wie Soldaten zur Brücke marschierten und dort anfingen, am Mittelpfeiler herumzupütchern. Zuerst haben wir überlegt, was die da machten. Plötzlich sagte mein Sohn: ‚Die wollen die Brücke sprengen!' Der Krieg war beinahe vorbei, und die wollten noch die Brücke sprengen! Das regte uns mächtig auf.

Zwei Tage lang stemmten die Soldaten Mauersteine aus dem Mittelpfeiler. Dann waren die Kammern fertig, in die der Sprengstoff sollte. Die Soldaten zogen ab und ließen nur einen Mann als Wache auf der Brücke.

Ziegel gab es bei uns genug. Wir beluden unsere *Adrian* damit. Mörtel trieb mein Vater irgendwoher auf. Nun störte nur noch der Wachtposten auf der Brücke.

Ich ging zu ihm und fragte, ob er es richtig fände, die Brücke noch in letzter Minute zu sprengen. Richtig fand er es nicht. Aber Befehl war eben Befehl!

Er fragte mich, ob ich Tabak hätte.

‚Einen halben Zentner!', sagte ich.

Wir hatten unseren Tabak im Garten selbst gezogen und ihn in der alten Ziegelei getrocknet.

‚Wenn du mir einen alten Anzug verschaffst, haue ich hier ab und verstecke mich bis Kriegsende in der Ziegelei.'

Vater opferte seinen Sonntagsanzug, und der Posten zog in die Ziegelei und machte sich daran, den halben Zentner Tabak aufzurauchen.

Wir aber, die drei Hagelmanns, dampften mit unserem Schlepper *Adrian* zum Brückenpfeiler und mauerten die Sprenglöcher in einer Nacht zu. Als wir den letzten Stein eingesetzt hatten, witschte eine Maschinengewehrgarbe dicht neben unserem Schlepper ins Wasser. Das Sprengkommando war mit dem Dynamit eingetroffen. Sie schossen auf uns. Wir drei Hagelmänner verkrochen uns, so gut es ging, auf dem Schlepper. Vater manövrierte die *Adrian*, ohne auch nur die Nase über die Reling zu stecken, rückwärts stromauf in die Nacht hinein. Er kannte den Fluß wie seine Westentasche. Vom Ufer feuerten die Soldaten auf uns. Aber die Kugeln konnten der *Adrian* nichts anhaben.

Nur etwas machte uns Sorge – die Schleuse oberhalb. Dort würde man uns unweigerlich erwischen. Es gab nur eins: Wir ließen uns im Schutze der Dunkelheit ins Wasser gleiten und schwammen ans Ufer. Und die Soldaten verfolgten die *Adrian* weiter, bis er mit dem Heck auf Grund ging.

Weil sie uns nicht bekamen, rächten sie sich an dem Schlepper. Zuerst versuchten sie, ihn zu versenken. Aber der Schlepper ging nicht unter, weil er auf Grund saß. Darum übergossen sie ihn mit Benzin und steckten ihn in Brand.

Wir versteckten uns in der Ziegelei und beobachteten von dort aus, zusammen mit dem geflohenen Brückenposten, wie unser Schlepper brannte und später, wie das Sprengkommando versuchte, erneut Kammern in die Brücke zu stemmen. Die Zeit reichte aber nicht mehr aus. Sie mussten ihr Dynamit in den Fluss werfen, weil der Frieden sie sonst überrascht hätte!"

Hagelmann kurbelte die Pose der Angel heran. Er besah sich mit der Taschenlampe den Haken. Er war leer.

„Abgefressen", sagte er.

„Und dann?", fragte ich.

„Und dann, und dann", rief Hagelmann ärgerlich, „beim Angeln hat unbedingte Ruhe zu herrschen, sonst fängt man keinen Schwanz." – Eine Weile schwieg er.

Auch Mischa und ich verhielten uns ruhig.

„Das Wrack der *Adrian* war ein Schifffahrtshindernis. Es wurde später hierhergeschleppt. Die Ziegelei nahm ihre Arbeit wieder auf. Steine wurden gebraucht. Schlepper natürlich auch. Aber die *Adrian* war rettungslos hin. Eines Tages werden sie ihn mit dem Schweißbrenner auseinanderschneiden und den Schrott verarbeiten."

„Schade", sagte Mischa.

„Na, du bist einer ...", sagte Hagelmann, „vorhin hast du gesagt, so ein Schlepper sei unmodern."

„Das ist wahr. Aber jetzt, da man die Geschichte der *Adrian* kennt, tut es mir ein bisschen leid um den alten Schlorren."

Hagelmann sagte plötzlich wieder knurrig: „Los, nun aber nach Hause. Schert euch von Bord!"

Mischa und ich, wir verabschiedeten uns.

Wieder hörten sich unsere Schritte wie Gongschläge an. Mir war kein bisschen mehr unheimlich zumute. Der Schlepper *Adrian* erschien mir wie ein alter Bekannter.

„Das war eine Geschichte", sagte ich begeistert zu Mischa.

„Eine dollere Geschichte werden wir wohl erleben, wenn wir wieder an Bord kommen", murmelte Mischa.

Wahrscheinlich hatten sich unsere älteren Herrschaften schon gewaltige Sorgen über unser langes Ausbleiben gemacht. Daran hatte ich die ganze Zeit nicht gedacht.

Schon sahen wir den schwachen Schimmer der Petroleumfunzel an Bord der *Santa Maria*. Sehr, sehr langsam schritten wir auf dieses Licht zu. Wir hatten ein schlechtes Gewissen.

Dann hörten wir Oskars Stimme: „Man muss der Erziehung der Kinder große Aufmerksamkeit widmen!"

Wir sahen uns verdutzt an – kenne sich einer bei den Erwachsenen aus! Und wir glaubten, sie würden sich über unser Wegbleiben sorgen, dabei hatten sie uns nicht einmal vermisst!

14. Nannerl erzählt etwas über die Farbe von Eigenschaften, über Herrn Isot, über Katze und Storch und von einer anderen Rettungsaktion

Alle Eigenschaften der Menschen haben eine Farbe. Der Doktor würde das selbstverständlich abstreiten. Aber ich habe die Farben der Eigenschaften mit eigenen Augen gesehen. Nehmen wir nur einmal die Wut. Sie ist schwarz. Ich will morgens zur Schule gehen, finde meinen Füllfederhalter nicht. Vor Wut wird mir schwarz vor Augen. Später, als ich die Suche längst aufgegeben habe, finde ich ihn in meiner Manteltasche. Weil ich aber vorher Oskar und den Doktor beschuldigt habe, meinen Füller verbummelt zu haben, verfärbe ich mich ein wenig rosa. Rosa ist die Farbe des Schämens und der Reue.

Die Feigheit sehe ich gelblich, weil wir mal einen Hund hatten, der gelblich und entsetzlich feige war. Der Neid ist grün.

Ich bin schon häufig grün geworden. Nehmen wir an, Oskar schenkt mir einen Beutel Tonmurmeln. Ich spiele damit und bin lustig und froh. Plötzlich taucht auf dem Spielplatz ein anderes Mädchen mit herrlichen Glasbuckern auf. Da verfärbe ich mich grün, obwohl die Bucker alle zart bläulich schimmern. Ein Trost ist, dass sich andere auch manchmal grün verfärben – zum Beispiel Oskar.

Die *Santa Maria* und die *Pütz* lagen friedlich an zwei Dalmen hinter einer Brücke. Wir hatten endlich die Kanalstrecke hinter uns gebracht und bereiteten uns darauf vor, die Segel zu setzen. Der Mast lag noch schwer auf Deck.

Wir setzten unseren Toten Mann oder die Jütt, wie es andere nennen. Das ist ein langes Holz, das im rechten Winkel auf dem unteren Teil des Mastes befestigt wird. Ganz einfach ein Hebelarm. Zwischen dem Bug des Bootes und dem Ende der Jütt wird nun eine Talje befestigt.

Zuerst ging Oskar zuversichtlich an die Leine und versuchte, sie dicht zu holen. Aber unser Mast rührte sich kaum von der Stelle. Dann schickte Oskar den Doktor und mich nach vorn. Wir sollten mit allen Kräften die Leine dicht holen, während Oskar sich unter das hintere Ende des Mastes stellte und es emporstemmte.

Dabei sprachen wir uns gegenseitig Mut zu.

„Nicht nachlassen!“, presste Oskar hervor.

„Noch ein Stückchen …“, rief der Doktor.

„Wir schaffen dich, wir schaffen dich“, stöhnte ich.

Der Mast stand nun mit der Spitze schräg nach oben. Oskars Arme waren zu kurz, um weiter den Mast anheben zu können.

Plötzlich rief ich: „Doppeltunddreifaches Nashornauge!“

Einen Augenblick sahen der Doktor und Oskar in meine Blickrichtung.

Auf der *Santa Maria* hockte Mischa und pfiff ein Lied. Dabei bewegte er eine kleine Kurbel. Der Mast richtete sich wie von Geisterhand bewegt auf. In dieser Sekunde wurde ich so grün, dass es auf den Doktor und Oskar abfärbte.

Warum besaßen wir nicht die *Santa Maria*! Es ging mir wie mit den Murmeln.

Indessen hatte ich keine Zeit, weiter darüber nachzudenken. Es schien, als würde der Mast von Minute zu Minute schwerer.

„Haltet durch“, ermunterte uns mein Vater, „ich komme!“

Aber immer, wenn er vom Mast abließ, senkte der sich wieder. Der Doktor und ich stießen Angstschreie aus, weil wir befürchteten, der Mast könnte Oskar erschlagen.

Mit einem Schwung landete Mischa neben mir. Er griff nach der Leine. Ein wenig später stand unser Mast wie eine Eins.

Während wir auf der *Pütz* das Tauwerk ordneten, schoss die *Santa Maria* mit vollen Segeln in den Wind. Hinterher schwabberte Mischas Optimist.

„Ein orkanisches Schiff", sagte ich.

„Ach ja", stöhnte Oskar. Ich wette, in diesem Moment hätte Oskar die *Pütz* gegen die *Santa Maria* getauscht.

„Seid nicht so ungerecht gegen die *Pütz*", protestierte der Doktor. „Freilich könnte ich mir vorstellen, jetzt im ‚Teepott' in Warnemünde meinen Kaffee zu nehmen und dazu ein Stückchen Sachertorte beim Ober zu bestellen, aber …"

„‚Teepott' in Warnemünde", unterbrach Oskar verächtlich.

„Mang die fein gemachten Leute", half ich.

Mutter lachte. „Na also, dann schimpft nicht auf die *Pütz*."

Endlich hatten wir unsere Spaghetti sortiert. Natürlich meine ich das Tauwerk. Unsere Segel blähten sich.

Die *Santa Maria* war schon hinter einer Landzunge verschwunden. Wahrscheinlich würden Mischa und seine Eltern drei Tage früher am Bolter Kanal eintreffen als wir!

„Leute!", brüllte ich spontan. „Seht doch mal dort!"

Hinter der Landzunge war ein Segelboot hervorgeschossen und kam auf uns zu.

Oskar und der Doktor starrten mich an.

„Nun ist es aber gut", murrte Oskar.

„Wir sind nicht deine Leute!", fügte der Doktor hinzu.

Mir ist das schon häufig aufgefallen: Die Erwachsenen haben die unterschiedlichsten Meinungen. Doch immer, wenn die Gelegenheit gekommen ist, unsereinen zu kritisieren, sind sie sich vollkommen einig. Vor allen Dingen picken sie sich die unwichtigsten Dinge heraus. Jetzt, wo es darauf ankam, das Segelboot vorn voraus genau zu betrachten, hackten sie auf dem Wort Leute herum!

„Die *Santa Maria* kommt zurück! Mischa hat seinen Vater überredet, auf uns zu warten. Hurra!“

„Sie hat recht. Ich erkenne Sascha, den schwarzen Teufel“, gab Oskar zu. „Allerdings war dieses Wort Leute nicht korrekt!“

„Ja, liebe Eltern“, schrie ich und küsste Oskar auf die Glatze.

Kurze Zeit später rauschte die *Santa Maria* an uns vorüber. Es war ein schöner Anblick. Sie lag schräg, aber steif wie ein Brett, am Wind. Nur das Achterliek des Großsegels killte ein wenig. Fischs saßen auf der Bank im Luv und stemmten die Füße gegen die gegenüberliegende Bank. Fünfzig Meter hinter unserem Achtersteven fiel die *Santa Maria* ab, schlug einen großen, eleganten Bogen und lief dann mit halb von hinten kommendem Wind neben uns her.

„Windstärke sechs“, rief Herr Fisch zu uns herüber. „Wir drehen bei. Uns ist das zu viel!“

Zu meiner Überraschung rief Oskar: „Das bisschen Wind macht uns nichts!“

„Na, Sie werden sich umsehen. Die Wellen sind uns über die Reling gekommen“, antwortete Herr Fisch leicht gekränkt.

Oskar schien sehr obenauf. „Bisschen leicht gebaut, Ihr Kahn“, rief er, wie der Kapitän eines Zehntausendtonners es nicht besser gesagt haben könnte.

Der Doktor raunte Oskar zu: „Gib nicht so schauerlich an!“

„Das meine ich auch“, pflichtete ich dem Doktor bei.

„Na dann Mast- und Spierenbruch!“, rief der Kapitän der *Santa Maria*. „Wir sehen uns morgen oder übermorgen!“

Die *Santa Maria* drehte ab.

„Halt die Ohren steif, Nannerl", rief Mischa.

„Na und wie!", antwortete ich.

Mir war ein wenig traurig zumute. Und es freute mich, dass auch Mischa nicht gerade ein Gesicht wie am Geburtstag machte.

„Das sind vielleicht Segler", sagte Oskar langgezogen.

Unser Boot drängte schäumend vorwärts. Die Betonnung der Fahrstraße flog nur so an uns vorüber. Und die Möwen, die auf den Bojen saßen, ergriffen erstaunt die Flucht.

„Oskar, du willst doch nicht behaupten, die von der *Santa Maria* sind feige!", sagte ich schneidend.

„I wo!", antwortete Oskar gut gelaunt. „Sie sind nur ein wenig ängstlich."

Ha, ich kannte meinen Vater. Der wollte mich wieder einmal ärgern. Trotzdem fielen mir eine Reihe von Verwünschungen seemännischer Art ein, die ich aber besser unterdrückte. Man war schließlich gut erzogen! Aber dann übermannte mich doch die Rachsucht.

„Oskar", fragte ich mit dem freundlichsten Gesicht von der Welt. „Ich möchte dich mal was fragen."

„Bitte, Nannerl, frag doch."

„Du sagst häufig zu Hause, Herr Isot ist ein Riesenkamel. Wenn du nun so mutig bist, warum sagst du es dem Herrn Isot nicht persönlich?"

Oskar schwieg. Ich hätte mich über seinen verblüfften Gesichtsausdruck totlachen können.

Herr Isot arbeitete bei einer großen Zeitung. Er war verantwortlich für die Bilder, die in die Zeitung kamen.

Einmal hatte Oskar einen Diplomaten fotografiert, der mit seinem Hund durch den Park ging. Herr Isot hatte das Foto angenommen und den

Hund einfach abgeschnitten! Oskar hatte wütend bei der Zeitung angerufen.

„Einen Diplomaten kann man doch nicht mit einem Rehpinscher zeigen", verteidigte sich Herr Isot.

Oskar segelte und schwieg. Der Doktor sah uns beide belustigt an.

„So", sagte ich nun entschlossen, „wenn du Herrn Isot nicht sagst, dass er ein Riesenkamel ist, bist du feige!"

„Herr Isot ist kein Riesenkamel. Falls ich so etwas einmal gesagt haben sollte, war das nur aus Wut!"

„Warum hat aber der Herr Isot den Hund des Diplomaten abgeschnitten?"

„Weil er ein Riesenkam..."

Oskar stockte. „Was hast du schon für eine Ahnung!", sagte er unvermittelt. „Und außerdem lasse ich mich von dir nicht Feigling nennen!"

„Oskar", sagte meine Mutter, „du hast doch damit angefangen, andere Leute Feiglinge zu nennen."

Sie wandte sich zu mir. „Das ist so: Wenn Oskar dem Herrn Isot sagen würde, er sei ein Riesenkamel, würde der Herr Isot kein Bild von Oskar mehr abdrucken. Ich weiß nicht, ob du das willst?"

Da hatte mir der Doktor eine Frage gestellt, Junge, Junge! Das mit dem Mut war also ein schwieriges Problem!

„Es war einmal eine Katze", sagte der Doktor.

„Du", sagte ich zum Doktor, „das hier ist ein hypoernstes Gespräch!"

Oskar sagte: „Jawohl, erzähle uns eine Katzengeschichte. Das bringt uns auf andere Gedanken!"

„Ph ...", machte ich.

„Es war einmal eine Katze. Die lebte auf einem hohen Kirchturm."

Ich tat so, als würde mich die Geschichte nicht interessieren. Aber was half es. Ich hörte doch zu, weil mich Geschichten immer interessieren.

„Auf dem gleichen Turm, nur noch ein Stückchen höher, nämlich auf der Turmspitze, hatte sich eine Storchenfamilie ein Nest gebaut."

„Was hat das mit Herrn Isot zu tun. Der ist, denke ich, ein Riesenkamel und kein Storch!"

„Ruhe", donnerte Oskar.

„Die beiden Störche und die Katze lebten wie friedliche Nachbarn. Nur manchmal gefiel es den beiden Störchen, die Katze zu necken.

‚Katze, besuche uns doch hier oben in unserem Nest!', klapperten die Störche und kicherten vor Vergnügen.

Die Katze schaute das steile Zinkdach des Turmes hinauf zur Spitze. Es war glatt und bot zum Klettern wenig Halt. Dann schaute die Katze hinunter auf den Marktplatz. Ganz winzig erschienen ihr die Menschen dort unten. Die Katze dachte: Wenn ich dort hinaufklettere zu den Störchen und wenn ich dann abrutsche und herabfalle, breche ich mir das Genick!

‚Feigling, Feigling', klapperten die Störche."

„Die Störche haben gut reden", rief ich. „Die können ja fliegen!"

„Sehr richtig", meinte der Doktor. „Es war von der Katze vernünftig, nicht ins Storchennest hinaufzuklettern. Aber die Geschichte ist noch nicht zu Ende."

„Ruhe", rief Oskar wieder.

„Aus den Eiern, die Frau Storch gelegt hatte, krochen nach einiger Zeit vier kleine Störche. Sie hatten noch keine richtigen Federn. An Fliegen war nicht zu denken, da kletterte der kleinste Storch, gerade als die beiden Alten einen Augenblick fortgeflogen waren, aus dem Nest. Er hing kläglich piepend, denn junge Störche piepen, während die älteren nur mit dem Schnabel klappern, in der luftigen Höhe und drohte abzustürzen.

Die Katze sah das. Sie vergaß ihre Angst, kletterte bis zur Spitze des Turmes und stupste den kleinen Storch wieder ins Nest.

War es nun von der Katze eine Dummheit, dort hinaufzuklettern?“

„Nein“, sagte ich entschieden. „Die Katze hat dem kleinen Storch das Leben gerettet. Ich finde, sie war mutig!“

Der Doktor nickte. „Ist es aber nicht seltsam, wenn man ein und dieselbe Aktion einmal als dumm und einmal als mutig bezeichnet?“

Unsere *Pütz* lag jetzt schräg auf dem Wasser. Man konnte Oskar am Gesicht ansehen, wie sehr er sich anstrengen musste, das Ruder und die Großschot zu bedienen.

„Wäre es nun dumm oder wäre es mutig, wenn Oskar diesem Herrn Isot sagen würde, dass er ein Riesenkamel ist?“

„Wem würde es nützen!“, sagte Oskar. „Glaubst du, er würde das nächste Mal die besseren Bilder auswählen?“

„Das nicht“, sagte der Doktor. „Vielleicht aber würdest du dich wohler fühlen, wenn du Herrn Isot mal in höflicher Form deine Meinung sagst. Du musst ja nicht gerade Riesenkamel …“

„Klar zur Wende“, rief Oskar.

Wir wendeten und suchten hinter einer Baumgruppe Schutz vor dem Wind.

„Aber, aber“, rief der Doktor. „Oskar, du wirst doch nicht plötzlich Angst vor dem Wind bekommen haben!“

„Nein, ich handle nur vernünftig. Wir reffen das Segel.“

Mit einer Kurbel drehten wir den Großbaum so, dass sich ein Teil des Segels um ihn wickelte. Auf diese Weise hatten wir unser Großsegel um den dritten Teil verkleinert.

Dann erst befahl Oskar: „Schoten dicht holen!“

Wir durchfuhren eine Enge, dann wurde das Gewässer immer breiter und breiter. Vor uns erstreckte sich ein aufgewühlter See. Die Müritz.

Unser Boot begann zuerst ganz unmerklich, dann aber immer stärker auf den Wellen zu tanzen. In regelmäßigen Abständen hob sich der Bug aus dem Wasser und tauchte dann wieder tief in die Wellen ein. Die Wellen trafen unseren alten Eimer mit solcher Wucht, dass man Angst bekommen konnte. Spritzer fegten über das Kajütendach bis zu uns nach hinten.

„Mit so einem feingliedrigen Boot, wie es die *Santa Maria* ist“, sagte Oskar, „sollte man bei diesem Wind die Müritz nicht befahren.“

„Donnerwetter, ja“, brüllte ich, um den Wind, der in unseren Wanten heulte, zu überbieten.

Der Doktor war in die Kajüte geklettert. Mit der Müritzkarte in der Hand erschien er wieder im Niedergang. „Wir müssen die Tonne mit der Bezeichnung H ansteuern. Dort ist die Einfahrt zum Bolter Kanal.“

„Ich sehe keine Tonnen!“, antwortete Oskar.

Der Doktor reichte mir das Fernglas. In großer Entfernung erkannte ich einen schwarzen Punkt, der bald von den Wellen emporgehoben, bald wieder fallen gelassen wurde. Aber die Tonne war zu weit von uns entfernt. Ein H oder einen anderen Buchstaben konnte ich nicht darauf erkennen.

Oskar steuerte den Punkt an. Nach einiger Zeit sagte er: „Dieser Punkt bewegt sich auf uns zu.“

„Unmöglich“, rief ich und schaute wieder durchs Fernrohr. „Blaues Lametta! Oskar, sieh doch mal! Das ist ein Mann, der im Paddelboot spazierenfährt …“

„Du scherzest, mein Kind“, sagte Oskar. „Es müsste schon ein vollkommen übergeschnappter Kerl sein, der bei Windstärke sechs auf der Müritz im Paddelboot spazierenfährt, wo sich größere Boote nicht hinauswagen!“

„Der ist übergeschnappt, Oskar!“

Widerstrebend setzte Oskar das Fernglas an seine Pupillen. „Tatsache“, rief er. „Nannerl, der Mann ist gekentert!“

Oskar war außer sich. „Mann über Bord“, rief er.

Der Doktor und ich wollten uns von Oskar nicht ins Bockshorn jagen lassen. Ich kniff die Augen zusammen. Jetzt konnte man das Boot und den Mann ohne Fernglas erkennen. Das Boot war tatsächlich umgeschlagen, und der Mann klammerte sich daran fest.

Der Doktor hatte sich inzwischen ebenfalls von dem Seenotfall überzeugt. „Oskar", sagte sie entschlossen, „kannst du nicht schneller fahren, sonst ertrinkt der Mann, bevor wir bei ihm sind!"

„Ich kann nur so schnell, wie der Wind uns treibt."

„Das ist nicht sehr schnell", äußerte der Doktor unzufrieden. „Vor einer Viertelstunde haben wir ihn nicht erreicht!"

„Es dauert sogar noch länger", entgegnete Oskar.

Manchmal kann ein kurzer Augenblick sehr lange dauern. Wir hatten es mit vielen Augenblicken zu tun und kamen dem Mann sehr langsam näher.

„Mann-über-Bord-Manöver", sagte Oskar, „jeder von uns muss wissen, was er zu tun hat. Also, wir segeln an dem Mann vorbei, so dass wir ihn auf der Leeseite Steuerbord haben. Wir wenden dann und drehen gegen den Wind. Das wird unsere Fahrt vermindern. Wir nehmen den Mann Backbord auf!"

„Gut", nickte der Doktor. „Vielleicht sollte ich eine Fangleine klarmachen."

„Richtig, Doktor. Binde den Rettungsring ans Ende. Vorsicht beim Werfen, damit der Mann nicht verletzt wird!"

Wir waren alle drei furchtbar aufgeregt.

„Alles klar?", fragte Oskar.

„Klar", riefen wir.

Wir schossen mit großer Geschwindigkeit an dem treibenden Paddelboot vorbei. Wir sahen den Mann nur von hinten.

Oskar machte die Wende. „Alle Leinen los!"

Die *Pütz* ging mit flatternden Segeln in den Wind und bremste merk-

lich. Der Mann trieb jetzt, an sein Paddelboot geklammert, neben der *Pütz*.

„Kommen Sie dichter heran!“, rief Oskar.

„Kann nicht schwimmen“, prustete der Mann.

„Der ist total übergeschnappt“, schimpfte Oskar, „kann nicht schwimmen!“

Der Doktor warf den Ring mit der Fangleine. Der Schiffbrüchige klammerte sich sofort daran.

Oskar und der Doktor beugten sich über die Reling, um den Mann ins Boot zu ziehen. Ich umfasste die Beine meiner Mutter, damit sie nicht aus dem Boot fiel.

Der Mann schien so schwer wie ein Sack mit Eisen. Er hatte keine

Kraft mehr, sich selbst an Bord zu ziehen. Inzwischen nahm die *Pütz* wieder Fahrt auf.

„Nannerl“, rief Oskar, „steure den Kahn mit der Spitze in den Wind, sonst schaffen wir es nie.“

Das war nicht einfach. Die *Pütz* nutzte jede Gelegenheit, auszubrechen, um mit flatternden Segeln Fahrt aufzunehmen.

„Ich kann nicht mehr“, sagte der Doktor erschöpft und rutschte mit dem Oberkörper immer mehr außenbords.

„Durchhalten!“, rief Oskar.

Plötzlich kam mir der entscheidende Einfall. Unsere Strickleiter! Wenig später kletterte der Mann, von Oskar und dem Doktor unterstützt, an Bord.

„Ihr seid in Lebensgefahr!“, prustete er. „Roter Bolzen ist undicht. Die Zirrgiebels haben telegrafiert.“

Ich traute meinen Falkenaugen nicht: Der Mann, den wir gerettet hatten, war Oskars Jugendfreund Eddi!

„Los, ausziehen!“, befahl der Doktor Eddi.

Oskar und ich brachten das Boot wieder auf den richtigen Kurs. „Mein Paddelboot!“, jammerte Eddi, der in Decken gehüllt im Niedergang stand.

„Das können wir aber nicht bergen“, sagte Oskar – wie es mir schien, etwas mürrisch.

Unsere *Pütz* legte sich stark auf die Seite.

„Wenn sich der rote Bolzen lockert, gehen wir unter – und wir haben kein Rettungsboot“, murmelte Eddi dumpf aus seinem Deckenlager in Oskars Koje.

„Ha“, sagte Oskar, „diesen lächerlichen roten Bolzen haben wir längst abgedichtet.“

Eddi machte eine tief enttäuschte Miene und drehte uns den Rücken zu. „Das hättet ihr mir früher sagen sollen.“

Mit diesen Worten fiel er in einen tiefen Schlaf.

15. Der Doktor stellt einiges richtig und erzählt von einem Landgang, in dessen Verlaufe eine ertrunkene Person Champignons aufspürt und dringend abberufen wird

Eddi ist der sonderbarste Mensch, den ich jemals erlebt habe. Lange bevor ich Oskar kennenlernte, war er mit Eddi befreundet. Sie verstehen einander so gut, dass der eine weiß, was der andere will, wenn sie sich nur ansehen. Oskar findet Eddi großartig; und Eddi findet Oskar großartig. Noch niemals hat einer der beiden am anderen den geringsten Fehler entdeckt.

Auch meine Tochter Nannerl, die immerzu andere Leute kritisiert, findet Eddi „klasse“ oder „eine Wucht“. Sie besucht Eddi häufig. Eddi wohnt in einem sehr alten Haus. Er ist nicht verheiratet und hat keine Kinder. Vielleicht sieht deshalb die Wohnung so ungewöhnlich aus. Die Möbel und die Zimmerwände sind in Eddis Wohnung mit Öffnungen versehen, aus denen Eisenbahnstrecken zutage treten. Wenn man ahnungslos in irgendeinem Sessel sitzt, huscht plötzlich aus dem Kleiderschrank eine grüne Elektrolokomotive mit Rungenwagen, auf denen ein Milchkännchen steht, und arbeitet sich auf einem Viadukt bergauf und wartet darauf, entladen zu werden. Kaum hat man sich von dem Schreck erholt, rattert ein Dampfzug heran. Auf den Anhängewagen stehen die Kaffeetassen. Nun schwenkt vom Schreibtisch ein langer Baggerarm aus und schüttet Würfelzucker auf den Esstisch. Ehrlich gesagt, ich trinke meinen Kaffee lieber im Hotel.

Nannerl findet Eddis Wohnung selbstverständlich „superquadratisch“. Kein Wunder also, wenn ich dieses Kapi-

tel schreibe, denn Nannerl und Oskar würden nur versuchen, Eddis Vorzüge zu schildern. Man würde zwar erfahren, Eddi baue die besten Drachen der ganzen Welt; aber kein Wort darüber, dass Eddis Kondordrachen vom letzten Herbst eine dreiviertelstündige Ruhe auf dem nahe gelegenen internationalen Flugplatz herbeigeführt hatte und dass Maschinen, die dort landen wollten, nach Prag umgeleitet werden mussten. Alle Polizeifunkwagen der Umgebung suchten Eddi, weil seine Drachen die Luftsicherheit gefährdeten. Ich bin dafür, dass dies alles erzählt wird.

Eddi ist häufig auf der Straße anzutreffen, wo er auf allen vieren mit gesenkter Nase entlangkriecht. Mit seiner übermäßig empfindlichen Nase spürt Eddi schadhafte Stellen im unterirdischen Leitungssystem der städtischen Gasversorgung auf. Dieser Beruf ist sehr notwendig, denn ausströmendes Gas kann Menschen vergiften oder zu schweren Explosionen führen.

Oskar und Nannerl jedoch schweigen darüber, weil ihnen der Beruf zu ungewöhnlich erscheint.

Als Eddi in der Kajüte der *Pütz* endlich aufwachte, machte er einen jämmerlichen Eindruck.

Wir segelten noch immer auf der Suche nach der Tonne H über die Müritz. Zum Glück hatte der Wind nachgelassen, und eine friedliche See ließ uns den Weg leichter finden.

„Hallo, Eddi“, sagte Nannerl, „du kannst von Glück reden, dass wir dich gerettet haben!“

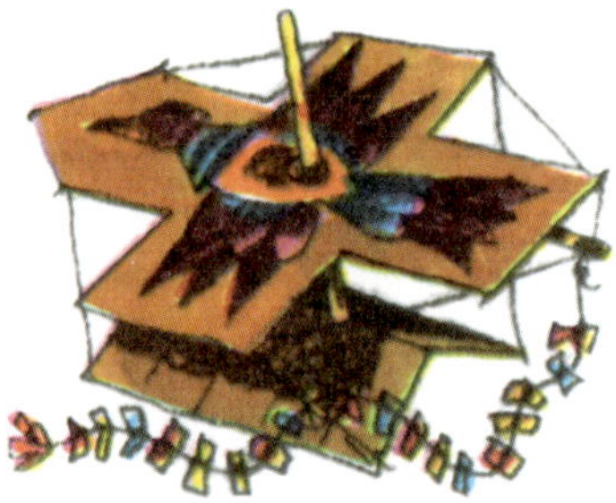

„Wenn ihr nicht vorübergekommen wärt, wäre ich zum Ufer gelaufen“, sagte er jetzt schon mit einem gewissen Selbstvertrauen.

Nannerl bekam vor Verwunderung kugelrunde Augen.

„Ja“, sagte Eddi, „ich wäre halt auf dem Grunde des Sees gelaufen!“

„Ohne Luft?“, fragte Nannerl.

„Im Boot lag eine drei Meter lange Bambusstange, die ich der Länge nach durchbohrt hatte“, antwortete Eddi überzeugt. „Das eine Ende hätte ich in den Mund gesteckt, das andere oben aus dem Wasser schauen lassen.“

Seine Worte zeigten, dass er vollkommen wiederhergestellt war.

Nannerls Augen flackerten. Wollte Eddi sie verkohlen?

„Tonne H in Sicht“, rief Oskar.

Es war höchste Zeit, dass wir die Einfahrt zum Kanal fanden. Die Dämmerung brach bereits an. Wir näherten uns der steinernen Mole, die sich weit in den See hinaus erstreckte. Sie schützte die Einfahrt des Kanals. Aber an der Einfahrt fehlten die üblichen Rauten oder Leuchtfeuer, die dem Schiffer die Orientierung erleichterten. Der Kanal war stillgelegt worden.

Der Bug der *Pütz* zerschnitt das stille Wasser des ehemaligen Kanals mit großer Geschwindigkeit. An den Ufern, mit der Spitze zum Land, lagen etwa zehn Segelboote. Die Mannschaften saßen meist in der Plicht und aßen Abendbrot. Sie bestaunten uns, dass wir es gewagt hatten, bei diesem Wind die Müritz zu überqueren.

„Sonntagssegler!“, sagte Oskar verächtlich.

Plötzlich wurde wie von unsichtbarer Hand unser Boot gebremst. Das besorgten die Äste der Bäume, die weit in den Kanal reichten und unseren Mast umschlangen.

Eddi probierte Oskars Trainingsanzug. Aber die Jacke war zu kurz und ließ seinen Bauch frei. Nun band sich Eddi meinen roten Schal wie eine Schärpe um die Taille. So sah er aus wie ein Pirat aus vergangenen Zeiten.

Er nahm mir das Abendbrotgeschirr aus der Hand und sagte: „Ich werde das Abendbrot zubereiten. Das kann ich besser!“

„Sehr richtig, Eddi“, ließ sich Oskar hören, „wir beide zeigen den Damen einmal, wie man Abendbrot macht.“

„Entsinnst du dich noch, Oskar, als wir im Jahr dreiundsechzig ungarische Pastete herstellten?“

„Aber natürlich, das war doch am dreiundzwanzigsten November!“

„Nein, Oskar, am zweiundzwanzigsten: Wir hatten damals leider kein Backpulver im Hause. Trotzdem war das die beste Pastete, die ich jemals gegessen habe!“

„Komm, Nannerl“, sagte ich, „wir gehen spazieren!“ Wenn Eddi und Oskar begannen, sich zu erinnern, dann hörten sie so schnell nicht wieder auf. Nannerl und ich kannten bereits alle ihre Geschichten.

„Du, Doktor“, sagte Nannerl, als wir nebeneinander am Ufer entlangschlenderten, „Oskar und Eddi waren früher bestimmt ganz großartige Kerle!“

„Findest du sie jetzt nicht mehr großartig?“

„Großartig nicht direkt!“, sagte Nannerl. „Bei Oskar geht doch allerlei schief. Denk nur mal, wie wir beinahe mit dem Boot untergegangen wären … Und Eddi macht ganz schönen Quatsch. Aber früher, da müssen sie anders gewesen sein … Als sie zum Beispiel den Einbrecher im Warenhaus entwaffneten.“

„Ja, ja“, sagte ich. „Sie waren mit dabei.“

„Wieso mit dabei?“

„Na, sie waren dabei, als die Polizei die Einbrecher festnahm.“

„Polizei? Was für eine Polizei? Sie erzählen doch immer, dass sie den Einbrecher vollkommen allein …“

„Nein, es waren ungefähr zwanzig Polizisten anwesend. Nur – Eddi stöberte den Einbrecher durch seinen Geruchssinn auf. Der Einbrecher hatte sich die Hosentaschen mit Kaffeebohnen gefüllt …"

„Du, Doktor …!", rief Nannerl entsetzt. „Dann haben Eddi und Oskar gelogen …"

„Lügen kann man das nicht direkt nennen, Nannerl. Als sie die Geschichte zum ersten Mal erzählten, waren es noch zwanzig Polizisten. Im Laufe der Jahre wurden es immer weniger, bis schließlich Eddi und Oskar den Einbrecher mit bloßen Händen fingen."

„Also doch Lügner!"

„Nein, Nannerl. Die meisten Menschen sind so, dass sie ihre Schwächen schneller vergessen als ihre Stärken. Und wenn Eddi und Oskar die Einbrechergeschichte heute anders erzählen als vor ein paar Jahren, dann zeigt das, wie sehr sie sich wünschen, besser zu sein, als sie wirklich sind. Ist das so schlimm?"

Nannerl überlegte. „Nein, Mutter", sagte sie, „es ist gut, wenn man klüger, mutiger, schneller sein möchte, als man es ist. Wenn man den Wunsch nicht hätte, würde man sich überhaupt nicht bemühen."

Wir waren an der Spitze der Mole angekommen. Nannerl schaute über den See in die Richtung, aus der wir gekommen waren.

„Mutter", rief sie plötzlich, „gestern habe ich dem Mischa erzählt, dass ich zehn Meter tief tauchen kann."

„Und wie tief kannst du wirklich tauchen?"

„Na, vielleicht zwei Meter."

„Du wolltest dem Mischa imponieren, Nannerl. Vielleicht gefällt es ihm aber noch mehr, wenn du ihm sagst, du hättest ein bisschen übertrieben."

Nannerl seufzte. „Wenn er nur hier wäre, dann würde ich es ihm sagen."

Eddi und Oskar hatten während unseres Spazierganges das Abendbrot zubereitet. Es gab Spaghetti mit Tomatensoße. Geriebener Käse war darübergestreut. Wirklich, es schmeckte uns ausgezeichnet.

Eddi bereitete sich ein Nachtlager in der Plicht. Er legte eine Decke auf die Bodenbretter.

„Das ist zu hart", sagte Oskar.

„Ich schlafe immer hart, es ist gesund", antwortete Eddi. „Nur eins stört mich, wenn man kein Kopfkissen hat."

Wir boten ihm jeder unser Kopfkissen an.

„Nein", rief er, „die sind alle zu weich. Habt ihr nicht ein paar Bücher, die ich mir unter den Kopf legen kann?"

Kaum hatte er das ausgesprochen, reichte ihm Nannerl die gebundenen Jahrgänge der „Nautischen Mitteilungen".

Oskar wollte protestieren. Eddi schnitt ihm jedoch das Wort ab, indem er spöttisch sagte: „Wahrhaftig, ihr habt wirklich an alles gedacht!"

Die Nacht verlief ohne Ereignisse.

Eddi stand am Morgen als Erster auf. Er setzte sofort nach dem Baden das Kaffeewasser auf. Als wir alle zum Frühstück bereit waren, lud uns der gedeckte Tisch schon ein.

„Heute werden wir einen Landspaziergang machen", bestimmte Oskar.

„Zu dumm", sagte Eddi, „dass ihr kein Bügeleisen mit euch führt. Mein Anzug ist jetzt einigermaßen trocken, jedoch völlig zerknittert."

„Ein Bügeleisen! Ein Reglerbügeleisen“, rief ich aufgeregt. „Das haben wir selbstverständlich an Bord.“

„Nur keinen elektrischen Strom“, sagte Oskar mit höhnischem Lachen.

„Das macht überhaupt nichts!“, antwortete Eddi. „Ihr seid wirklich sehr aufmerksam.“

Mit diesen Worten zündete er die Flamme des Propangaskochers an, legte einen eisernen Topfdeckel darauf und stellte das Reglerbügeleisen zuoberst.

Oskar betrachtete das Treiben seines Freundes Eddi mit missmutiger Miene. Das Eisen wurde heiß.

Nannerl und ich stießen uns mit den Ellenbogen gegenseitig in die Rippen vor Vergnügen.

Nach etwa einer Stunde standen Oskar und Eddi, im tadellos gebügelten Anzug, vor dem Boot.

Nannerl fehlte. Erst nach längerem Warten erschien sie.

„Noch nichts zu sehen von der *Santa Maria*“, sagte sie. „Hoffentlich ist ihnen nichts zugestoßen.“

„Wohin gehen wir?“, fragte Oskar.

„Zum Fundbüro selbstverständlich“, antwortete Eddi.

„Fundbüro?“, riefen wir wie aus einem Munde.

„Jemand wird wohl mein Paddelboot gefunden und beim Fundbüro abgegeben haben.“

„Das ist logisch“, stimmte Oskar zu. „Nur, fürchte ich, gibt es hier kein Fundbüro.“

„Wo ein Zeltplatz ist, ist auch ein Fundbüro“, entgegnete Eddi würdevoll und schnupperte in der Luft herum.

„Kannst du auch Zeltplätze riechen?“ fragte Nannerl.

„Nichts leichter als das, Nannerl. Zeltplätze sind gewöhnlich von großen Unrathaufen umgeben, die einen fürchterlichen Gestank verbreiten." Er schnupperte weiter. „Der Zeltplatz liegt nördlich!"

Wir waren noch keine Viertelstunde gelaufen, da schimmerten durch den Wald farbige Zeltdächer.

Das erste Zelt des Platzes glich der Lagerstätte des Maharadschas von Bengalen. Es bestand aus mehreren größeren Zelten mit Fransen. Ein Schild warnte: „Bissiger Hund!"

Ein älteres, beleibtes Ehepaar saß in Drehsesseln und besah sich das Frühprogramm des Fernsehfunks. Eddi versuchte, Auskunft zu erhalten, wo sich das Fundbüro befände. Leider schaltete sich der bissige Hund durch lautes Bellen in das Gespräch ein. So eilten wir zum nächsten Zelt.

Es war etwas kleiner, dafür aber von einem Holzgeländer umschlossen. Eddi wollte durch die Lücke im Zaun auf das Zelt zugehen, da ertönte von drinnen eine Stimme: „Mensch, sehen Sie nicht, der Weg ist geharkt!"

Am dritten Zelt gingen wir vorbei. Dort war ein junger, bärtiger Mann damit beschäftigt, sein Motorrad zu reparieren. Durch diesen Umstand konnten wir uns wieder nicht verständigen. Wir hielten uns die Ohren zu, weil wir befürchteten, unser Trommelfell könnte platzen.

Schließlich trafen wir eine Frau vor einem ganz winzigen Zelt, die weder einen Hund noch ein Kofferradio und auch kein Motorrad besaß. Sie riet uns, wir sollten uns an den Zeltplatzwart wenden. Wir würden sein Büro drei Kilometer nördlich finden.

Der Zeltplatz zog sich am Ufer des Sees entlang.

„Alle Wetter“, sagte Eddi und deutete auf die Müritz, wo drei große Rettungsschiffe mit der Rotkreuzflagge auf und ab fuhren. „Die scheinen irgendetwas zu suchen.“

„Hoffentlich nicht die Reste der *Santa Maria*“, sagte Nannerl ängstlich.

Endlich standen wir vor der Hütte des Zeltplatzwartes. Der Zeltplatzwart war von Männern verschiedenen Alters umringt.

Darunter befanden sich auch einige Volkspolizisten.

„Ich hoffe, Freunde, eure Aufgabe ist jetzt klar. Wir gehen von Zelt zu Zelt und stellen fest, ob irgendwo eine Person vermisst wird.“

„Jawohl“, sagten die Anwesenden und verteilten sich eilig in alle Richtungen.

„Ist hier das Fundbüro?“

„Nein“, sagte der Zeltplatzwart. „Fundgegenstände werden allerdings bei mir abgegeben. Gehört Ihnen dieser Regenschirm?“ Er griff in ein Regal und hielt Eddi einen Seidenschirm vor das Gesicht.

Eddi sagte: „Nein, ich suche vielmehr …“

„Weiter ist in der vergangenen Woche nichts abgegeben worden“, sagte der Zeltplatzwart. „Sie entschuldigen, aber wir führen zur Zeit eine Großsuchaktion nach einer Person durch, die vermutlich ertrunken ist.“

„In diesem Falle ist mein Anliegen unwichtig“, sagte Eddi und zog sich mit einer leichten Verbeugung zurück.

„Vielleicht müssen wir noch etwas warten, bis das Boot gefunden wird“, sagte Eddi.

Wir begannen den Rückweg zu unserer *Pütz*. Das ganze Lager war in Aufregung. Viele Leute standen am Ufer und starrten auf die Rettungskreuzer. Auch an unserem Anlegeplatz am Kanal herrschte Aufregung. Die Segler umstanden einen Feuerwehrmann und diskutierten.

„Vermissen Sie eine Person?", fragte uns der Feuerwehrmann, als wir uns der Ansammlung näherten.

„Nein", antworteten wir zusammen.

Der Feuerwehrmann wandte sich wieder an die Versammlung. „Offensichtlich handelt es sich um eine alleinstehende Person. Der Mann hatte wahrscheinlich die Absicht, zu angeln, und ist bei dem gestrigen Sturm ertrunken."

„Woraus schließen Sie das?", fragte einer der Segler.

„Wir fanden in dem angetriebenen Bootskörper eine drei Meter lange Bambusstange", sagte der Feuerwehrmann. „Merkwürdig ist allerdings, dass die Stange in ihrer ganzen Länge durchbohrt ist."

Eddi bahnte sich mit plötzlich erwachtem Eifer seinen Weg zu dem Feuerwehrmann. „Mit dieser Stange", sagte er gewichtig, „wäre der Mann überhaupt nicht ertrunken. Der Mann hätte vom Seegrund aus durch das Bambusrohr atmen können."

„Ich würde mich schämen, angesichts dieses tragischen Unglücksfalles Witze zu machen!", entgegnete der Feuerwehrmann.

„Wo ist das Boot?", fragte Eddi.

Die Menschenansammlung wich zur Seite und gab den Blick auf Eddis Paddelboot frei.

„Dies ist mein Boot", sagte Eddi laut und vernehmlich. „Und ich kann Ihnen die freudige Mitteilung machen, dass ich lebe!"

„So", brummte der Feuerwehrmann wütend. „Ihretwegen hatten wir also die ganze Nacht Alarm." Etwas versöhnlicher fügte er hinzu: „Gottlob, dass wir Sie lebend gefunden haben."

Eddi begann, sich zu ereifern: „Ich habe Ihnen bereits gesagt, mir konnte nichts passieren. Ich hatte doch das Bambusrohr bei mir."

„Verlassen Sie sich darauf nicht", sagte der Feuerwehrmann. „Es sind bestimmt schon Menschen ertrunken, die sich auf so einen Strohhalm verlassen haben."

Eddi wurde nun doch nachdenklich. „Dann werde ich wohl noch schwimmen lernen müssen", sagte er bedrippt. „Auf Wiedersehen. Und nun schlafen Sie sich erst mal aus, guter Mann."

„Ha", stieß der Feuerwehrmann wütend hervor, „die Suchaktion ist noch nicht abgeschlossen. Wir suchen noch nach einem anderen Mann, der sich hier aufhalten soll."

In diesem Augenblick schnüffelte Eddi heftig in der Luft umher. „Etwa in einskommafünf Kilometer Entfernung südöstlich müssen Waldchampignons stehen", rief er. „Ich rieche sie deutlich."

Mit diesen Worten wollte er sich eilig entfernen.

Der Feuerwehrmann packte ihn jedoch grob. „Ha", rief er. „Sie sind auch die zweite Person, die gesucht wird. In Ihrer Heimatstadt ist eine Gasleitung undicht geworden. Sie müssen sofort diese Stelle ausfindig machen!"

Der Feuerwehrmann zog ein Funkgerät hervor und rief in das Mikrofon: „Hier Espaier drei, bitte die zwei gesuchten Personen am Punkt Q sechzehn aufnehmen!"

„Ich bin nur eine Person", protestierte Eddi.

Die Rettungsschiffe veränderten sofort ihren Kurs und hielten auf die Einfahrt des Bolter Kanals zu. Wenige Minuten später wurde Eddi zusammen mit seinem Paddelboot an Bord eines der Schiffe gebracht.

Oskar, Nannerl und ich machten uns sofort auf den Weg und fanden südöstlich eine Champignonkolonie. Allerdings nicht einskommafünf Kilometer entfernt, sondern schon nach wenigen Schritten.

16. Nannerl erzählt, wie sie und Mischa allerlei entdeckten und schließlich zur bunten Wolke wurden

In der Ferne kreuzten Jachten, aber keine nahm Kurs auf den Kanal. Ich spuckte vor Langeweile ins Wasser. Dadurch wurde meine Laune nicht besser. Nur ein Krebs krabbelte rückwärts unter einen Stein.

So wie ich mich jetzt fühlte, musste es auch Robinson Crusoe ergangen sein, als er auf seiner Insel Ausschau nach einem Schiff hielt. Er hatte sich mit Tieren unterhalten, als seien es Menschen.

„He, du", sagte ich zu dem Krebs, „wartest du auch auf jemanden?" Der Krebs blieb jedoch in seinem Versteck unter dem Stein.

„Beim singenden Wasserfloh", sagte eine Stimme hinter mir, „ich dachte schon, du bist verlorengegangen."

Es war Mischas Stimme.

Am liebsten wäre ich vor Freude ins Wasser gesprungen. „Ich hab die *Santa Maria* überhaupt nicht kommen sehen", sagte ich.

„Ha", rief Mischa, „wenn du im Wald herumstrolchst und Pilze suchst, musst du sie ja verpassen!"

„Du dachtest wohl, ich hab nichts anderes zu tun, als auf dich zu warten", sagte ich verächtlich. Der bildete sich ganz schön was ein!

„Los, nun komm, sonst wirst du noch vollkommen zur Landratte." Er drehte sich um und ging.

So hatte mich schon lange niemand beleidigt. Ich, eine Landratte …

Ich laufe keinem Jungen nach. Aber was sollte ich hier auf den Steinen sitzen und mit einem Krebs reden?

Am Strand lag Mischas Optimistenjolle.

„Leg die Schwimmweste an!“, rief er. „Wir stechen in See. Mit deinen Eltern habe ich alles klargemacht.“

„Vielleicht habe ich gar keine Lust“, sagte ich. „Ich bin nämlich eine Landratte.“

In diesem Augenblick brach Sascha, der schwarze Teufel, jaulend aus dem Gebüsch hervor.

„Du bleibst hier!“, sagte Mischa, packte den Pudel und brachte ihn zur *Santa Maria* zurück.

Ich blieb unentschlossen am Strand stehen.

Als Mischa wiederkehrte, watete er ins Wasser und schob seine Jolle vor sich ins Tiefe.

„Kommst du nun mit oder nicht?“, fragte er beiläufig.

„Wenn du unbedingt willst!“

Mischa setzte das himmelblaue Segel, und wir schipperten dicht an der Mole entlang ins freie Wasser. Wir hatten gerade die letzten Steine erreicht, da sauste ein schwarzes Knäuel heran und landete mit einem kräftigen Sprung in der Jolle – Sascha. Daran war nun nichts mehr zu ändern.

Das Ufer blieb schnell hinter uns. Leise plätscherten die Wellen. Sonst war es still.

„Meine Eltern!“, sagte Mischa unvermutet. „Ich kann dir sagen, den Mund musste ich mir fusselig reden, damit sie endlich die Leinen loswarfen, um hierherzusegeln. Dort drüben gab es nämlich Aal in der Gaststätte und ein Wasserklo. Am liebsten hätten sie den ganzen Urlaub dort verlebt. Unsereiner wird ja nicht gefragt.“

„Isst du keinen Aal?“, fragte ich.

„Du bist eine Maus mit drei Ohren! Klar esse ich Aal. Aber wir hatten uns doch hier verabredet.“

„Mich hat man gezwungen, Pilze zu sammeln. Dabei wollte ich lieber auf der Mole sitzen.“

„Die Eltern sind alle gleich.“

„Ich habe mir meine Eltern bisher ganz anders vorgestellt“, sagte ich und bekam einen Schreck. Warum sprach ich mit Mischa darüber? Es beschäftigte mich schon eine ganze Weile, aber bisher hatte ich noch mit niemandem darüber geredet.

„Ich dachte früher, die wären ganz anders als wir. Und nun habe ich festgestellt, dass Oskar, mein Vater, ’ne ganz schöne Stange angibt. Und meine Mutter, die hat manchmal so einen Flitz. Sie will plötzlich ganz vornehm sein …“

„Hör auf“, rief Mischa, „mein Vater kriegt manchmal aus heiterem Himmel Wutanfälle. Und meine Mutter nörgelt immer an mir herum wegen der Ausdrücke …“

„Genau wie bei mir!“

„Sonst sind sie ganz einwandfrei bei mir.“

„Bei mir auch“, sagte ich. „Mit Oskar könnte man Amerika entdecken, und meine Mutter würde sogar mitmachen.“

„Mein Vater kommt sich auch wie Kolumbus vor.“

„Bloß schade, dass Amerika schon entdeckt ist“, sagte ich.

Am Himmel kreiste ein großer, dunkler Vogel. Unvermittelt fiel er wie ein Stein herab. Er berührte das Wasser und stieg dann schwerfällig wieder auf. Seine Krallen umschlossen einen silbernen Fisch. „Das ist der erste Fischadler, den ich gesehen habe", schrie Mischa begeistert.

„Ist der schön", sagte ich.

Mischa sah mich ein bisschen komisch an. „Du", sagte er, „wenn du so guckst, hat man den Eindruck, du fliegst mit dem Adler fort."

In Gedanken war ich wirklich wie der Adler davongeschwebt.

„Ach, du feuerspeiender Onkel aus Neufundland", sagte Mischa plötzlich und wies mit der Hand geradeaus aufs Wasser.

Dort schipperte eine Flotte von Optimisten mit weißen, blauen und roten Segeln auf uns zu.

„Das sind die aus Röbel", sagte Mischa. „Bei unserer letzten Regatta habe ich die alle stehenlassen." Sein Gesicht strahlte vor Schadenfreude.

Wenige Minuten später waren wir von den Booten umringt. Wir winkten grüßend zu den anderen hinüber und schlossen uns ihnen an.

So gehörten wir auch dazu – zu der Wolke aus bunten Segeln.

Nannerls Worterklärungen für Landratten

achtern	hat nichts mit der Zahl acht zu tun, sondern bedeutet bei Schiffen einfach hinten
achternaus	hinter einem Schiff
Achtersteven	nennt man den schmalen, hinteren Teil des Schiffes
Achterliek	ist der hintere Saum des Segels
Backbord	die linke Seite des Schiffes, von hinten nach vorn gesehen
Betonnung	die Fahrrinne von Flußläufen und Seen wird durch schwarze und rote Tonnen gekennzeichnet
Bilge	das ist die tiefste Stelle in einem Boot, dort sammelt sich das eingedrungene Wasser
Böe	auf dem Lande sagt man Windstoß dazu
Bug	ist der vordere Teil des Schiffes
dicht holen	heranholen
Feudel	zu Hause sagt man dazu einfach Aufwischlappen, häufig sind Feudel auch fransenartige Gebilde zum Reinigen des Decks
Fock	ist das Vorsegel eines Sportbootes
Gaffel	hat nichts mit gaffen zu tun. Es handelt sich hier um eine Segelstange, an der das Großsegel mit der oberen Kante befestigt ist
Großbaum	an diesem Baum wachsen keine Blätter, sondern daran ist die untere Kante des Großsegels befestigt

Großschot	Schoten mit Mohrrüben sind ein beliebter Gemüseeintopf. Auf dem Boot sind Schoten Leinen, mit denen man die Segel verstellen kann
Großsegel	das große Segel auf einem Sportboot
Havarie	bedeutet, dass ein Teil des Schiffes entzweigeht, oder auch das ganze Schiff
Heck	ist der hintere Teil des Schiffes
Jolle	ein offenes Boot
Jütt	Hebelarm zum Legen des Mastes. Man muss nicht unbedingt nach Jütland fahren, um eine Jütt zu erwerben
kappen	wenn man es groß schreibt, setzen es die Narren auf, klein geschrieben bedeutet es trennen
killen	der Begriff stammt nicht aus einem Gangsterfilm, gemeint ist ein leichtes Flattern des Segels hart am Wind
Koje	Schlafstelle auf Schiffen
kollidieren	zusammenstoßen
Kreuzer	Sportboot mit einer Kajüte
Leck	das ist eine Stelle im Schiff oder in einem Gefäß, die undicht geworden ist
Lee	die Seite des Schiffes, die dem Winde abgekehrt ist
lenzen	der Lenz bedeutet Frühling. Gelenzt wird allerdings mit einer Wasserpumpe
Luv	die dem Winde zugekehrte Seite. Beim Zähneputzen sollte man sich immer in Richtung Lee stellen
Niedergang	Einstieg in die tiefer liegende Kajüte
ösen	Ösen und Haken findet man an Kleidungsstücken. In unserem Falle bedeutet es jedoch, aus einem Boot Wasser mit einem Gefäß außenbords zu befördern

Pinne	die Pinne ist ein handfester Knüppel, mit dem man das Steuerruder bewegt. Auf kleineren Booten benutzt man Doppelpinnen
Planken	das sind einfach Bretter, aus denen die Außenwände von Holzbooten bestehen
Plicht	der hintere, nicht überdeckte Teil des Bootes
Raute	Schiffahrtszeichen an Ein- und Ausfahrten von Häfen und Kanälen
Reling	auf beiden Seiten eines Schiffes verlaufender Gang. Auch ein Geländer wird auf Schiffen als Reling bezeichnet
reffen	das Segel wird bei starkem Wind verkleinert
Ruder	damit bewegt man ein Boot nicht fort, sondern steuert es damit
Spanten	Querverbände, auf denen die Planken eines Bootes befestigt sind
Spieren	Rundhölzer, z.B. Großbäume, Gaffeln und Masten
Stagen	Drahtseile, die dem Mast die notwendige Stabilität nach vorn und hinten verleihen
Staken	lange Stangen
Steuerbord	die rechte Seite des Schiffes, von hinten nach vorn gesehen
Talje	die Talje basiert auf dem Prinzip des Flaschenzuges; man verdoppelt oder vervielfacht damit seine Körperkraft, muss aber mit dem Tauwerk eine längere Strecke bewältigen

verheißen des Segels	das Segel am Mast oder an den Stagen emporhieven
Wanten	Drahtseile, die dem Mast die notwendige Stabilität nach den Seiten verleihen
Wende	das Schiff wechselt den Kurs, indem es mit dem Bug durch den Wind geht

Inhalt

1. Wie Oskar Nannerl vorstellt 5
2. Wie Nannerl Oskar vorstellt 7
3. Oskar erzählt, wie es beinahe zu einem Familienstreit wegen der Spaghetti mit Tomatensoße kam 9
4. Oskar erzählt von zwei Zeitungsannoncen und wie er sich seine Fehler von einem Esel auszahlen lässt 12
5. Nannerl erzählt, wie Oskar durch das Zugreifen des Toten Armes einen alten Eimer kauft 18
6. Nannerl erzählt über Reisevorbereitungen nach Afrika und erfährt den Nutzen einer Ohrfeige 28
7. Oskar erzählt von einer Meuterei auf der *Pütz* und wird in einen Streit über Demokratie verwickelt. Dabei erleidet er beinahe Havarie 34
8. Nannerl erzählt, wer ER ist und wie einem Schwan, der ein Tintenfisch war, ein Meeresopfer dargebracht wird . . . 44
9. Oskar erzählt, wie laut die Totenstille sein kann, und er gewöhnt dem Nannerl durch eine wahre Spukgeschichte das Gruseln ab 50
10. Nannerl erzählt, wie der schweigsame Mathematiker Archimedes durch einen Fischer und einen Doktor zum Randalieren bewegt wird 60
11. Oskar erzählt, wie er beinahe zum Mörder wurde und wie Nannerl durch den schwarzen Teufel Mischa kennen lernt . . . 71

12. Oskar erzählt etwas über Flaschen, dabei werden ein Reglerbügeleisen und die „Nautischen Mitteilungen“ beinahe nass 85
13. Nannerl erzählt vom Schicksal der *Adrian* und wie sie und Mischa bei der Erörterung von pädagogischen Fragen vergessen werden 96
14. Nannerl erzählt etwas über die Farbe von Eigenschaften, über Herrn Isot, über Katze und Storch und von einer anderen Rettungsaktion 108
15. Der Doktor stellt einiges richtig und erzählt von einem Landgang, in dessen Verlaufe eine ertrunkene Person Champignons aufspürt und dringend abberufen wird 121
16. Nannerl erzählt, wie sie und Mischa allerlei entdeckten und schließlich zur bunten Wolke wurden 133

Nannerls Worterklärungen für Landratten 138

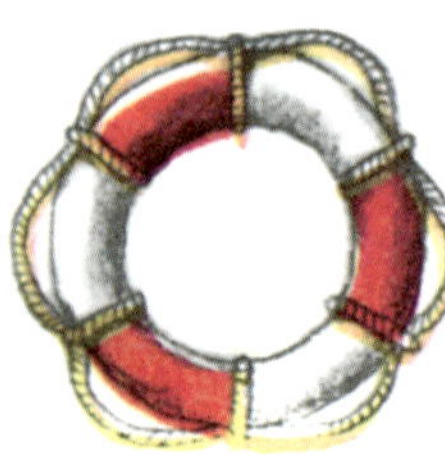

Die Pütz

in der Mitte längs aufgeschnitten und auseinander geklappt, aber nur, damit du besser erkennen kannst, wie die Pütz innen aussieht. In Wirklichkeit sägt niemand sein Boot längs durch! Es schickt sich nicht, und richtige Schipper tun es deshalb auch nicht. Außerdem könnte das Boot nach dem Zersägen nicht mehr schwimmen und würde sofort untergehen. Und um diese Gefahr zu vermeiden, wurde bei diesem Bild das Wasser weggelassen.

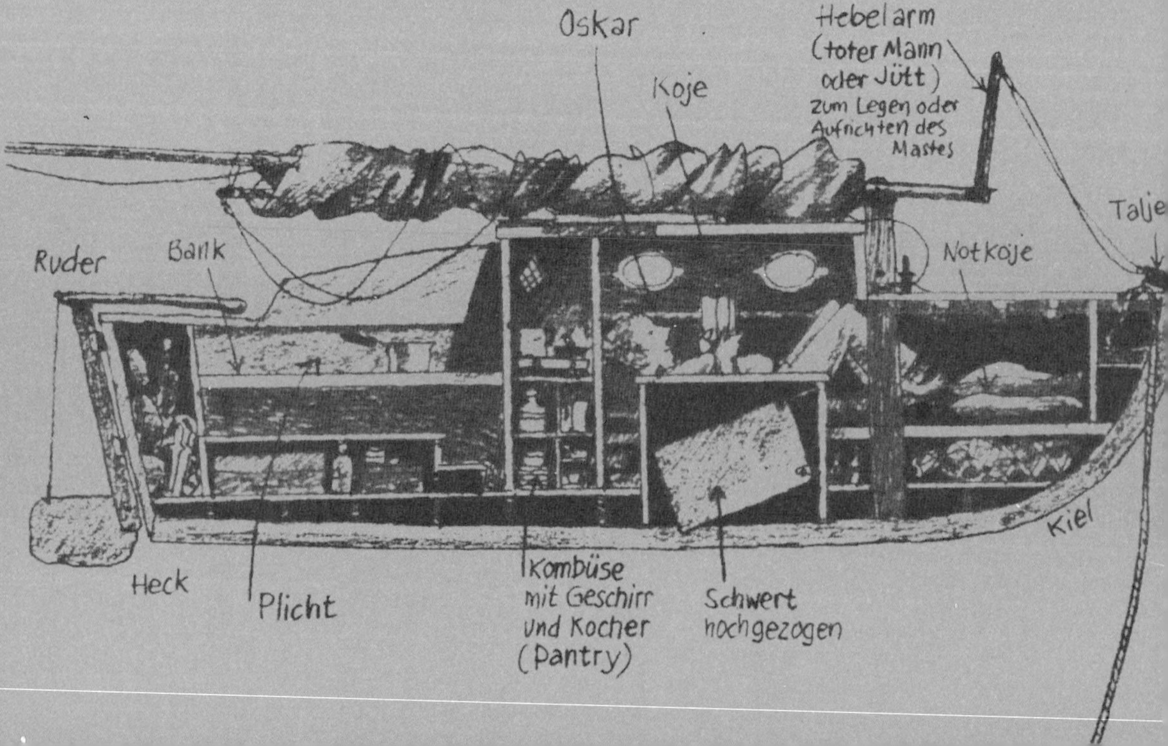